2013

政策研究与决策咨询

国务院研究室调研成果选

谢伏瞻◎主编

2013 ZHENGCE YANJIU
YU JUECE ZIXUN

中国言实出版社

图书在版编目(CIP)数据

政策研究与决策咨询:国务院研究室调研成果选.
2013/谢伏瞻主编.—北京:中国言实出版社,2013.8
ISBN 978 – 7 – 5171 – 0172 – 7

Ⅰ.①政… Ⅱ.①谢… Ⅲ.①方针政策 – 调查报告 –
中国 –2013②改革开放 – 调查报告 – 中国 –2013 Ⅳ.①D601②D62

中国版本图书馆 CIP 数据核字(2013)第 179823 号

责任编辑 郭江妮

出版发行 中国言实出版社
   地 址:北京市朝阳区北苑路 180 号加利大厦 5 号楼 105 室
   邮 编:100101
   电 话:64966714(发行部) 51147960(邮 购)
       64924853(总编室) 64963107(三编部)
   网 址:www.zgyscbs.cn
   E – mail:zgyscbs@263.net
经 销 新华书店
印 刷 北京凯达印务有限公司
版 次 2013 年 9 月第 1 版 2013 年 9 月第 1 次印刷
规 格 787 毫米×1092 毫米 1/16 32.5 印张
总 字 数 520 千字
定 价 92.00 元 ISBN 978 – 7 – 5171 – 0172 – 7

《2013 政策研究与决策咨询》编委会

围绕中心 服务大局
着力提高决策咨询科学化水平

谢伏瞻

2012 年,是上届政府任期的最后一年,也是我国改革开放和现代化建设取得新的重大成就之年。本书收录了国务院研究室 2012 年大部分调研报告,这些成果,有的得到国务院领导高度重视和批示,直接推动了政府工作,有的为政府科学决策起到了重要的参考作用。现在集结出版,是对过去工作的阶段性总结,也将为继续做好决策咨询工作提供重要参照。

决策咨询是国务院研究室的中心任务,提高决策咨询服务能力和水平是我们长期努力的方向和目标。当前,我国已经进入全面建设小康社会的决定性阶段,经济社会发展面临许多新情况、新问题。在新的起点上,既有严峻的困难挑战,也有难得的发展机遇。作为决策咨询部门,需要我们围绕中心,服务大局,及时发现问题,科学分析问题,提出合理可行的政策建议。我们的工作虽然取得了一定成绩,但许多方面仍亟待改进和加强,尤其需要在决策咨询服务的针对性、及时性、前瞻性和科学性上下功夫。就此,我谈几点看法。

一要增强针对性。首要的是找准问题,有的放矢。在我们的工作中,调研的题目很多,不少调研选题一般,面面俱到,泛泛而论,针对性不强,对决策不可能有很大帮助。政府工作千头万绪,我们必须紧扣经济社会发展的中心任务提出研究选题,加强有针对性的调查研究。其次,要善于把握全局,抓主要矛盾。古人云:

1

"不谋全局者,不足谋一域。"决策咨询服务涉及全局、事关紧要,只有树立全局意识,以全球眼光和战略视野,敏锐抓住一些关系全局的主要矛盾和问题,深入进行研究剖析,才能提出有分量的政策建议。第三,要上下联动,突出领导和群众都关注的问题。决策咨询的工作性质决定了我们要经常变换角度看问题,既要学会站在宏观的领导的角度看,更要学会从基层从群众的视角出发。只有这样,才能真正发现哪些是群众关心的问题,哪些是急需着力解决的问题,才能推动做好政府各项工作。

二要增强及时性。发现问题的根本目的是为了尽快解决问题。我们生活在一个瞬息万变的时代,如果政策研究和咨询服务工作慢半拍,不能跟上领导决策的节奏,我们研究的问题、提出的建议就不能发挥应有作用。决策咨询服务要解决好及时有效的问题,必须做到"两快":一是深入实际调研快。摸清实情是正确决策的基本前提。陈云同志曾说:"我们做工作,要用百分之九十以上的时间研究情况,用不到百分之十的时间决定政策。所有正确的政策,都是根据对实际情况的科学分析而来。""片面性总是来自忙于决定政策而不研究实际情况。"现在我们工作中最大的问题就是关起门搞研究,深入实际的时间太少、动作太慢。往往在领导决策需要的关键时候拿不出第一手的基础数据和真实鲜活的情况,使工作陷入被动。二是提出政策建议要快。深入调查研究,就是为了提出高质量的政策建议。这些政策建议的有效性,往往与提出的时机是否恰当密切关联,必须想领导之所想,急群众之所急,又好又快拿出自己的研究成果,否则,就可能贻误决策的最佳时机。

三要增强前瞻性。事物总是不断变化的,决策咨询服务必须具备超前意识。古人说,"凡事预则立"。政策研究和咨询建议,需要认真把握好预研、预判和预调几个环节。一是注重平时积累,加强预研。不打无准备之仗,重点是平时善于观察和积累,注意收集资料,准备好各种基础数据、基础材料。二是注重观察趋势,形成正确预判。要善于观察趋势变化,不能静止地看问题。要由近及远,由浅入深,既看到当前,更要看到长远,才能得出正确的预判。三是慎下结论,随时做好预调准备。我们所提出的建议,得出的结论都不是一成不变的。要根据形势的发展变化,认真思考,反复琢磨,适时调整先前得出的预测、预判,确保我们提出的建议符合经济社会发展的实际。

四要增强科学性。科学决策是政府执政能力的重要体现。决策是否科学,根本的是要经得起历史和人民的检验。这对我们从事决策咨询服务工作提出了更高的标准。一是要实事求是,用事实说话。这是决策咨询服务的起码标准。想办法、出主意,不能靠"拍脑袋";分析问题、提出建议,要重证据、重事实,一切从实际出发。二是反复比较,权衡利弊。看问题的角度不同,得出的结论也会迥异。研究提出政策建议,既要纵向比较,也要横向比较;既要和自己比较,也要和别国比较;既要从有利的方面看,也要从最坏的角度打算。这样才使我们得出的结论有说服力,才能增强决策的科学性。三是要善于总结规律。事物运动总有其自身的规律。摸清规律、掌握规律,就能按照规律办事。因此,我们的调查研究都要严格按照由此及彼、由表及里、去粗取精、去伪存真的法则去深入加工提炼,直到掌握规律,获得科学的结论。四是独立思考,坚持真理。搞研究要提倡"独立之人格、自由之精神",敢于发表独到见解,敢于独树一帜;要反对人云亦云,做"墙头草",当"骑墙派"。不论是一般问题的研究,还是重大关键问题的研究,都要明辨是非,坚持原则,追求真理。

"纸上得来终觉浅,绝知此事要躬行。"在新形势下做好决策咨询工作,我们将面临新的挑战和考验。能否成为一个合格的决策咨询服务人才,关键是要不断加强自身修养、提升自己的能力。因此,任何时候我们都不能放松学习,既要向书本学习理论,熟知党的路线方针政策,也要注重向实践学习,把握经济社会发展的一般规律。只有吃透"两头",始终笔耕不辍,不断提高决策咨询工作的科学化水平,我们才能适应党和国家事业的需要,我们的工作才能迈上新台阶。

目录 | CONTENTS

一、促进经济平稳较快发展

1

二、促进农业稳定发展和农民持续增收

三、积极稳妥推进城镇化

┃ 四、加快转变经济发展方式 ┃

┃ 五、深入实施科教兴国战略和
　　人才强国战略 ┃

六、切实保障和改善民生

七、深入推进重点领域改革

八、努力提高对外开放的
　　质量和水平

九、国外考察报告和
　　国际经验借鉴

一、促进经济平稳较快发展

关于经济发展趋势及政策取向建议

郭克莎

去年以来,我国经济增速逐季下行。今年 1—2 月,规模以上工业增加值同比增长 11.4%,比上年同期下降 2.7 个百分点。经济增速回落幅度较大,加上今年《政府工作报告》把年度增长预期目标下调到 7.5%,引起国内外的高度关注。经济增速下行是短期现象还是长期趋势? 我国经济增长是否将从高速阶段转入中速阶段? 相应地,宏观经济政策是否需要进行战略性调整? 如何把短期政策与中长期政策衔接起来? 这些都是值得深入研究的问题。

一、经济增速下行的主要原因分析

受国际金融危机影响,我国 GDP 增速出现大幅波动,2009 年一季度曾下滑到 6.6%;由于实施大规模刺激政策,经济迅速回升,2010 年一季度达到 12.1%。但此后就逐季下行,去年四季度回落到 8.9%,预计今年一季度将掉到 8.5% 左右,二季度增速可能继续下滑。经济增速持续下行且幅度较大,主要原因大概有以下三个方面:

一是外部需求减弱的影响。去年以来,受欧元区债务危机恶化、国际金融市场动荡等因素冲击,世界经济复苏进程一波三折,发达经济增速大幅下滑,新兴市场和发展中经济受通胀拖累增速也明显回落。外部环境变化加大了我国经济发展的压力,2011 年净出口对 GDP 增长的贡献率为 −5.8%,拉低经济增速 0.5 个百分点,今年 1—2 月进出口出现 42.5 亿美元逆差,比去年同期扩大 22.5 亿美元,将继续影响一季度的 GDP 增长。最近希腊债务危机得到初步遏制,但欧元区债务危机问题并没有解决,继续影响着发达经济体以至世界经济的复苏进程。今年欧元区经济仍将徘徊于衰退边缘,美国经济可能低速增长,日本经济还难以走出低迷,发展中国家经济增长继续受制于通胀风险,国际贸易和投资难以迈出大的步子,我国面临的外部环境依然十分严峻。未来一段时间,发达国家的沉重债务负担和货币扩张政策还会给全球带来风险,引起国际金融市场动荡、通胀扩散蔓延,世界经济复苏进程波动反复,我国的外需环境难以明显改善,加上主动调整国际收支状况,积极扩大进口,减少贸易顺差,将继续对经济增长产生不利影响。

二是货币政策调控的影响。为了缓解通胀压力,去年货币投放增速大幅回调。2011 年,M2 增长 13.6%,比上年下降 6.1 个百分点,比 GDP 增速和 CPI 涨幅之和低了 1 个百分点,比当年的 GDP 增速低了 2.8 个百分点;M1 增长 7.9%,比上年下降 13.3 个百分点。其中虽有统计范围的一定影响,但同口径变化仍表明了货币投放的较大收缩。这对企业经济运行产生了明显冲击,中小企业普遍融资困难和资金紧张,加上外部环境恶化,企业投资和发展速度滑坡,钢铁等制造业产能过剩问题凸显,不少中小企业减产以至停产关闭。今年前两个月企业贷款需求出现少见的减弱态势,就反映了货币紧缩对经济运行的持续性影响。2 月份 CPI 涨幅回落到 3.2%,但近期蔬菜等食品价格走势不稳,输入型通胀压力加大,引起物价上涨的因素仍较多,3、4 月份 CPI 还可能有所回升,短期内货币政策微调、预调难以有较大空间,加上去年以来的滞后性影响,企业尤其是中小企业资金状况难以明显改善,还会继续制约上半年的经济增速。

三是潜在增长率下降的影响。这是近来经济理论界讨论较多的一个问题,国内外经济学家普遍认为我国经济的潜在增长率已进入快速下降阶段,有些认为未来几年将下降到 6% ~7%。潜在经济增长率决定着一个国家经济增长的中长期趋势,其变化取决于供给、需求和结构等因素的重大变化。从人均收入阶段变动看,我国面临的是刘易斯拐点、中等收入陷阱等国际性现象。但从目前出现的情况看,主要是劳动力成本以及资源和环境成本上升对投资和发展的挑战。去年以来沿海企业经营困难加大,就是这方面影响与外部需求收缩交织在一起,结果是东部地区经济增幅回落较多,并对全国经济增速产生较大影响。

以上三个方面的综合影响导致了 GDP 增速的持续下行,其中外部需求减弱、货币政策调控属于短期性因素,而潜在增长率下降属于长期性因素。现在需要讨论的是,这些影响是短期为主还是长期为主? 从根本上说,现实增长率要围绕潜在增长率波动,潜在增长率决定着年度增长率波动的幅度。如果潜在增长率出现大幅下行趋势,即使政策调控和外部需求改善,年度增长率也难以明显回升;如果潜在增长率没有发生重大变化或只是缓慢下移,那么在短期性因素得到改善、经济运行状况好转后,年度增长率还会回到比较平稳的轨道。进一步的政策含义是,如现实增长率没有过多偏离潜在增长率,则短期宏观政策就不必进行调控,即使调控也作用不大,且弊大于利;如现实增长率对潜在增长率的偏离较大,就需要进行宏观调控,否则会影响就业、经济稳定和资源配置效率,也不利于增长方式的转变。

因此,只有对潜在增长率的走势进行研究判断,才能深入分析经济增速下行的趋势以及相应的宏观政策选择。

二、我国经济潜在增长率变化的趋势

对潜在增长率的测算是一件相当困难的事情,而且不同模型的测算结果往往会有较大的差异。从理论上说,长期增长率与潜在增长率应当是一致的,过去的长期增长率可看作近似于当时的潜在增长率;如果未来一段时间潜在增长率大幅下行,必然是长期增长条件发生了重大变化。根据这个逻辑思路,我们可以对我国经济在 2012—2020 年期间的潜在增长率变化趋势进行分析。

(一)从长期增长率变化分析。改革开放 33 年,我国 GDP 年均增长率为 9.9%,其中对现阶段有较强比较意义的是 1998—2011 年,我国经济受到东亚金融危机和国际金融危机的两次冲击,同时得益于推进住房制度改革、加入 WTO 等重大改革开放政策的推动,年均 GDP 增长率为 9.8%。这个时期又可分为三个阶段:一是 1998—2001 年。当时我国经济正从宏观调控中软着陆,就遇到东亚金融危机的冲击,外需收缩,投资低迷,消费不振,房地产市场刚刚起步,GDP 年均增速回落到 8%。二是 2002—2007 年。这几年,受加入 WTO 后的开放格局带动,外贸出口持续扩大,房地产市场迅速扩张,固定资产投资高速增长,经济由持续回升到进入偏热状态,年均 GDP 增速达 11.2%。三是 2008—2011 年。在应对国际金融危机中,经济增速由大幅下滑到快速拉升,再到逐步回落,年均 GDP 增长 9.6%。与以上几个阶段相比,从现在到 2020 年经济增长的条件是:外部需求在低迷波动一段时间后会逐步回升,加入 WTO 和住房改革的带动效应已经减弱但并没有消失,深化改革开放以释放发展潜力的空间仍相当大,因此,长期增长率还不会面临大幅下行的压力,如果没有持续性重大因素的影响,年均 GDP 增长率仍应在上一时期的阶段性低点(即 8%)之上。

(二)从发展阶段变化分析。经济发展阶段变化会引起潜在增长率的重大变化。2011 年,我国人均 GDP 达到 5500 美元,进入中等收入国家行列,但工业化、城镇化水平仍较低,区域发展差距较大。从现在到 2020 年,我国仍处于推进工业化、城镇化和区域振兴的重要时期,结构转换依然是经济发展的主要动力。

一是工业化将继续为经济增长创造供给条件。从 1998—2011 年,在我国 GDP 结构中,第一产业比重由 17.6% 下降到 10.1%,第二产业比重由 46.2% 提高到 46.8%,第三产业比重由 36.2% 提高到 43.1%。未来一段时间,第一产业增加值比重的下降将比较缓慢,产业增长动力将主要来自二、三产业的转换,即第二产业尤其是工业的比重趋于稳定回落,第三产业比重继续上升。需要指出的是,工业化的更大作用在于就业结构的非农化。1998—2010 年期间,农业的就业比重由 49.8% 下降到 36.7%,非农产业的就业比重从 50.2% 上升到 63.3%,平均每年提高约 1.1 个百分点,这个比重与国际上的同类国家相比还处于较低水平,表明我国就业结构的非农化还有较大空间。根据国际经验,未来 9 年,我国非农产业就业比重仍可能以年均 1 个百分点的速度上升,特别是社会劳动力向服务业的流动会明显加快,这将带来资源再配置效应,推动经济稳定增长。

二是城镇化将继续为经济增长提供需求市场。城镇化的演进与就业非农化的趋势是一致的。从 1998—2011 年,我国城镇化率由 33.4% 上升到 51.3%,年均提高 1.38 个百分点。与同等收入国家相比,我国城镇化水平仍相对偏低;从国际经验看,这个阶段是城镇化率较快上升的主要时期。未来 9 年,工业化将继续带动城镇化进程,特别是,随着城镇户籍制度改革的深化,农民工的市民化步伐将得以加快,城镇化率的年均上升速度仍可能达到1个百分点以上,加上社会保障体系建设持续推进有助于减少进城农民扩大消费的后顾之忧,城镇化对需求尤其是消费需求的拉动作用将增强,对经济增长的带动效应可能不弱于前14年。

三是区域振兴将继续为经济增长拓展新的空间。2011年,东部10省市GDP总量占全国52%,中西部地区占48%,其中中部6省占20.1%,西部12省区市占19.2%,东三省占8.7%。东部沿海的工业化、城镇化水平已较高,实施了30多年的出口导向型增长模式面临新的国际环境和我国发展战略调整的挑战,经济增速正在逐步回落;而中西部地区的工业化、城镇化水平仍较低,受外部环境的影响相对较小,经过多年的基础建设和发展储备,正在进入高增长阶段。未来一段时间,由于东部沿海的经济总量大,其增速下行对全国经济的影响较强,中西部地区经济较快增长还难以弥补东部增速回落的缺口,但随着东部产业向中西部转移加快,一些新的高增长带、增长区将逐步形成,中西部经济的崛起振兴将和东部经济的转型升级一起,对推动全国经济持续稳定增长发挥较大作用。

(三)从总供求关系变化分析。潜在增长率的变化来自于总供给能力或总需求水平的变化。从供给能力看,根据一般经济增长模型,潜在增长率取决于资本、劳动投入增长和全要素生产率增长,其中投入包括资本质量和劳动质量的提高,全要素生产率包括广义技术进步和资源再配置效应。从现在到2020年,在促进结构调整和增长方式转变条件下,我国资本和劳动投入量的增速将明显下降,但质量有望持续改善。随着企业研发能力增强,资源流动和配置趋于优化,全要素生产率的增长率及贡献率将进入一个较快上升的阶段,这将使总供给能力仍可较快增长。问题在于总需求的制约,即需求水平会不会较大下滑,使供给能力得不到有效利用?根据上面的分析,在未来这段时间,中西部地区工业化、城镇化推进和经济振兴可以拓展新的内需空间,使全国投资、消费仍能保持平稳较快增长。同时,外需收缩的影响有可能逐步减弱,这除了以发达国家为主导的世界经济将会逐步走向复苏外,就是我国贸易顺差减少到一定程度后将会趋于稳定,对需求和经济增长的负面影响将趋于消失。也就是说,总需求的长期增长水平也不会大幅下降。

综上所述,未来9年与过去14年相比,我国经济增长的基本条件变化不大,最大的变化来自于自身发展战略的调整,尤其是减少国际收支顺差带来的负面影响,但这也受制于经济运行的内在规律。因此,潜在增长率不大可能大幅下行,而主要表现为缓慢或小幅回落,GDP 的潜在增长水平仍可达到 8% ~9% 。

三、宏观经济政策取向讨论及建议

总的看,当前经济增速下行主要是短期性因素导致的。其中,有两大因素还会加大今年增速下行的压力:一是外贸顺差继续减少。2008 年以来,我国外贸顺差持续下降,去年顺差 1553 亿美元,比上年下降 263 亿美元,预计今年顺差减幅将达 300 亿美元左右,继续对经济增速产生负面影响。二是房地产市场下滑。今年 1—2 月,全国商品房销售面积同比下降 14% ,销售额同比下降 20.9% ;40 个重点城市新建商品房成交面积同比下降 51% ,二手房成交面积下降 54.9% 。预计今年全国商品房销售面积降幅将达 10% ~15% ,一线热点城市销售面积和销售额降幅将明显加大。房地产市场大幅下滑会产生连锁影响,从投资、消费和相关产业发展等方面对经济增长带来较大拖累。

宏观调控政策不应受到预期增长目标的束缚。经济增速短期内降幅过大将引起企业利润下滑,部分基础工业可能出现亏损,中小企业运行更加困难,进而影响就业稳定和财税增长,使经济社会发展的可持续性和协调性受到冲击,使应对国际金融危机以来的重大成果面临挑战。这应当引起高度重视。今年把经济增长的预期目标下调到 7.5% ,主要是引导各地改变片面追求 GDP 增长的倾向,加快调整经济结构和转变发展方式。多年来,我国经济增长的预期目标都是 8% ,但每年的实际增速都较大幅度高于预期目标,即使是受国际金融危机冲击最大的 2009 年,实际经济增速也比预期目标高出 1.2 个百分点,如果今年经济增速真的下降到 7.5% ,恐怕很多方面都难以承受,并且一旦经济大幅下滑形成惯性,再采取措施来扭转就要付出较大代价。

当前,要加强对经济运行走势的跟踪分析,及时发现新情况、新问题,正确估量其可能带来的影响,抓紧制定政策预调、微调的系统性方案,处理好稳增长与控物价的关系,同时,更好地把短期政策与中长期政策结合起来,

既要使当前宏观调控有利于推动经济长远发展,又要使中长期政策有利于促进当前经济平稳运行。主要建议是:

第一,以潜在增长率区间作为宏观调控取向的参照系。从国际经验看,如果经济增速下行是由潜在增长率变化引起的,那么对社会就业、企业效益等影响较小;如果经济增速下行是由短期总供求矛盾引起的,则会对企业运行、就业稳定等产生较大影响。根据以上分析,未来一段时期我国经济的潜在增长率大概在8%~9%之间,这可能也是各个方面能够接受的增长速度,有利于兼顾稳增长、控物价、调结构、惠民生等目标。只要经济增速运行于这个区间,就属于适度增长范围,宏观经济政策可保持中性;如果经济增速下行到接近区间的下线,就应对宏观政策进行预调和微调;如果经济增速跌破区间下线,就要适度放松宏观政策,采取综合措施扭转增速下滑势头,防止经济大幅波动带来严重影响。从当前经济运行的主要指标看,已到了需要推出预调、微调措施的时候,重点是合理改善货币信贷政策环境,加大对重点出口行业、中小企业等的融资支持,有步骤地推进一批"十二五"重大投资项目,保持投资平稳较快增长。

第二,以加快结构调整促进经济平稳较快发展。要顺应工业化、信息化、城镇化、市场化、国际化和区域发展振兴的大趋势,加大财税、金融、产业、贸易等政策的支持力度,加快经济结构战略性调整,增强短期经济增长动力。

(1)促进产业结构调整升级。抓住工业增速回落的时机,在发挥市场机制作用的基础上,加强产业政策导向,加快传统工业改造升级步伐,大力推进过剩行业兼并重组;改善投融资环境,引导资源流向战略性新兴产业、文化产业和各类服务业,大力提升这些产业在国民经济中的比重和带动效应;加大对农业发展的投入和政策扶持,加强农业基础设施、科技支撑条件建设,推动农业生产力提高和结构优化。

(2)促进需求结构调整优化。着力扩大内需特别是消费需求,促进投资与消费互动,要重视抓好三个方面:一是充分发挥城镇化带动作用。市场引导人口向大城市流动,政府应促进各类城市协调发展。要适应工业化的进程,推动发展中小城市,加快小城镇建设,大力实施鼓励创业优惠政策,带动非农就业和农村人口转移;实施好进城农民工安家落户的各项政策,使他们像城里人一样工作和生活,实现消费方式变革,持续增加消费需求。二是稳定扩大民生领域投资。要优化投资结构,继续加大教育、医疗、社保、文化、体育等公共设施投资,推进城乡基本公共服务均等化,加快保障性安居工程投资建设,减少居民扩大消费的后顾之忧。三是积极引导居民投资需求。国际经验表明,居民投资理财收益是消费增长的一个重要来源。如果我国资本市场逐步兴旺起来,既可支持企业投融资持续增长,又能带动居民消费稳步扩大。要加快资本市场制度建设,推进投资渠道和方式创新,着力改善市场投资环境,引导支持居民进入股票、基金、债券等规范投资领域,为居民增加财产性收入创造合法、有利条件,为扩大消费需求拓展新的空间。

(3)促进区域发展格局调整。推动沿海产业向中西部转移,加快中西部地区崛起和振兴,既能促进区域协调发展,又能增强当前经济活力。在近期全国经济增速回落压力较大的情况下,要充分利用中西部地区的投资空间,大力推进中西部基础设施建设,一些西部落后地区的交通设施建设可以适度超前,加快改善投资发展环境。要研究突破建设资金约束的有效办法,积极搞活中西部投融资机制,除了加大中央财税政策支持和转移支付力度外,应探索以债券、股权融资等方式为中西部基础设施建设筹集资金,引导民间资本参与建设和发展。要优先安排符合条件的中西部企业在股票市场上市融资,鼓励东部企业到中西部发展上市或兼并收购当地企业后改制上市。通过引导东部产业和资金向中西部流动,合理带动技术、人才和劳动力回流,为加快中西部振兴和全国新一轮发展创造有利条件。

第三,以深化改革开放推动经济发展方式转变。经济增速适度回落,物价压力有所减弱,市场作用相对均衡,是加快转变发展方式、提高增长质量的有利时机。要围绕制约发展方式转变的体制机制问题,进一步深化重点领域改革,突破利益格局束缚,完善相关制度安排。一是深化城乡体制改革。加快农村综合改革,统筹完善土地承包经营、宅基地使用、集体土地处置等制度,释放农村生产力,促进农业产业化、现代化发展;大力推进户籍制度改革,破除城乡社会分割格局,建立健全基本公共服务制度,拓宽农村城镇化道路,推动城乡关系协调发展。二是深化企业体制改革。继续推进国有产权制度变革,下大力气打破行业垄断和寡头垄断,激发民间资本和民营经济发展活力。要从发展市场经济和优化资源配置着眼,适当拆分或拍卖部分国有股权,降低大多数行业的国有控股地位,提高非国有控股企业的数量和比重,促进市场平等竞争和经营效率上升。三是深化价格体制改革。积极推进资源性产品价格形成机制改革,扩大市场化定价范围,引入供求调节机制。对于大多数具有价格弹性的能源资源产品,应在生产运行环节尽快放开价格管制,在居民使用环节逐步推行阶梯式价格。加快实施污染排放收费政策,推动建立排放权交易制度。四是深化财税体制改革。把稳定财税收入增长、调动各地发展积极性和促进经济长远发展结合起来,理顺中央和地方各级政府的财税关系,降低地方财政对土地出让收入、投资项目扩张的依赖程度,消除财税体制对区域间、行业间资源流动的影响。五是深化金融体制改革。加快金融市场化改革,打破国有金融尤其是国有银行垄断,鼓励支持民间金融规范发展;推进利率市场化改革,引导资金价格和供求合理变动,改善银行业与实体经济发展关系;着力发展多层次资本市场,扩大直接融资规模,增加三板市场、场外市场等融资交易方式,积极建立做市商制度,拓宽中小企业股本融资和股本流通渠道,促进战略性新兴产业、服务业和创新型中小企业发展壮大。

2012 年 3 月 28 日

以扩大消费促进经济增长与转型

苑衍刚

扩大内需特别是消费需求是我国经济长期平稳较快发展的根本立足点。但对当前的扩大消费也出现了不同的声音：有的认为，在目前国际经济形势不利、外部需求不足的情况下，拉动内需还是要以投资为主；有的认为，如果国内消费增加，投资就会相对减少，资本需求相应下降，消费品价格会上升，不利于产业升级和物价稳定；还有的认为，中国扩大消费会使资本品进口减少，消费品出口价格上升，从而抑制发达国家出口和消费，不利于世界经济复苏。为此，本文试图就我国扩大消费与经济增长、产业升级和经济转型以及与世界经济增长的关系，作一下粗浅研究和探讨。

一、扩大消费是我国发展阶段必然性的体现

（一）市场经济的必然要求。上世纪90年代以后，随着计划经济体制向社会主义市场经济体制转变，市场在资源配置中发挥基础性作用，我国经济由短缺经济转为过剩经济，由供给导向转为需求导向，由卖方市场转为买方市场。由此，需求取代供给成为制约经济增长的主要因素，此前经常出现的煤电油运和基础设施瓶颈逐渐转为市场需求不足。这一转型过程中，在原有体制下居民和社会消费能力不强的情况下，主要依靠投资和出口来弥补，这就造成了投资和出口过剩，而消费相对不足。

（二）传统增长模式不得不转变。我国在相当长一段时期内采取了压缩消费、"高积累、高投入"的发展战略，这适应了当时相对封闭独立的国际处境，也取得了一定成就。但为扩大积累形成了工农业"剪刀差"、城乡二元结构等,同时,居民收入增长相对经济增长缓慢,也抑制了社会总体消费增长。这就造成:一是消费倾向普遍偏低,二是消费在城乡、区域以及不同人群之间的差异性过大。随着投资边际收益率下降,消费扩大的必然性凸显,其对经济增长的拉动效益相对更高。

(三)解决发展不平衡问题的有效途径。投资与消费不平衡是我国发展不平衡的重要根源,并与城乡、区域、经济社会不平衡以及收入分配差距拉大等形成较强的正相关关系。过去30多年,我国消费率总体下降,投资与出口形成了强循环关系,许多行业产能的30%以上面向出口。今后一个时期,外需减弱倒逼经济转型,必须更多地挖掘内需尤其是消费潜力,以重新实现经济内部平衡。近三年多来应对国际金融危机的实践,使我们积累了扩大消费的经验。

(四)缓解社会风险的重要举措。消费不足的社会风险主要体现为"中等收入陷阱"或者说"转型陷阱"。从历史上的拉美陷阱、东亚泡沫,到近期的中东、西亚、北非"阿拉伯剧变",共同特征是贫富差距扩大引起社会消费不足,影响经济增长,进而造成高失业率和社会动荡。同时,这些国家对教育和人力资本投入重视不够,创新能力弱,经济对外依存度高,一旦外来投资减少,经济难以形成自主增长动力。

二、我国消费呈现新的特征

目前,我国消费发展呈现六个方面的特点:

一是"中国消费"持续强劲增长。即使在国际金融危机期间,这一势头也没有大的减弱。近五年,社会消费品零售额平均增速超过18%。尼尔森最新的消费者信息指数显示,中国消费信心水平已达到2005年以来的历史最高点。消费力量开始由国外向国内转移,商品贸易进出口趋向基本平衡,"中国消费"逐渐成为影响世界经济的重要力量。

二是消费结构转型升级加快。2011年我国人均GDP已达5400美元,开始由生存型消费向发展型消费转变,中等收入群体快速增加,住房、汽车、养老、家政和教育培训、旅游休闲、运动健身、健康养生成为新兴消费热点,服务消费、高端消费、精神文化消费加速成长。

三是消费的城镇化趋势凸显。城镇人口占比超过50%,城镇化由规模扩张进入市民化阶段,城镇现有 2 亿多常住人口需要转为真正的市民,每年还将新增 2000 多万就业人口,对吃穿住行以及教育、医疗、文化等社会事业和公共服务的需求随之大量增加。

四是消费理念、消费偏好、消费模式正在发生革命性变化。中国消费与发达国家消费结构趋同性增多,诸多国际品牌成为中等收入阶层的普遍消费取向。麦肯锡一份名为《自信的中国消费者》报告指出:"中国人轻松地接受了消费主义,向成千上万的国内外新产品、服务和品牌敞开怀抱。"超前消费甚至"月光族"、"啃老族"的出现,表明年轻人对待消费与储蓄的态度与其父辈有了极大的不同。

五是新的消费需求成为新兴产业崛起的决定力量。节能环保、新能源、物联网、云计算等战略性新兴产业和文化创意、医疗保健、教育培训等朝阳产业急剧成长。著名趋势学家杰里米·里夫金甚至预言,人们对新能源和互联网等信息服务的需求,将会引起第三次产业革命。

六是消费对经济增长贡献可能正处于一个转折期。2009—2011 年,我国消费贡献率分别为 52.5%、41.5%、51.6%,平均比危机前三年提升 7 个百分点。今年一季度,我国经济增长 8.1%,其中消费贡献率为 77%,占 6.2 个百分点,投资下降为占 2.7 个百分点,消费贡献率已经超过投资,净出口贡献率则为负值。

这些说明,在我国经济转型和再平衡的过程中,新的消费时代正在来临,消费驱动型和内需主导型经济初露端倪,应当抓住并用好这一历史性机遇。

三、扩大消费才能保持经济长期增长

"十二五"规划将经济增长预期目标调低为 7% 左右,但如何应对由此带来的就业、收入增长压力以及可能常态化的通货膨胀压力? 这就必须转变经济发展方式,提高增长的质量和效益。其核心是在实施扩大内需战略中,把扩大消费作为主要方向,才能兼顾适度增长速度、适度通货膨胀率与较高的就业和收入增长水平,保持经济长期平稳健康发展。

人们通常认为,当前"三驾马车"中消费乏力,经济增长主要靠投资和出口拉动。事实上,改革开放以来消费在我国经济持续较快增长中发挥了基

础性的引领性作用。几次大的增长时期都与消费升级密切相关。比如上世纪80年代的"三大件"、90年代的新"三大件"、新世纪以来的住房、汽车等。消费随着经济发展和居民收入提高而增加,反过来又成为促进经济增长的动力。目前我国居民消费率处于较低水平,与发达国家差20~30个百分点,但也是潜力所在。

我国正在经历人类历史上最大规模的城镇化,人口红利仍将在较长时期存在,同时人口素质提升的"红利"、收入增长和消费升级的"红利"将进一步显现,将释放空前规模的消费潜力,带动制造业、服务业和教育、医疗等社会事业大发展,并由此形成新的经济循环和增长模式。有人认为,前30年我们充分发挥劳动力丰富的优势,后30年要靠人力和人才资源优势提升经济质量;前30多年靠投资和出口拉动经济,后30年消费将成为经济增长的持续动力。法国《论坛报》一篇文章认为,未来几年中国面临的挑战是把一个工业和农业社会转变为具有中国特色的消费和服务型社会。

四、扩大消费促进产业升级和经济转型

扩大消费加快经济循环,推动社会再生产,为产业升级赢得时间。当前我国经济遇到的困难主要是多年来投资持续扩张带来产能过剩,由于外需骤降,造成企业经营的困难,究其根源是经济结构不合理。在世界经济低迷的形势下,扩大消费可以帮助企业保住生产和资本循环,从而换取积累资本和技术、产品升级换代和调整经济结构的时间。

扩大消费是结构调整和产业升级的根本力量。中国市场日益多层次、多元化,既有广大农村和中西部对一般消费品的需求,同时新的更高层次的需求也加速释放,对新产品、新服务、新业态具有极大吸引力。比如节能环保型产品,只要给予一定政策支持,其消费需求潜力的释放必将引起相关产业转型升级。

扩大消费还从提升要素质量方面为产业升级创造条件。从美国、英国、日本等国经验看,城镇化初期要靠"勤奋革命",随着产业升级、资源和劳动力要素成本上升,必须转向提高劳动生产率。我们扩大消费是从保障和改善民生入手的,比如教育、医疗、住房等,这既有利于为创业就业解除后顾之忧,又可以提升劳动者素质和技能,改善人力资源结构,从而为提高产出效

率提供人才保障。

最后,扩大消费还有利于塑造真正的竞争力。一个消费主导型的经济体、以消费者为核心的现代企业经营模式,才能真正激发企业家精神和人们的创造力,才能真正尊重消费者和劳动者权利,才能与发达国家的跨国企业在国内外市场上展开同台竞争。

五、重视扩大消费的关联效应

扩大消费会使人们储蓄减少,增加信贷紧缩压力,可用投资资本相对减少,以前由高储蓄率带来的粗放式资金筹集模式也将改变,资金成本上升,生产和基础设施等投资受到影响,必然要求提高资金的使用效益。

消费的增加,加之生产成本上升,会引起物价一定程度的上涨,因此,今后一个时期,应当增强对适度通货膨胀率的容忍度。但同时也要看到,与投资增速下降相应,国内市场甚至国际市场上大宗商品需求下降,进而拉低价格。同时,我国目前大部分工业品产能过剩,扩大消费不会引起总供求失衡,不会加剧通货膨胀。

中国扩大消费对世界经济也具有双重效应。一方面,国内消费增加,消费品出口价格上升,国内投资增长减慢及对资本品需求的下降会引起世界经济尤其是与中国经贸联系密切的国家对中国出口下降,直至中国进口商品价格上升。另一方面,中国扩大消费是在扩大开放条件下进行的,巨大的中国市场潜力的释放将成为引领和支撑世界经济复苏的重要力量。同时,在世界总体产能过剩的情况下,消费难以成为影响物价的主导力量,消费品价格上升空间有限。总的看,中国扩大消费对世界经济是机遇而不是威胁,是重大利好而不是消极因素。

六、平衡好扩大消费与保持投资合理增长的关系

在国民收入一定的情况下,积累(投资)与消费是此消彼长的关系,如果增加消费,投资就会减少。有人据此认为,中国扩大消费必将减少投资品需求,从而影响经济增长。这并不全面。其一,中国扩大消费并不是要减少投资,而是投资与消费并重,使投资率与消费率保持合理比例;投资率下降并不是投资增长率下降,更不意味投资额绝对下降,而是保持一定的投资增长

率。历史上,发达国家无一例外都经历过投资与消费同时迅速增长的阶段,日本、韩国、新加坡在同样发展阶段投资率都在30%以上。其二,这是一个静态平衡的概念,而合理的扩大消费与增加投资能够使经济在持续增长中实现动态平衡。这是我国与发达国家扩内需最大的不同。这需要满足两个条件:通货膨胀率控制在一定范围内;居民收入提高与劳动生产率增长和经济发展同步。

平衡投资与消费关系是一个永恒的难题。在经济发展尤其是工业化城镇化进程中,并不存在一成不变的"最佳比率",主要依据各国国情、发展阶段和实践经验而定。改革开放后至上世纪80年代中期,在引入出口和外国资本变量的条件下,消费率、投资率与经济增长率同时提高,平均水平分别为65%、35%与9.6%。80年代中期以后消费率在波动中下降,投资率在波动中上升。几次过热与紧缩都是国民经济比例关系崩得太紧,投资与消费失衡。目前面临的主要问题是投资持续膨胀而消费率持续过低,资本收益率不断下降,政府、企业、个人分配差距拉大,经济对外依存度过高。一般认为,在内需主导情况下,合理的投资率应控制在30%～35%,消费率55%～60%,GDP增长率8%左右。

目前一些发达国家经济出现危机的背后也是投资与消费关系出现了较大失衡。以美国为代表的金融资本主义(新自由主义)和以欧洲为代表的福利资本主义都暴露出严重问题,共同特征是消费过度而投资不足,金融资本过度膨胀而实体资本发展不足,经济活力和产业竞争力下降。尽管他们不平衡的背景与我国截然相反,但从另一面带给我们的深刻教训是:消费水平应根据经济发展、生产效率而定,扩大消费应适时适度,超前消费、负债运营最终难以为继。

中国在扩大消费的同时,应当保持一定的合理的投资率。这既有可能又有需要。第一,目前的高投资率是由高储蓄率、工业化、城镇化、现行行政管理体制、反周期政策等综合决定的,这些因素在相当长时期内不会根本改变。中国投资空间仍然很大,如中西部交通水利等基础设施、公共服务体系等,在建续建项目惯性大,必须保持较高的投资率。第二,消费的扩大、经济由投资拉动向消费与投资并重转变是一个稳步推进的过程,在此期间必须保持合理的投资增长。据测算,今年要保持7.5%的经济增长率,"十二五"

期间保持7%,投资名义增长率要在20%以上,否则投资下降过快而消费跟不上,就会导致经济下滑过快。第三,没有一定的投资,消费本身也难以真正拉动。因为扩大居民消费离不开对教育、医疗等社会事业和公共服务的投资。因此,扩大消费应首先调整投资结构、增加重点领域投资。

通过选择合理的扩大消费途径,我们能够同步实现投资规模增长和效益提高,从而保持经济长期平稳较快增长。主要途径:一是扩大科学合理、带动能力强的消费。比如在经济结构不合理、通胀压力持续存在的情况下,重点投资于民生,既能通过释放消费潜力来拉动经济、扩大就业,培育和做大医疗保健、教育培训、文化等新兴产业,又能促进经济循环和结构调整,缓解能源资源约束,还能增强居民对物价上涨和经济减速的承受能力。二是着力形成"橄榄型"消费群体结构。抑制浪费型、奢侈型消费,扩大中低收入者、农村农民消费能力。当前,释放民间投资活力既可以弥补政府投资,减少缺口,又有助于增加就业,调节收入分配。三是今后扩大消费的途径,如改善民生、政府投资,都要更多发挥市场机制在资源配置中的基础性作用。比如保障房建设、深化医药卫生体制、教育和文化体制改革都要在保基本的同时扩大非基本领域投入,既提高效率,又引领和扩大社会投资。

七、着力形成消费与投资及总供求的良性循环

今后,要通过扩大消费与保持投资与进出口的合理增速,调整消费与投资关系及其结构,以投资促消费、以消费促增长,形成新的经济循环。为此,要更加注重投资与就业、收入、消费的循环,更加注重经济与民生和社会事业的循环,更加注重扩大开放条件下的国际大循环,更加注重依靠体制创新和技术进步。要顺利实现这一转型,关键是提高劳动生产率,前提是保持合理的通货膨胀率,保持基本民生产品和服务的较低价格,保持房地产市场和资本市场的稳定,为转型创造相对宽松的环境。"十二五"期间,具体可考虑以下抓手:

(一)以完善基本公共服务体系为目标,继续实施重大民生和发展工程。除抓好保障性安居工程、深化医药卫生体制改革、建立完善社会保障体系外,还可以考虑以下方面:实施人口素质提升工程,如将义务教育年限增加到12年,大幅增加城市教育资源以帮助农民工子女入学,增加中西部贫困

儿童上学补助,开展大规模职业培训等;实施集中连片扶贫攻坚工程;实施农村水利工程和安全饮水工程;把实施生态治理工程和发展节能环保产业结合起来。

(二)建立确保"两个同步增长"的机制。一是统筹考虑和安排"十二五"规划提出的城乡居民收入增长、低保和最低工资标准提高等指标,整合提出"未来十年国民收入倍增计划"。目前已有广东、江苏、湖南、陕西、山西等省提出5—10年收入倍增计划。二是建立就业优先计划。三是构建弱势群体社会救济体系。比如为贫困家庭抚养子女建立"家庭补助金",调动社会力量发展慈善援助事业,建立面向残疾人、孤儿、孤老的看护津贴。

(三)重点加强薄弱环节。加快发展服务业尤其是生产性服务业;加强能源资源和基础设施保障能力;完善市场流通体系和社会信用体系;夯实农业基础。

2012 年 5 月 24 日

把沿海地区经济增长转到更多依靠内需拉动的轨道上来

宁吉喆　孙国君

　　11 月 23 日,国研室有关同志赴天津就当前经济形势和下一步工作思路进行了调研。总的结论是,天津作为沿海后发地区,近年来经济保持较快增长主要靠的是内需,今后破解增长的瓶颈制约还是要靠扩大内需,要在全面提高开放型经济发展水平的条件下,大力开拓中西部地区市场和本地市场,把沿海地区经济增长转到更多依靠内需拉动的轨道上来。

一、内需拉动是天津保持较快增长的主要因素

　　今年以来,受国际经济大环境变化等方面影响,我国经济下行压力明显加大,特别是沿海地区经济增速下滑幅度较大。天津市尽管经济也出现下滑态势,但与沿海其他省市相比,仍然保持了较快的增长速度。前三个季度,天津地区生产总值同比增长率分别为 14.7%、14.1%、13.9%,明显高出1—3 季度北京的 7.5%、上海的 7.4%、浙江的 7.7%、广东的 7.9%以及山东的 9.7%。进入 10 月,天津一些经济先行指标回暖,规模以上工业增加值、社会消费品零售总额、利用外资规模等增速均比前三季度加快,经济运行已呈现出筑底企稳的特征。

　　从调研情况来看,天津经济保持较快增长主要得益于以下几个方面:一是当地投资和消费对经济增长的拉动作用明显。天津自 2005 年启动了示范小城镇建设,规划转移 100 万农村居民,已累计开工 4400 万平方米,完成

投资 1500 亿元,年均增加投资近 300 亿元,同步建设的产业园区、现代设施农业增加了就业、带动了消费。同时,滨海新区开发开放的后发优势进一步发挥,许多基础设施和产业项目仍存在大量续建工程。1—10 月,天津固定资产投资同比增长 24%。二是产业发展主要面向国内市场。一些企业说,2009 年金融危机是外需不足,这次虽然是内外需都不振,但主要还是出口的问题。天津 60% 以上产品面向国内市场,相对于其他沿海地区,受国际市场的冲击小一些。三是市场意识较强的民营经济活跃。天津地理优势明显,辐射京津冀乃至整个环渤海地区,对民间投资产生了很强的吸引力。许多总部在外地大型民营企业纷纷到滨海新区设立生产基地。前 10 个月民营经济投资同比增长高达 50.1%,76% 到天津投资的内资是民营企业,民营企业外贸出口连续 12 个月保持 20% 以上的增速。四是面向国内外市场的高新技术产业快速发展。前三个季度高新技术产业实现利润同比增长 27.6%,特别是科技型中小企业,其主营收入同比增长近 60%,占全市工业主营收入的一半以上。

二、需求不足仍然是天津经济快速发展的主要制约

(一)拓展外需遇到明显压力。英利集团是全球最大的光伏生产企业,80% 以上产品出口,国际市场占有率达到 10%,今年以来遭受来自欧美的"双反"压力明显加大,形势十分严峻。海欧表业集团面向全球开发的高端产品遭到以瑞士手表行业为主的封杀和抑制,几乎每个上市的新产品都会被起诉。天津纺织集团产品出口"量平价跌",更多依靠退税等补贴政策维持运营。

(二)国内需求增长乏力。东汽风电叶片、明阳风电设备公司都表示,受国内电力并网等相关配套政策的影响,风电设备制造出现了行业性产能过剩现象,现在企业生产能力实际利用率不足 60%。爱玛科技占有国内 10% 的电动自行车市场,对市场需求增长也缺乏信心。许多传统行业都不同程度地存在着生产能力闲置问题。伊利乳业认为,受食品监管体制和社会信用环境的影响,食品行业一个点出问题,就会影响整个行业的发展,企业开拓国内市场风险大、成本高。

(三)扩大内需还有许多制约因素。国家一些好的规划和政策未能落地。英利公司说,按照国家有关规划,光伏产业的国内市场前景广阔。宏观指导层面的政策没有问题,但可操作的政策迟迟未能跟进,企业很难开拓国内市场。当地商务部门反映,由于国内外市场环境和销售渠道有很大不同,原来面向国际市场的企业转向开拓国内市场,面临着许多困难,需要一个较长的适应过程。运输部门表示,目前物流效率太低、成本很高,也是制约内需扩大的重要因素。现在进入天津的主要能源原材料仍然依靠公路运输,煤炭运输车辆返程空置率都在50%以上。东汽风电叶片公司说,大型风电设备由于运输障碍,在一些地区无法安装使用。

(四)现行一些政策不利于产业结构升级。海欧公司负责人说,手表代表着世界上最高水平的机械制造工艺,但按现行规定,无法享受高新技术产业的优惠政策,反而对超过1万元的产品还要加征20%的特别消费税,这实际上是在抑制企业的技术创新。爱玛科技说,由于电动自行车行业标准滞后,导致技术准入门坎过低,企业无法更好地发挥技术创新的优势。英利公司说,现在一提到光伏产业,大家就认为是过剩行业,银行不愿意给贷款。实际上每个行业内部都有先进和落后之分,如果一刀切地限制发展,对产业升级并没有好处。

三、几点体会和建议

(一)加快解决企业开拓国内市场面临的一些突出问题。调研中企业普遍反映,国家好的政策存在落实难的问题。如,太阳能、风能发电国内市场准入难,地区间物流成本过高,劳动力跨区流动的配套保障条件差,劳动密集型企业的税负和服务业运营成本高等,这些都制约了内需的扩大。当前应该突出出口不畅的重点领域,解决关键问题,形成示范效应,为扩大内需、发展经济注入新的动力。应立足扩大内需,把支持企业开拓国内市场放在更加重要的位置,控制出口退税规模,腾出资金用于内向发展。同时,还应从增强企业开拓市场能力入手,着力支持科技型中小企业发展。以先进企业技术标准为主导,形成能够实现"末位淘汰"的产品技术标准体系,为形成一批创新型企业打下基础。

(二)以人口合理转移为导向,有序释放城镇化的内需潜力。城镇化是个大战略,也是牵一发而动全身的关键之举。科学健康的城镇化道路既能缓解城乡二元结构矛盾和大城市房地产价格上涨的压力，又能扩大投资、拉动消费，一举多得。天津市本着农民自愿、政府主导的原则，采取"以宅基地换住房"等办法，较好地解决了城镇化过程中的安居、乐业等问题，促进了农业人口合理转移。如果这个问题处理不好，再过一、二十年，土地用完了，资源环境破坏了，人口未能真正实现城镇化，就会出现大的社会问题。因此，应加强对各地城镇化的规划指导和政策规范，把土地使用与人口转移挂起钩来，防止一哄而上占用土地，出现低就业、低转移水平的城市建设。

（三）保持松紧适度的宏观政策取向，形成有利于调结构、转方式的外部环境。调结构、转方式要想取得成效，只有在宏观经济环境偏紧的情况下才能实现，如果企业的日子都好过，就不会有转型升级的动力。从天津市的情况看，去年以来经济下行的压力对于没有技术优势的企业影响很大，但同时也凸显了技术创新的价值。在一般工业企业经营困难的情况下，一批高新技术企业特别是中小型科技企业异军突起，这不仅扭转了天津工业增长下滑的局面，而且极大地增强了经济持续发展能力。市场经济条件下，企业优胜劣汰是基本法则。不能看到一些行业甚至企业遇到困难，政府就想办法去救，否则，转方式难以进行。从历史经验来看，应当把握好财政货币等政策的方向、重点和力度，把经济增长速度控制在 7% ~ 8% 。这样既有利于经济结构调整的倒逼机制发挥作用，又不至于引起劳动就业、居民收入、财政收入出现大的问题。

（四）把充分就业作为经济工作的重要目标，推动有利于扩大就业的经济增长。稳定的就业水平不仅可以改善民生、调节收入分配，还可以提高经济运行的抗风险能力。如果产业结构不合理，经济增长不一定会带来就业的持续增加。针对我国不同层次劳动力素质的特点，产业发展不能脱离国情，应当鼓励各地根据自身的特点，因地制宜发展劳动、资金、技术等多种要素密集型产业，注意支持有特色的传统劳动密集型产业、小微企业和家庭手工业发展，创造多样化、有弹性的就业机会。

2012 年 12 月 10 日

投资率没有高估

——中国经济结构问题研究之一

俞肖云

长期以来,在拉动我国经济增长的三驾马车中,固定资产投资的作用非常显著,投资率高、消费率低的问题引起多方关注。其中,投资数据有没有被高估的问题争论很多,主要是判断的标准和检验的依据不一,还有对统计核算的制度方法缺乏了解造成的。全社会固定资产投资增速较高,是国有土地出让和城市房屋拆迁制度改革等多种因素造成的,与我国的工业化、城镇化进程密切相关。固定资产投资的高估并不直接导致资本形成乃至 GDP 的高估,也不会带来投资率的高估,这是由当前的统计核算方法决定的。

一、两个主要投资指标的内涵及变化趋势

反映投资规模的统计指标主要有两个:全社会固定资产投资额、支出法国内生产总值中的资本形成。前者由直接统计而来,有月度累计数据,在分析经济形势时较为常用;后者由核算得到,目前只有年度数据,一般用于中长期经济结构研究。

从指标内涵的差异来看,全社会固定资产投资包括土地购置费、旧机器设备购置费和旧建筑购置费,固定资本形成总额不包括;资本形成总额中包括城镇和农村非农户 500 万元以下项目固定资产投资、商品房销售增值、无形固定资本形成总额,全社会固定资产投资不包括。两者不是完全对等和包含关系,而是交叉关系。

从数据总量上看(见附表一),1990 年以来,可以分为两个阶段:以 2003

年为分界线,在此之前,全社会固定资产投资额小于资本形成,但趋势是逐步接近;2004 年及以后,全社会固定资产投资额超过资本形成,且差距越来越大。从增速上看,1990 年以来,22 年中有 18 年,全社会固定资产投资增速快于资本形成增速,其中,2002 年以后,全社会固定资产投资增速均快于资本形成增速。从增速的差距来看,相差 0 ~ 5 个百分点的有 12 年,5 ~ 10 个百分点的 7 年,10 个百分点以上的 3 年(1992、2005、2009 年)。

二、全社会固定资产投资可能被高估的判断

在工业化、城镇化快速发展的进程中,固定资产投资的规模和增速相对较高是可以理解的。但我国自 2003 年以来,全社会固定资产增速一直保持在 20% 以上,在大国中确属罕见,受到质疑是难免的。我们可以用实物指标进行验证。

钢材、水泥消费量是衡量固定资产投资的重要实物指标。相比与钢材品种多、出口比重较大且易于储存等特点,用水泥产量作为固定资产投资规模的印证指标更为可靠。因为水泥主要用于基础设施建设,且不适合长期大量储存,出口量占总产量的比重较小(2011 年全国水泥产量超过 20 亿吨,出口仅 1060 万吨),我们可以用产量增速替代消费量增速。还需要指出的是,水泥产量早就不是考核性指标,被人为调整的可能性非常小。

我们分两个阶段进行消费弹性分析,2000—2011 年,全社会固定资产投资名义增长 845%,全国水泥产量增长 328%,水泥消费弹性为 0.35;1990—2000 年,全社会固定资产投资名义增长 629%,水泥产量增长 256%,水泥消费弹性仍为 0.35。扣除固定资产投资价格因素的影响,2000—2011 年,全社会固定资产投资实际增长 746%,水泥消费弹性为 0.44;1990—2000 年,投资实际增长 592%,水泥消费弹性为 0.43,两个阶段的消费弹性非常接近。但从 2000 年以来的各个具体年份看,水泥产量增速与固定资产投资增速在个别年份出现了严重的趋势背离,2007—2008 年最为明显,尤其是 2008 年,水泥消费弹性降至 0.177(在此前后,2007 年消费弹性为 0.406,2009 年为 0.516),2008 年 25.9% 的全社会固定资产投资增速很有可能被高估。

需要指出的是,一些研究者用水泥或钢材产量的增速持续低于投资增速的这一现象说明投资增速高估的问题,主要是没有考虑消费弹性。我们在分析能源或电力消费与经济增长关系的时候,也常碰到消费弹性个别年份变动较大的情况,对长期趋势与短期变化的背离很难给出合理的经济解读,这也是宏观经济研究中常常碰到的问题,但这一般不影响对经济中长期走势的判断。

以上是从投资品的角度分析,也就是投入分析,我们还可以从产出的角度验证投资的效率指标是否合理。1994 年,我国的增量资本产出率(投资占 GDP 比重/GDP 增长率)为 3.5,本世纪初增加到 4.5,在 4~5 这个平台上保持了较长时间,2008 年突增到 6.7,2011 年达到 8.4。也就是说,要获得 1% 的经济增长率,需要新增相当于上年 GDP8.4% 的固定资产投资。但这里有一个问题,相对于实际产出(GDP 实际增长率),用本期固定资产投资占上年 GDP 的比重作为增量资本,未考虑投资价格因素,不尽合理。在对等条件下(均不考虑价格因素,产出用 GDP 名义增长率),2011 年增量资本产出率则为 4.9。此前年份中,1998、1999 和 2009 年出现异常值,主要原因是 1998、1999 连续两年出现通缩,GDP 名义增长率小于实际增长率;2009年是为了应对国际金融危机,投资突增,但外贸下滑严重,经济增长率被拉低。最近两年,增量资本产出率在 5 左右,忽略异常值,相对于此前的年份仍然是偏高的,相对于发达国家则更高。这说明我国固定资产投资的效率不高。

在此基础上,还需要回答一个问题:全社会固定资产投资数据有没有系统性偏差?即投资增速可能存在持续高估的情况,造成水泥消费弹性一直处于低位,增量资本产出率处于相对高位。

(一)投资用地政策和房地产价格的影响。1995—2002 年,全社会固定资产投资的增速一直在 20% 以下,在此之前曾有大幅度的波动(如 1989 年下降 7.2%,1993 年增长 61.8%),2003 年上升到 27.7%,之后就再没有降到 20% 以下,而就在 2004 年,全社会固定资产投资首次超过资本形成。这个时间点前后,与投资有关的政策发生了明显调整,主要是 2001 年,第二版《城市房屋拆迁管理条例》出台,"作价补偿"改为"按房屋的区位、用途等市场估价给予被拆迁人货币补偿",拆迁费用大幅度增加;2002 年,国土部出台《招标拍卖挂牌出让国有土地使用权规定》,我国正式实施土地"招拍挂"

制度。这两项制度保护了被拆迁人和国家的利益,但客观上也推高了土地和房地产价格。2004年,国有土地使用权出让收入近6000亿元,2011年增加到2.7万亿元,7年增长3.5倍,年均增长24%。2011年的土地出让收入已相当于房地产投资的43.7%、全国财政收入的26%、全社会固定资产投资额的8.7%。国土资源部2009年有一项调查,认为地价占房价的20%~30%(23.2%),当时一些观点特别是房地产商认为有明显的低估,因为从土地出让到房地产商建房,还会发生不少费用,如闲置过程的财务成本、越来越大的拆迁费用,还有一些无法明说的灰色支出。

(二)现行工程承包方式的影响。有一种观点认为,工程的层层转包形式是造成总投资额偏大而最终资本形成较小的原因。如一幢办公楼总投资10亿元,其中征地及拆迁2亿元,设备购置及其他费用2亿元,建安工程6亿元,但分包承建单位、装修公司、监理方一共发生直接成本5亿元,另外1亿元花在各个环节上。账面计算,固定资产投资10亿元,固定资本形成8亿元;实际投资只需要9亿元,形成固定资本7亿元。从某种程度上说,投资和资本形成都高估了1亿元。应该说,分包这种利益分享机制的存在是建筑工程市场准入制度和一些人为因素造成的,客观上限制了一些低价竞争者进入工程承包的一级市场。但如果工程质量有保证,分包这种形式也无可厚非。由此带来的投资高估虽然存在,但难以准确测算,更无法解释2003年以来固定资产投资连续9年超过20%的增长。

如前所述,全社会固定资产投资中包括土地购置费,也包括旧机器设备购置费和旧建筑购置费,即拆迁费,但这两项都不包含在资本形成中,因为这些增量资本的投入并不带来实际产出,也就不在支出法GDP核算范围之内。因此可以说,国有土地出让和城市房屋拆迁制度的改革推高了固定资产投资的总量和速度,拉开了投资与资本形成的差距。

三、固定资产投资的高估并不直接导致资本形成的高估

在我国的统计体系中,生产法是GDP核算的主要方法。支出法在国内生产总值核算中的作用与其说是验证,不如说是一种补充。

支出法中的固定资本形成主要包括:住宅和非住宅建筑物、机器设备购置、土地改良支出、大牲畜和新增经济林木价值,以及矿藏勘探、计算机软件

等无形资本价值。基础资料来源：国家统计局的固定资产投资统计,国土资源部的国有土地出让金、地质勘探投入经费、土地整理复垦开发投入、工信部的计算机软件销售收入。

　　以2011年为例,全社会固定资产投资中,建安工程20万亿元,设备工器具购置6.5万亿元,这两项是应该全额计入GDP的,而两项之和即超过当年的固定资本形成(21.5万亿元),这说明在支出法核算时,对固定资产投资数据没有全盘接受,而是进行了调整,俗称"打折"。另外,地质勘探和土地整理复垦开发投入共约2000亿元、计算机软件销售收入1.8万亿元,合计28.5万亿元。如果一起打折,幅度为"75折";如仅对固定资产打折,幅度为"73.5折"。我们有理由相信,与生产法计算出来的GDP相比,固定资产投资的增速越高,固定资产投资总量数据计入资本形成的比例越低。因此,固定资产投资的高估并不直接导致资本形成乃至GDP的高估,这是由目前的核算方法决定的。也就是说,投资率(固定资本形成占GDP的比重)高估的判断证据不足。

2012年7月20日

附表一:投资主要指标与经济总量的关系

年份	国内生产总值	资本形成总额	全社会固定资产投资	比例关系		
	A	B	C	B/A	C/A	C/B
1990	19347.8	6747.0	4517.0	0.35	0.23	0.67
1991	22577.4	7868.0	5594.5	0.35	0.25	0.71
1992	27565.2	10086.3	8080.1	0.37	0.29	0.80
1993	36938.1	15717.7	13072.3	0.43	0.35	0.83
1994	50217.4	20341.1	17042.1	0.41	0.34	0.84
1995	63216.9	25470.1	20019.3	0.40	0.32	0.79
1996	74163.6	28784.9	22913.5	0.39	0.31	0.80
1997	81658.5	29968.0	24941.1	0.37	0.31	0.83
1998	86531.6	31314.2	28406.2	0.36	0.33	0.91
1999	91125.0	32951.5	29854.7	0.36	0.33	0.91
2000	98749.0	34842.8	32917.7	0.35	0.33	0.94
2001	109028.0	39769.4	37213.5	0.36	0.34	0.94
2002	120475.6	45565.0	43499.9	0.38	0.36	0.95
2003	136634.8	55963.0	55566.6	0.41	0.41	0.99
2004	160800.1	69168.4	70477.4	0.43	0.44	1.02
2005	187437.4	77856.8	88773.6	0.42	0.47	1.14
2006	222711.9	92954.1	109998.2	0.42	0.49	1.18
2007	266556.7	110943.2	137323.9	0.42	0.52	1.24
2008	315977.2	138325.3	172828.4	0.44	0.55	1.25
2009	348771.3	164463.5	224598.8	0.47	0.64	1.37
2010	402818.7	193603.9	278121.9	0.48	0.69	1.44
2011	465998.7	229102.4	311021.9	0.49	0.67	1.36

数据来源:中国统计摘要(2012年)。另,本文引用数据如未申明,均来自国家统计局公开出版物。

居民收入、消费的低估与消费品零售额的高估并存

——中国经济结构问题研究之二

俞肖云

居民收入、消费不仅是重要的经济指标,也与每个人的感受息息相关。不少研究机构认为我国居民的收入和消费均被低估,而社会舆论则认为居民收入被高估,消费也有被连带高估的可能。在国家将扩大内需特别是扩大居民消费作为长期战略的情况下,有必要将这种问题理清楚。研究发现,社会消费品零售总额数据很有可能被高估,而居民住户调查中的收入和消费支出则双双低估,且幅度不小。但这些对经济总量核算的影响较小,也并不造成消费率的低估。

一、主要消费指标的内涵及变化趋势

反映居民消费需求的统计指标主要有三个:社会消费品零售总额、支出法 GDP 核算中的最终消费、城乡住户调查中的居民消费性支出。而根据统计制度,支出法 GDP 核算中的最终消费,主要数据来源就是城乡住户调查中的居民消费性支出,另外有一些服务性支出的数据来源于金融保险、房地产等统计资料。有专家质疑,相对于社会消费品零售总额的规模与增长率,最终消费被低估,从而造成最终消费率偏低。

1. 指标内涵。社会消费品零售总额与最终消费支出是两个完全不同的指标,主要差异是,社会消费品零售总额包括境外人员在国内的消费,不

包括国内居民在境外的消费,而最终消费是指常住居民的消费支出,含境外消费;社会消费品零售总额包括售给政府、企事业单位的交通工具、电信设备等,形成固定资产的就不属于最终消费,居民购买的建筑装修材料也是如此,属于住房投资的一部分,不算最终消费;社会消费品零售总额中不包括文教娱乐、医疗等服务性消费,也不包括自给性消费和虚拟服务消费,而这些是最终消费的核算范围。

2. 指标数值及变化趋势的差异。从 1990 年以来的数据看(见附表一),社会消费品零售总额始终小于最终消费支出,但差距越来越小;从 2008 年开始,社会消费品零售总额开始超过最终消费支出中的居民消费支出,2011 年比居民消费支出高 13%。

从指标增长率的变化情况看,三个指标在大多数年份的增长趋势非常接近,仅在 2001、2002 和 2008 年出现趋势背离,其中,2008 年社会消费品零售总额增长 22.7%,最终消费支出增长 16%,居民消费支出增长 15.9%,速度差扩大到 6 个百分点以上。

二、社会消费品零售总额和增速极有可能被高估

我们采用 2008 年底所有商业类上市公司的对外公布数据,比较同期的零售额统计数据,判断以上出现的趋势背离是否合理,这是基于上市公司数据相对较为准确的假设。

2008 年,54 家商业类上市公司主营业务营业收入增长 16.1%,与社会消费品零售总额增幅的差距为 6.6 个百分点,与最终消费支出和居民消费支出的增幅极为接近。差距更大的 2009 年一季度数据,在国际金融危机的影响下,商业类上市公司的主营业务收入仅仅实现了微小增长(0.15%),社会消费品零售总额却实现了当季 15% 的增长,确实难以解释。数据说明,2008 年和 2009 年一季度,社会消费品零售总额和增速极有可能被高估。而在此前后,批发零售业统计制度并没有大的调整,因此,其他年份的社会消费品零售总额数据也有高估的可能。

从逻辑上说,从社会消费品零售总额在部分年份的高估,并不能得出最终消费和居民消费支出没有低估的结论。由于居民消费支出数据是根据住户抽样调查和金融机构的居民储蓄测算而来,在数据衔接上没有问题。目前争论的焦点是,由于种种原因,居民收入被低估,最终消费支出也随之下降。

三、居民收入数据的使用

我们可以用资金流量表中的住户部门可支配收入数据验证住户抽样调查中的居民收入。现有最新的资金流量表是 2008 年,鉴于当年数据波动幅度较大,我们选用 2007 年的数据。

2007 年,资金流量表中的住户部门可支配总收入为 15.66 万亿元;住户调查中的城市居民家庭人均可支配收入为 13786 元,农村居民家庭人均纯收入为 4140 元,城乡居民可支配收入合计 11.19 万亿元。核算得到的住户部门可支配总收入比住户调查得出的居民收入高 40%,多出 4.47 万亿元。但由此并不能得出居民收入明显低估的结论,因为住户调查中的居民收入是居民实际获得的收入,而资金流量表中的居民可支配收入还包括居民享用的收入,如单位为职工缴纳的社保、报销的公费医疗费、住房公积金等没直接发给居民的收入。因此,支出法核算没有直接采用住户调查的居民收入和消费的总量数据,而是采用了其中的增速,结合经济普查年份的有关数据,还有一些部门、行业资料对居民可支配收入进行了测算。

在 2007 年的资金流量表中,政府部门的最终消费为 3.59 万亿元,与住户部门的最终消费合计为 13.15 万亿元,与支出法 GDP 中的最终消费(13.22 万亿元)非常接近。一些专家担心的由于居民收入低估,导致最终消费支出低,乃至经济结构错判的问题,其实并不存在,或者说并不严重。但由于资金流量表与住户调查均使用"可支配收入"的概念,容易将实际可以支配的收入(到居民手中的)和总收入(含隐性补贴)混为一谈,引起误解。建议将资金流量表的住户部门可支配收入改为"可支配总收入",以示区分。

根据以上的测算结果,居民每收入 1 万元,政府在社保、医疗、住房等方面的隐性补贴约为 0.4 万元。这个比例关系是否合理,很难判断,不仅需要掌握大量的相关数据,还必须建立在住户调查的居民收入数据基本可靠的基础上。而恰恰是居民收入数据可能存在低估,但低估幅度很难判定。低估主要依据有两个:一是在财产不透明的情况下,调查对象普遍不愿意填报隐性收入,而隐性、灰色收入在我国经济生活中大量存在;二是高收入群体很难纳入统计调查样本框,对住户调查的配合度极低,造成调查样本的系统性偏差。

四、居民消费支出的低估问题

从逻辑上来说,高收入群体不仅存在收入低估的问题,同时也存在消费低估的现象,城乡居民的收入和消费总量也会随之低估。从消费支出分项来看,服务性消费中的文教娱乐、居住和医疗保健支出被低估的可能比较大。

——文教娱乐消费。目前国内旅游总收入(即国内居民旅游总花费)大大高于居民文化娱乐消费支出,这是因为旅游收入统计范围较大,是一个大口径指标,并不能与居民文化娱乐消费支出直接对比,但居民旅游消费支出确实存在低估。国内旅游总收入包括商务、公费出行,也就是行政事业单位和企业的差旅费支出。这类出行虽然相对于居民旅游的人数较少(3% ~ 4%),但其交通、住宿、餐饮标准较高,在旅游收入中占据了相当大的份额。根据美国国家商务旅游协会的测算,2008 年中国差旅支出 938 亿美元,占全球市场的 10%,年均增长率 6.5%。以此推算,目前我国每年的差旅支出已超过 1000 亿美元,如果以国内、国际各占一半估算,国内旅游收入中有超过3000 亿元属于差旅花费,相当于当年国内旅游总收入的 1/3 强,这些是不应该包括在居民消费中的。另外,旅游过程中的购物支出、市内交通、电信等费用,特别是购物支出,占旅游收入的 20% 以上,因为不是直接支付给旅行社的费用,住户调查时常常是作为商品消费支出,并不作为文化娱乐消费。考虑到以上两个原因,2008 年国内旅游总收入 8749 亿元中,有 4750 亿元(3000 亿元差旅 + 1750 亿元购物等)是与居民文化娱乐消费支出(2928 亿元)不匹配的部分,也就是说,即便居民文化娱乐消费支出都作着旅游消费,也要低估 1000 亿元以上。我们推算,居民文化娱乐消费的低估幅度在35% ~ 40% 之间,这与上文居民可支配收入两个指标的偏差幅度基本吻合。

——医疗保健支出。近年来,住户调查中的城乡居民医疗保健消费支出比卫生部公布的数据低 35% ~ 40%。低估幅度与居民可支配收入的偏差也是接近的。

——居住消费。居住消费中的自有住房虚拟服务部分,在房价经过大幅度上涨,目前居于高位的情况下,按成本法计算确实有一定程度的低估,统计部门也早已认识到这一点。根据发达国家住房服务消费占居民消费的比重(15%左右),推算我国居民的住房消费低估了 50% 左右(现比重为 7% ~8%)。但这种直接套用有不合理的地方,主要是我国房地产市场的租售比不太合理,租金与房价的比率甚至低于银行定期存款利率,因此,低估的程度明显小于 50% 。

——食品消费。我国城市居民的恩格尔系数(食品消费/消费性支出)近几年下降的趋势放缓,2011 年为 36.3% ,仅比 2005 年下降 0.4 个百分点;农村居民的恩格尔系数为 40.4% ,从收入水平来看,还可以保持一定的下降速度。由于收入、消费性支出、食品消费三者相对固定的比例关系,可以判断,食品消费低估的程度与居民可支配收入的偏差接近。

综上所述,在住户调查数据中,居民收入和消费的总量低估同时存在,消费支出及其主要分项的低估程度不一,平均在 40% 左右;收入低估的幅度虽然无法准确判定,但低估的幅度应该小于消费支出。在可支配总收入不变的前提下,居民的隐性补贴收入幅度被高估了。

居民收支数据的偏差如此之大,统计部门也意识到这一问题,为什么没有进行改进?原因可能有三个:一是将高收入者列入调查范围确实困难,没有强制执行的条件和先例;二是没有办法把部分居民不愿如实填报的项目测算出来,再分摊到具体的调查户,只能在核算支出法 GDP 时一次性调整;三是住户调查的总量数据虽然不好用,但其增长趋势还是有参考价值的。另外,收入的低估有其群众基础,因为即便是低估了的数据,公布后许多人的反响仍然以"数据过高,与大多数人的感受不同",纠偏只能慢慢来。

2012 年 7 月 20 日

附表一:社会消费品零售总额与最终消费的关系

年份	最终消费支出	其中:居民消费支出	社会消费品零售总额	比例关系	
	A	B	C	C/A	C/B
1990	12090.5	9450.9	8300.1	0.69	0.88
1991	14091.9	10730.6	9415.6	0.67	0.88
1992	17203.3	13000.1	10993.7	0.64	0.85
1993	21899.9	16412.1	14270.4	0.65	0.87
1994	29242.2	21844.2	18622.9	0.64	0.85
1995	36748.2	28369.7	23613.8	0.64	0.83
1996	43919.5	33955.9	28360.2	0.65	0.84
1997	48140.6	36921.5	31252.9	0.65	0.85
1998	51588.2	39229.3	33378.1	0.65	0.85
1999	55636.9	41920.4	35647.9	0.64	0.85
2000	61516	45854.6	39105.7	0.64	0.85
2001	66933.9	49435.9	43055.4	0.64	0.87
2002	71816.5	53056.6	48135.9	0.67	0.91
2003	77685.5	57649.8	52516.3	0.68	0.91
2004	87552.6	65218.5	59501	0.68	0.91
2005	99357.5	72958.7	68352.6	0.69	0.94
2006	113103.8	82575.5	79145.2	0.70	0.96
2007	132232.9	96332.5	93571.6	0.71	0.97
2008	153422.5	111670.4	114830.1	0.75	1.03
2009	169274.8	123584.6	132668.4	0.78	1.07
2010	194115	140758.6	156998.4	0.81	1.12
2011	224740.8	162813	183918.6	0.82	1.13

释放"改革红利"，促进经济持续较快增长

孙国君

今年以来,随着我国经济增长速度持续放缓,国内外许多专业人士普遍认为中国经济已经结束了高速增长的黄金时代。未来一个时期,对我国经济发展所处阶段做何总体判断? 关系中长期发展战略的制定,关系宏观调控政策的取向。

改革开放以来,我国实现了年均近10%的三十多年高速增长,经济总量跃居世界第二。今后还能否延续这样高增长的态势,笔者认为,我国经济仍将长期处于转型阶段,巨大的发展潜力尚未得到有效释放,通过深化改革,激活市场经济主体内在活力,经济增长将重回8%以上的高增长态势,并将持续10年以上时间。

影响经济增长的因素很多,过去三十年我国何以实现高速增长? 更多人认为,体制机制改革解放了生产力、发展了生产力。笔者认为,体制机制很重要,是实现高增长的必要条件,但还不能构成充分条件。过去三十年,决定经济高速增长的主要因素是,政府和国家资本主导的持续的大规模的基本建设。各级政府利用金融、土地等杠杆,在财政收入水平很低的情况下开展了大规模的基本建设,这不仅直接拉动了GDP,也为后续发展创造了硬件基础。如,1981—2011 年,城市建成区面积扩大了5 倍,如果包括各类园区,城市建设面积扩大近 10 倍;高速公路、电气化铁路从无到有,由小到大,里程规模仅次于美国;电力装机从几千万千瓦扩大到 10 亿千瓦,规模世

界第一。其他主要领域的建设速度也大体如此。大规模的基础设施建设带动了钢铁、水泥等建材和相关装备产业的快速发展,目前我国主要工业初级产品的产量均居世界前列。这是世界上任何一个大国都无法做到的。总的来说,过去三十年,经济发展以外延扩张、出口导向、资源消耗为主,依靠强劲的投资拉动了经济持续快速增长。这种粗放型的增长方式短期效果明显,但不可持续。

早在 2007 年,世界银行在其一份经济报告《东亚复兴——关于经济增长的观点》中提出:"在过去 50 年中,许多国家从低收入水平跃升到了高收入水平。世界上最失落的地区当属拉丁美洲,它的很多国家在达到中等收入水平后,根本就停止了增长。"据此分析,如果一个国家在进入中等收入国家行列后失去经济发展的动力,经济增长始终徘徊不前,就被认为落入"中等收入陷阱"。拉美地区和东南亚一些国家是陷入"中等收入陷阱"的典型代表。世界上能够成功跨越"中等收入陷阱"的较大经济体不多,可以说只有日本实现了由低收入向高收入阶段的平滑转换。导致失败的因素很复杂,有收入分配差距过大问题,有对外依存度高问题,莫衷一是。笔者认为,之所以存在"中等收入陷阱",主要是因为发展中国家在消耗掉低成本的比较优势后,经济增长没有从外源式成功转向内源式。也就是说,未能形成技术创新、体制创新的持续支撑力。

2010 年我国人均 GDP 达到 4400 美元,已经进入中等偏上收入国家行列。中国会不会重蹈覆辙,落入"中等收入陷阱",倍受国际社会关注。与其他发展中国家相比,我国经济发展阶段有着明显的转型特征,即长期处于由政府主导的计划经济体制向市场经济转型的过渡期,这个阶段至少到 2020 年,也可能需要更长时间。政府主导投资在过去 30 年对经济高速增长发挥了关键作用,其拉动经济的作用已开始弱化。然而,体制机制对增长的促进作用还有巨大空间。今后,需要把工作重点放在最大限度地获取"改革红利"上,通过体制机制改革,释放经济发展特别是企业创新的内在活力,促进经济持续较快增长。

"改革红利"是指制度改变带来的促进经济增长的因素,涉及经济社会各个领域。笔者认为,主要表现在以下三个方面:

一是打破市场准入限制将会带来持续稳定的社会投资。垄断特别行政垄断是对经济增长活力最大的扼杀。垄断不仅限制了社会资本进入特定行业，更为严重的是切断了产业链条，大幅度推高了社会运行成本，如企业的运输、通信、能源等生产性成本支出，医疗、教育等人力成本支出，令整个实体经济缺乏竞争力和活力。目前国有资本在一般竞争性领域仍分布过广、规模偏大，部分垄断行业改革进展缓慢甚至尚未破题，国有和集体投资规模占全社会固定资产投资的三分之一。如果到 2020 年基本破除各行业准入限制，一些资本密集型行业和服务业将吸引大量社会资本进入，再加上持续推进的城镇化进程和基础设施建设，全国社会固定资产投资将保持年均 20% 以上的增长速度。打破垄断很难自下而上推进，只能依靠政府决策层下更大的决心、采取更有力的措施。全国各类改革实验区很多，应当把分类打破垄断作为改革试验的主要任务，实现由点及面的突破。

二是调节收入分配结构和完善社会保障将会带来居民消费潜力的稳步释放。一般情况下，居民边际消费倾向（增加的单位收入中用于增加消费的比率）会因收入水平提高而下降。我国收入分配差距主要体现在城乡间、地区间，但行业之间收入水平的巨大落差，矛盾更突出，社会危害性更大。同处一个地区、一个城市，最高收入行业与最低收入行业的平均收入水平相差超过 10 倍。这不仅在社会上形成了不同的利益阶层，也严重降低了居民整体消费率。调节收入分配，首要任务是打击非法收入、取缔不合理收入，让隐性收入"阳光化"。这部分收入涉及国民总收入的 1/4，无法正常转化为消费，有的甚至外逃。其次是建立全国统一的公共服务体系，筑牢社会保障网，解除百姓后顾之忧，让居民敢于扩大消费。与社会提供公共保障制度相比，如果主要依靠个人家庭解决教育、医疗、养老等问题，居民收入中必须储蓄数倍于公共支出的资金，才能实现同等的保障能力。这也说明，在公共服务上投入一个单位可以释放出几倍的居民消费。再次是把解决经济社会发展中存在的"二元结构"矛盾，特别是城市内部的"二元结构"作为调节收入分配、解决社会公平问题的重要抓手，这部分涉及农民工、棚户区和老城区的困难群众，约占全国总人口的 20%，既可惠民生，也可拉动投资和消费，一举多得。

　　三是规范市场经济运行秩序将大幅度降低经济运行和社会交易成本。实体经济是经济发展的基础,其发展情况也是一个国家或地区市场经济环境最主要的体现。近些年来,一些地区出现了实体经济"空心化"倾向,其主要原因是实体经济发展成本居高不下。比如,中小企业综合融资成本普遍超过10%,需要缴纳的各种收费几十项,有的地方"五险"占工资比例超过40%。再如,全社会物流费用占GDP比例高达18%,是发达国家平均水平的两倍多。社会发展运行的各种投入和费用,最终都要落在实体企业的账单上。如果成本过高,企业将不堪重负。深化改革,首先要提高政府自身的运行效率,严格控制非税收入,对公共支出的投入产出进行有效评估,为社会提供相应的保障能力。其次是控制基础设施、金融服务、各类中介组织等行业的盈利和收入水平,平衡虚拟经济与实体经济规模比例。再次是建立社会信用体系,降低社会交易风险成本,提高生产要素流转和产出效率。

　　这些"改革红利"综合起来将成为我国经济未来发展的主要动力来源。只要我们明确方向,坚持推进各项改革措施,就能够再创一个可持续的、较快的经济增长周期,成功跨越"中等收入陷阱",实现中国民族的伟大复兴。

2012年11月20日

建议将节能家电补贴[*]
作为家电以旧换新的接续政策

张军立

在应对国际金融危机的过程中，中央采取的一系列扩内需、保增长的政策措施发挥了重要作用。其中，家电"以旧换新"政策已于去年底到期。根据当前经济发展态势和稳增长的要求，应有后续的替代政策。将"节能家电补贴"作为"以旧换新"的替代政策，对于进一步扩大内需具有十分重要的意义。

为有效应对国际金融危机、进一步扩大内需，2009 年 6 月，国务院出台了家电"以旧换新"的政策措施。这项政策产生了良好的效果。一是有效拉动了消费。截至 2011 年底，全国家电"以旧换新"共销售五大类家电 9302 万台，拉动直接消费 3443 亿元。二是带动了家电生产。在政策带动下，迅速扭转了家电企业效益大幅下滑的势头，骨干企业实现了效益大幅增长。三是促进了节能环保。截至去年底，共回收五大类废家电 9474 万台，拆解处理 7687 万台，回收利用有用资源超过百万吨，有效挖掘了"城市矿山"。更新的新家电可节能约 20% ~30% 。四是增加了就业和税收。据家电及有关资源利用协会估算，服务于家电以旧换新的从业人员达 40 万人。2010 年"以旧换新"销售家电带来的税收超过 162 亿元，是全年财政补贴 100 亿元的 1.6 倍。

根据原有政策设计，家电"以旧换新"政策已于 2011 年 12 月 31 日终止

---

* 此文获得国务院研究室 2012 年度优秀研究成果二等奖。

执行。从今年1月份北京市家电销售情况看,这项补贴政策的结束实施对家电市场的影响是明显的。今年1月1日—28日,北京市彩电、冰箱、空调、洗衣机、电脑等五类家电,与去年同期相比,国美电器下降了47%,大中电器下降了50.9%,苏宁电器下降了28.2%。五类节能家电销售量49594台,为试点以来单月销售量最低。北京市场在全国具有指标意义,全国各地家电市场销售也出现不同幅度的下滑。当然,导致下滑的原因是多方面的,但政策终止执行是一个很重要的原因。与此同时,由于不再实行"以旧换新",拆解企业没有了稳定的原料来源,造成了大量的生产能力闲置。

扩大内需特别是消费需求是保持我国经济平稳较快发展的根本立足点,坚持资源节约和保护环境是我国的基本国策。特别是,当前国内外经济形势严峻复杂,稳增长是今年经济工作的重中之重;去年节能减排指标完成不理想,进一步加大节能减排工作力度是一项硬任务。有关部门、地区和广大消费者也普遍希望能够延续促进消费的政策。

经过我们调查研究,并征询有关部门、企业意见,我们建议将节能家电补贴作为家电"以旧换新"的接续政策。即对购买高效节能家电产品的单位和个人给予一定数额的财政补贴,鼓励购买高效节能产品,倡导绿色环保消费。

主要考虑:一是更加突出节能环保这一主题。我国节能减排面临严峻形势。居民生活用电不断攀升,在全社会用电量中比重不断增大。节能家电补贴政策设计以节能环保为核心,有利于节约能源、缓解居民用电压力,改善居民生活环境和质量。据测算,按每年补贴销售3000万台节能家电计算,与非节能家电相比,每年可节约用电78亿度,相当于减排二氧化碳75万吨,二氧化硫22.5万吨,氮氧化物11.25万吨,碳粉尘207万吨。二是在扩内需、稳增长中发挥积极促进作用。节能家电由于技术先进,价格一般比普通家电略高。补贴政策将降低消费者购买成本,间接提高居民消费能力。如全国按平均每台3000元售价计算,每年约直接拉动国内消费900多亿元。三是带动家电行业优化升级。消费结构升级必将带动产业结构的升级。通过政策引导,企业将更加注重技术研发、技术改造,将有利于淘汰落后的工艺、设备和产品。四是有利于稳定和增加就业。家电生产、销售、服务、回收、拆解等产业链的各个环节大都属于劳动密集型产业,使用了大量的劳动力。节能家电补贴政策的执行将对稳定和增加就业产生积极影响。五是更加方便监管和消费者。与以旧换新政策相比,节能家电补贴手续简便,人为操作环节少,可有效弥补以往政策中存在的骗补等漏洞,在方便消费者的同时也有利于实施监管。六是有利于建立和提高居民的绿色消费意识。开展节能家电补贴有利于倡导绿色环保的消费理念,促进绿色消费的实践,使广大消费者成为绿色环保的宣传者、实践者、推动者。

为能更早、更好地发挥政策效应,建议有关部门抓紧研究制定对节能家电的财政补贴政策。在时间节点上,政策的推出时间应不晚于今年二季度末。在补贴范围上应选择节能潜力和消费需求较大的家电品种。在政策设计上应针对不同的能效级别设定不同的补贴标准。在补贴标准上应不低于以旧换新政策标准。在政策期限上应作为一项长期政策,而不是短期政策。

2012 年 2 月 16 日

应高度重视和积极应对国际粮价上涨可能带来的风险

郭　玮　方松海

今年全球主要产粮国出现严重干旱,给粮食生产带来不利影响。最近,美国农业部将美国玉米预期产量下调17%,大豆产量下调11.7%。俄罗斯、巴西、阿根廷、印度等农业大国也出现因旱粮食减产。受减产预期等因素影响,6月份以来,国际市场粮价飚升,玉米期货价格涨幅一度超过45%,大豆价格上涨近25%,小麦上涨45%。在国际粮价大幅上涨的同时,我国粮食市场运行平稳,7月份全国粮价涨幅仅0.2%。不少人认为,我国粮食对外依存度不高,今年秋粮长势较好,因此,国际粮价飚升对我们影响很小。我们觉得,我国粮食连续丰收,我们完全有能力保障粮食供给,但国际粮价上涨仍可能给我们带来一系列问题,尤其是给国内物价上涨带来的压力决不能忽视。

国际粮价上涨,影响最大的是食用油的价格。大豆是我国食用油最重要的原料,我国大豆的对外依存度近80%。国际市场大豆价格的上涨直接带来国内大豆价格上涨。6月21日,国家临时储备大豆抛售成交均价每吨3828元,到8月2日,这一价格已经涨到每吨4381元,涨幅达14.5%。大豆价格上涨直接增加油脂企业成本,带来食用油价格的上涨。两个多月以来,国内食用油价格上涨压力增大,国家主管部门已经对大型油脂企业进行多次约谈,小包装大豆油价格上涨还不明显,但目前大豆油脂加工企业亏损已经较大。如果国际市场大豆价格持续高涨,我国食用油价格必然要上涨。

而食用油价格上涨直接会带动面包、方便食品等加工食品以及餐饮业价格的上涨,给整个物价调控带来困难。2007 到 2008 年间我国食用油价格暴涨,就是当时物价上涨的重要推手,教训极为深刻。

国际粮价上涨影响我国生猪等养殖业及肉类价格。这一影响主要来自两个方面,一是玉米价格,二是豆粕。近些年,我国玉米产量增长很快,但玉米的需求增长更快。玉米消耗 60% 以上是饲料,饲料玉米需求每年增长 3% 以上。玉米消耗 30% 是工业深加工,工业加工玉米需求每年增长 15% 以上。2008 年以前我国是玉米出口国,从 2008 年起,我国已经成为玉米净进口国。2011 年进口 175 万吨,今年上半年进口已达 240.54 万吨。随着玉米进口的增加,国际玉米价格对国内市场的影响将越来越大。玉米价格的上涨必然带来饲料价格的上涨。推动饲料价格上涨的还有豆粕。豆粕在猪饲料中占到重量的 1/4、成本的 1/3。随着大豆价格上涨,豆粕价格也相应上涨。特别是有关部门加强了对大豆油价格调控,在豆油涨价困难的情况下,油脂企业为平衡盈亏,普遍提高其副产品豆粕的价格。6 月 24 日国内市场豆粕价格还在 3400 元/吨左右,8 月 21 日豆粕价格已经达到 4400 元/吨,两个月价格涨幅达 30%。豆粕涨价的幅度不仅大大高于豆油,而且也大大高于大豆。国际市场大豆涨价所形成的压力,很大部分集中在豆粕上释放,这给饲料以及生猪等养殖业带来极大危害。目前,我国猪肉价格已持续几个月低迷,4 月中旬猪粮比就跌破 6:1 的盈亏平衡点,至今依旧维持在 5.7:1 左右。生猪养殖正处在一个十分困难的阶段,如果国内玉米、大豆价格上涨,无疑会使养猪业雪上加霜,加剧生产的波动,进而给市场稳定带来较大风险。

国际粮价上涨还会对我国口粮价格波动带来影响。我国主要口粮小麦、水稻自给率较高,价格的波动受国际市场影响相对较小。但国际市场粮价波动会影响我国粮食市场预期,进而影响价格的变化。值得注意的是,小麦代替玉米用于饲料原料的量在不断增加,这使小麦价格的变化更加复杂,增加了口粮价格的风险。

目前,我国农产品市场运行平稳,这为加强宏观调控、保持经济平稳较快发展提供了坚实的基础。但对国际粮价大幅上涨可能带来的滞后影响要有足够的估计,对农产品市场中存在的风险必须有充分认识。要采取措施促进农业生产稳定发展和农产品市场的平稳运行。

一要强化防灾减灾,千方百计促进秋粮增产。今年主要秋粮产区雨量充沛,秋粮长势很好。但要最终丰收到手,还存在不确定因素。近一段时期,部分粮食主产区病虫灾害偏重,特别是华北、东北一些地方黏虫暴发,危害面积超过3000万亩,对受灾地区和农户带来较大损失,对此必须高度重视。要进一步加大防治力度,对危害较重的地区要增加统防统治的资金补助,积极开展专业化防治,最大限度减少虫害损失。从当前看,还应特别注意东北等地早霜的危害。如果早霜来得早,玉米等的成熟就会受到影响,含水量高,千粒重轻,产量下降。东北地区早霜早来一天,粮食产量就损失数亿斤。最近连续几年,东北早霜都比较晚,部分地方科技人员和农民群众防早霜意识开始淡漠,必须充分估计早霜可能,认识风险,制定有效应对预案,尽量减少损失。

二要强化粮食收购,增强粮食市场调控能力。做好收购工作是保障供给、稳定粮价的重要措施,也是增强国家市场调控能力的基础。近两年,受粮食收购和经营效益不佳影响,一些地方从夏粮收购开始就出现企业入市谨慎,收购不积极的问题。特别是企业自主收购积极性不高,粮食市场购销不活跃。个别地方甚至出现了农民"卖粮难"。对此,各地应加大小麦、稻谷最低收购价政策执行力度,凡是达到预案启动条件的地区,要按政策规定及时启动预案,合理布设库点,方便农民售粮,真正做到敞开收购、应收尽收。同时,要积极引导企业搞好市场化收购,搞活粮食流通。今年玉米面积扩大较多,部分主产区农民对秋后玉米能否以合理价格出售心存疑虑。如果玉米上市后贸易商、深加工企业不急于收购,部分农户担心价格下行的心理会加重。要尽早安排好玉米收购工作,提早出台玉米临时收储政策,搞好托市收购,稳定市场价格,保护农民种粮积极性。考虑到目前粮食收购市场不很活跃的情况,以及今后粮食市场面临的风险,建议适当扩大中央储备的收储规模。

三要继续加强食用油市场的监控,研究制定油料发展的长期战略。我国食用植物油的原料大多靠进口,加工环节也是外资占主导地位。我国又是国际大豆、油料的最大买主。如果放松对食用油市场的监管,必然会出现大幅涨价的局面。因此,必须毫不动摇地坚持现有的调控政策,多种手段加强对食用油市场的监管。同时，要认真研究我国油料发展战略，逐步遏制进口规模不断扩大、国产油料市场份额不断下降的被动局面。要采取措施扭转大豆生产不断萎缩的趋势。大力发展花生等油料作物。制定特别的政策鼓励油菜生产，这既是增加油料供给的有效措施，也是用好冬闲田、提高土地利用率的重要途径。对大豆等的进口，要力争多元化、多渠道。适当扩大大豆和豆油以外其他油料进口。

四要认真落实扶持生猪生产的政策。我国生猪调控机制已基本建立，为应对猪肉价格持续低迷，相关部门已经连续两次启动冻肉收储，以抑制猪肉价格下滑趋势，并取得一定成效。近几年生猪大型规模化养殖发展较快，生产能力有较多提升，要继续落实国家促进生猪生产的各项政策，保护好生产积极性，减少市场波动。

五要适当控制媒体对粮价波动因素的过度渲染。粮食等农产品价格波动受到自然因素、需求变动等很多复杂因素的影响，媒体适度报道有利于传播市场信息，促进农产品合理价格的形成。但必须注意到，粮食价格波动受市场预期的影响很大。预期价格上涨，生产经营者会惜售或增加库存，更加推高价格；预期价格下跌，生产经营者会急于出售，消费者会减少购买，加剧价格下跌。市场预期越是一致，价格波动也越剧烈。媒体过度渲染往往会强化人们预期，影响市场的正常运行。近期发生的黏虫灾害，媒体不断报道，已经对市场产生影响。事实上，今年玉米播种面积增加上千万亩，黏虫灾害远不会改变全国玉米增产的趋势。因此，应引导媒体对粮食价格波动及相关因素客观报道、适度报道，避免过度渲染、炒作。

2012 年 8 月 22 日

对资金脱实向虚现象的分析及建议

钱谱丰

近年来,资金脱实向虚现象受到广泛关注。我们梳理了资金脱实向虚的几种主要表现,认为实体经济和虚拟经济的利润率差距是产生这种现象的根源,资金进入实体经济存在准入障碍和金融中介渠道不畅也是重要原因。为抑制资金脱实向虚、鼓励发展实体经济,需要采取加大对实体企业财税支持、坚决遏制投机炒作、切实消除民间投资的障碍、推动金融机构多元化和利率市场化以及通过金融创新拓宽和畅通资金流向实体经济的渠道等措施。

一、资金脱实向虚的主要表现和危害

资金脱实向虚是指资金脱离实体经济流向虚拟经济的现象,其目的是获得短期高额收益,既包括资金直接流出实体经济,又包括虚拟经济过度扩张挤占实体经济资金。从近几年的情况看,主要有以下表现:

(一)资产炒作引起价格暴涨。一是房地产炒作。根据中原地产住房价格指数,从 2009 年 1 月到 2011 年 1 月"新国八条"出台,北京、上海、广州、深圳、天津五个一线城市房价涨幅分别为 89%、104%、153%、128%、151%。在此过程中,各路资金大量涌入房地产市场。例如,2010 年主营业务非房地产的上市公司中,有 150 家涉足房地产业,投入资金超过 1000 亿元。2010 年商业银行直接发放的房地产贷款增量 2.1 万亿,占全年新增信贷的26.9%(尚不包括以其他名目贷款后间接流入房地产行业的资金),而当年房地产业增加值为 2.2 万亿元,仅占名义 GDP 的 5.5%。房地产领域的资金除满足行业正常生产扩张的需要外,大部分进入了交易环节,推高了房产价格。从数据对比看,2012 年 1 季度房地产贷款增量 2427 亿元,同比少增 2812 亿元,仅占同期各项贷款增量的 10.2%,比 2011 年全年水平低 7.3 个百分点,比 2010 年低 16.7 个百分点。这说明经过持续有力的调控,房地产市场对资金的吸引力有所下降,也说明前期房地产市场聚集了大量过剩资金。二是艺术品炒作。从 2009 年 1 月到 2012 年 3 月,钱币"贵妃醉酒"和邮票"甲申大版猴票"分别最高上涨 351% 和 3054%。2011 年初,天津文化艺术品交易所两只普通"艺术品股票"在一个半月时间里从发行价 1 元涨到 14.9 元和 14.8 元,上涨幅度超过 14 倍。三是农产品炒作。从 2009 年 1 月到 2011 年末,北京新发地农副产品批发市场的大蒜、生姜、绿豆月均批发价格分别最高上涨 2644%、413%、268%,其中既有市场供求因素,也有投机炒作因素。

(二)部分地区民间借贷盛行。在国有金融体系之外,部分地区积累了较为雄厚的民间资本,主要是民营经济比较发达的江浙地区,以温州为代表;以及资源富集的山西、内蒙古等地,以鄂尔多斯为代表。据调查,上述两地民间借贷盛行并出现投机化倾向,热衷"以钱炒钱"的人不在少数,有的企业主抵押企业房产从银行获得贷款,然后转借赚取利差;有的甚至放弃企业经营,将资金全部投进民间借贷市场。2011 年 1 季度开始,温州、鄂尔多斯等地出现一些中小企业因资金链断裂造成倒闭、关停和企业主逃债现象,民间借贷危机凸显。2011 年温州一地发生小企业主逃债、企业关停的事件 100 余起。至 2011 年底,我国民间借贷余额超过 4 万亿。目前民间借贷风险尚在可控范围内,但其反映出的制度性问题应引起重视,以避免问题扩大和积累,对实体经济产生冲击。

(三)部分实体企业资金流向虚拟经济。一些公司出现了大量投资银行理财产品和发放委托贷款的现象。2011 年,超过 80 家上市公司发布了购买银行理财或信托理财产品的公告,购买金额从 130 万到 40 亿元不等,投资总额超过 300 亿元,较 2010 年增加了 10 多倍。而在 2008 年只有 4 家上市公司购买理财产品,2009 年只有 5 家,2010 年有 18 家。海螺水泥是购买理财产品总金额最大的上市公司,2011 年 6 月公司宣布将总金额 40 亿元的经营资金用于理财,占其 2010 年净资产的 11.43%。2011 年,沪深两市约有

70 家上市公司发布了 120 份发放委托贷款的相关公告,累计贷款约 140 亿元。今年 1—3 月,有 32 家上市公司发放约 61 亿元委托贷款,同比激增 2.21 倍,占去年全年委托贷款数额的 43.6%。

对资金脱实向虚现象的负面影响不容低估。一是加重实体企业负担。大量资金脱实向虚加剧了实体企业资金面的紧张状况,推高了实体企业融资成本。民间借贷投机化使利润率本来就极为微薄的中小企业难堪重负。二是导致产业空心化。从长远和整体看,如果实业企业的大量资金用于投资理财和委托贷款,或者从事"以钱炒钱"的投机活动,必然会影响主营业务的健康发展,最终可能导致产业空心化。据调查,温州等地部分产业出现了空心化的苗头。三是扰乱市场经济秩序,破坏经济平稳运行。投机炒作导致价格暴涨急跌,民间借贷盛行破坏了区域金融秩序。四是扩大贫富差距,引发社会矛盾和风险。投机炒作的受益者往往是大量资本持有者,而受害者往往是后来的跟进者——多是财富拥有量较少的群体,在扩大贫富差距的同时可能引发社会矛盾和风险。有些资金脱实向虚后又回流到了实体经济,表面上看影响不大,但其动机是获得短期高额收益,其来源是本应直接投入实体经济或通过高效的金融中介服务于实体经济的资金,代价是资金服务实体经济的效率大大降低。

二、产生资金脱实向虚现象的主要原因

资金脱实向虚现象是多种因素作用的结果。逐利是资本的天性,实体经济与虚拟经济的利润率差距导致资金"不愿"流向实体经济,是资金脱实向虚的根本原因。资金进入实体经济存在准入障碍和金融中介渠道不畅,导致资金"不能"流向实体经济,也是资金脱实向虚的重要原因。

(一)经营实业费力不赚钱。经营实业投入成本高、产出周期长、耗费精力多,而近期实体经济特别是中小型民营企业面对严峻挑战,生产经营往往处于微利、无利状态。2011 年,我国规模以上企业运行状况良好,但困难企业更加困难,特别是小微型企业经营困难加重,整体利润率不到 3%。资金脱实向虚的典型地区温州 2010 年中小企业的利润率为 5% 左右,2011 年萎缩至 3% 左右。从经营状况相对较好的上市公司看,2011 年除金融、石化和

电力之外的上市公司利润率仅为 5.3%，今年 1 季度下降至 4.6%。除了国际市场需求下降、要素成本上升等因素外，尤其需要关注我国企业税费负担过重问题。全国工商联统计，目前向中小企业征收行政性收费的部门有 18 个，收费项目达 69 个大类。一件报价 75 元的衣服，综合税费率达 27% 以上。

（二）投入虚拟经济获利丰厚。从房地产、艺术品、农产品等价格暴涨的情况看，最初炒作的资金获得了可观收益。2011 年温州民间借贷利率普遍超过 30%，最高年化收益率甚至超过 100%。上市公司投资理财产品和委托贷款也获得了较高的短期投资收益。目前商业银行为上市公司提供的理财产品平均年化收益率在 6% 左右，远远高于一年期银行存款 3.5% 的利率。2011 年委托贷款中间利率达 15%，委托贷款业务给上市公司增收超过 20 亿元。

（三）资金进入实体经济存在准入障碍。国务院发布的"新 36 条"进一步拓宽了民间投资的领域和范围，鼓励和引导民间资本进入基础产业、社会事业、金融服务等领域，开放了电信、石油、重化工等传统垄断行业。但在实践中仍存在"玻璃门"、"弹簧门"等，"赚钱的不让干，让干的不赚钱"。例如，在石油石化行业，民间资本理论上可以进，但由于中石油、中石化等几乎垄断了所有石油资源，新建"非公"加油站也要向其备案，这就从行业上游限制了民企进入，民间资本无法放开手脚。一些行业名义上虽然开放，但相关项目的设计、施工、管理都由原垄断部门下属的事业单位或公司掌握。民营企业常常会面对"表面欢迎、实则限制"的局面。

（四）金融中介渠道不畅。我国是世界上储蓄率最高的国家，每年形成的净储蓄额居世界前列，经过多年的快速发展，社会资金也大量积累，但是国内不少产业仍然感到资金饥渴。金融结构不适应实体经济需要和利率市场化改革滞后是重要原因。一方面，金融机构的发起和设立实行严格管制，从事放贷业务的中小金融机构数量不足。这既导致中小企业融资难，转而求助于民间借贷等非正规融资渠道，又使得民间资本投资难，只能以非正规金融方式运营。另一方面，利率市场化改革滞后使官方利率与民间利率之间存在巨大价差和套利空间，形成正规银行与"影子银行"并存、资金价格双轨运行的格局。在资金需求旺盛和银根收紧的背景下，大量逐利的资金脱离实业，在虚拟活动中寻求套利机会。此外，我国金融创新不足，金融产品多样化程度低,特别是直接融资工具发展缓慢,也使资金流向实体经济的渠道不畅。

三、几点建议

抑制资金脱实向虚既是当前需要解决的问题,也是一项长期任务,要多措并举,引导资金回归实体经济。

(一)加大对实体企业的财税支持。未来一段时期,国际市场需求放缓的局面难以改观,要素成本上升的趋势不可避免,我国实体企业的生存发展面临考验。在提高金融服务实体经济的质量和水平的同时,必要的措施是加大对实体企业的财税支持。一是在总结试点经验的基础上,尽快将营业税改征增值税范围扩大到全国。未试点地区中小企业营业税税率可以先行降低。二是逐步降低增值税税率,可将17%的基本税率逐年调低1~2个百分点至13%。三是进一步降低小微企业税负,考虑将企业所得税减半征收作为一项长期政策实施。四是加大对实业企业技术改造和技术创新的财政支持力度,增加财政专项资金支持企业推进结构调整和科技进步,抓紧研究制订国家中小企业发展基金设立方案及管理办法。此外,要加大对向企业乱收费、乱罚款和各种摊派行为监督检查的力度,坚决取缔不合理收费,建立跟踪反馈机制,完善涉企收费维权机制。

(二)遏制投机炒作。要让人们真正安心做实业,必须遏制投机炒作,改变通过虚拟活动获得暴利的状况。一要坚持房地产市场调控不动摇。当前,房地产调控初见成效,但价格整体依然处于高位并存在反弹压力。要继续严格执行并逐步完善抑制投机投资性需求的政策措施,促进房价合理回归;继续执行好住房限购、限贷、限价政策措施,严格实施差别化住房信贷、税收政策;继续增加住房有效供给,保持房地产投资稳定增长,大力推进保障性住房建设和运营。二要加强对市场交易的监管。强化对各类市场交易的监测,完善价格预警和停牌制度,建立炒作资金追踪机制,对于恶意炒作扰乱经济秩序的活动加大打击力度,警示居民特别是低收入者放弃跟风炒作。三要促进民间借贷规范化发展。前不久出台的温州金融综合改革试验区总体方案提出了规范发展民间融资的办法,要严格执行民间借贷利率不得超过银行同类贷款利率4倍的规定,健全民间借贷监测体系,明确民间借贷主体资格、资金用途、借贷程序等,研究设立民间借贷登记服务机构,加大力度遏制民间借贷投机化现象。

(三)切实消除民间投资的障碍。当前,有关部门正在按照国务院要求抓紧制定"新36条"实施细则。一是要防止由于部门利益和对非公经济歧视等原因,对民间资本进入有关行业设置有形或无形的附加或限制性条款。二是要避免国有企业利用现有政策和优势地位对民企的"挤出",在打破机构垄断的同时,也要打破产业链垄断,配套推进项目准入、运营管理、监理评级等环节的改革。三是对于基础设施、公共事业等领域,要给予民间投资相应的政策性补贴、税收减免和政府注资等优惠政策。四是要通过行业存量调整、增量配置和环节拆分为民企腾出发展空间,不仅让民间资本走进新开放领域,还要让其在新领域中生存下去。五是必须转变政府职能。全面清理整合涉及民间投资管理的行政审批事项,简化环节、缩短时限,提高行政服务效率,降低民营企业的办事成本。

(四)推动金融机构多元化和利率市场化。让民间资本进入金融行业,既能改善中小企业金融服务不足的状况,避免资金饥渴的中小企业转向非正规融资渠道,推高"影子银行"利率,又可疏导社会资金通过正规的金融中介服务于实体经济,改变"以钱炒钱"的倾向。这要求同步推进利率市场化,建立由市场决定的利率水平,发挥利率对资金的配置作用,否则资金仍然会为追逐高额收益而在体外循环。一方面,要推进金融机构股权多元化,鼓励、引导和规范民间资本进入金融服务领域,参与银行、证券、保险等金融机构改制和增资扩股;支持民间资本依法发起设立或参股村镇银行、贷款公司、农村资金互助社等新型金融组织,引导民间资本依法设立创业投资企业、股权投资企业及相关投资管理机构。另一方面,要制定利率市场化时间表和路线图,给市场以稳定预期;继续培育市场基准利率体系,完善上海银行间同业拆借利率(Shibor)运行机制和债券市场收益率曲线等;允许符合财务硬约束条件和宏观审慎政策要求的合格金融机构扩大自主定价权;健全中央银行利率调控机制,引导金融机构提高利率定价能力。

(五)通过金融创新拓宽和畅通资金流向实体经济的渠道。围绕实体经济发展的合理需求,稳步推进金融模式和产品创新,推进融资方式多样化和投资主体多元化。例如,研究推出高收益债券。高收益债券门槛低、限制条件少、投资风险较高,但利息也高于其他债券,是符合中小企业特点的融资工具。加快股本融资和产业基金的发展,培育各类产权交易市场,使中小企业通过知识产权、企业股权等交易及时筹集发展资金,并为机构和富裕居民开辟新的投资渠道。

2012 年 5 月 18 日

应警惕跨境资本大规模集中撤离我国*

党小卉

近期,跨境资本流出我国迹象日趋明显。对此,中国社科院世经政研究所副所长何帆、国家信息中心预测部研究员张茉楠等多位专家提醒,今年下半年跨境资本有可能大规模集中撤离我国,相关部门要做好应对工作。

一、近期跨境资本流出我国迹象明显

1. 外资流入显著减少。今年1—5月,我国外商直接投资(FDI)规模累计达471亿美元,比去年同期减少9亿美元,同比下降1.91%。

2. 离岸市场释放出较为强烈的资金外流信号。首先,人民币贬值预期增强。在香港的远期非交割市场(NDF),一年期合约暗含的人民币贬值幅度平均值已提升至1.17%;人民币兑美元的NDF报价自5月末跌破6.43以来,一直在低位徘徊,且低于人民币即期汇率报价。其次,香港作为短期国际资金进出内地的中转站,人民币存款一向是衡量国际资本流向的领先指标。随着套利人民币升值预期的资本显著减少,4月份香港人民币存款余额较3月下降0.4%,这是连续第5个月下降,与去年11月的峰值存款6270亿元相比,下降近12%。这意味着相当一部分国际资本已调整境内资产的币种,将人民币资产转换为美元或其他资产。

3. 短期跨境资本开始流出我国。一般认为,外汇占款与贸易顺差以及

---

*　此文获得国务院研究室2012年度优秀成果二等奖。

外商直接投资之间的差额可以作为衡量短期跨境流动的重要指标。而 4 月份我国这一指标规模为 −364 亿美元,5 月份为 −242 亿美元。这表明,近期短期跨境资本已呈现流出迹象。

二、导致跨境资本流出我国的原因

1. 欧债危机再度恶化引发部分资金回流自救。欧债危机的严峻形势引发了相当一部分资金回流自救。今年 1—4 月,欧盟对华实际投资仅 19 亿美元,同比下降 27.9%。在香港市场上,欧资银行也在撤资,加剧了香港市场美元流动性紧张状况。

2. 新兴市场国家增速整体放缓,对国际资本的吸引力显著下降。受外部需求疲软影响,新兴市场国家的经济增长受挫。IMF 预测,今年新兴经济体的经济增长率将为 5.7%,比去年下降 0.5 个百分点。从长期看,中国等新兴市场国家以往依赖的人口红利将逐渐消失,潜在经济增长率将进一步下降。因此,今年新兴经济体普遍出现资本外流是总体趋势。IMF 预计,2012 年新兴经济体将有 1293 亿美元资金流出。

3. 国际市场唱衰中国,导致部分国际资本流向“安全港”。今年以来,我国各项主要经济指标下行超出市场预期,致使国际投资者的信心不足。市场担心,随着我国经济增长放缓,地方债务压力可能增加,银行资产质量可能会出现下降,不良贷款比或将攀升。因此,部分短期跨境资本撤离我国,转向美国等“安全港”国家的“安全资产”。

三、今年下半年可能引发跨境资本大规模集中撤离我国的风险触发点

最大的触发点在欧洲。首先,希腊问题可能在下半年再度爆发。6 月 17 日,虽然新民主党再度赢得议会选举,希腊退出欧元区的风险暂时得以解除,但由于希腊政府在 7 月份之前必须通过一项至少 115 亿欧元的紧缩方案,因此仍有可能引发市场恐慌。其次,西班牙银行业问题可能成为新的“风暴火眼”。继西班牙第三大银行——Bankia 银行申请政府救助之后,西班牙政府已正式向欧盟申请规模为 1000 亿欧元的资金,用于救助本国银行业。第三,目前欧洲原有的救助机制“欧洲金融稳定工具”(EFSF)资金已明显不足。为缓解欧债危机的局势,亟需在 7 月份推出长期救助机制(ESM)。

但是,围绕着出资问题,欧盟各国意见不一,极有可能导致这一机制的组建工作无法按时完成,并由此再度引发欧债危机恶化,造成国际金融市场动荡。最后,在财政紧缩和信贷紧缩的拖累下,整个欧元区的经济衰退风险加速显现。目前,欧元区 17 个成员国中,已有 8 个陷入衰退。这些风险元素一旦被引爆,势必通过金融和贸易渠道向包括中国在内的新兴经济体传递,国际资本大规模回流恐将不可避免。

第二个触发点在美国。美元逐渐走强将引发更多国际资本回流美国。自 2011 年 8 月末以来,美元指数已升值 11% 左右。今年,美国经济将明显好于欧元区经济,且欧债危机还将继续发酵。根据 PPP(购买力平价)模型测算,目前美元对欧元汇率仍然低估了 18% 左右。由于欧洲央行有可能继续实现宽松的货币政策,而美联储的货币政策暂趋保守,预计美元将继续走强。如果美元加快升值速度,必将吸引大规模国际资本迅速回流美国。

第三个触发点在日本。日本的债务问题很可能会在短期内恶化。这是因为:首先,由于全球经济增长放缓,需求不振,日元持续升值,日本贸易赤字难以在短期内发生逆转。野村证券预测,2012 年日本贸易逆差将达 3.2 万亿日元。第二,日本的国民储蓄率出现显著下滑,已由 1998 年的 10.5% 下降到目前的 3% 左右,国内储蓄支撑公共债务的模式恐将难以维持。第三,野田政府提高消费税税率的计划遭到了日本国民的强烈反对,税制改革可能因此流产。第四,2011 年地震复兴计划正逐步落实,巨额的财政支出将对日本财政形成新的挑战。根据复兴基本方针的预算总额,日本政府在未来五年至少要提供 19 万亿日元的资金。庞大的资金缺口将迫使日本撤回海外投资,导致资金回流日本。

以上三种情形,发生第一种情况的概率最大,第二种情形次之,最后为第三种情形。最糟糕的情况是,这三种情形相继或同时发生,均会加剧全球金融市场的动荡,而三种因素的"叠加效应"势必迅速转化为市场的恐慌心理。因此,今年国际资本从中国等新兴市场国家撤离并流向美国等"安全港"是总体趋势,而下半年短期跨境资本大规模集中撤离我国的可能性则很大。虽然未来 1—2 个月,按目前市场预期,我国经济可能会在三季度企稳,跨境资本流出的规模或将因此出现一定好转,但流出我国的大趋势不会改变,所以不能因跨境资本流动的短期变化而形成误判。

四、积极准备应对大规模跨境资本集中撤离我国可能带来的风险

如果跨境资本持续流出我国,甚至出现突发性的大规模集中撤资,势必对我国经济造成冲击。

1. 对我国出口造成较大冲击。大量外资撤离会显著冲击我国加工贸易部门,进而制约出口增长。今年1—5月,我国加工贸易出口3404.4亿美元,同比增长6.3%,占同期出口额的44%。如果下半年FDI继续下滑,我国加工贸易部门的生产活动会显著萎缩,出口形势将由此出现恶化。

2. 加剧资产价格波动。2008年全球金融危机爆发期间,由于国际资金大量撤离新兴市场国家,EPFR新兴市场股票基金累计流出量达350亿美元,同期MSCI新兴市场指数跌幅超过50%。目前,境外合格机构投资者在我国A股市场持股市值高达2000亿元人民币,在机构投资者中排名第三位。如果外资大量撤离,股票价格势必会大幅下跌,甚至可能导致我国资本市场的整体萎缩。

3. 影响我国宏观经济政策的效果。当前,为防止经济持续下滑,我国宏观调控的重点已逐渐转为“稳增长”,货币政策也相应有所放松。如果下半年出现跨境资本大规模集中流出我国,将在一定程度上抵消货币政策的效果。如果再出现货币政策的“超调”,又可能触发新的资产价格泡沫。

4. 引发其他突发性事件。比如,美日欧外资集中出逃,可能导致部分出口企业破产,工人失业,增加社会的不稳定因素。此外,部分外资出逃还有可能在一定程度上加剧部分企业,尤其是民营中小企业或中小房地产企业的资金紧张,甚至可能引发资金链条的断裂。

建议相关部门审时度势,提前做好应对工作。首先,要高度关注国内外经济形势变化,密切跟踪跨境资本的规模和动向,积极准备相关预案。从短期看,要及时研判发达国家的主权债务危机走势。如果国际经济形势出现急速恶化,必须坚持以我为主,充分发挥积极财政政策的作用,防止我国经济出现“硬着陆”。其次,适当权衡汇率与货币政策,争取化危为机。如果跨境资本流向发生趋势性逆转,使我国宏观经济政策背景发生显著变化,我国

可抓住人民币走贬、美元走强的有利机遇,在国际市场上卖出美元储备,改善央行的资产负债表,并在条件成熟时增加对海外资产的投资。同时,还可借此时机,适度增强汇率灵活性,加快推进人民币汇率形成体制的改革。最后,国内的货币政策不宜再进行大动作调整,以防出现政策"超调",加剧经济的顺周期风险。

2012 年 6 月 25 日

民间融资"阳光化"的有益尝试

——关于温州民间借贷登记服务中心的调查

冯晓岚　唐　杰

为了规范发展民间融资,温州设立了全国首家民间借贷登记服务中心,受到各界广泛关注。近期,我们赴温州调研登记服务中心运营情况,并与温州市金融办同志座谈。现将有关情况汇报如下,供参考。

一、温州民间借贷登记服务中心的运作模式

温州是我国民营经济最发达、民间资本最充裕、民间金融最活跃的地区之一,民间借贷历史悠久,有着较好的社会基础。自去年温州多家企业资金链断裂后,债务人"跑路"现象增多,不敢借、不愿借、信任缺失问题突出。在这样的情势下,成立登记服务中心成为温州突破民间借贷"困局"的全新尝试。

2012 年 4 月,温州市鹿城区工商联牵头 14 家法人、8 个自然人投资设立的民间借贷登记服务中心正式开业,注册资金 600 万元,以公司形式运营,经营范围涉及借贷信息的登记、发布、咨询等服务。4 月底开业至 11 月 30 日,共登记民间借贷成交 726 笔,平均每笔 45 万元,平均利率为月息 1.39%。该利率不仅明显低于小额贷款公司的放款利率,更远低于高利贷利率,迄今未发生借贷逾期事件。据有关负责人介绍,鹿城区登记服务中心的开业对规范温州的民间借贷市场、形成民间借贷公开透明的"市场利率"发挥了积极的作用。

在功能定位方面,鹿城区民间借贷登记服务中心仅承担民间借贷的监测、管理等职能,既不撮合交易,也不进行担保。借贷利率和其他费用完全由借贷双方自己协商,风险自担。

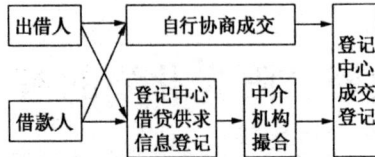

图示:温州民间借贷登记服务中心工作流程

如图所示,中心的业务主要包括两方面:一方面,为自行协商成交的民间借贷交易进行登记备案,属于免费服务。另一方面,为未明确借贷对象的出借方和没有找到资金的借款方进行借贷需求信息登记,客户可自主选择入驻中心的中介结构(中介收取手续费)进行撮合,撮合成功后到中心免费登记备案。

为控制风险,登记服务中心采取了以下措施。

一是基本只接受抵押贷款登记,没有抵押物的信用贷款登记寥寥无几。目前,中心受理的借贷成交登记中80%以上使用房产顺位抵押(指房产抵押给银行后到中心进行二次抵押,抵押额为房产价值的10%～15%)和车辆抵押。

二是只接受"一对一"(一个出借方与一个借款方)和"一对多"(一个出借方将资金拆分,通过多笔交易贷给多个借款方)的借贷登记,不接受"多对一"(多个出借方与一个借款方)的登记。

三是规定出借方必须是个人,不能是企业。借款方必须是温州当地个人或企业,外地人借款不予登记。

四是限定借款额度。个人在中心办理借款最高不得超过200万元,个体户办理借款最高不得超过500万元,企业办理借款最高不得超过2000万元。

五是入驻的中介机构必须持有温州的工商营业执照,必须通过中心的资格审查,必须通过银行转账或第三方支付实现资金划转,不得直接接触资金,不代理结算,不承担交易风险。中介机构进行撮合时,需要协助资金出借人对借款方进行必要的资格审查。

六是中心除提供规范的借贷合同外,还引入了律师事务所、公证处、融资性担保公司等专业机构入驻,提供第三方见证、资信评估等配套服务。

二、登记服务中心发展遭遇"规模瓶颈"

中心目前登记的借贷规模还比较小,平均一个月只有大约4700万元,绝大部分民间借贷并未进入中心登记。导致这一现象的原因比较复杂。

(一)资金出借人担心隐私被泄露。中心的职能之一是对登记的民间借贷规模、期限、用途、偿还情况等进行监测,中介机构也掌握详细的客户信息。尽管按规定,没有借贷双方授权,中心和中介机构不能公开借贷具体内容,但仍有不少人对登记借贷信息存有疑虑。普通的民间借贷中,借贷利率、贷款用途甚至借贷双方当事人的信息经常不公开。出于对隐私安全的担忧,部分人不愿意到中心登记借贷成交情况。

(二)可能的税收负担。对于资金出借方而言,借贷登记意味着自己所得的利息收入也被记录在案。尽管目前登记中心并不代缴利息收入的个人所得税,但相关信息仍能被税务机关获得,将来有可能被征收。不在中心登记的民间借贷交易则没有这项支出。对所得税的担心使部分出借方望而却步,不愿在中心登记。

(三)对抵押物的要求严格。中心为了控制风险,目前基本只接受抵押贷款登记,信用贷款登记需要单独申请,数量非常少,这在相当程度上限制了中心的借贷登记规模。

(四)对外宣传不足。民间借贷登记服务中心是个新鲜事物,对外的宣传、介绍还很不够,很多市民对中心的业务并不了解,不会主动前来登记。

三、几点建议

温州民间借贷登记服务中心的成立对有关方面及时了解和掌握民间资金动向、规范民间借贷市场发展、营造良好的金融生态有着重要意义。"星星之火,可以燎原。"随着民间借贷登记服务中心的发展壮大,其公布的平均成交利率有望成为民间借贷的"基准利率",不仅有助于遏制高利贷的产生,也对防范和化解民间金融风险发挥积极作用。当前,要在做大规模的同时,促进民间借贷登记服务中心持续健康发展。对此,我们提出以下建议:

（一）消除资金借贷双方的后顾之忧。一是严格管束客户信息的知情人，建立有效的奖惩措施，保护客户隐私。二是对中心登记的借贷利息收入明确给予免税待遇，鼓励更多的民间借贷交易来中心登记，尽可能将能够"阳光化"的民间借贷交易纳入登记范围。

（二）扩大信用贷款登记。虽然纯信用的民间借贷意味着更高的风险，但只要借贷双方平等协商、达成合法交易、约定利率不高于 4 倍银行贷款利率就应纳入登记范围。在"多对一"的借贷登记方面，加快机制创新，力争有所突破。

（三）积极探索登记服务中心的多种组织形式。目前中心以公司形式存在，其好处在于机制灵活、进退自如，但也容易陷入盈利与非盈利的争议，可能影响中心统计利率的公信力。随着业务不断发展，可考虑将中心变成事业单位或行业协会的下属机构，明确其非盈利的服务性质，发挥公益性的平台作用。

（四）进一步严格中介机构准入。入驻登记服务中心的中介机构可以分享中心的品牌效应，一方面有助于扩大中介机构的知名度，另一方面也容易使民众误以为入驻中心的中介机构具有准政府信用。一旦中介机构出现经营上的问题甚至欺诈客户，登记服务中心即使没有直接责任，也会蒙受声誉损失。因此，中心对入驻的中介机构应当严格审查，加强日常管理，适时调整准入门槛，确保其符合中心的资质要求和其他规定。

（五）加强宣传。充分发挥媒体的作用，使民众充分了解登记服务中心的平台功能。做好风险提示服务，确保借贷双方知晓和理解借贷过程中的各项风险。

2012 年 12 月 17 日

（唐　杰　中国金融四十人论坛）

二、促进农业稳定发展和农民持续增收

关于提高我国食用植物油自给水平的
思考与建议

张顺喜

进入新世纪以来,我国食用植物油特别是大豆进口迅猛增长,食用植物油自给率从 2000 年的 65% 下降到 2010 年的 34%,引起社会各方的广泛关注。食用植物油高达 66% 的对外依存度究竟是不是我国农业资源禀赋的客观反映? 提高我国食用植物油自给水平究竟有没有潜力和条件? 这些是事关农业发展、农民增收和国家粮油安全的重大问题,需要深入分析、慎重决策、有效应对。

一、大幅提升我国食用植物油综合生产能力仍然可期

我们认为,以我国现有的农业资源禀赋,在不影响主要粮食作物生产的前提下仍然有条件大幅提升食用植物油产量,把食用植物油自给率提高到较为安全的水平(国际一般认为是 60% 左右)。

(一)油菜籽、花生、葵花籽等基本不与主要粮食作物争占耕地的传统油料作物有较大增产潜力。从种植面积来看,目前油料作物不仅与历史最高水平相比还有 2200 多万亩的增长空间(增幅达 10.87%),而且还有大量冬闲田和非耕地资源可供利用。根据农业部调查统计,目前我国南方可利用的冬闲田约有 1.4 亿亩,比较容易开发利用的有 1 亿亩,其中近一半可以用来发展油菜生产。如果开发利用好,就能使我国油菜种植面积至少扩大40% 以上。同时,在我国从南到北、由东到西的辽阔国土上,特别是从长江

65

以北到黄淮地区、西北内陆区以及东北西部和内蒙东部的老旱区,分布着大量不大适合种植其他作物的瘠薄山丘地、盐碱地、干旱地和沙化地,其中很大一部分可以用来发展耐瘠薄、抗干旱的花生和葵花籽生产。据有关方面估计,只要将这些地合理利用起来,就可以使我国花生种植面积和产量在现有基础上翻一番;如果新增产的花生全部用来榨油,可以使花生油在我国食用油消费中所占比重从目前的不到 10% 提高到 30% 左右。从单产水平来看,目前欧洲油菜籽平均单产水平在 180 公斤以上,我国平均只有 120 公斤左右,江西、贵州、云南等油菜主产省还不到 80 公斤,单产提高的潜力很大。我国花生单产水平虽然明显高于世界平均水平,但近些年良种良法推广应用进度一直很慢,提高单产仍有很大潜力。根据山东鲁花公司在新疆、辽宁等地建立生产基地的实践表明,通过推广良种良法可以使花生单产提高 1/3 以上、含油率提高 5 个百分点以上。

(二)油茶、核桃等木本油料生产有很大发展空间。2010 年,我国木本油料林面积达到 8200 万亩、总产量达到 200 万吨(其中油茶籽近 110 万吨)。但由于我国木本油料生产投入长期不足,规模化、集约化、科学化经营水平不高,木本油料的单位面积产量与世界先进水平差距很大。目前,我国油茶单产水平只有世界先进水平的 1/3,核桃只有 1/7,木本油料林中的低产、低质和低效面积占总面积的 50% 以上,名特优新品种的栽培面积不到总面积的 30%,品种改良和技术改造的增产潜力很大。根据国家林业局编制的《全国油茶产业发展规划(2009—2020 年)》,仅仅通过低产油茶林改造和油茶林基地建设就可以使我国茶油产量到 2020 年超过 250 万吨,能把我国食用植物油自给率提高近 8 个百分点。此外,我国还有数亿亩的宜林荒山、退耕地和数量庞大的"四旁地"(村旁、路旁、地旁、沟旁),其中很大一部分都可以用来发展木本油料生产。

(三)米糠油、玉米油等新油种也很有开发利用前景。我国早在上世纪六七十年代就开展了以米糠、玉米胚芽榨油为重点的粮食综合利用,但进展一直不快、资源利用率也较低。随着我国油脂工业技术水平提高和粮食加工业的快速发展,米糠油、玉米油生产发展明显提速。根据国家粮食局对规模以上粮油加工业的不完全统计,2010 年我国米糠油和玉米油的产量已经达到 100 万吨,其中玉米油达到 87 万吨,成为大豆油、棕榈油、菜籽油、花生油之后的第5大食用植物油品种,并大多以小包装高端食用油形式进入超市和百姓餐桌。根据有关专家估算,我国米糠油理论年产量可达200多万吨,玉米油产量在5年内就可以翻一番达到170多万吨,到2020年米糠油和玉米油产量很有可能超过250万吨。

二、减缓我国食用植物油消费需求增长势头已经有望

随着人口增长和经济社会发展,我国的食用植物油需求总量将继续增长,但推动需求快速增长的因素已在减少,减缓需求增长的条件正在增多。主要表现在:

一是我国人均国内生产总值已经进入中上等收入国家行列,经济发展推动食用植物油需求快速增长的阶段已经迈过。发达国家的经验表明,在人均国内生产总值1000~3000美元的发展阶段,人均食用油消费增长与GDP增长关联度很大,超过3000美元后二者的关联度就越来越小。我国人均食用植物油消费量的实际增长情况也基本如此。在我国人均GDP突破3000美元前的2000—2008年,人均食用植物油消费量年增长速度高达8.2%,超过3000美元后的2009年和2010年则都只有3%左右。2011年,我国人均国内生产总值超过5000美元,已经稳定进入中上等收入国家行列,经济发展对食用植物油消费需求增长的推动作用已经大为减弱。

二是我国人均食用植物油消费量已达到较高水平,食用植物油消费需求快速增长的空间已经较小。目前,我国人均年食用植物油消费量已经接近20公斤,比2000年增长了近2倍,是中国营养学会推荐用量(每人每天25克)的2倍多,已经明显高于生活习惯与我国基本相似、经济社会发展整体水平超过我国的韩国(16公斤)和日本(17公斤)的水平,人均消费量继续增长的空间十分有限。同时,我国人口自然增长率逐步降低、农村人口向城镇转移的步伐开始放缓,人口数量增长和结构变化对食用植物油消费需求的拉动效应也在不断弱化。可以说,我国食用植物油消费需求快速增长的时期已经结束。

三是我国人民的营养健康意识和科学用油观念已有明显增强,扭转食用植物油过度消费倾向的社会氛围已经初步形成。随着营养健康知识宣传教育和普及不断深入,国民的健康饮食、科学用油观念不断增强,越来越多的居民特别是城镇居民开始倡导低油饮食和健康烹饪方式,不仅为遏制食用植物油需求快速增长势头创造了条件,甚至使人均食用植物油需求量减少也成为可能。这一点已部分体现在我国城镇居民家庭年人均购买食用植物油数量的变化上。2008 年我国城镇居民家庭年人均购买食用植物油量为历史最高水平 10.27 公斤,2009 年为 9.67 公斤,降幅达 5.8%,2010 年为 8.84 公斤,降幅达 8.6%。

三、增减并举提高我国食用植物油自给水平

我国食用植物油自给率之所以持续下降,既与国内供给增长过慢直接相关,又与消费需求增长过快紧密相连。从供给来看,由于油料生产在强农惠农政策体系中日益被边缘化,特别是具有国际比较优势的油菜、花生和木本油料长期得不到应有的支持,生产效益持续偏低,良种良法推广应用缓慢,产能提升受到严重制约。从需求来看,除了改善性需求快速增长外,由于油色过浅、油味过淡的食用植物油所占比重不断提高,使偏好"色香味俱全"的居民过度用油倾向日益突出,加剧了食用植物油需求上涨。因此,提高我国食用植物油自给水平必须从供需双方同时着手、综合施策,既要加快释放油料生产潜力,又要积极减少食用植物油过度消费和浪费。具体建议如下:

第一,把支持粮食生产发展的各项政策措施向油料作物延伸,特别是要尽快覆盖到油菜、花生等产量高、质量好、增产潜力大的传统油料作物。传统油料作物既具有较大的增产潜力,又适应我国居民的饮食习惯,对增加食用植物油供给和减缓需求上涨都有重要作用。要改变把油料作物简单归为经济作物等认识上的偏差,给予与其地位相符的政策支持,在规划布局、基地建设、科技创新推广、风险防范等方面加大扶持力度。尤其是油菜、花生、葵花等传统油料作物,不仅产量高、质量好、增产潜力大,而且基本不与主要粮食作物争占耕地,要尽快比照粮食直补的方式制定实施相应的直接补贴政策,从而调动农民复种、套种和利用冬闲田、盐碱地、河滩地、沙化地等扩大油料生产的积极性。

第二,把发展木本油料和米糠、玉米炼油等谷物综合利用作为食用植物油重要的新的增长点来培育。我国油茶、核桃等木本油料和米糠、玉米等兼

用型油料,不仅资源丰富、发展空间大,而且油品质量优良、市场前景好。开发利用好这些非常规油料资源既能在很大程度上弥补我国常规食用植物油的供给缺口,又能极大地丰富我国食用植物油市场,更好地满足不同人群的消费需求。对木本油料,要以品种改良和基地建设为重点,大幅度增加中低产油料林改造资金,大力培育龙头企业和农民合作组织,尽快形成经济可行、稳定可靠的市场供应能力。对米糠、玉米等兼用型油源,要以支持收集、贮运设施等配套体系建设为重点,积极引导行业整合,加快技术改造升级,尽快提高兼用型油源开发利用的规模化、组织化、高效化水平。

第三,积极倡导营养健康生活方式和科学用油习惯,努力减少食用植物油过度消费和浪费。这既是减缓食用植物油需求上涨的有效举措,也是增进国民健康的迫切需要。中国营养学会近期发布的一项抽样调查结果显示,我国城市居民的人均食用油摄入量超过世界营养组织推荐标准的76%,食用油摄入过多已经成为目前我国心脑血管等诸多疾病的重要诱因之一。要不失时机地深入开展食物营养健康知识宣传教育,全面增强国民科学用油、节约用油意识,尽量减少食用植物油不必要的消费和浪费。同时,还要大力倡导适度加工理念,最大限度保存油料中固有营养成分,为扭转"油色过淡"造成的过度消费倾向和加快形成"少用油、用好油"的健康饮食习惯创造良好条件。

2012 年 4 月 17 日

把提高农业劳动生产率放在更加重要的位置

叶兴庆

最近,中国科学院有关专家发布研究报告认为,"按农业劳动生产率、农业劳动力比例等指标的年代差取平均值计算,截至 2008 年,我国农业水平比英国、美国和荷兰大约落后 100 多年"。报告发布后引起一些人的质疑。诚然,强调在工业化、城镇化深入发展中同步推进农业现代化,暗含着一个逻辑前提:我国农业现代化滞后是现代化建设的短板。但我国农业现代化究竟发展到什么水平,与国内工业化城镇化和国外农业现代化相比究竟滞后在哪里,当前和今后一个时期究竟应在哪个环节下更大功夫? 我们认为,我国农业在现代化道路上已迈出较大步伐,在 2002 年以来耕地减少 1 亿多亩、农业劳动力减少 1 亿多人的情况下,粮食产量增加 1 亿多吨,其他主要农产品全面增产,较好地支撑了工业化、城镇化发展,在农业问题上我们不必妄自菲薄。需要高度重视的是,劳动生产率过低已成为我国农业现代化滞后的突出标志,应把扩大农业经营规模作为当前和今后一个时期建设现代农业的重要任务。

一、我国农业现代化已进入中期阶段

多数研究认为,目前我国工业化已进入中后期阶段,城镇化已进入中期加速阶段。对农业现代化处于什么发展阶段,没有明确一致的认识,只有"进入加快改造传统农业、走中国特色农业现代化道路的关键时刻"、"从传

统农业向现代农业转变"等模糊判断。我们认为,从总体看我国农业现代化已进入中期发展阶段。主要依据是:

——农业科技进步贡献率超过50%。技术来源不同、进步速度迥异是现代农业与传统农业的根本区别。传统农业是经验农业,使用的技术和方法主要依靠经验积累、代际传承,技术进步速度极为缓慢、对农业发展的贡献率很低。现代农业使用的技术主要来自科学实验,更新换代很快,对农业发展的贡献率很高。目前已实现农业现代化的发达国家,农业科技进步贡献率在70%左右。2011年我国农业科技进步贡献率达到53.5%,属于中等偏上水平。

——农作物耕种收综合机械化率超过50%。生产工具及其动力来源不同是现代农业与传统农业的显著区别。传统农业以人力和畜力为主要动力来源。现代农业广泛使用机械。目前已实现农业现代化的发达国家,农作物耕种收综合机械化率接近100%。我国农作物耕种收综合机械化率已由1980年的21.6%提高到2011年的54.5%,接近中等发达水平。

——农业中间消耗率超过40%。传统农业使用的物质投入很少,而且主要来自家庭自产,中间消耗率很低。现代农业是"用商品生产商品",需要使用较多的商品性投入,中间消耗率较高。多国经验分析表明,随着农业现代化程度提高,农业产出的中间消耗占比趋于上升。从1911/1913到1998/2000年,商品性投入占农业产出的比重,日本从13.4%提高到45%,美国从15.7%提高到52%,法国从12%提高到55%,德国从11.7%提高到65%,英国从33.6%提高到65%。我国农业的中间消耗率由1980年的28.7%上升到2010年的41.5%,达到发达国家上世纪80年代水平。

二、我国农业现代化主要滞后在劳动生产率过低

衡量农业现代化水平的指标很多,除根据前述三个指标判断我国农业现代化已进入中期发展阶段外,从土地产出率、单位面积化肥使用量等指标甚至可以判断我国农业现代化已达到发达国家平均水平。但我国农业现代化进展很不平衡,存在不少软肋,最突出的是劳动生产率过低。第一,农业劳动生产率明显低于国内二三产业。1978年到2011年,我国按现价计算的三次产业劳均增加值分别从363元、2513元、1785元提高到17941元、

97850 元、74504 元,分别增长了 48 倍、38 倍、41 倍,第一产业劳均增加值提高得最快。尽管如此,目前第一产业劳均增加值仍明显低于二三产业。2011 年第一产业劳均增加值仅相当于第二产业的 18%、第三产业的 24%。第二,农业劳动生产率明显低于发达国家水平。据中国科学院专家计算,2008 年我国农业劳动生产率约为世界平均值的 47%、高收入国家平均值的 2%,仅为美国和日本的约 1%,在世界排名第 91 位。按平均每个农业劳动力生产的主要农产品衡量,我国农业劳动生产率也明显低于发达国家水平。

农业劳动生产率与资源禀赋、发展阶段和制度安排有关。在我国这种人多地少的国家,农业生产具有劳动密集特征,农业劳动生产率难以与土地资源丰富的国家媲美。但目前我国农业劳动生产率如此之低,不能仅仅归咎于资源禀赋的不利。这明显与我国目前所处发展阶段不相称。一个重要原因在于,长期以来我国农业劳动力转移大大滞后于农业在 GDP 中的份额下降。1952 年至 1978 年,第一产业占 GDP 份额从 50.5% 下降到 28.2%、累计下降 22.3 个百分点,第一产业占就业份额从 83.5% 下降到 70.5%,累计仅下降 13 个百分点,就业份额下降明显慢于 GDP 份额下降。1978 年至 2011 年,第一产业占 GDP 份额从 28.2% 下降到 10.1%,累计下降 18.1 个百分点,第一产业占就业份额从 70.5% 下降到 34.8%、累计下降 35.7 个百分点。虽然 1978 年以来第一产业就业份额下降快于 GDP 份额下降,但截至目前农业就业份额仍明显高于农业 GDP 份额。2011 年,农业的就业份额是其 GDP 份额的 3.4 倍,这意味着农业部门 3.4 个人创造的财富才能抵得上全社会 1 个人创造的财富。尤其需要注意的是,近年来农产品价格上涨较快,延缓了按现价计算的农业 GDP 份额下降步伐。按 2005 年价格计算,2011 年农业增加值占 GDP 的份额仅为 8.5%,农业的就业份额是其 GDP 份额的 4.1 倍,农业部门 4.1 个人创造的财富才能抵得上全社会 1 个人创造的财富。

农业劳动生产率低给经济社会发展带来许多不利影响。一是不利于缩小城乡居民收入差距。农业虽然进入高成本时代,但农业并不是低效益产业。在实体经济中,农业是投资收益率较高的产业。农民务农收入低,问题主要出在经营规模太小,就业不充分。增加农民务农收入,不仅要靠提高农产品价格、增加农业补贴,更重要的是靠扩大农业经营规模、提高劳动生产率。只有缩小农业与二三产业之间的劳动生产率差距,才能从根本上缩小城乡居民收入差距。二是不利于提高农产品国际竞争力。由于劳动生产率低,我国农产品亩成本中人工成本的绝对额和占比均明显高于发达国家,严重影响到我国农产品的国际竞争力。据国务院发展研究中心专家计算,2009年稻谷、小麦、玉米、大豆、棉花等农产品,亩人工成本中国比美国高2~11倍,亩成本中人工成本占比中国比美国高16~43个百分点。三是不利于保持工业和服务业的竞争优势。劳动力资源丰富、工资成本低是我国工业和服务业的重要竞争优势,近年来这一优势在衰减。农民工工资水平提高本身是一件好事,但对工业和服务业发展的影响也不容忽视。不断提高农业劳动生产率、持续释放农业剩余劳动力,可以把工业和服务业的低成本竞争优势延续得更长久一些。

三、创造条件"让更少的人种更多的地"

2007年中央1号文件对现代农业建设进行了全面部署,2012年初国务院首次发布了全国现代农业发展规划。我们感到,在按中央部署全面推进现代农业建设的同时,应根据产业间、国家间的比较,找准我国农业的最薄弱环节,有针对性地下功夫,使我国农业现代化更好地跟上工业化、城镇化步伐。

(一)统筹处理好"三率"关系。作为人多地少的国家,在农业现代化的初期发展阶段毫无疑问应把提高土地产出率放在优先位置。经过多年努力,我国土地产出率有了很大提高,耕地复种指数、单位面积产量已处于世界领先水平。近年来在提高农业资源利用率方面也加大了力度,农业灌溉用水有效利用系数从2000年的0.43提高到2010年的0.50;引进优良畜禽品种、发展饲料工业、推广测土配方施肥、提倡专业化统防统治,逐步提高饲料报酬率、化肥和农药有效利用率。在农业现代化的中期发展阶段,应继续提高土地产出率、资源利用率,同时要把提高农业劳动生产率提上日程。通过提高农业劳动生产率,巩固在土地产出率、资源利用率方面取得的成果,努力实现"三率"协调提升,应是中国特色农业现代化的重要特征。

（二）逐步扩大农业人均资源占有量。这是提高农业劳动生产率最根本的出路。近年来我国养殖业正在经历深刻转型，规模经营发展很快，劳动生产率明显提高。提高农业劳动生产率，难在种植业。耕地资源分散在 2.6 亿个农户、户均不到 0.5 公顷，而耕地又难以流转和集中。目前农村户籍劳动力的转移就业率超过 50%，耕地流转率仅为 17% 左右。这导致农户兼业化、农业副业化、劳力老龄化问题越来越突出。应对推进耕地规模经营应持更加积极的姿态，从多方面采取措施促进耕地流转和集中：一要转变人口城镇化模式，促进农民工市民化。"就业吸纳、保障排斥，经济吸纳、社会排斥"的农民工进城模式，使他们难以在城市扎根，始终抱着"最终要回去"的念头。这不仅不利于工业化城镇化的持续健康发展，也不利于农民工最终退出农业、转出土地。二要转变"土地是农民最可靠保障"的传统观念。在社会保障制度缺失的情况下，土地确实是农民最可靠保障。随着新农保等社会保障制度的建立健全，土地承载的社会保障功能在淡出，生产要素功能在强化。三要提倡和促进耕地长期流转。既要强调保护进城农民工的土地承包经营权，尽快落实"长久不变"的要求，又要引导他们依法自愿有偿流转承包地，尤其是签订长期流转合同。从长远看，应赋予进城农民工对承包地的处置权，为耕地以市场化方式适度集中提供制度保障。一个农户仅有不到半公顷的"准自有土地"，扩大经营规模所需土地只能靠短期"流转"，而"流转"的土地随时有被收走的可能，是不可能下本钱搞农业基础设施建设的，更不可能成长为现代家庭农场。

（三）妥善安置好释放出来的农业剩余劳动力。扩大农业人均资源占有量，在"分子"（耕地）难以扩大的情况下，唯一的出路是减小"分母"（农业劳动力）。我国农业剩余劳动力转移已取得很大进展。从 2003 年起，农业就业份额稳定地下降到 50% 以下，9 年累计下降 15.2 个百分点；农业就业人数稳定地减少，9 年累计减少 10046 万人。2011 年我国第一产业就业份额首次低于第三产业，退居第 2 位。但目前我国农业就业人数和份额仍然偏高，还有很大的转移空间。需要注意的是，农业剩余劳动力转移到目前这种程度后已不再是"无限供给"，剩下的多为"4050"人员，缺乏非农就业技能。如不采取有效应对举措，可能陷入胶着状态：一方面，农业劳动力数量仍然偏多、利用不充分；另一方面，这些人难以转移出来。江苏省太仓市在促进土地向规模经营集中、农民向小城镇和中心村集中的过程中发现，尽管当地二三产业发达、就业机会多，但释放出来的"4050"人员仍然难以实现稳定就业。他们把这些人组织起来，建立劳务合作社，通过劳务派遣的方式为这些转移出来的劳动力提供就业机会。这类做法值得借鉴和推广。

2012 年 6 月 12 日

促进牛羊养殖业发展的几点建议

郭 玮 方松海 杨振海

去年,我国农业再获丰收,但牛羊养殖业发展出现回落。全国牛出栏量比上年减少46万头,下降1%,牛肉产量减少648万吨,下降0.9%。羊出栏减少559万只,下降2.1%,羊肉产量减少393万吨,下降1.4%。产量的减少导致价格大幅上涨,到今年1月份,全国牛肉平均价格同比上涨15.8%,羊肉平均价格同比上涨24.3%,大大超过了同期食品价格10.5%的涨幅。2月6日至12日,全国牛肉羊肉平均价格分别是每公斤36.75元和45.28元。牛羊肉价格上涨不仅推动物价上涨,而且给牛羊肉消费较多的部分穆斯林群众的生活带来影响。

与猪肉及其他农产品价格有涨有跌的周期性波动不同,近些年牛羊肉价格走势几乎只涨不跌。进入新世纪以来,我国牛羊肉价格已经连续11年上涨,2007年以来涨幅还明显加大,年均涨幅分别达到15.3%和17.5%。从目前的趋势看,牛羊肉价格上涨的压力依然较大。随着城乡居民生活水平提高和城镇化带来居民饮食结构的变化,牛羊肉消费呈快速增长态势。从2000年到2010年,全国城乡居民家庭牛羊肉消费量增长43%。而与此同时,牛羊肉产量增长跟不上需求的增长。这期间,牛羊肉产量增长仅为35%,比居民家庭消费增长低7.6个百分点。

在价格持续上涨的情况下,生产依然发展缓慢,主要原因:一是效益不高,养牛养羊不划算。尽管价格上涨,但饲草料、人工等成本上升,牛羊饲养成本逐年增加,肉价上涨的好处大部分被成本增加所抵消,农牧民养殖效益受到影响。牛羊养殖周期长、投资大、回报率低,农村养几头牛、几十只羊还不如外出打工。二是农村生产生活方式变化,部分散养农户放弃饲养。农村劳动力减少,加上农民收入和生活水平提高,对家庭卫生等提出更高要求,农村散养户大量减少。据对250个村的定点监测,去年底,肉牛养殖户比年初减少9.1%。三是大量役用牛被快速发展的农业机械替代,牛的总饲养量下降。役用牛饲养虽不是为了宰杀,但役用牛淘汰时大都转为肉牛,役用牛畜群规模的减少,减少了牛的出栏量。四是森林草原保护的加强,短期内在一些地方对牛羊养殖有一定抑制。随着生态保护加强,封山禁牧、草原禁牧限牧范围扩大,牛羊饲养受到影响。五是牛羊养殖扶持政策少。国家对粮食和种植业的扶持相对较多,对畜牧业扶持相对较少;畜牧业扶持政策中,重点支持生猪和奶牛等生产,对肉牛肉羊生产的扶持相对较少;草原生态保护建设政策中对休牧、禁牧的支持多,对转变草原畜牧业生产方式的支持相对较少。

我国肉类需求增长很快,粮食供给长期偏紧,发展牛羊等节粮型畜牧业,不仅对保持市场供给和价格稳定具有重要作用,而且对保障我国长期食物安全具有战略意义。目前,我国牛羊养殖方式正处在快速转变中,养殖技术亟待提高,牛羊养殖业发展正处在一个十分关键的阶段,迫切需要采取有力的政策,支持牛羊养殖业健康稳定发展。为此,我们建议:

(一)开展基础母畜补贴试点,实施牛羊生产大县奖励,保护、提高牛羊生产能力。牛羊生产周期长,生产发展直接受到能繁母畜规模的制约。目前突出的问题是,能繁母畜减少,发展基础不牢。据行业统计数据,2010年,全国黄牛能繁母牛4120.8万头,比2000年存栏高峰期下降8.6%;全国能繁母羊存栏19349.1万只,比2005年存栏高峰期下降5.4%。推进牛羊养殖的增长,首先要遏制能繁母畜减少的势头,并逐步扩大母畜群体。为此,应借鉴生猪、奶牛母畜补贴的经验,结合品种改良,开展肉牛基础母畜补贴试点,保护和提高生产能力。同时,为鼓励地方政府积极性,参照粮食、生猪调出大县奖励办法,设立牛羊生产大县奖励资金,按照兼顾母畜生产和商品牛羊肉供应的原则,对全国综合排名靠前或者发展较快的肉牛和肉羊生产大县给予一定奖励。

(二)支持牛羊标准化规模养殖场建设。近些年我国畜牧业生产的最大变化是规模养殖快速推进。但牛羊养殖业中,散养户退出快,规模养殖跟进相对较慢,这是造成产量下降的重要原因。2010 年,全国年出栏肉牛 10 头以上、肉羊 30 只以上规模养殖比重分别为 41.6% 和 48.8%,分别比 2003 年提高 10.1 和 5.4 个百分点,而同期年出栏生猪 500 头以上、肉鸡 2000 只以上、存栏蛋鸡 500 只以上、存栏奶牛 20 头以上规模养殖比重分别提高 22.6、17.7、25.9 和 20.6 个百分点。牛羊规模养殖的推进速度远低于其他畜禽。为保持牛羊养殖的稳定发展,必须加快发展牛羊规模养殖。建议采取财政"以奖代补"或基本建设投入的方式,对牛羊标准化规模养殖场建设进行补助或奖励,加快推进肉牛肉羊生产方式转变。

(三)加快牛羊良种繁育体系建设。我国肉牛肉羊品种改良起步晚,发展慢。以肉牛为例,目前我国肉牛平均屠宰体重仅为世界平均水平的 70%、美国的 40%。我国种公牛总体性能不高,全国 1300 多头采精公牛不能满足肉牛生产的良种需要。自主育种机制不完善,大部分种公牛依赖国外引进,主要品种没有核心种子母牛场。良种繁育和推广滞后严重影响牛羊养殖业发展。为此,建议中央财政拿出专项资金,一是加快建设、提高一批牛羊种畜场,支持种畜场改扩建圈舍,购置饲养、生产性能测定和疫病净化等所需设备,完善粪污处理设施,开展良种登记、生产性能测定、选种选配等育种工作。二是增加对牛羊良种补贴规模,对国外引进良种公畜、核心群母畜和胚胎、精液等给予补贴,对良种供应和推广进行补贴。三是肉牛人工受精等技术人员进行培训。目前基层良种推广技术人员极为缺乏,全国的肉牛人工授精率不到 20%。要加大投入,加强人员培训,提高良种普及率。

(四)加快牛羊饲草料资源的开发和利用。这项工作做好了,就可以实现畜牧业发展不与人争粮,不与粮争地。这方面的潜力巨大。一要加强秸秆饲料化利用,大力推广青贮、氨化、微贮等处理技术,提高秸秆饲用量和饲用效率。建议对企业、农户建青贮窖给予适当补贴,将青贮设备纳入农机具购置补贴范围。大幅度增加秸秆养畜项目资金。二要实施牧草良种补贴,扩大牧草种植面积,培育推广优良牧草品种。加快推动南方草山草坡开发利用,推广种植多年生高产饲草,鼓励利用冬闲田种植饲草。

按照《全国中小河流治理和病险水库除险加固、山洪地质灾害防治、易灾地区生态环境综合治理总体规划》,在安徽、河南、湖北、湖南、广西、四川、贵州、云南等 8 个牛羊主产省区的 405 个易灾县,将启动实施易灾地区草地保护建设项目。建议将易灾地区草地保护建设与促进牛羊养殖业发展结合起来,增强牛羊肉供给能力。

(五)加快促进草原畜牧业由天然放牧向舍饲、半舍饲转变。2011年起国家在主要草原牧区建立生态保护补助奖励机制,通过禁牧补贴、草畜平衡奖励等措施,加快草原生态恢复,今年这些政策将覆盖到全部牧区半牧区县(市、旗)。在认真落实好这些政策的同时,要在两方面采取措施,促进生产发展,真正做到禁牧不禁养,保持牧区畜牧业的稳定。一是对退牧、限牧户牲畜圈舍建设给予一定补贴;二是加大人工草场建设力度,扩大人工草场建设补贴规模和补贴强度,改善人工草场的水利等基础设施;三是推广舍饲半舍饲技术。短时间内实现由放牧到舍饲圈养的转变是一个很大的跨越,必须有强有力的技术指导和服务。

2012 年 3 月 1 日

(杨振海 农业部畜牧司)

加快推进征地制度改革的建议

董　忠　方松海

2010 年以来,温家宝总理多次指示,要加快推进征地制度改革,尽快制定完善相关法律法规。现在,距本届政府任期结束的时间越来越近,推进征地制度改革日显紧迫。我们认为,征地制度改革涉及的利益关系和法律关系十分复杂,应当坚持"两条腿走路",一方面,加快《土地管理法》修订和《集体土地征收补偿条例》立法进度,从面上解决好征地补偿这一当前最突出的问题;另一方面,选择 1~2 个省份启动征地制度综合配套改革试点,向彻底改革和理顺征地制度迈出历史性的一步。为此,提出以下建议:

一、把《土地管理法》修改和《集体土地征收补偿条例》的重点放在提高征地补偿标准和完善征地补偿程序上,切实加快立法进程

征地制度改革,核心内容是三句话:缩小征地范围、提高补偿标准、完善征地补偿程序。从当前情况看,征地补偿安置不到位是社会反映最强烈、最突出的问题,往往是引发群体性事件的导火索;而征地程序不合理、农民对征地补偿参与不够则是产生征地纠纷的重要根源。应当说,对提高补偿标准、完善征地程序,各方面认识相对一致,立法条件比较成熟。另一方面,本届政府任期只有 7~8 个月了,立法又有许多程序上的限制;只有集中力量,先解决最突出的补偿标准和征地程序问题,方能确保《集体土地征收补偿条例》(以下简称《条例》)的顺利出台。

相比之下,缩小征地范围牵涉过于复杂,各方面认识短期内难于统一,立法条件还不成熟,立法体制和技术上也有很多限制。首先,如何界定公共利益直接影响征地的范围大小,影响工业化、城镇化进程,各方面分歧很大。其次,非公共利益用地不能征收后,集体土地能否直接进入市场、如何直接入市、入市后会引发什么后果,目前存在很大争议。第三,缩小征地范围涉及《土地管理法》建设占地制度的调整,还涉及与《宪法》"城市的土地属于国家所有"的关系问题,法律关系十分复杂,短期内难以达成共识。第四,根据《立法法》规定,"非国有财产的征收",只能制定法律;列入人大常委会议程的法律案一般要经三次审议后才能交付表决,只有"各方面意见比较一致的"法律案才能一两次审议即交付表决。也就是说,必须先修改《土地管理法》,然后才能制定《条例》;而缩小征地范围涉及《土地管理法》较大改动,各方面意见很不一致,最快也得 6 个月时间(2 个月开一次常委会),剩余1—2 个月无法保障《条例》出台。

鉴此,修改《土地管理法》、制定《条例》,以不涉及缩小征地范围为宜,把重点集中在提高补偿标准和完善征地程序上。对此,有几点需要强调:一是应当摒弃按土地原用途和年产值标准进行补偿的思路,明确按市场原则确定补偿标准。二是被征地农民应当无条件纳入城镇社会保障体系(即社保与土地补偿费脱钩)。支持对被征地农民进行留地开发安置等多种形式的安置,解决好被征地农民的就业和长远生计问题;对确实不能就业的,政府应提供一定期限的失业救助。三是强化农民对征地的知情权和参与权,征地前应当告知,制定征地方案和补偿安置方案应听取被征地农民意见。

二、启动征地制度综合配套改革试点,为彻底完成征地制度改革奠定基础

提高征地补偿标准只是征地制度改革的第一步。缩小征地范围的影响更广泛、意义更深远。唯其如此,才能从根本上改变建设占地的机制,遏制政府的卖地冲动,促进土地节约集约和产业优化升级,加快经济发展方式转变。但是,缩小征地范围牵扯复杂,很难一下子全面推开,必须经过试点过程;要真正推进试点,又是"功夫在诗外",必须跳出征地制度改革,从更高层面、更大范围进行综合配套改革试点。

第一,缩小征地范围、彻底改革征地制度对经济发展全局影响巨大,必须有充分的试点实践作支撑。比如,缩小征地范围会在多大程度上影响建设占地的时间和价格？对招商引资、经济发展速度会产生什么影响？对财政收入会有多大影响？会不会导致土地管理失控、影响耕地保护？对促进产业升级、转变经济发展方式到底能起多大作用？总之，彻底的征地制度改革涉及经济发展的方方面面，牵一发而动全身。因为这个原因总是拖着不动，会犯历史性的错误；但如果情况不明就盲目硬推，更可能适得其反。只有开展综合配套改革试点、进行综合性的社会试验，才能用试点的实践消除各方面的疑问和顾虑，为最终完成征地制度改革奠定基础。

第二，多年来的征地制度改革试点都是单项试点，缺乏综合配套改革的试点实践。我国的征地制度改革试点始于上世纪 90 年代中期。1999 年，国土资源部安排了两批共 19 个城市分别在征地补偿安置、征地程序等方面开展试点。1996—2000 年，苏州、湖州、芜湖就集体建设用地进入市场进行试点，2005 年广东在全省放开集体建设用地流转。十七届三中全会后，国土资源部于 2010 年启动新一轮征地制度改革试点，确定了 11 个城市，分别就缩小征地范围、完善征地补偿安置机制、改革农用地转用与征收审批方式进行试点。其中，天津、重庆、沈阳、武汉、长沙、成都 5 市进行缩小征地范围试点，但至今为止基本没有实质性推进。单项推进的弊端极大地影响了改革的成效。

第三，只有进行全方位的综合配套改革，才能调动试点地区的积极性，确保缩小征地范围的改革取得最终成效。一般而言，缩小征地范围会使建设占地更加困难，并可能提高土地价格，进而影响其招商引资、财政收入和经济发展。要推进缩小征地范围的改革，必须充分考虑如何补偿试点地区的利益损失，以有效调动其试点积极性；离开这一点，试点就会丧失成功的可能。为此，必须改变过去单项试点的方式，开展包括财税体制改革在内的综合配套改革。

三、尽快研究制定征地制度综合配套改革试点方案，争取年内正式启动试点

鉴于目前时间紧迫，要尽快启动对征地制度综合配套改革试点方案的研究，确保在本届政府内启动试点。我们认为，试点方案应包括以下主要内容：

1. 明确界定公共利益范围。这是缩小征地范围的核心。《国有土地上房屋征收与补偿条例》对公共利益作出了明确界定,原则上也适用于集体土地征收。一些同志主张把"城市规划区内的成片开发"作为公共利益,也有一些人主张在"土地利用总体规划确定的城市建设用地范围"内(简称"圈内")实施城市规划的建设都应视为公共利益。我们认为,征地制度改革的出发点是提高农民在土地增值收益中的分配比例,保障农民的土地财产权;政府只有对公共利益进行严格限制,方能遏制政府权力的滥用。"圈内"的城市建设许多是房地产、工商业等经营性建设,绝不能作为公共利益;如果把"城市规划区内的成片开发"界定为公共利益,那么城市规划区内所有的房地产开发就都会披上"成片开发"的外衣。鉴此,可以将公共利益界定如下:国防和外交的需要;由政府组织实施的能源、交通、水利等基础设施建设的需要;由政府组织实施的科技、教育、文化、卫生、体育、环境和资源保护、防灾减灾、文物保护、社会福利、市政公用等公共事业的需要;由政府组织实施的保障性安居工程建设的需要;法律、行政法规规定的其他公共利益的需要。

2. 非公益性建设占地由供用地双方直接协商谈判。界定公共利益后,凡是占用集体土地建设非公益项目的,都直接去与供地方谈判供地方式和用地价格(包括是买地还是租地、入股、共同开发等)。协商一致就实施建设;反之就不能占地。政府是一个中立的监督者和仲裁者,土地变动情况依法报政府有关部门登记。究竟谁来代表供地方? 我们认为,首先是土地承包人——农户,既然已经明确了现有土地承包关系长久不变的政策,就应当赋予承包使用者充分而彻底的权利。其次才是土地的所有者——集体经济组织,它一般是村民小组(原生产队),乡镇和大部分村没有代表资格。试点中要特别注意防止由过去的政府强征强占转为用地企业的强制占地,应当明确一条:凡是强制占地的,一律按侵犯财产罪追究刑事责任。

3. 严格规划管控、用途管制和土地执法。允许集体土地直接进入市场后,能否有效防止土地管理失控和城乡建设失序,直接关系试点成败。主要应从三个方面着手:一是强化土地利用规划和城乡规划管控。试点地区要做到控制性详细规划覆盖城乡全域,使每一块土地都有用途规划和红线控制；同时强化规划约束力，城镇和乡村的所有建设项目都必须依法获得建设规划许可。二是强化土地用途管制。实行农用地转用审批与土地征收审批相分离，不管是征收还是其他占用，不管是城市开发用地还是村民住宅和村内公益事业用地，所有的农用地转为建设用地都必须依法审批。三是加大对违法行为的查处力度。从严执行耕地保护、年度土地利用计划等现有制度，对违反规划或者未经批准的占地行为，试点地区要依法"从重"查处，形成高压态势。

4. 在财税体制上进行大胆探索。如何通过财税体制上的改革创新，弥补因试点导致的财政减收，直接关系试点能否持续；但如果搞好了，可以为构建有利于转变经济发展方式的财税体制探索路子。我们认为，可以进行三个方面的探索：一是开征房地产税。房地产税是发达国家地方政府最重要的自主收入来源，也是改革完善我国税收制度的重要内容。开征房地产税可以较多增加试点地区的财政收入，这样既有利于解决征地制度改革动力不足问题，也有利于解决房地产税改革动力不足问题。二是健全地方税体系，赋予试点地区政府适当税政管理权限；如果条件许可，还可以试点征收遗产税和赠与税，舒缓贫富差距。三是支持试点地区进一步理顺中央与地方的财权事权关系和财政分配关系，完善分税制。

5. 加强对村组行为的监督约束。推进征地制度综合配套改革试点，必须有效约束村集体的行为，防止少数村干部操控群众、中饱私囊，把好事办坏。一是由土地承包权人直接与用地方协商谈判，地价款也直接支付给土地承包权人，尽量绕开村集体。二是试点地区要全面完成集体产权制度改革，把集体资产全部量化到人，使集体土地收益有明晰的最终受益人。三是多方面加强对村集体经济组织的财务监督，严肃查处贪污私分土地款的大案要案，形成强大威慑。

6. 解决好土地增值收益的分配问题。土地增值到底是"涨价归公"还是归承包农户所有，是一个非常复杂的问题。可以参考借鉴发达国家经验，在坚持供用地双方直接协商谈判的基础上，探索对农民土地价款进行税收调节的有效方式。

最后，鉴于征地制度综合配套改革涉及面广、影响重大，应当由国务院直接领导，发改、财政、国土等有关部门具体负责指导协调。确定试点地区十分重要,要选择那些科学发展意识强、思想解放、有探索创新精神的地区。可以借鉴当年农村税费改革的经验,今年先选择 1~2 个省市进行试点,迈出决定性一步;2015 年前后,进一步扩大试点范围;争取 2020 年之前彻底完成征地制度改革这一历史性任务。

2012 年 7 月 26 日

改革征地补偿制度的建议

叶兴庆

在当前关于征地制度改革的讨论中,一个焦点问题是:征收集体土地到底应如何补偿,是继续坚持"按原用途补偿",还是"大幅度提高农民在土地增值收益中的分配比例"? 这既关系到农民土地财产权利维护,又关系到工业化城镇化发展。我们认为,我国工业化已进入中后期,城镇化已迈过50%的关键点,不能再靠牺牲农民土地财产权利降低工业化城镇化成本,有必要也有条件让农民以市场化的方式参与土地增值收益分配。这应作为制定集体土地征收条例的一个重要原则。

一、"按原用途补偿"已不合时宜

《土地管理法》第四十七条规定:"征收土地的,按照被征收土地的原用途给予补偿。"这个规定的要害在于,农民作为土地所有者,不能占有甚至分享土地改变用途后产生的增值收益。这是现行征地制度的核心之一,也是争议最大的问题之一。之所以如此规定,据称有两个主要理由:第一,土地因改变用途而产生的增值不是土地所有者的劳动成果,而是规划、用途管制和经济社会发展的产物,应归全社会所有,即"涨价归公"。第二,有利于降低工业化、城镇化的用地成本,促进现代化建设更快发展。

这两个理由现在还站得住脚吗? 先看第一个理由。在工业化、城市化的早期阶段,因地价急剧上涨,土地所有者的财富迅速膨胀,确有一些激进的思想家主张通过"涨价归公"以遏制土地投机、控制贫富差距。但这仅仅是当时的一种思想观点,并没有变为多数国家的制度安排。即使在"涨价归公"思想最为盛行的台湾地区,也没有按原用途确定土地价格,而是允许市场形成土地价格,对超过政府规定地价的部分征收土地增值税,最高税率也已由上世纪 50 年代初期的 90% 下降至目前的 40%。为反驳"涨价归公"论,一些经济学家提出了许多质疑:如果"涨价归公",那么跌价归谁;如果土地涨价归公,那么大白菜涨价是否也要归公;一只古碗过去仅用来吃饭,现在作为古玩上市,难道还是以它原来用来吃饭的用途来定价吗。应该说,在成熟的市场经济中,没有比市场机制更公平合理的资产定价办法了。

再看第二个理由。在我国工业化城镇化的早期阶段,按原用途补偿失地农民,再以划拨方式向建设项目供地,确实降低了工业和城市建设成本。自上世纪 90 年代开始实行国有土地有偿使用制度改革后,引入招、拍、挂等有偿出让方式,建设项目、特别是房地产项目的土地成本快速上升。这时,按原用途补偿并没有起到降低工业化、城镇化成本的作用,城市房价越来越高。所不同的是,企业向国家拿地的价格与国家向农民拿地的价格之间出现巨大价差,形成巨额的国有土地出让收益。1999 年,全国国有土地出让金收入 514 亿元,相当于当年地方财政本级收入的 9.2% ;2011 年,这两个指标分别上升到 31140 亿元和 59.4%(见表 1)。即便剔除土地征收和开发成本,地方政府获取的土地纯收益也极为可观。土地出让收益的产生和膨胀使地方政府有更多资金开展基础设施建设,客观上促进了工业化、城市化发展。但这也加剧了地方"多征地、多卖地"的冲动。特别是国有土地使用权实行批租制,把未来几十年的土地收益变现供当下使用,更加调动了地方政府"经营土地"的积极性。地方政府本应是土地管理者,但却承担土地经营者的角色,这使地方政府不可能忠实地执行土地管理法和中央土地政策。多次土地执法检查均表明,地方政府已成为最主要的土地违法者。

尤其需要注意的是,按原用途补偿越来越难以满足农民的期望值。分析各地征地引发的上访或群体性事件的形成原因,固然有程序不当、补偿资金不到位等因素,但主要是被征地农民嫌补偿标准太低。大量事例表明,农民往往并不与土地用于农业所能产生的收益进行比较,而是与周边国有土地出让价格、开发商获得的巨额收益进行比较。

二、实践中对"按原用途补偿"的突破

从 1958 年颁布实施的《国家建设征用土地办法》到 1982 年颁布实施的

《国家建设征用土地条例》,再到 1998 年修订后的《土地管理法》,土地补偿标准在逐步提高,但"按原用途补偿"的核心原则一直没有改变。实际上,农民已经在通过多种途径分享农地转用产生的增值收益。

一是多数地方征地补偿已超过了原用途所可能产生的收益。目前多数地方征收农用地的土地补偿费与安置补助费之和已超过了年产值 30 倍的上限,也超过了按亩年纯收益或亩年租金贴现推算的农地市值。超出部分来自农地转用后产生的增值收益。特别是《国务院关于深化改革严格土地管理的决定》(国发〔2004〕28 号)提出,"土地补偿费和安置补助费的总和达到法定上限,尚不足以使被征地农民保持原有生活水平的,当地人民政府可以用国有土地有偿使用收入予以补贴"。这实际上就是让农民分享土地增值收益。

二是留用地开发。在征地制度改革试点中,一些地方将部分征收土地返还给被征地村集体,由他们按照城市建设规划,自行开发工商业项目。这部分留用地的增值收益归了村集体成员共同所有。近年来,一些特大城市为解决"城中村"改造资金不足问题,允许"城中村"集体将部分腾退出来的土地开发成商品房或公租房向社会出售、出租,这部分土地的增值收益用在了"城中村"农民身上。

三是广泛存在的灰色地带。由于农用地转为建设用地存在巨大利益、集体建设用地与国有建设用地没有做到"同地同权同价",农民和农村集体经济组织以多种迂回方式谋取土地增值收益。例如,《物权法》规定"宅基地使用权人依法对集体所有的土地享有占有和使用的权利",并没有将收益权、处分权赋予宅基地使用权人,但城郊农民出租甚至向非本集体经济组织成员出售农房的现象较为普遍。再如,在近年来的快速城市化进程中,一些地方利用城郊农村宅基地甚至农用地,兴建面向社会的"小产权房"、"联建房",农民和村集体获得了本应由城市政府获得的土地出让收益。对这些法外现象,尽管一再禁止,但却禁而不绝。

三、按市价征地的思路和建议

"大幅度提高农民在土地增值收益中的分配比例",要求从"按原用途补偿",转向按市价征地。这是一场深刻的利益调整,必须周密部署、稳妥进行。我们的思路和建议是：

（一）根据"同地同价"原则确定土地征收价格。在合理界定公共利益、缩小征地范围的基础上，参照被征收地块周边同等条件土地的市场价格，确定土地征收价格；被征收土地是根据项目的公共利益属性作出征收决定的，应按征收价格、规定用途向项目方直接供地。为此，一要进一步发育土地市场，为确定征地价格提供合理参照。按市价补偿，前提是要有充分发育的建设用地市场。现有国有建设用地土地使用权市场是国家垄断供给下的非均衡市场，房地产用地价格畸高、工业用地价格畸低。应按十七届三中全会精神，"逐步建立城乡统一的建设用地市场"，依法取得的农村集体经营性建设用地"在符合规划的前提下与国有土地享有平等权益"。二要重新确定各类公益性建设项目的投资标准，将土地成本打足。通过提高用地成本促进节约集约用地，减少土地浪费；促进项目管理，减少跑冒滴漏。

（二）确定基准地价、对增值部分按一定比例征税。主张按市场地价确定征地补偿，并不意味着农用地转为建设用地产生的增值收益全归农民。为体现农民"分享"而不是"独占"土地增值收益，可考虑按原用途确定基准地价，对市场地价超出的部分（即"涨价"部分）按一定比例征收土地增值税。台湾的做法值得借鉴。台湾各县（市）地方政府需要依法公布辖区内每一块登记土地的评估价格：每三年公布一次各地块的"公告地价"，用于按年课征地价税；每年公布一次各地块的"公告土地现值"，主要用于房地产转让或设定典权时课征土地增值税、计算征地补偿。征地补偿一般要"加成"，例如"加四成"意指征地价格要比"公告土地现值"增加40%，具体的征地加成数，由各县（市）政府同时公告之。台湾有"一地三价"之说：市场地价、公告地价、公告土地现值。2010年，台湾"公告地价"平均为市场地价的21.96%，"公告土地现值"平均为市场地价的79.29%。

（三）为"国有土地使用权出让金收入"寻找替代来源。缩小征地范围、按市场地价确定征地补偿，最大阻力可能来自地方政府。因为如此改革必然革掉"国有土地使用权出让金收入"。而从这笔收入的支出结构看，地方政府在城市建设等方面对其多有仰仗（见表2）。为减小改革阻力，必须寻找替代收入来源。除对农地转用的增值部分收取一定比例税收外，应用好用足"土地财政"的其他收入来源（见表3），特别是对城市存量土地交易的增值部分征税。早在 1993 年，为"规范土地、房地产市场交易秩序，合理调节土地增值收益"，国务院颁布了《土地增值税暂行条例》，要求"转让国有土地使用权、地上的建筑物及其附着物（以下简称转让房地产）并取得收入的单位和个人"，按照转让房地产所取得的增值额和四级超率累进税率缴纳土地增值税。然而，这个条例没有得到严格执行，房地产"涨价"几乎全部"归私"，极大地恶化了全社会的财富分配。近 20 年来，我们对农地转用和城市房地产"涨价"采取了截然不同的两种态度：对前者严格奉行"涨价归公"，让农民为工业化城镇化作贡献；对后者实行实质上的"涨价归私"，让囤地和炒房者大发横财。现在到了农地转用"涨价"合理归私、适度归公和房地产"涨价"适度归私、合理归公的时候了。建议以 1993 年颁布的《土地增值税暂行条例》为蓝本，重点完善增值额计算办法，并严格加以施行。这么做，既可以对囤地、炒房的收益进行调节，又可以为城市维护建设筹集必要资金。这比征收房产税更有效。

2012 年 10 月 8 日

表 1 国有土地使用权出让金收入

年份	国有土地使用权出让金收入（亿元）	地方财政本级收入（亿元）	国有土地使用权出让金收入相当于地方财政本级收入的比重（％）
1999	514	5595	9.2
2000	596	6406	9.3
2001	1296	7803	16.6
2002	2417	8515	28.4
2003	5421	9850	55.0
2004	6412	11893	53.9
2005	5884	15101	39.0
2006	8078	18304	44.1
2007	12217	23573	51.8
2008	10260	27703	37.0
2009	15900	32581	48.8
2010	29110	40613	71.7
2011	31140	52434	59.4

表2 2011年用国有土地使用权出让金收入安排的支出(亿元)

国有土地使用权出让收入安排的支出总额	32931.99
其中:1. 征地拆迁补偿等成本性支出	23629.97
2. 农业土地开发整理和农村基础设施建设以及补助农民等支出	2351.06
3. 用于教育支出	197.46
4. 用于农田水利建设支出	120.35
5. 用于保障性安居工程支出	668.58
6. 按城市房地产管理法规定用于城市建设支出	5964.57

表3 2011年"土地财政"收入来源(亿元)

公共财政收入	城镇土地使用税	1222.26
	土地增值税	2062.61
	耕地占用税	1075.46
政府性基金收入	新增建设用地土地有偿使用费收入	1011.19
	国有土地使用权出让金收入	31140.42
	国有土地收益基金收入	1093.53
	农业土地开发资金收入	231.86
合　计		37837.33

加快发展农村小额信贷

——中国扶贫基金会开展小额信贷扶贫的做法和启示

董　忠　陈文玲

"贷款难"是制约我国农村发展的老大难问题,农民贷款难,贫困户贷款更难。中国扶贫基金会(以下简称"基金会")自 1996 年以来在贫困地区开展小额信贷扶贫试点项目,探索出一套为贫困农户提供金融服务的有效机制,16 年累计向 10 万多贫困农户发放 36 万多笔、23 亿多元小额贷款,还款率高达 99.89%。他们以一种为穷人真诚、细致、有效服务的情怀,以一种改革求新和开拓求变的精神,以一种穷人经济学的实践,走出了一条农村公益性金融服务之路,其中有许多东西值得认真总结。

第一,为穷人量身定制金融产品,建立了自动瞄准并借贷给最贫困农户的机制。贫困农户居住分散,单笔贷款额度小,又缺乏合格抵押品和公职人员担保,成本高、风险大,一般商业性金融机构都不愿意,也很难为他们提供信贷服务。即使是这几年发展迅速的小额贷款公司,也只是在县城给大农户和中小企业提供信贷支持。据调查,目前小额贷款公司平均单笔贷款额度超过 100 万元,受贷主体显然不是贫困农户。"基金会"坚持把贷款额度限定在"小"字上,把贷款目标确定在帮"穷"上,盯住最贫困农户的金融需求,设计开发出"限高不限低"的小额信贷产品,即单笔贷款额度限制在8000 元之内,高于 8000 元不贷,这样既降低了贷款门槛,使贫困农户可以获得贷款,同时也有效排除了非贫困农户借款,建立了一种自动瞄准贫困农户、定向为其提供金融服务的机制。

第二，简化贫困农户贷款的繁琐手续，建立了方便灵活、无须抵押品的小额信贷服务流程和方法。贫困农户从传统正规金融机构获得贷款，手续十分繁杂，不仅需要抵押物和公职人员担保，还要填写很多表格，这使得几乎所有贫困农户都望而却步。"基金会"在为贫困农户提供小额信贷时，去掉了这些繁文缛节，无须抵押物和公职人员担保，操作时采取现场集中发放和整贷零还等办法，由农户自愿组成5户联保小组，互相担保即可获得贷款。"基金会"工作人员上门服务，信贷员吃住在家，以村为单位集中收放款，由分支机构派专车送款，还款由信贷员上门分期收款，存入当地银行。农户从申请到放款一般不到5天，比获得农村信用社等机构贷款平均时间短了整整一倍。尽管贫困农户几乎没有任何财产可作为获得信贷的保障，但"基金会"坚持认为，穷人的信用不一定比富人差，他们的信念支持了他们的做法，他们的做法得到了穷人借款还款的证实。

第三，统一规范贷款操作流程，大大降低了经营成本和管理成本，难以置信地实现了自我财务平衡。由于"基金会"的资本金主要从国家开发银行等金融机构批发融资，融资成本约为8%，加上运营成本6%左右，农户小额贷款的利率约为14%。客观讲，这是一个比较高的贷款成本。但与从信用社、商业银行、小额贷款公司贷款比，农户感觉还是划算的。这是因为，申请其他农村金融机构贷款，农户除支付贷款利息外，还必须付出交通、抵押物、公务员担保等各方面交易成本和人情成本。"基金会"小额信贷采取北京总部制定操作流程和监管规则、各项目县分支机构本地化经营的模式。一家分支机构开业启动经费10万元，机构负责人、财务人员和信贷员10～15人，分支机构综合运营成本约占贷款总额6%，分支机构设立2～3年后贷款余额达到1000万元，即可实现财务平衡。"基金会"52家分支机构2010年、2011年合并报表说明，小额信贷项目已实现财务自我平衡和可持续发展。

第四，选择以农村妇女为特定贷款对象，建立了有效防范贷款风险的约束机制。"基金会"为了更有效地防范贷款风险，保证最高的还款率，他们经过深入农户调查研究，做出了一项很简单但却非常有效的规定，即贷款对象是"贷女不贷男"，小额贷款只贷给有能力、有想法、善于持家的妇女。这是因为他们在调研中发现，一般贫困家庭都是妇女持家，这些妇女没有吃喝赌不良嗜好,也不会到处游逛,信贷员什么时候到门宣传和服务都能找到人。她们的脱贫愿望非常迫切,与信贷员容易沟通,特别欢迎这种小额贷款,加上五户联保的筛选机制,大家低头不见抬头见,谁也不愿意给别人家庭带来麻烦,因此贷款违约风险极低。还有一点就是农村妇女一般属于弱势群体,获得贷款的可能性更低,"基金会"贷款项目有利于提高妇女经济地位。这些贫困妇女的积极性调动起来了,有效约束了信贷风险,还出现了一批致富能手,一些骨干还成为"基金会"的信贷服务人员。

正是由于探索形成了上述机制,才使"基金会"小额信贷蓬勃发展,扶贫取得显著效果。截至 2011 年末,"基金会"已在全国 13 个省 52 个贫困县建立了小额信贷分支机构,覆盖 14000 个村庄和 2200 万人口,共筹集贷款本金 3.4 亿元(其中社会捐赠 1 亿元,地方财政配套资金 1.3 亿元),银行批发资金 4.3 亿元;累计发放贷款 36 万笔,超过 23 亿元;现有贷款余额 6.6 亿元,有效贷款客户超 10 万户。特别是以下几点给人留下深刻印象:第一,"基金会"平均单笔贷款余额仅 6200 元,模范地体现了"小额"的精神和"穷人"的指向;第二,"基金会"贷款总体还款率高达 99.89%,超过了任何一种金融机构;第三,"基金会"贷款农户每获得 1000 元贷款,可增收 400～600元,收益率高达 40%～60%,收到了非常好的扶贫增收效果。

"基金会"小额信贷扶贫的成功使我们受到很大震动,其做法也给了我们一些深刻的启示:

1. 农民是讲信用的,农村小额信用贷款大有可为。很长一个时期,国内外金融界有一种认识,认为农民信用度差,可抵押财产少,向农民贷款风险大。孟加拉经济学家尤努斯以小额信贷的成功实践颠覆了对农民的传统认识,他创办的孟加拉乡村银行瞄准最贫穷的农民,向他们提供贷款,还款率高达 98%,并且连续多年实现盈利,成为兼顾公益与效率的标杆。尤努斯及其孟加拉乡村银行因此获得了 2006 年诺贝尔和平奖,他们的开创性实践向全世界证明了农民是讲信用的。中国扶贫基金会的实践再一次证明,身处乡村熟人社会的农民,有很强的"面子"约束,是最讲信用的。只要制度设计合理,小额信用贷款完全能实现良性发展。这些年来,有不少同志把我国农村金融的问题归因于农民缺乏抵押物,批评农村宅基地、土地承包经营权不能抵押。实际上,由于宅基地和土地承包经营权是农民最基本的生活资料和生产资料,如果放开抵押,就可能导致土地兼并、农民无家可归。"基金会"的实践启示我们,无须抵押的小额信用贷款是我国农村金融非常重要的发展方向,有着非常广阔的发展空间。

2. 小额信用贷款对破解农村"贷款难"具有重要意义,应当作为农村金融政策的重点支持方向。当前我国农村的"贷款难",主要表现为农户特别是普通农户的"贷款难",专业大户更多具有企业性质,而农村中小企业的"贷款难"并不比城市更严重。目前小额信用贷款的上限,发达地区 10 ~ 30 万元,欠发达地区 1 ~ 5 万元,就普通农户而言,基本可以满足其农业生产、子女上学等一般的贷款需求。从一定意义上讲,如果小额信用贷款能够得到充分发展,就可以在很大程度上解决我国农民的"贷款难"问题。实践中,小额信用贷款面临的客观困难是贷款成本高,并且要求金融机构和人员深入乡村,因而商业性金融机构参与积极性不高;应当通过一定支持政策、帮助降低小额信用贷款的成本。近年来我们也出台了一些支持农村金融发展的政策,比如,在部分省区进行县域金融机构涉农贷款增量奖励试点,对新型农村金融机构实行定向费用补贴政策。现在看来,政策指向还不够集中和明确,支持力度和范围也不够大。建议把小额信用贷款作为农村金融政策的支持重点,所有金融机构凡是开展农户小额信贷业务的,一律按小额信用贷款余额的 2% 给予费用补贴。同时鼓励商业银行设立专门的小额信贷部门,这样就可以极大地调动金融机构开展小额信贷的积极性,促进农村小额信贷的大发展。

3. 在农村小额信贷中大力推广"基金会"的经验,提升小额信贷的发展质量。中国扶贫基金会小额信贷扶贫的成功经验与孟加拉乡村银行有很多相似之处,都抓住了小额信贷的本质和要害,概括起来:一是小额取胜;二是贷女不贷男;三是多户联保("基金会"是 5 户联保,尤努斯是 6 ~ 8 人的团结小组);四是简化手续;五是上门服务。正是这些看似简单的东西,有效降低了成本、减小了风险,保证了贷款安全和可持续经营。目前我国农村信用社、农业银行、村镇银行等金融机构也不同程度地开展了农户小额信用贷款和联保贷款业务,但贷款机制还有不尽如人意之处。建议在这些金融机构大力推广"基金会"的经验,完善小额信用贷款的操作和管理流程,有效防控贷款风险,提高管理水平。

4. 赋予"基金会"合法地位并加大政策支持,充分释放其在小额信贷和扶贫增收上的潜能。近年来,中央财政用于"三农"特别是扶贫的支出增加很多,但直接支持农民发展生产、增强"造血"能力的资金还是偏少,扶贫资金的总体使用效率也有待提高。"基金会"利用少量财政扶贫资金,撬动更多的银行批发贷款来扩大贷款本金是一个非常好的做法,提高了扶贫资金使用效率,发挥了财政资金的杠杆作用;而且,"基金会"小额信贷坚持"只贷不存",没有大的社会金融风险,对大型金融机构也不构成威胁,体现了其特定的功能和作用。但是,"基金会"的小额信贷在现行金融体系中没有位置,也没有合法身份,既不属于传统的银行、信用社,也不属于新型农村金融机构和小额贷款公司。"名不正、言不顺",限制了"基金会"功能的更好发挥。建议:第一,对"基金会"这样的公益组织发展小额信贷,由有关部门履行正式批准手续,纳入金融业务指导和监管范围。这不仅是小额信贷扶贫模式发展的制度保障,也是对不适应贫困农民需求的金融体制的改革和突破。第二,从财税、工商、金融等方面,加大对公益性小额信贷组织的支持力度,增加扶贫资金的注入作为贷款资本金,提高从商业银行批发融资的杠杆率和贴息,使那些真正扎根农村、提供基层金融服务的公益性小额贷款机构加快发展壮大。

2012 年 11 月 12 日

(陈文玲　中国国际经济交流中心)

当前奶业发展的形势及建议|

——河北省奶业发展情况调查

董　忠　张顺喜　李胜利

今年以来,牛奶价格走低,奶牛养殖效益下降,一些地方出现了过度淘汰奶牛的现象,对奶业长期发展构成威胁。当前奶业形势究竟如何? 对未来发展到底有多大影响? 如何破解面临的突出问题? 围绕这些,我们到河北省进行了调研,现将有关情况报告如下。

一、当前奶价总体平稳,但养殖效益大幅下滑,奶牛存栏下降明显

河北是全国第三奶业大省。2008 年三聚氰胺事件以来,河北采取了一系列整顿和振兴奶业的举措,奶业整体面貌发生了巨大变化。目前全省存栏 100 头以上的规模养殖率达 100%,存栏 300 头以上的规模养殖率达 95%,所有奶站都实行了管道式挤奶,奶牛规模化养殖和奶站规范化管理处于全国领先水平。石家庄是河北和全国的奶业大市,奶牛存栏量、奶产量都居全国各大城市前列。从河北省特别是石家庄情况看,当前奶业形势有以下特点:

1. 今年以来,特别是春节过后,奶价环比有一定下降,但价格水平与去年同期基本持平。石家庄地区规模养殖场的奶价去年 12 月份平均在 3.45 元/公斤以上,今年前 8 个月平均为 3.36 元;养殖小区奶农交奶价去年 12 月为 3.1 元,目前多数在 2.9 元,有的小区仅为 2.8 元。显然,普通养殖户比规模养殖场奶价下降更多、受影响更大。在石家庄鹿泉市天成奶牛养殖场,我们看到了一份详细的奶价记录,今年奶价最高的 2 月份达到 3.44 元,3 月份开始下跌,6 月份跌到最低、为 3.28 元,7 月回升到 3.33 元。但是,据当地畜牧局介绍,无论是石家庄市还是河北省,无论规模奶牛场还是养殖小区,今年前 8 月的奶价都与去年同期基本持平,没有明显下降。

如何看待今年的奶价下降?综合各方意见,我们认为,这次奶价下降主要是季节性因素所致,属于正常的价格波动。一般而言,夏季牛奶产量较高,却又是乳制品消费淡季,特别是中小学放假、学生营养餐用奶停止,导致夏季往往成为一年中奶价最低的时节;进入秋季特别是冬春季后,天气转冷、产奶量下降,奶价转而持续走高。最近,随着中小学生返校和中秋、国庆临近,奶价已出现上涨势头,一些奶站的奶价涨幅超过了 10%。

2. 尽管奶价基本稳定,但养殖成本却快速上涨,导致养殖效益大幅下滑,亏损养殖户明显增多。据河北省畜牧局反映,目前全省 1/3 的养殖户微利,1/3 的养殖户保本,1/3 的养殖户亏损。国家奶牛产业技术体系石家庄综合试验站的监测调查结果显示,该试验站下属的 10 个效益较好的示范场今年 1—8 月利润同比下降了 50% 以上。就石家庄地区而言,8 月份奶牛饲料价格同比上涨 30% 以上(详见下表),饲养人员工资同比上涨将近 30%,再加上水电、运输、兽药等价格上涨,养殖总成本平均上涨 30% 以上。另一方面,一些乳品企业以理化指标低、有异味等原因拒收鲜奶,有的企业还核减合同奶站的交奶量,其中定州市的 39 家奶站中,上半年有 17 家被拒收过鲜奶,每日核减的交奶量共约 15 吨,这也影响着奶牛养殖效益。

石家庄地区奶牛主要饲料价格变化情况(元/吨)

	玉米	豆粕	棉粕	酒糟蛋白饲料(DDGS)
2011 年	2100	2700	1680	1390
2012 年 8 月	2260	4600	2700	2400
增长率	7.5%	70%	61%	72%

3. 养殖效益的下降,直接导致奶牛存栏减少,应当引起高度重视。调研过程中,省市县畜牧部门的同志和乳制品企业负责人都一致认为,尽管近年来奶牛存栏的统计数在增加,但实际的存栏数是下降的。根据河北奶协组织的专家服务团的调查,石家庄地区目前的奶牛存栏数比前两年下降了

15%左右,其中石家庄综合试验站监控的 10 个示范场目前的奶牛存栏数比年初下降了 2.6%,而去年同期却是增加了 5.8%。存栏奶牛是奶业发展的基础,如果减少过多将会直接影响未来生鲜乳的供给,导致奶业大起大落。

4. 奶牛存栏之所以下降,还有一些特殊原因。一是牛肉价格高达 48元/公斤,淘汰一头牛可卖 1 万多元,再稍微加点钱就可购买一头优质奶牛,导致农民淘汰奶牛速度加快。二是犊牛市场活跃,初生犊牛被抽血清后卖肉还能获利 900 元左右,部分养殖户为追求眼前利益将公犊母犊一并出售,使后备牛源数量减少。三是农民外出务工工资上涨较多,1 个劳动力外出打一年工平均收入 2.5 万元,部分小规模养殖户对奶牛养殖缺乏信心,出现了"卖牛打工"的现象。

二、国产乳品消费信心受损、进口奶粉快速增长,是养殖效益下降的深层原因

奶牛养殖效益下降、生鲜乳价格没有随着成本上涨而提高,根本还在于生鲜乳市场需求疲软、供求关系不利。近年来乳品质量安全事件频出,特别是去年媒体连续曝光"黄曲霉毒素事件"、"老酸奶含工业明胶"等负面消息,最近又发生了蒙牛销售人员主观恶意更改生产日期事件,极大地损害了消费者对国产乳品的信心,乳品滞销严重,对生鲜乳需求下降。

与此同时,乳制品特别是奶粉进口大量增加,对乳品企业形成很大冲击,企业困难重重,奶粉积压严重,无力让利于奶农。今年 1—7 月,我国乳制品进口达 77.7 万吨,同比增长 23.3%,其中 7 月份奶粉进口同比增幅高达 63%;更为严重的是,液态奶也开始进口,并且增长迅速。据河北省君乐宝公司反映,7—8 月份进口大包奶粉到岸价每吨仅 23000 元,而公司生产 1吨奶粉的直接成本达 31500 元,二者相差 8000 多元;受此影响,目前君乐宝积压奶粉达 4000 吨。通常情况下,乳品企业会在牛奶销售淡季放量收奶喷粉,客观上起着平衡季节供求的作用,但进口奶粉的大量涌入对乳品企业的收奶喷粉产生巨大影响,多生产 1 吨奶粉就多亏 8000 多元。正因此,今年拒收限收生鲜乳现象比往年明显增多。奶粉进口激增在冲击国内乳品市场的同时,也影响着生鲜乳市场的供求平衡,放大了奶价的季节性波动。

三、促进奶业健康发展的几点建议

这些年来,奶价下跌、效益下降、奶农杀牛的现象已经发生过几轮了。现在,应当在深刻反思的基础上,真正理清奶业发展思路,从制度和机制上避免奶业大起大落,保障奶业持续健康发展。就此,提出以下建议:

(一)启动对奶牛养殖的调控性补贴。牛奶生产与消费的季节性差异决定了奶价的季节性波动不可避免,这就难免造成淡季奶牛的非理性淘汰。如何解决这个问题,调研发现有两种不同思路:一种认为应根据奶粉生产量对收奶喷粉企业给予适当补助,鼓励和支持他们对生鲜乳市场进行调控;另一种认为应对养殖者进行直接补贴,弥补一部分因奶价波动而造成的亏损,使他们得以度过困难时期。我们认为,第一,凡是企业能做的事,政府尽量不去干预;第二,尽管收奶喷粉不如进口奶粉合算,但许多乳品企业都还在做,说明必然有其合理性,企业更多是出于稳定奶源的考虑;第三,现在 1 吨奶粉相差近 1 万元,政府很难补得起,补少了又不一定能产生预期效果。对奶牛养殖进行补贴,相对更加直接、有效,但必须明确补贴是调控性的,而不是常态化的;否则就会背上沉重的财政负担。在具体补贴方式上,可以借鉴生猪调控预案的机制,确定一个合理的奶料比临界线,低于临界线,就启动奶牛养殖补贴,对养殖户给予一定补贴;奶料比高过临界线,停止或取消养殖补贴。

(二)加强对生鲜乳价格的指导管理。长期以来,乳品企业完全主导生鲜乳定价权,奶农基本没有话语权,致使生鲜乳价格难以随着养殖成本的上升而提高,液态奶等终端产品提价的好处也难以惠及养殖环节。鉴此,应在奶价形成机制中加强政府和社会监督的分量,抗衡和约束乳品企业的力量,防止奶农利益受损。今年以来,河北省在各市县组建了生鲜乳价格协调委员会,定期发布交易参考价格,并在奶站显著位置公布,取得初步成效。建议推广河北这一经验,在奶业大县大市全面建立奶价协调指导机制,由政府相关部门、加工企业、奶农和奶业协会共同参与,以养殖成本、奶品质量和乳制品市场价格为主要依据,确定本地区的生鲜乳指导价格,定期调整并向社会公布,以社会力量来督促企业执行指导价格。

(三)健全养殖与加工间的利益联接机制。我国奶业还有一个突出问题就是,乳品加工与奶牛养殖之间缺乏恰当、有效的利益联接机制,致使奶农必须承担乳品市场不好时的损失,却无法分享乳品市场好转时的利润,从而成为整个奶产业链条上风险最大、效益最低的一环。为此,必须积极推动在养殖加工间形成风险共担、利益共享的机制,政策上应把握以下方向:一是鼓励乳品企业通过直接投资或者收购、整合等方式建设大型养殖场,将奶牛养殖内部化。二是支持乳品企业对养殖小区进行股份制改造,让奶农入股乳品企业,实现一体化发展。三是扶持发展奶牛养殖合作社,不断做大做强,提高奶农谈判能力和地位。

(四)下功夫提高奶牛养殖水平。调查发现,在部分奶农亏损、弃养的同时,一些大企业还在新上大型奶牛养殖场。现在亏损的养殖户基本都是养殖水平较低的小养殖户,不仅奶牛单产水平低,奶价也比规模养殖场低很多。目前石家庄养殖小区平均奶牛单产5吨左右,规模场则达7吨左右(发达国家超过9吨),一头牛的效益就相差8000多元。鉴此,必须下大功夫,使奶牛养殖水平上一个大的台阶。关键是要在落实好国家有关政策的同时,突出抓好以下三件事:

一是加快养殖小区改造升级。目前河北规模养殖场的饲养比例只有25%,养殖小区占比高达75%,而且相当一部分还是"分户饲喂、集中挤奶",严重制约着奶牛全混合日粮(TMR)、分群饲养等先进饲养方式的应用。为此,首先应当拿出当年推动散养奶牛进小区的力度来推进奶牛小区向规模养殖场转变。大力支持通过股份制改造、托管寄养、收购流转等多种方式,将现有小区改造为规模养殖场。其次,高度重视发挥乳品企业在小区提升中的作用。现在伊利、蒙牛等都在以奶价为杠杆引导小区改造升级(比如,对分群饲养的,奶价提高0.1元),君乐宝与中国银行合作推出"养殖贷"项目,每家奶站最高可贷款100万元,这些经验很值得推广。对在小区提升中成绩突出的企业可给予适当奖励。第三,进一步增加中央的奶牛规模化、标准化养殖支持资金,并把资金更集中地用于小区提升改造。实际上,越是几千头、上万头的大型养殖场,越不缺资金,百八十万元的政府补助没太大意义;越是几百头的养殖小区,越需要资金,政府支持就十分重要。

二是改变奶牛良种冻精补贴实施办法。良种是养殖水平的决定性因素,冻精补贴则是关键的政策手段。目前的冻精补贴办法有两点需要完善:

一是应将世界排名前 100 名的奶牛性控冻精纳入补贴范围,更好地利用国际良种资源;二是取消冻精补贴的省内统筹,确保把冻精补贴用在最优良的品种资源上。

三是加大对先进奶牛饲养技术推广应用的扶持。饲养技术对提高养殖水平十分重要。要进一步研究支持青贮饲料发展的政策措施。加强对中小奶牛养殖户的技术服务和支持。将玉米全株青贮、TMR 分群饲喂技术、奶牛生产性能测定技术(DHI)等纳入农业部重点技术推广范围。

最后要强调的是,加强乳品质量安全管理极为重要,对质量安全事件必须严肃追究法律责任,让企业付出足够的代价;同时又要注意及时切割,营造良好舆论氛围,避免伤及无辜、影响整个奶业发展。

2012 年 9 月 26 日

(李胜利　中国农业大学教授、中国现代奶牛产业技术体系首席科学家)

三、积极稳妥推进城镇化

对我国城市化问题的几点思考

郭 玮

最近,我参加了中组部组织的第10期公共管理高级培训班,在清华大学、美国哈佛大学进行为期两个月的学习。这期培训把城市发展作为学习培训的重要内容,围绕城市化一般规律、世界各国城市化的经验教训等进行了课堂教学和参观考察。学习考察中,美国城市发展的低密度扩张,由此带来的能源等资源巨大消耗,以及在经济危机中美国各地为振兴城市经济作出的积极努力,给人留下深刻印象。在我国城市化快速推进的关键阶段,学习借鉴各国城市化的经验教训,坚持走中国特色的城镇化道路,着力解决好我国城市化进程中的突出问题,对我国经济社会长远发展至关重要。

第一,推进城市化,核心要推进城市产业发展,特别要重视提高城市对劳动力的吸纳能力。各国的城市化都是靠城市就业机会增加来推动的。即使到高度城市化阶段,城市产业调整和就业机会的变化也直接关系着城市兴衰。比如,由于美国汽车产业萎缩,底特律等城市经济萧条,人口大幅减少。与此同时,波士顿等地由于支柱产业不断加强,即使在目前的经济危机中,城市经济增长依然保持较好态势,人口增加,城市建设不断有新的进展。长期以来,美国政府都尽量减少对经济的干预,但这次我们访问的芝加哥、大激流、波士顿、剑桥等城市,每到一处,都能感到政府对经济增长的渴望,都能体会到城市政府在招商引资方面的极大热情和付出的努力。

我国城市化正快速推进,一些地方热衷于对城区面积、城市人口的超前规划,而对城市产业的发展缺乏战略考虑。一些地方城市建设重点放在建宽马路、修大广场、搞房地产,对城市产业发展引导不足,个别新城成为空城,造成资源的浪费。我们认为城市化的发展,首先是城市产业的发展,推进城市化必须高度重视城市产业发展,努力增加城市的就业容量。这是城市化健康发展最重要的基石。

第二,推进城市化必须着力解决好城市新增人口的各种实际问题。美国波士顿、剑桥等城市,为了鼓励和吸引大学毕业的年轻人留在本地,不仅建立了创新园区,鼓励创业就业,而且针对年轻人的需求,推进适合年轻人居住的小户型住房开发,重视适合年轻人特点的文化及生活服务设施的建设和社区文化氛围的营造。在国内培训中,相关专家指出,我国城市化最突出的问题是,农村转移到城市就业的劳动力难以在城市定居,并将这种城市化概括为"半城市化"或者"不完全城镇化"。我们认为,我国大批在城市就业人口被排斥在城市社会福利制度之外,处在不稳定、无保障状态。这种状况如果持续,将会给中国的经济社会发展带来严重问题。从经济角度看,随着经济结构调整、产业升级的深化,城市发展对劳动力技能等提出越来越高的要求,需要有稳定的劳动力队伍。稳定的就业是劳动力技能与素质提高的基础,而就业的稳定需要居住的稳定。从社会角度看,农民进城已经不是为了在城市赚钱,然后回农村消费,新生代农民工到城市,就是为了追求城市生活方式。因此,解决"半城市化"问题是中国经济持续发展的需要,也是实现中国社会长治久安的必须选择。为此,必须彻底转变城镇化理念,从以城为本转向以人为本、以民为本。必须清楚,城市化的本质是人口城市化,推进城市化的核心不是制造城市景观、不是建高楼,而是解决好人的问题,不断提高城市居民生活水平,实现新市民、老市民在公共管理、社会服务等方面的平等待遇。

第三,把握城市规模的合理限度,把城市化的重点放到中等城市发展上。当前我国各地推进城镇化的热情很高,但一些地方的热情主要不是用在为城市化创造良好市场环境上,而放在超高标准规划、大力度行政推动、低门槛招商引资上。一些地方动辄划定几十平方公里的新城区,一些地方城市、城市群的规划人口大大超过了可吸纳人口。一些地方把城市化的重点放到核心城市的扩张上,越是大城市、超大城市,行政推动的力度越大。但事实上,城市规模绝不是越大越好,城市发展要受到资源环境承载能力的制约,不论是美国还是中国,大城市在交通、污染等方面的问题已经越来越暴露。相反,一些有特色的中等城市表现出了自己的优势。我们访问的密歇根州大激流市,只有 19 万人口,但突出发展医药和生命科学产业,创新能力居世界前列,其家具制造等传统产业也表现出较强的竞争力,不仅人均收入较高,经济健康发展,而且城市环境优美,社会和谐稳定,是个宜业、宜居的城市。美国首府华盛顿,200 多年来紧紧围绕行政中心的定位发展服务业,并没有将各种产业全面铺开,城市的规模也没有无限扩张。当然,美国也曾经历过一些大城市爆炸式发展的过程,这与中小城市交通、通讯不畅有很大关系。应当看到,交通、通讯等基础设施的改善已经为中等城市发展提供了重要条件,中等城市低成本的优势正逐步显现。因此,我国的城市化要高度重视中等城市的发展。当前紧迫的是,尽快改变城市化行政推动的大城市偏好。在用地指标分配产业布局安排重大项目的落地上减少对大城市、特大城市的人为照顾,更好地发挥城市化过程中市场配置资源的作用。这将会大大改善中等城市发展的环境,并可以缓解大城市有就业岗位、无定居条件的矛盾,缓解中等城市可居住、无产业的尴尬,还可以促进区域协调发展、促进社会的持续稳定。

第四,坚持土地集中管理,坚决保护好土地资源。除了少数大城市核心区高楼密集以外,美国城市的高楼总体不多,城市人口密度很低。美国城市的平均人口密度仅相当于欧洲平均水平的 38%,亚洲平均水平的 12%。平面铺开是美国城市的最大特点。这带来了很多问题,如土地资源浪费,城市运行成本高,能源消耗巨大等。美国专家指出,这一问题的形成与美国的土地制度直接相关。美国土地管理的权限被严重分割,联邦政府除了对国家公园用地具有管理权限以外,其他土地的管理权限都在地方。权力分割造成土地的滥用。在城市建设和用地管理上,美国专家极为推崇新加坡模式。新加坡政府集中了土地规划和利用的权力,在约 700 平方公里的土地容纳了 500 多万人口,还保留了大片的绿地和自然保护区,在经济较快发展的同时较好地解决了城市交通问题。我国与美国的国情有很大不同,土地少,解决好 13 亿人口的吃饭问题始终是国家安全的重大问题。因此,在城市化过程中必须毫不松懈地加强土地的保护,毫不动摇地坚持土地的集中管理。

2012 年 7 月 10 日

促进农民工市民化必须解决好成本消化问题

叶兴庆

前不久,广东、河南等地提出要适时出台取消"农民工"称谓的政策措施,引发广泛争议。岁末年初,国家统计局公布我国城镇人口首次超过乡村人口后,引发一些人对我国城镇人口统计口径的质疑,认为把农民工及其随迁子女计入城镇常住人口是"伪城市化"、"半城市化"。"两会"前后,公布去年初即已出台的《国务院办公厅关于积极稳妥推进户籍管理制度改革的通知》,教育部负责人"各地要在年底前出台有关允许异地高考的时间表"的表态引起社会极大关注。3月底、4月初,四川、重庆等地接连发生农村留守妇女因生活艰难、心理扭曲而残害亲生子女的惨剧,再次触动社会敏感的神经。在当今中国,有关农民工的争议性或负面新闻很容易成为社会舆论的焦点和社会矛盾的触点。解决好这方面问题,根本出路在于转变目前这种人口城镇化方式、促进农民工尽快实现市民化;而要做到这一点,关键在于解决好农民工市民化的成本消化问题。

一、关于农民工市民化的两个基本概念

促进农民工市民化,首先需要明确两点:

第一,到底什么是农民工市民化。字面理解,就是农民工转化为城镇居民。狭义而言,是指农民工获得城镇户籍、与城镇居民享受同等社会保障和福利待遇,这主要取决于体制改革进展。广义而言,不仅包括户籍、待遇与

城镇居民完全一样,而且包括文化、心理与城市社会高度融合,古今中外的移民经验表明这是一个长期过程,往往需要经历几代人才能实现。这里主要涉及狭义的农民工市民化。

第二,到底有多少农民工有待市民化。以1978年全国城镇人口为基数,按全国平均人口增长率推算,2011年这部分城镇"原住民"应增长到2.41亿人。2011年按常住人口口径统计的城镇人口为6.91亿人。这意味着,1978年以来累计有4.5亿人从农村进入城镇。这分三种情况:一是计划体制内的国家招工、大学招生、参军提干等"选择性"进入,这部分人基本被城市体制接纳;二是城镇空间扩张导致城郊农民"被动性"进入,这部分人多数已变为城镇居民,还有一些没有被完全纳入城市体制;三是城镇建成区外的农民为寻求就业和定居机会"自主性"进入,也就是进城农民工,他们中的部分人受益于户籍制度改革,已获得城镇户籍,但大部分户籍仍在农村。就狭义的市民化而言,"被动性"进入的一部分和"自主性"进入的大部分是有待市民化的重点人群。2011年底,农村户籍人口约为9.55亿人,按常住人口口径统计的乡村人口为6.57亿人,相差的2.98亿人就是有待市民化的农民工及其随迁人口。我国城镇化远未完成,今后还将有几亿乡村人口要进入城镇,他们同样将面临市民化问题。

二、农民工市民化究竟难在哪里

在世界各国城市化中都存在农民进城后如何适应与融合的问题。但我国是在特殊体制条件下,走了一条特殊的农民进城道路。这种特殊性在于,农民从农业向非农产业的职业转换、从农村向城镇的空间转换、从农民向城镇居民的身份转换,被城乡二元体制分割成三个阶段。身份转换滞后于职业转换和空间转换,造成为数众多的就业在城镇、户籍在农村的农民工。农民工是特殊体制下的特殊产物,使他们真正成为城镇居民,"绝不是改变一下户籍那么简单",面临成本消化的特殊难题。这个问题分成两方面:

第一,农民工市民化确实会产生社会成本。如果城乡基本公共服务实现了均等化,从农村向城镇的人口迁移,反而会节省社会成本,这是因为农村人口居住分散,提供相同质量的公共服务成本更高。但长期以来,我国在城乡实行两种不同的社会管理体制,城镇基础设施和公共服务明显好于农村。从农村向城市的人口迁移确实会增加全社会的成本。城乡差距越大，这种成本越高。据广东省测算，2011 年全省跨县（市、区）流动的非户籍学生达到339 万人，如果将这些非户籍学生入读公办学校的比例由目前的25% 提高至75%，需要新增公办学位78 万个，为此需要投资203.5 亿元用于新建学校的征地、校舍和教学仪器设备，每年还要支出 173.3 亿元用于公用经费补助、教师工资福利。这些学生如在原籍就读，所需财政投入应低于这个水平。两者之差就是新增社会成本。除义务教育外，在学前教育、养老保险、公共交通、社会救助等所有存在城乡差距的领域都会因人口迁移而产生相应的社会成本。

第二，农民工市民化产生的社会成本主要由输入地城市政府承担。在现行财政和事权划分体制下，农民工市民化产生的各种社会成本主要靠输入地城市政府自行消化。这使城市政府承受较大的财政支出压力。这是城市政府不愿向农民工开放户籍的根本原因。在早期的户籍制度改革中，一些地方曾向新进入者征收"城市增容费"，俗称"卖户口"。当时，买方因为对城镇户口福利的预期而愿意支付买价，卖方因为需要支付社会成本而索取卖价。这种做法为当时农民进城开了一个口子，但终因弊端丛生而遭禁止。一些地方为降低承担的社会成本，对进城农民工实行费率、补贴、待遇比城镇职工低很多的社会保险，如上海的外来务工人员综合保险，作为一种过渡性制度安排有其积极意义，但也带来社会保险"碎片化"等新的问题，不利于农民工真正融入城市。近年来，针对一些地方反映的突出问题，中央财政开始分担部分责任。例如，中央财政从 2008 年秋季学期起，安排奖励资金专项用于接收农民工子女的城市义务教育阶段学校补充公用经费和改善办学条件。但截至目前，农民工进城的各种社会成本绝大部分仍要靠地方承担。

三、消化农民工市民化成本的思路与建议

进城农民工作为公民，他们有平等获得公共服务的公民权利；进城农民工作为纳税人和财富创造者，城市政府有义务为他们提供公共服务。我们不仅要树立这样的理念，而且要采取切实有效的具体措施：

（一）从制度上缩小城乡基本公共服务差距。这是消除人口迁移产生的

社会成本的治本之策。如果说实现城乡和区域经济发展水平均等化主要取决于市场对资源的配置作用,那么实现城乡和区域基本公共服务均等化则主要取决于政府对公共资源的配置决策。这些年在统筹城乡发展理念的指导下,农村道路、饮水、电力、通讯等基础设施和教育、医疗、养老、低保等社会保障发展较快。在有些方面已接近城乡均等化,如国家层面对新农合与城镇居民医保的财政补助标准是一样的,一些地方对新农保与城镇居民社会养老保险实行相同的财政补助、个人缴费和待遇标准。但总体而言,城乡之间的公共服务,无论在制度设计还是保障水平上均存在明显差距,不少方面还带有明显的城乡二元体制烙印,在城市实行一套办法,在农村实行另一套办法。如医疗保险,城镇是"职工医疗保险"、"居民医疗保险",农村是"合作医疗保险"。实际上农村医疗保险已失去了合作制的基本属性,成为政府主导的一种社会保险。应尽可能在城乡实行相同的公共产品供给制度,即使暂时做不到,也应为未来的转移接续和城乡并轨预留接口。应继续加大对改善农村民生的支持力度,国家新增民生投入应向农村倾斜,逐步缩小而不是扩大城乡基本公共服务差距。

(二)从财力和机构编制上增强输入地的公共服务能力。即便城乡基本公共服务实现了均等化,从农村向城市的人口迁移不会产生额外的社会成本,但在现行财政和事权划分体制下,存在成本转移问题,输入地政府还是要承担公共服务成本。进城农民工较多的地方本来是经济比较发达、地方财力较好的地方,承受能力较强。但完全由输入地财政承担不利于加快农民工市民化步伐。就输入地而言,在制定城市公用设施发展规划、安排重大民生工程时,应自觉将外来人口纳入覆盖范围。就上级政府而言,衡量输入地人均财力时,应将全部常住人口作为基数,并充分考虑提供公共服务成本较高的因素;借鉴中央财政对输入地解决农民工随迁子女接受义务教育的奖励办法,建立与实际服务人口相匹配的公共财政转移支付制度,调动输入地接纳外来人口的积极性。一些输入地反映,当地外来人口规模巨大,甚至超过户籍人口,而社会管理和公共服务的机构设置、人员编制仍以户籍人口为依据,不利于为外来人口提供均等化的公共服务。应从实际出发,重新核定这些地方的机构人员编制,并适当扩大其经济社会事务管理权限。

(三)根据成本消化能力逐步剥离附着在城镇户籍上的各种公共服务获

取资格。在目前体制下,农民工从城市政府获得户籍,标志着实现了市民化;城市政府给予农民工户籍,意味着要担当责任。这些年来,户籍制度改革呼声很高,也确实迈出了较大步伐。在国家层面,主要是按现有城市人口规模和资源环境承载能力,对大中小城市和小城镇设置松紧有别的落户条件。在地方层面,一些大中城市按购置房产、居住年限、文化程度、职业技能、荣誉奖励等单一或综合因素,对部分人群有选择地开放户籍,如上海等地实行的优秀农民工入户、广州等地实行的积分制;一些大中城市实行蓝印户口、居住证制度,赋予持有者大于一般外来人口、小于户籍人口的公共服务获得权限。采取诸如此类的做法,主要是为了使人口城镇化的过程更加平顺,防止从农村到城市、从小城市到大城市的"福利移民"、"社保移民"。但必须明确,这些都是不得已而为之的过渡性办法,并不是我国人口迁移的目标制度。人口自由迁徙是社会公平正义的内在要求。只有把附着在城镇户籍上的各种公共服务获取资格剥离出去,才能最终实现人口自由迁徙。为此,一要坚决停止赋予城镇户籍任何新的社会福利,加强对各地新出台政策的监督,真正做到"今后出台有关就业、义务教育、技能培训等政策措施,不要与户口性质挂钩",即使出台其他政策也要尽量不再与户籍挂钩。二要对目前仍与户口性质挂钩的所有政策进行一次彻底清理,从易到难,排出顺序,逐项制定时间表,逐项出台剥离方案,最终还原户籍的人口登记功能。例如,在住房租购方面,经济适用房、公租房配售配租已基本与户籍脱钩,下一步应推进廉租房申请资格与户籍脱钩,对目前与户籍挂钩的住房限购措施应尽快研究采取替代办法;在子女上学方面,今年《政府工作报告》已宣布"初步解决农民工随迁子女在城市接受义务教育的问题",下一步应推进学前教育、特别是中高考与户籍脱钩;在社会保障方面,城镇职工养老、医疗保险已向农民工开放,计划免疫等公共卫生已向非户籍人口覆盖,下一步应推进城镇居民养老和医疗保险、低保等社会救助与户籍脱钩。

2012 年 4 月 20 日

农民工公共服务和福利保障现状及问题

——"农民工公共服务和福利保障问题研究"之一

刘文海

农民工公共服务和福利保障问题主要涉及农民工的公共就业服务、社会保险、子女入学、医疗卫生、住房保障、土地承包权益及户籍转移等内容。2006年颁布的《国务院关于解决农民工问题的若干意见》（国发〔2006〕5号，以下简称"5号文"），形成了农民工劳动就业、公共服务、福利保障和城市融入、社会参与等方面较为完整的政策体系。几年来，农民工的生存状况、福利保障和发展空间等都已经有了较大改善，农民工问题正在逐步得到缓解。目前现状是：

一、关于农民工公共就业服务问题

农民工公共就业服务是指由政府或公共事业机构提供的、面向农民工的、基本免费的、与劳动就业相关的公共服务。主要涉及三块事务：一是城乡平等就业和城乡统一的劳动力市场建设；二是农村劳动力转移培训；三是免费就业信息、就业指导和职业介绍。

2006年"5号文"提出要消除农民工就业歧视和促进机会平等。2007年国家颁布了《就业促进法》、《劳动合同法》、《劳动争议仲裁法》，基本形成了消除农民工就业歧视和促进机会平等的法律框架。另自2003年起，制定全国农民工培训规划，将农民工的就业服务和培训纳入公共财政范围。各地普遍清理和取消了针对农民工进城就业的歧视性规定、不合理限制和乱收费。多数城市开放公共职业介绍机构,免费向农民工提供就业信息、职业指导和职业介绍服务等。一些农民工输出大省如四川、安徽、湖南、河南等地方政府的有关机构与输入地进行对口接洽,"一条龙"服务到位,开展有组织的农民工输出。2010 年启动实施新一轮农民工培训计划,计划全国每年培训农民工达到 600 万人以上,培训补贴人均 800 元左右。2011 年,中央财政用于农民工培训经费 66.8 亿元,补贴农民工培训 740 万人次。

当前农民工公共就业服务中存在的主要问题:一是农民工培训"多龙治水"、资源分散,培训的覆盖面、针对性、实效性等不够。目前,人力资源和社会保障部门组织"技能就业计划",农业部门牵头组织"阳光工程",扶贫部门组织"雨露计划",科技部门组织"星火计划",教育部门组织农村"劳动力转移培训计划",还有城乡建设部门以及工青妇组织开展的各类培训。各部门间缺乏有效的协调机制,难以形成合力,资金使用和资源利用效率不高,培训时间短、层次低,容易走过场。二是城乡一体化的劳动力市场建设滞后,公共就业服务体系不健全,市场中介行为不规范,许多地方公共就业服务基本未覆盖外来农民工,统筹城乡、平等就业的政策难落实,农民工就业的环境仍难尽如人意。非法职介骗取农民工钱财、中介机构违规收费、劳动力市场中欺诈农民工的现象时有发生。三是农民工劳动关系不规范,就业权益保护不到位。仍有相当比例的农民工未能与用人单位签订劳动合同,农民工的劳动保护、职业卫生和安全等措施难落实。一些行业仍存在比较严重的克扣和拖欠农民工工资现象。

二、关于农民工社会保险问题

据人力资源和社会保障部的有关调查,社会保险问题是农民工最不满意的公共服务项目之一。农民工对政府的主要诉求,排在前三位的分别是社会保险、住房保障和提高工资收入。

目前,在城镇养老、医疗、失业、工伤、生育五项基本社会保险中,制度层面大体上并不排斥农民工,但因政策"门槛"较高、缴费费率负担重以及农民工流动性强等因素,农民工参保还存在诸多实际困难。2006 年国务院"5 号文"强调,要重点推进工伤、医疗和养老三项社会保险。近年来,各地农民工工伤保险工作进展较快,参保比例约占三成,原因是参保门槛低、费率负担轻;参加医疗保险的比例不高,约占二成;参加养老保险的比例更低,不到二成;另有约一成的农民工参加了失业保险。具体据人力资源和社会保障部的数据,截至 2011 年底,全国农民工参加城镇养老、医疗、工伤、失业四项保险的比例为 16.4%、18.6%、27.0%、9.4%。另外,包括部分农民工在内的 8.32 亿农民参加了新型农村合作医疗,约 3.32 亿人参加新型农村社会养老保险。

当前农民工社会保险方面的突出问题:一是城镇职工社会保险政策门槛较高、缴费负担较重,无论是用人单位还是农民工,参保的能力和积极性都受到很大影响。以武汉市为例,2010 年一个农民工要参加城镇各项社会保险,每月企业要缴纳 516 元,个人要缴纳 166 元,个人缴费占到当月本人工资的 12% 左右。二是现行城镇社会保险制度不能很好地适应农民工流动性强、就业关系不稳定的特点,养老保险关系接续麻烦且在转移中有利益损失,新农保与城镇养老保险也不能对接;医疗保险不能实现异地结算,新农合与城镇医疗保险也不能对接。三是许多农民工倾向于在老家户籍地参加农村社会保障各个项目,主要是因为农村社保有政府补贴,且缴费"门槛"很低。但这种做法本身与国家希望推进城市化、支持农民工融入城市的意图是相背离的,也是对农民工正当的社会保障权益的一种损害,因而也是不应当鼓励的。

三、关于农民工子女入学问题

在义务教育阶段,2003 年国务院颁布的《关于进一步做好进城务工就业农民子女义务教育工作的意见》,明确了"两为主"政策,即农民工子女义务教育"以流入地为主,以公办学校为主"。2006 年"5 号文"强化了这一政策。按照国家政策要求,多数地方基本实现了以公办学校为主接收农民工子女接受义务教育阶段教育。一些地方不仅将农民工子女纳入学籍管理,安排教育经费,享受与本地同学同等待遇,还可以异地参加中考(包括外省籍学生)、高考(仅限本省籍学生),推进农民工子女在城市学校的"融合教育"。2011 年,全国义务教育阶段农民工随迁子女共有 1167 万人,进入城镇公办学校就读的比例达到 79.2%。中央财政对地方政府解决农民工子女教育问题进行奖励和补助,2011 年安排资金 45.9 亿元。剩余的在民办农民工子弟学校读书,这类学校教学条件普遍不高,收费标准参差不齐,教育经费不能纳入财政预算,只能靠收费维持运转,影响教育质量,加重农民工负担。

在高中教育阶段,农民工子女教育问题十分突出。主要问题:一是我国普通高中教育尚没有纳入国家免费义务教育范围,且收费水平不低;二是非本省籍的农民工子女异地参加中、高考存在政策障碍。特别是高考,各地教材不一样,考题不一样,录取分数线也不一样,只能回原籍地去参加高考。由于经济负担重,农民工子女初中毕业后放弃升学的现象比较普遍。

四、关于农民工医疗卫生问题

主要涉及农民工的医疗服务及医疗保障、公共卫生和计划生育服务三个方面内容。

关于医疗服务及医疗保障,前者是解决谁来为人们看病的问题,后者是解决看病后谁来掏钱的问题。在医疗服务方面,城市现有的医疗卫生资源主要围绕城市居民的医疗服务需求进行配置和布局,因此,农民工输入地医疗服务供给不足的问题比较突出。特别是一些农民工输入大省或大城市,城市医院人满为患,包括农民工在内的老百姓看病难问题突出,医患关系紧张。在医疗保障方面,如前所述,由于农民工参加城镇医疗保险的比例较低,因此农民工有病不去医院、小病扛成大病、大病住不起院的现象还是相当普遍的。

在公共卫生方面,各地在传染病防治、母婴保健、健康宣教等方面采取了一些措施。2011年,卫生部修订了国家基本公共卫生服务规范,将在当地居住时间超过半年以上的农民工及其子女纳入服务范围。但现阶段公共卫生事业经费基本是按照户籍人口划拨的,较少考虑到居住在本地的农民工;再加上农民工流动性大,公共卫生相关工作难度也大等因素,农民工公共卫生服务总体上还十分薄弱。

在计划生育方面,目前基本建立起"统筹管理、服务均等、信息共享、区域协作、双向考核"的全国流动人口计划生育工作"一盘棋"的工作机制,初步实现了全国范围内流动人口计划生育重点人群、重点服务管理信息共享,农民工享受计划生育免费服务率达到85%以上。各地方都已将流动人口计划生育管理和服务经费纳入了财政预算,农民工可以免费享受"三查四术"(查孕、查病、查环,人流、引产、上环和结扎)和避孕药具,但手术补助和独生子女奖励政策仍在户籍地进行。

概括而言,目前农民工医疗卫生方面有三大突出问题:一是农民工成为职业病危害的主要人群。从行业分布看,涉及煤炭及矿山开采、冶金与有色金属冶炼、化工、建筑等30多个行业。从病种看,尘肺病和急、慢性职业中毒是最主要的职业病。从发病特点看,群体性罹患职业病已成为近年职业病发病的一个显著特点。从发病者地域分布看,有从发达地区向欠发达地区转移的趋势,西部和贫困地区的农民工往往是职业病的最大受害者。主要原因是企业劳动保护不够、政府公共卫生服务不到位。二是农民工公共卫生问题突出,主要是传染病易发高发,儿童保健和免疫规划水平总体较低,妇女保健水平与城市居民差异大,"八零后"、"九零后"新生代农民工精神压力大、心理健康问题日益突出。三是农民工医疗保障参保面太低,保障水平也不高,个人负担偏重。

五、关于农民工住房保障问题

农民工住房问题是各项公共服务中进展最慢,是农民工最为关心的项目之一,也是农民工融入城市的最大障碍。

目前,据有关部门的调研,农民工在城市住房的主要来源有三:一是用人单位提供的集体宿舍约占总量的52%;二是租住当地农民的私房约占47%;三是自购房约占不到1%。在大中城市,农民工住房以住集体宿舍和承租农民私房为主,"群租"现象普遍存在;只有在中小城镇,部分经济能力稍好的农民工才愿意购房,形成租购并行状况。农民工的人均住房面积一般大大低于所在城市居民。尤其是"城中村"、棚户区等往往是农民工集中连片居住的地方,上班路途遥远,住房条件差,设施简陋,安全没保障,公共卫生和农民工心理压力等问题也很突出。只有开发区或工业园区内制造业用工单位为农民工提供的集体宿舍条件比较好,采光、通风、卫生间、空调、淋浴等附属设施一般比较齐全,约占农民工在城市住房总量的6%。

在政策层面,虽然现行政策强调要改善农民工住房条件,但总体上缺乏有效的制度安排。主要问题:一是仅在部分城市的极少数农民工可以享受到城镇住房保障权利。如有的城市规定,在城市居住一定年限的农民工可以纳入公共租赁住房、廉租房和经济适用房范围。二是按现行政策农民工可以申请缴存住房公积金,但抽样调查发现,实际缴存的农民工比例不到3%。三是房租负担重。调查表明,2010 年农民工的租房成本为 421 元/月,约占农民工平均月工资的1/4。这些问题表明,将农民工尽快纳入城镇住房保障体系是实现农民工市民化的重要突破口。

六、关于农民工土地承包权益及户籍转移问题

在农民工市民化过程中,涉及两个重大利益调整问题:一是如何处置农村原有的承包地;二是户籍转移。这是两个紧密关联的问题。

(一)关于农民工的承包地。国务院发展研究中心 2010 年开展的一项调查显示,绝大多数农民工希望变成市民后还能保留承包地和宅基地权利,所谓"家中有地,进退有据"。这是符合现行国家政策的。有关中央文件多次强调,赋予农民更加充分而有保障的土地承包经营权,现有土地承包关系保持稳定并长久不变。但在过去的实际操作中,多数地方在农村土地征用后,或者农民工进城落户后,都在给予适当补偿的基础上要求农民放弃其原有的承包地。例如,有的地方提出为农民工进城后"穿上五件新衣服,脱掉三件旧衣服"。所谓"五件新衣服",就是城里的就业、养老、医疗、教育和住房,"三件旧衣服"就是农村的承包田、宅基地和承包林。

只是最近两三年,情况有了较大变化,一些地方开始实行"穿上五件新衣服,不脱三件旧衣服"的做法。我们认为,农民工(或农民)变市民不应以放弃土地为前提和条件。要求农民工放弃土地落户城市不符合国家现行法律法规和政策规定,不利于稳步推进城市化,也容易激发新的社会矛盾。

(二)关于农民工的户籍转移。长期以来,我国的公共服务、社会保障以及各项福利保障权益是与户籍紧紧捆绑在一起的,由于存在城乡"二元"体制和地区之间的巨大差异,使城乡和不同地区户籍的"含金量"存在明显差别。居民户籍转移表面的背后往往隐藏着巨大的利益调整。目前,全国已有 20 多个省份宣布实施城乡统一登记的居民户口制度,但是附着在户籍上的公共服务和各项社会福利权益却并没有发生实质性的改变,城乡人口在最低生活保障、社会保险、政府保障性住房、就业、征兵和军人及其家属的优

抚安置、交通事故和安全生产事故、工伤赔偿待遇上的差别问题没有得到根本解决。在这种情况下，统一城乡户口制度虽然也有积极意义，但其实仍是"换汤不换药"。

近些年，一些城市和地方在农民工进城落户问题上，政策有所进步和突破，原则上规定具有稳定就业、稳定收入和稳定住所以及一定就业居住年限的农民工可以在城镇落户并享有与当地城镇居民同等的权益。但实际上落户的前置条件还很多，特别是进入设区市，进城落户与放弃农村土地挂钩，农民工多数难以接受。

到目前，各地区户籍制度改革的实践探索大体有两种模式：一是居民户口登记制度改革。例如，湖北省从2006年12月起在全省实行城乡统一的户口登记制度，取消农业户口、非农业户口以及其他各类户口类型，统称"湖北居民户口"。这种模式为市县级中小城市和小城镇放开户籍提供了一个基本模式。但是，以这种模式推进农民工公共服务均等化属于一步到位的改革，一次性支付的改革成本比较高，许多地方特别是外地户籍农民工流入多的城市受人财物的限制而难以在短期内做到。而且，中小城市及小城镇往往由于就业容量有限、渠道不畅，对农民工进城落户的吸引力也不够。二是居住证制度改革。例如，浙江省嘉兴市从2008年起全面推行居住证制度，绕过户口来设计附着在户籍上的福利制度，实行分类管理、控制准入门槛、体现待遇差别等措施，推进城市新老居民逐步融合。这种模式为农民工进入大中及以上城市落户提供了一个参考模式。但这种模式一般主要针对本辖区的非农业户口进城落户，对于跨行政区的流动人口户籍却基本没有放开。另外，多数大城市或特大城市如省会城市、直辖市等，由于接纳外来人口压力更大，因此，户籍转移基本没有放开。总之，户籍是"表"，城乡和地区之间公共服务不均等是"里"，共同成为农民工进城谋求机会公平、待遇平等、福利保障平等的障碍，限制了农民工融入城市社会。

2012年5月3日

农民工公共服务和福利保障欠缺问题成因

——"农民工公共服务和福利保障问题研究"之二

刘文海

农民工公共服务和福利保障欠缺问题是农村和农民公共服务和福利保障欠缺问题的集中体现,是城乡"二元"结构弊端的必然结果,因而也是一个由来已久的问题,有着深刻的历史根源和深层的体制性、机制性、制度性原因。具体分析有三大原因:

第一,从历史根源看,新中国建立后,在工业化、城市化原始积累的大背景下,国家按照"重城轻乡、重工轻农"的指导思想,通过长期向农村汲取人力、物力和财力,造成了农村公共服务和福利保障短期内难以弥合的历史亏欠。一是通过筹工筹劳长期无偿向农村汲取人力。计划经济时期,国家许多大型工程和基建都是通过无偿地向农村汲取人力完成的。二是通过工农产品的价格剪刀差向农村汲取财力。三是以土地或人头为基准,通过征收各种税费直接向农民汲取财力。特别是上世纪90年代财税体制改革以后,随着国家工业化、城市化进程的加快,农业税、农业特产税、屠宰税、三提五统等各种税费捆在一起加在了农民头上,大大加重了农民的负担。这种状况直到2006年我国彻底取消农业税后才得以改变。四是通过征用土地换取差价汲取城市化、工业化积累。这种状况目前尤甚。2011年全国土地出让金超过3万亿元,主要是通过低价征用农村集体土地来实现的。与此形成强烈反差的是,中央财政用于农业的支出占财政总支出的比重却呈下降趋势,"七五"为9.38%,"八五"为9.75%,"九五"为9.29%,"十五"为8%。党的十六大以来,中央确立了"多予少取放活"的原则和"工业反哺农业、城市支持农村"重要方针,国家财政对"三农"的投入明显加大。但由于历史包袱太重,城乡公共服务差距扩大的趋势并没有得到逆转,城乡差距也还在继续扩大。

第二,长期以来以户籍制度为基础的城乡"二元"结构,以及附加捆绑在户籍上面的公共服务和福利保障方面的机会不均等、待遇不公平,使城乡居民在不同的身份标识下处于不同的竞争起跑线上。现行的户籍制度及城乡"二元"制度安排是计划经济时代的产物。上世纪80年代以来,随着市场经济的发展,我国中央和各级地方政府多次对户籍管理进行了一些局部改革和调整,基本上实现了人口自由流动。但户籍制度改革并没有取得实质性突破,户籍的身份标识及藉此维系的二元制度仍然根深蒂固。一是在义务教育方面。2002年以来,随着"分级管理,以县为主"的义务教育管理新体制的确立及"一费制"、"两免一补"政策的实施,农村孩子"上学难"和农村教师工资问题得到基本解决。但公共教育资源配置不均衡的问题依然很大,城乡学校在公用经费标准、校舍建设、教学设施投入和教师队伍建设方面依然存在巨大差别。二是在医疗卫生方面。目前,多数地方对城市医疗机构实行财政差额补助,农村医疗机构则实行自收自支,没有财政补助。三是在社会保障方面。城镇职工及居民社会保障体系相对比较完善,农民、农民工和农村居民的社会保障制度建设刚刚起步。保障水平上,农村也远低于城市。四是在劳动就业方面。农民工进城务工面临着多种制度歧视性收费,如许多城市专门针对农民工收取暂住证费、就业上岗培训费、治安费、卫生费、城市建设费、教育附加费等。大多数农民进城务工不签订劳动合同,或签订不公平劳动合同。在工伤、死亡赔偿方面,农民工与城市市民执行的是不同的标准,差距非常大,即存在所谓"同工不同酬、同命不同价"现象。也有学者把市民、农民和农民工三种身份结构称为"三元"结构。

第三,公共财政体制不尽合理,中央与地方之间、部门之间、基层条块之间职责关系不顺,城乡公共服务财力保障存在巨大差异。一是各级政府在义务教育、公共卫生和基本医疗、社会保障等基本公共服务方面的事权和责任划分不清。二是财权上收,责任下移,财力与事权不匹配。1994年财税体制改革以来，渐渐形成了上级政府层层集中财力的做法，越往下，政府可支配财力比重越少。在这种情况下，县乡财政收支矛盾十分突出，难以保证农村最基本的公共服务支出，通常处于"巧妇难为无米之炊"的窘境。而县乡政府往往是公共服务的直接提供者。三是为解决财力与事权不匹配问题，中央财政的转移支付规模越来越大，但要求地方配套资金使一些贫困地区政府难以承受。四是中央以专项转移支付为主的公共服务供给机制，增加了权力腐败的机会，也增加了地方政府"跑部钱进"的运作成本。

以上三大体制性因素使得城乡劳动力和居民在公共服务和福利保障方面存在巨大鸿沟和机会不公平。而农民工表面上是城市产业工人，实质上却是在城乡之间流动就业的农民，他们工作生活在城市，但却不能享受城市的公共服务和福利保障，是现行城乡"二元"制度缺陷首当其冲的受害者。改善农民工的公共服务和福利保障状况，比之解决农民的相关问题来说，更具有紧迫性和重要性。

2012 年 5 月 3 日

完善农民工公共服务和福利保障
体系的政策建议

——"农民工公共服务和福利保障问题研究"之三

刘文海

完善农民工公共服务和福利保障体系的总体思路是:加快改革现行城乡二元分割的公共服务供给体制,尽快实现城乡基本公共服务均等化。在此基础上,实行自由迁徙的户籍政策,逐步实现进城就业农民工的市民化,让农民工在自愿前提下在城镇稳定就业、居住和生活,并平等享有各项市民权利。

为了推进城乡基本公共服务均等化,逐步实现农民工市民化,我们提出以下政策建议:

第一,建立健全城乡一体的劳动力市场和公共就业服务体系。关键要解决农民工进城就业中公平准入、同工同酬、平等权利三大问题,努力实现农民工公平就业、稳定就业和体面就业三大目标。一是实行城乡平等的就业制度。要继续消除针对农民工进城就业的一切歧视行为,取消各种"门槛"和乱收费,实现就业准入的公开透明、自由流动。这个方面经过多年努力得以很大改善,但问题尚没有根本解决。要建立农村劳动力资源登记系统,实行城乡统一的就业登记制度,积极稳妥推进农村富余劳动力转移就业。加强农民工输出输入地劳务信息、管理和服务对接工作,完善农民工职业培训、就业服务、劳动维权"三位一体"的工作机制。二是健全面向城乡全体劳动者的职业培训制度。国家应当继续加大对职业教育和农民工技能培训的投入力度,将农民工职业教育和技能培训纳入国民教育体系,形成以市场为主体、以就业为导向、充分尊重农民工自主选择权的职业教育和职业培训机制。加快实行农村职业教育免费制度,大力推行"培训券"、"订单式"培训等有效做法,推进培训就业一体化。三是健全覆盖城乡的公共就业服务体系。要加强公共就业服务机构和公共就业信息网络建设,为农民工免费提供职业指导、职业介绍、培训信息、政策法规咨询等公共就业服务。四是建立同工同酬制度,构建和谐劳动关系。要全面实行劳动合同制度,大力推行集体合同制度,加强包括农民工在内的劳动者与企业谈判的平等地位,改善工资待遇和劳动条件。要完善相关制度,从根本上解决拖欠农民工工资问题。要完善最低工资制度,建立农民工工资合理增长机制。各级政府要根据经济社会发展情况,及时调整最低工资标准,引导企业合理加薪,保证农民工生活水平随经济社会发展同步改善。五是全面加强农民工安全生产、劳动保护和职业病防治工作。关键是完善相关法规和政策体系,健全相关规程和标准体系,加大执法力度。

第二,加快完善全面覆盖农民工的社会保障体系。改善现阶段农民工生存发展状况,第一要务是全面加强农民工社会保障工作,提高参保比例和保障水平。一是尽快实现工伤保险对农民工的全覆盖。保障农民工在工伤和患职业病时获得与城镇职工完全同等的医疗救治和经济补偿。这是没有任何制度门槛和政策障碍的一项社会保险。二是健全农民工医疗保障制度。社会医疗保险的主要特点是现收现付,农民工参保基本没有政策障碍。对于稳定就业的农民工,应纳入城镇职工基本医疗保险,享受与城镇职工同等待遇;对于就业流动性较强的农民工,可以参加户籍地的新型农村合作医疗。尽快实现城镇职工基本医疗保险、城镇居民基本医疗保险和新农合制度之间的衔接。加强异地就医结算能力建设,实现农民工在就业地就医、即时结算。尽快建立覆盖全省的新农合结算体系。三是全面将农民工纳入养老保障体系。养老保障问题涉及农民工当前履行缴费义务与未来领取养老金待遇的代际转移问题,涉及养老保险基金积累与投资营运问题,也涉及不同地区之间利益转移问题,因此,远比工伤保险和医疗保险复杂。在现行城乡养老保障制度框架下,应当分类解决农民工养老保障问题,大体可以分为三类:第一类是对具备市民化条件、在城镇稳定就业的农民工,应依法纳入城镇职工基本养老保险体系。第二类是对常年外出就业但流动性强的农民工，可探索建立"低费率、广覆盖、可转移"的过渡性养老保险制度。适当降低用人单位和农民工的缴费标准，按照"低门槛进入，低标准待遇"原则来设计制度，基金模式可实行个人账户为主、社会统筹为辅的储蓄积累制。第三类是对季节性外出就业、"亦工亦农"的农民工，主要应当参加户籍地的新型农村社会养老保险制度。四是加快完善社会保险关系转移接续办法，逐步实现农民工养老、医疗、失业、工伤、生育保险关系全国范围内顺畅转移接续。五是加快整合社会保险经办管理与服务资源，搭建五险统一管理、城乡衔接的"大社保"管理平台，统一管理经办城镇企业职工、城镇居民、农村居民和外来农民工的社会保险事务。

需要特别指出的是，我国城乡养老保障体系本身也在改革完善之中，这也会直接影响农民工养老保障制度的模式问题。我们认为，现行城乡养老保障制度改革最理想的方向是按照"三支柱（三层次）"模式重新整合养老保障制度体系：一是以现有城镇职工基本养老保险中的统筹基金为主体，建立"国家（或国民）养老金"，由用人单位和个人共同缴费，但实行低缴费率、低待遇水平，基金不搞个人账户，完全由国家统筹，替代率可以按照30%左右设计。现阶段可以覆盖城镇职工和居民，以及进城就业的农民工，条件成熟时可再将广大农民也纳入。二是将现有城镇职工基本养老保险中的个人账户基金分离出来，并以此为基础建立职业年金制度，可以由用人单位和个人共同缴费，基金模式是完全积累的个人账户，可以进入资本市场投资营运。未来预期也提供30%左右的替代率。三是鼓励个人建立储蓄性养老账户，类似美国的"401K"方案，国家给予一定额度（例如个人收入的5%或10%）的税前列支税收优惠政策加以鼓励。如果按照这种大的改革思路，不但眼下困扰我们的养老保障制度"碎片化"问题和农民工养老保障问题迎刃而解，就连广大农民的养老保障问题也可以一并很好地解决。

第三，建立多层次的农民工住房供应和保障体系。农民工在城市住房问题解决得好，可以有效避免一些发展中国家出现的"贫民窟"现象以及由此产生的"城市病"。在现阶段，解决农民工住房问题应当充分发挥企业、市场和政府等各方面的作用，形成合力，加快建立多层次、多形式的农民工住房供应和保障体系。一是支持和鼓励企业建立标准化的农民工宿舍。农民工就业、生活、居住相对集中,有条件建立规模化的、符合安全卫生标准的集体宿舍。城市应在土地供应、城建规划、税费减免等方面实行特殊优惠政策予以支持。二是支持和鼓励集体经济组织和其他机构、个人建设规模化的农民工公寓。农民工就业生活的地方多数地处城市郊区和城乡接合部,有条件建立规模化的、面向社会的、成本相对较低的农民工公寓。对建设用地,可以允许各地探索由集体经济组织利用农村建设用地建造农民工公寓。对兴建农民工公寓的集体组织和其他机构、个人,支持金融机构提供低息长期银行贷款或住房公积金贷款。三是城市政府保障性住房体系适当向农民工开放,鼓励部分在城市就业居住年限长或有较大贡献的农民工优先享受。现有的城市住房保障体系主要由住房公积金、廉租房及公租房、经济适用房及限价房三大块构成。其中,对解决农民工住房问题而言,比较有前途的是发展公租房,应集中力量加大政府投入。同时,对于住房公积金,应鼓励就业相对稳定的农民工积极参加,可实行低费率和灵活的缴存政策;对于购买城市经济适用房及限价房的农民工可以给予一定税收优惠。四是对于经济条件较好的农民工,鼓励其进入商品房市场和住房租赁市场。农民工购买普通商品房可给予一定税收优惠。对为农民工提供租赁住房的业主或机构,也给予一定的税收优惠。

第四,尽快让进城农民工子女在接受义务教育、职业教育和学前教育方面实现均等化。义务教育、职业教育和学前教育是现阶段我国教育公共服务的最基本、最主要方面,应当优先解决好,并充分体现公平公正、开放和均等化原则。解决农民工子女义务教育、职业教育和学前教育问题总的方向,可以继续坚持内涵扩大了的"两为主"原则,即"以流入地为主,以公办学校为主"。一是关于农民工子女接受义务教育问题。流入地政府要按照预算内生均公用经费标准和实际接收农民工子女人数,足额拨付教育经费。对接收农民工子女较多、现有教育资源不足的城市,要加大教育投入和优化教育资源配置,改善办学条件,中央财政、省级政府要加大财政转移支付力度予以支持。对于农民工子女"大进大出"的地区,教育拨款及转移支付可以探索"钱随人走"的"教育券"制度。对于接受政府委托承担义务教育的民办学校,学生参照公办义务教育标准免除学杂费,享受补助。二是关于农民工子女接受职业教育问题。根据新生代农民工的特点,"两后生"可直接进入中等职业学校继续接受教育,实现免费的中等职业教育。三是关于农民工子女接受学前教育问题。由于我国学前教育发展长期投入不足、总体滞后,目前无论在城乡,学龄前儿童"入园难"都是一个不争的事实,问题解决起来也是长期艰巨任务。但无论如何,"两为主"的原则还是要坚持的,城市学前教育对农民工子女要体现公平性、普惠性和一视同仁。四是加快探索解决农民工子女异地参加"中考"和"高考"的办法。这是当前的一个热点问题,也是难点,涉及到地区之间、考生之间等许多复杂利益调整问题。从方向上看,这个问题要逐步加以解决。但具体到各个地方,则既要积极也要稳妥,具体办法应当由农民工子女流入地省级政府结合实际出台政策。

第五,尽快让农民工在享受公共卫生和计划生育服务方面实现均等化。国家对于公共卫生服务和计划生育服务项目应实行全国统一的政策,无论是农民工还是城市当地居民都能够平等享受。一是加大中央财政投入规模,使农民工子女能够免费享受到国家规定的免疫疫苗接种服务,确保实行计划生育的农民工育龄妇女免费享受避孕节育和基本项目的技术服务,保障农民工孕产妇依法享有居住地规定的产假待遇和手术补贴。二是将职业病防治纳入公共卫生服务范围,重点预防控制对农民工健康伤害面大、危害严重的尘肺病、有机溶剂和重金属中毒。三是加强农民工疾病防控和健康教育。继续加大重大疾病预防控制和救治救助政策支持力度,逐步扩大救治救助的病种范围,提高经费补助标准。要将职业病防治和公共卫生知识列为农民工培训的重要内容,提高他们的疾病防治和维权意识,帮助他们形成健康行为方式,引导他们及时、正确、合理就医。四是提高城市公共卫生和计划生育服务机构的保障能力和管理服务水平。合理配置农民工聚集区的公共卫生和计划生育服务资源,加强相关机构和队伍建设。

第六,积极稳妥推进户籍制度改革,依法保护农民工农村土地权益。我国城乡户籍制度改革的根本方向是打破户籍与其附着的福利保障权益合一的体制,将户籍与福利保障权益脱钩,取消户籍人口与非户籍人口之间的不平等待遇和差距,还原户籍的人口登记这个本来功能。由此可见,户籍制度改革得以成功的根本前提是基本公共服务均等化。在城乡基本公共服务均等化实现之前,为了积极推进农民工进城落户和加速市民化,建议:一是将城市户籍准入与农民工在农村的土地权益分离。应当尽快修改《农村土地承包法》关于"承包方全家迁入设区的市,转为非农业户口的,应当将承包的耕地和草地交回发包方。承包方不交回的,发包方可以收回承包的耕地和草地"一条规定。农民工进城落户不以退出宅基地、承包地、承包林等集体成员权益为前提条件。也就是说,要赋予包括农民工在内的农民完全的土地财产处置权,由其在自愿基础上探索实现土地财产转让的多种形式。二是大幅度降低农民工进城落户的"门槛",建立以稳定居住为核心的城市户籍准入制度。具体又可以分为两大类:一类是地级以下城市,包括地级市、县级市、县城和中心镇等,要全面放开户籍准入制度,以稳定就业、稳定住所(包括自有住房、公租房廉租房、农民工公寓和市场化出租房等)和稳定居住年限(可设定为 3 ~ 5 年,城市越大要求的年限越长)这"三稳"为基本条件,作为户籍迁入的标准。另一类是省会城市、副省级城市和直辖市,因其人口压力大和基础设施、公共服务不足等特殊情况,应执行比较严格、"门槛"较高的户籍准入制度。可以考虑,在继续执行"三稳"标准的基础上再附加一些条件,比如农民工的个人素质(学历和技能水平)、突出贡献等,稳定居住的年限也可以要求更长一些(如 5 ~ 10 年)。三是加快推进公共服务均等化步伐。城市的义务教育、职业教育、就业培训、公共卫生和计划生育、社会救助和保障性住房等基本公共服务项目,要尽快覆盖到具有"三稳"条件的农民工,并与城市居民一视同仁、同等对待。城市居民其他的一些社会福利保障权益也要逐步覆盖到农民工。

2012 年 5 月 4 日

新生代农民工发展现状及特征

——"推进新生代农民工融入城市及相关政策研究"之一

乔尚奎　冷云生

当前,新生代农民工已成为现代产业工人的重要力量,表现出明显的时代特征。2010 年,中央 1 号文件《关于加大统筹城乡发展力度进一步夯实农业农村发展基础的若干意见》首次使用了"新生代农民工"的提法,指的是 1980 年以后出生、年龄在 16 岁以上、登记为农村户籍而在城镇就业的青年农民工。新生代农民工问题是传统农民工问题在新阶段的延续,他们与上一代农民工有着类似的社会境遇,面临一些共同的社会问题。另一方面,与上一代农民工相比,他们的数量结构、教育结构、就业结构、家庭结构和生活方式等方面发生很大变化,呈现出独特的群体性特征;又由于受社会历史、生活环境、教育状况以及文化等因素影响,他们与上一代农民工在价值观念方面也存在明显差异。

一、从数量结构看,新生代农民工已逐渐成为农民工群体的主体

根据 2011 年第六次全国人口普查数据,居住地与户口登记地所在的乡镇街道不一致且离开户口登记地半年以上的人口为 2.6 亿人,其中市辖区内人户分离的人口为 0.4 亿人。因此,不包括市辖区内人户分离的人口为 2.2 亿人,其中,16～30 岁的人口约为 9291 万人。另据国家统计局抽样调查结果,2011 年全国农民工总量达到 2.53 亿人,外出农民工 1.59 亿人,本地农民工 0.94 亿人。其中,16 ~ 30 岁的农民工约为 9867 万人。这表明,新生代农民工在我国农民工群体中已经占将近一半,已逐渐成为农民工的主体力量。从年龄看,新生代农民工初次外出务工年龄更为年轻。据国家统计局数据,2009 年新生代农民工初次外出的年龄平均为 20.6 岁,而上一代农民工初次外出的年龄平均为 33.7 岁。在新生代农民工中,1980 年之后且 1990 年之前出生的初次外出的年龄平均为 21.1 岁,1990 年之后出生的初次外出的年龄平均为 17.2 岁,这意味着很多新生代农民工基本上一离开校门即进入劳动力市场。根据第六次全国人口普查数据,16 ~ 30 岁的流动人口的男女比例分别为 50.4% 和 49.6%。另据国家统计局数据,2009 年,新生代农民工中的女性比例达到 40.8%,比上一代农民工提高 13.9 个百分点;在较为年轻的外出农民工中,男女比例较为平衡,16 ~ 20 岁之间的外出农民工中女性比例基本接近 50%。这反映出新生代农民工中女性比例有较大上升。

二、从受教育程度看,新生代农民工比上一代农民工有显著提高

新生代农民工大部分接受过 9 年义务教育。根据第六次全国人口普查数据,全国 16 岁及以上流动人口的受教育程度高中及以上教育的比例达到 40%。另据国家统计局 2011 年农民工监测调查报告,在农民工中,接受过高中及以上教育的比例为 23%,而 30 岁以下的新生代农民工接受过高中及以上教育的比例为 34%。据国家统计局资料,2009 年,新生代农民工中,30 岁以下接受过高中及以上教育的比例超过 26%,其中年龄在 21 ~ 25 岁之间接受过高中及以上教育的比例达到 31.1%,高出农民工总体水平 7.6 个百分点。平均受教育年限为 9.8 年,而上一代农民工平均受教育年限为 8.8 年。参加职业培训的比例为 30.4%,而上一代农民工参加职业培训的比例为 26.5%。学历层次有较大提高,新生代农民工中,"中专"、"大专及以上"的比例分别达到 9% 和 6.4%,而上一代农民工中相应的比例仅为 2.1% 和 1.4%。

三、从地区分布和从业情况看,新生代农民工主要流向经济发达地区和现代产业领域

根据第六次全国人口普查数据测算,57% 的流动人口在东部居住。国家统计局 2009 年监测调查显示,有 68.6% 的新生代农民工来自中西部地区,72.3% 的新生代农民工在东部地区务工。另据国家统计局 2011 年农民工监测调查报告,有 57.3% 的农民工来自于西部地区,在东部地区务工的农民工为 1.65 亿人,占农民工总量的 65.4%。特别是广东、浙江、江苏、山东四省,吸纳的农民工占到全国农民工总数的近一半。这说明,与上一代农民工相比,新生代农民工更愿意选择异地外出从业,更倾向在东部地区务工。与上一代农民工主要集中在制造业和建筑业(分别为 31.5% 和 27.8%)不同,新生代农民工从业主要集中在制造业,比例上升到 44.4%,从事建筑业的比例仅为 9.8%。同时,新生代农民工在住宿餐饮、居民服务和其他服务业等服务行业的比重有所上升。这说明新生代农民工在选择职业时,不仅看重岗位的工资水平,也很看重企业提供的工作环境和职业前景。与上一代农民工相比,新生代农民工更倾向于选择较体面、较安全和有发展前景的工作岗位。由于新生代农民工基本不懂农业生产,与上一代农民工相比,新生代农民工"亦工亦农"兼业的比例很低。国家统计局监测调查显示,60%的新生代农民工缺乏基本的农业生产知识和技能,其中更有 24% 的新生代农民工从来就没干过农活。因此,即使经济形势波动,就业形势恶化,新生代农民工也很少会返乡务农。新生代农民工脱离农业生产和向城市流动已经成为一个不可逆转的过程。

四、从婚姻家庭情况看,新生代农民工主要是一个未婚群体

国家统计局调查结果显示,由于年龄关系,约 70% 的新生代农民工还没有结婚,这与上一代农民工外出期间 80% 已结婚成家相比,存在很大差别。这意味着,相当一部分新生代农民工要在外出务工期间解决从恋爱、结婚、生育到子女入托上学等一系列人生重要问题,需要得到更多政策上的关注。调查还显示,已婚的新生代农民工中,有 59.4% 是夫妻一起外出的,或在同一座城市、或在同一个单位工作;在有子女的新生代农民工中,62.9% 将子女留在老家,子女随迁父母工作地的比重也在逐步增加。由于租不起房子,有超过 40% 的一起外出新生代农民工夫妇仍然各自住在集体宿舍、工地工棚和生产经营场所,严重影响他们的生活质量和家庭幸福。由新生代农民工外出带来的留守儿童问题、流入地随迁子女教育问题日益成为新生代农民工家庭和社会共同关注的问题。

五、从收入消费和生活方式看,新生代农民工收入水平相对较低而消费倾向相对较高,生活趋于城市化

据国家统计局调查,2009 年外出农民工平均月收入为 1417 元,其中新生代农民工平均月收入为 1328 元,上一代农民工平均月收入为 1543 元。分析原因主要是新生代农民工外出工作的时间较短,积累的工作经验较少。从消费看,与上一代农民工相比,新生代农民工消费倾向较高,寄回家或带回家的钱相对较少。2009 年《广东消费蓝皮书》显示,上一代农民工 80% ~ 90% 会把工资寄回家或带回家,而 65% ~ 70% 的新生代农民工将收入用于自己的吃穿住行。2010 年山东威海的一项调查显示,26% 的新生代农民工"大部分工资用于吃、玩以及购物",只有 22% 选择"大部分工资用于学习、充电"。有调查表明,在生活上,新生代农民工逐渐向城里人看齐。与上一代农民工业余生活主要是吃饭、睡觉、聊天相比,新生代农民工生活更加多元化。上网和看电视是多数新生代农民工的主要业余生活,而聚餐、旅游、娱乐、美容、淘宝购物也成为不少新生代农民工的消费方式。受访的"90后"中有 89.3% 常去泡网吧,71.4% 常去 K 歌,11% 常写博客、更新 QQ 日志。可见,新生代农民工的消费观念和生活方式更加接近城市青年,在精神文化生活方面与城市青年逐渐趋于一致性。

六、从价值观念看,新生代农民工具有较强的自我发展意识和维权意识

一是自我发展和竞争意识较强。新生代农民工有着比父辈更高的人生追求和职业期望。上一代农民工大多是迫于生存压力,为养家糊口而到城市打工,而新生代农民工不再简单为了赚钱,大多希望有一技之长以谋求更广阔的发展空间。"劳动强度不能太大、工厂环境要好、有利于自身发展"是他们择业的标准。全国总工会一项调查显示,上世纪 50 年代出生的农民工有 55.6% 选择了"出来挣钱",80 年代出生的"以挣钱为目的"的只占 18.2%,而选择"出来锻炼自己"、"学一门技术"和"在家乡没意思"的共占到 71.4%。很多人都带着"闯天下、寻发展"的目的,想逐渐从打工仔转变为创业者。但不少新生代农民工也存在好高骛远的问题,有的人一年之内换五六次工作,形成"跳槽一族"。不少新生代农民工希望在短时间内能够创业当老板,缺乏脚踏实地的务实精神。二是平等意识较强、权利诉求多样化。与上一代农民工外出打工诉求的比较标准是老家农村不同,新生代农民工外出务工诉求的比较标准则是城市同龄人和周围同事。除了与上一代农民工在及时足额获得劳动报酬方面的一致需求外,新生代农民工对获得平等的就业权、劳动和社会保障权、教育和发展权、政治参与权、话语表达权,以及基本公共服务权等方面,都比父辈有更高的期待。他们更加注重工作的环境、氛围和企业文化,更加重视个人尊严、健康和体面的劳动,更加重视成就感和自我实现。三是自我保护和维权意识大为增强。在自身人格和切身利益被忽略甚至遭损害的情况下,他们会采取多种方式维护自身权益,并表现出维权态度由被动表达向积极主动转变。2009 年,张海超"开胸验肺"和孙中界因"钓鱼执法"愤而"断指明志",从一个侧面反映出新生代农民工维权意识的坚定性。群体权利意识也在增强,据全国总工会调查,农民工参加群体维权活动的比例从 2008 年的 1.4% 提高到 2010 年 2.74%。据《2008 中国劳动统计年鉴》数据,从 1996 年到 2008 年,全国劳动争议案件当期受理数增长 13.4 倍,由劳动者提出的案件数占比由 87% 提高到93.7%。同时,新生代农民工对劳动法律法规熟悉程度进一步提高。据中山大学问卷调查,对《劳动合同法》"很熟悉"和"比较熟悉"的比例由 2008年 7.74% 提高到 2010 年 11.93%。

总体来看,新生代农民工群体不断壮大,已经成为当今中国社会结构中的一个重要组成部分,成为推动我国社会结构变迁的一支重要力量。同时,新生代农民工也是一个年轻的群体,是一个充满活力、成长性和可塑性强的群体,是特殊历史阶段的产物。全社会如何对待、引导新生代农民工,如何发挥其作用,将直接影响这一特殊群体的发展走向。

2012 年 5 月 25 日

新生代农民工融入城市的必然趋势和现实基础

——"推进新生代农民工融入城市及相关政策研究"之二

乔尚奎　冷云生

新生代农民工融入城市实现市民化是客观必然趋势,是关系现代化全局的重大战略问题。与上一代农民工相比,新生代农民工在自身条件、身份认同、行业分布、思维观念、生活方式等方面都发生了很大变化,并且正在逐步从量变转向质变,从亦工亦农向务工为主转变,从谋求生存向寻求发展机会转变,从"候鸟式"迁移向融入城市、实现市民化转变。同时,新生代农民工依然面临就业、社保、子女教育、住房等一系列亟待解决的问题。顺应这些重大转变,妥善解决面临的问题,加快推进新生代农民工融入城市实现市民化,不仅直接关系到从根本上解决"三农"问题,也关系到从城乡二元经济结构向现代社会经济结构转变,关系到工业化、城镇化乃至整个现代化的健康发展。

第一,新生代农民工融入城市实现市民化,是统筹城乡发展、推进农业现代化的必由之路。当前,我国"三农"问题依然突出,城乡居民收入差距持续扩大,根本原因在于农村人口多、农业劳动生产率水平低。特别是农民工家分两地,长期奔波于城乡之间,这种不彻底的转移方式起不到减少农民、使土地向务农劳动力稳定流转集中的作用。同时,农村青壮年的黄金时间用在城里,实际是把人口红利留在发达地区和城市,却不能在城市安居乐业,从长远来看,这样会进一步导致城乡、区域差距的扩大。农业生产效率、组织化程度的提高需要转移出农民,新生代农民工能不能留在城市、融入城市,关系城乡统筹发展。而只有减少农民、增加市民,从根本上改善城乡资源配置,才能扩大农业经营规模和农产品市场规模,才能富裕农民和繁荣农村,为推进农业现代化创造条件。

第二,新生代农民工融入城市实现市民化,是推进城镇化健康发展的重要支撑。近年来,我国城镇化水平的提高很大程度上主要来源于农民工进城就业。据国家统计局数据,许多沿海省份城镇化率的提高主要来自农民工进城不断增加,浙江、北京、上海、天津和广东,农民工流入对城镇化的贡献率分别为30.7、27.9、24.7、24.4、18.6个百分点。不少内地省份城镇化率的提高主要来自农民工离乡不断增加,四川、河南、安徽和湖南农民工流出对城镇化的贡献率分别为9.5、10.6、13.3 和16.6 个百分点。但是,在我国目前城乡分割的二元体制下,大多数农民工没有获得市民身份,不能享受同城市居民同等的待遇。大量农民工不能融入城市,工业化进程与农民工市民化进程相脱节,是严重制约城镇化健康发展的一个突出矛盾。城镇化要以吸纳农民并使之向市民转变为目标。随着我国城镇化进程的加快,农村劳动力将继续大量涌向城市,推进农民工市民化是大势所趋。必须改变将进城农民工拒于城市社会之外的制度环境,促进农民工向市民角色的整体转型。

第三,新生代农民工融入城市实现市民化,是加快产业结构优化升级和增长方式转变的必然要求。农民工不能在城镇定居,流动性强,使企业不能形成稳定的、不断积累经验和技术的产业大军,对企业的人力资本积累、技术进步和产业升级造成了不利影响。无论是加强传统产业的技术改造,发展先进制造业,还是加快发展战略性新兴产业,都需要为农民工留在城市创造条件,努力造就一支稳定的熟练工人队伍。服务业是扩大就业的重要渠道,我国服务业发展严重不足,推进新生代农民工市民化,可以带动服务业发展,提高服务业比重,优化经济结构。同时,农民工市民化将创造巨大公共服务和消费需求。目前,农村居民人均消费水平还不到城镇居民的1/3,主要耐用消费品拥有量大大低于城市居民,住房质量和环境也远远落后于城市居民。伴随农民工在城镇安家落户,必然会带动城市基础设施投资的增长,其消费环境的改善、消费能力的提高和消费意愿的改变必然会促进其衣食住行等方面的消费升级,有力促进扩大内需。

第四,新生代农民工融入城市实现市民化,是改革城乡户籍管理制度和城市管理体制的强大推动力。世界各国现代化过程中最基本的人口变动特征就是农民进城变工人和市民。我国长期以来实行的是城乡分治的户籍管理制度,农民虽已进城务工,但农民的身份没有变,未被城市认同接纳为城市居民。农民工长期没有市民身份,处在城市的边缘,只被当作廉价劳动力,不被城市认同、接纳乃至受到忽视、歧视或伤害,融不进城市社会,享受不到应有的权利,定会累积很多矛盾,不仅他们自身的合法权益难以得到保护,还会导致农民工对城市社会普遍怀有疏离感和责任意识匮乏,处理不好还会造成重大的不稳定隐患。因此,必须通过深化户籍管理制度改革,给农民工摘掉农民的帽子,真正实现农民工向市民身份的转换;在城市管理体制和政策上,应当转变观念,以开放和包容的胸襟,把进城农民工作为城市居民的一部分,对农民工要由排斥到容纳,由管制为主转向服务为主,改变农民工"边缘化"的社会地位,逐步做到权利平等,促进农民工在城市安居乐业和城市社会安定和谐、健康发展。

当前,推进新生代农民工融入城市实现市民化已经有了一定的现实基础。从理论层面讲,农民工市民化是指在城市务工的农民工克服各种障碍,最终融入城市转变为市民的过程和现象。其内涵至少包括四个方面:一是生存职业市民化,由非正规劳动力市场上的农民工转变为正规劳动力市场上的非农产业工人;二是社会身份市民化,由农民身份转变成市民;三是自身综合素质市民化;四是观念意识、生活和行为方式市民化。在西方发达国家,农村人口向城市流动、农村人口市民化与城市化、农业现代化是"三位一体"的整体推进过程。在我国,由于传统的城乡二元体制的阻碍,这个过程被划分为两个阶段:第一步是农村人口向城市流动,农民转化为农民工,目前这个过程已经和正在实现;第二步是农民工在社会属性各个方面真正转变为市民,最终实现农民市民化,目前这个过程以新生代农民工为主体,正在破解难题加快推进。具体表现在:

一是农民工就业的整体稳定性得到提升。从农民工流动的特征和环境看,外出务工的"家庭化"趋势明显。首先,完全脱离农业生产、常年在外打工的农民工比例已经占到较大比重。根据国家统计局有关数据推算,2009

年,农村劳动力转移率已达到45.8%,将近一半的农村劳动力已在二、三产业实现就业。其次,举家外出的农民工已经占到一定比例。据国家统计局资料,举家外出的农民工数量不断增长,2009年达到2966万人,占外出农民工的20.4%。再次,农民工外出就业趋于长期化。国务院发展研究中心课题组问卷调查表明,2010年,农民工外出打工的年数平均为7.01年,56.7%的人累计外出打工年数为5年以上,28.6%的人累计外出打工年数为10年以上。国家人口计生委2009年7月对北京、上海、深圳、成都、太原等地47461名流动人口的调查显示,劳动年龄人口中平均在现居住地停留时间为5.3年,有一半的人停留时间超过4年,18.7%的人停留时间超过10年。第四,农民工在同一城市就业和居住趋于稳定。国务院发展研究中心课题组的问卷调查表明,2010年,农民工在当前城市务工和停留的时间平均为5.30年,其中40.7%的人在当前城市5年以上,18%的人为10年以上。农民工外出的时间越长,在一地稳定就业和居住的可能性就越大。

二是新生代农民工融入城市的意愿强烈。由于新生代农民工多数不具备从事农业生产的技能,不会也不愿再回到农村。虽然在户籍上还属于农民,但他们中的多数人在城市成长甚至出生在城市,心理已经从上一代农民工的"城市过客"心态变成了"城市主体"心态。新生代农民工对土地的情结弱化,思想观念、生活习惯、行为方式已日趋城市化。新生代农民工代表着农民工的主流,渴望市民身份认同、待遇平等及融入城市,正发生由"亦工亦农"向"全职非农"转变,由"城乡双向流动"向"融入城市"转变,由"寻求谋生"向"追求平等"转变。

三是新生代农民工面临的政策环境不断改善。党中央、国务院高度重视解决农民工问题,为了保护农民工的权益,出台了一系列政策措施。特别是近年来国家加大了农民工政策调整力度,内容涉及农民工社会保障、就业、户籍、住房、教育等领域的权益保障。2006年以来,相继出台了《国务院关于解决农民工问题的若干意见》、《劳动合同法》、《就业促进法》、《劳动争议调解法》等重要法规和政策,形成了解决农民工问题的政策体系,权益保护力度大为加强。各有关部门和地方也制定出台了不少解决农民工问题的法规政策。纵观国家和地方关于农民工问题的政策,主要特点:一是逐步取消了限制农民进城就业、损害其权益的政策规定;二是重视公平对待农民工,推动农民工基本公共服务均等化,逐步改善农民工子女教育、职业培训、公共卫生和社会保障;三是对农民工的社会管理正在向维护权益和服务转变,户籍和人口管理取得一定进展,流动人口信息管理服务系统逐步建立;四是初步建立了农民工综合协调工作机制。经过各级各方面的共同努力,这些政策实施取得了积极进展和明显效果。根据人社部社会保障研究所分析预测,国家对农民工政策的调整趋势是:(1)始终围绕农民工权益的保护。无论是中央政策,还是国务院和各部委出台的专门针对农民工的政策,都是以农民工的权益保护为核心,以维护农民工权益为相关政策调整的主要目标与导向。(2)从把农民工作为流动人口来管理向促进农民工城镇化转变。实现城乡统筹发展,逐步取消户籍制度,把农民工住房纳入住房保障体系,破除对农民工的制度性歧视,促进农民工与当地城镇居民享受同等的权益。(3)重点针对在城镇务工的农民工,其中以新生代农民工为主体。采取有针对性的措施,着力解决新生代农民工问题,使农民工融入城镇社会,步入有领导、有组织、健康有序的轨道。这些政策环境和导向必将为新生代农民工融入城市实现市民化提供有力的支撑。

客观地讲,在工业化、城镇化快速发展过程中,大量进城农村人口融入城市都会经历一个过程,世界各国都是如此。但是,中国的农民进城打工,进而转化为市民,与一些发达国家的移民问题,无论在数量规模还是相互依存程度上都不可相比,其艰巨程度和历史意义也不可同日而语。我们所要争取的是,尽量缩短并顺利完成这一过程。

2012 年 5 月 25 日

新生代农民工融入城市面临的突出问题和困难

——"推进新生代农民工融入城市及相关政策研究"之三

乔尚奎　冷云生

从当前情况看,由于个人、制度和环境等诸多原因,新生代农民工融入城市成为市民还存在重重障碍,面临不少问题和困难。突出的有以下几个方面:

第一,新生代农民工自身职业技能水平仍然较低,劳动权益保障不到位。一是职业技能差、发展空间有限。与上一代农民工相比,尽管新生代农民工整体文化程度有较大提高,但多数从事于劳动密集型行业,缺乏充分的职业培训,职业技能仍在较低水平徘徊。根据国务院发展研究中心调查,57%的新生代农民工没有技能等级,而且还有近1/4的新生代农民工没有接受过任何培训。再加上新生代农民工就业稳定性较差,人力资本积累就更加困难。根据人社部劳动科学研究所调查,新生代农民工一年内失业1次和1次以上的比例分别比上一代农民工高出3.40、4.32个百分点。特别是,根据国务院发展研究中心调查,30岁以后,农民工在企业担任班组长以上职务的比重趋于下降,收入水平逐步下降,说明大部分农民工无法随着年龄经验的增长进入更高的职务岗位,劳动报酬也没有随着人力资本的提升而增长。所以,总体来看,目前新生代农民工的素质与市场对成熟劳动力的需求仍有差距,融入城市参与竞争仍面临不少考验和挑战。二是就业和培训服务还不到位。人社部社会保障所调研数据表明,新生代农民工通过"政府办职业介绍机构"找到现有工作的比重较低,仅为8.79%。另外,由于培训资源分散、覆盖面窄,培训针对性、实效性不强,达不到通过培训真正学到"一技之长"的目的。同时,由于新生代农民工流动性较强,对其培训存在较高的外部性,企业缺乏培训积极性,"重用轻养"现象也较为普遍。新生代农民工不能获得有效的职业培训和继续教育,不仅他们的职业梦想将难以实现,而且会影响整个产业工人队伍的素质。三是劳动权益难以保障。这方面突出表现为劳动合同签订率低、欠薪、职业卫生健康保障不足等问题。根据全国总工会新生代农民工问题课题组的调查,2009 年广东新生代农民工的劳动合同签订率只有61.6%,有7.1%的人遭遇工资拖欠,人均拖欠工资1538.8 元,发生工伤事故时,仅有60%的单位为其支付医疗费用。四是权益维护面临困难。维护自身合法权益成为新生代农民工反映最突出的问题之一。"渠道不畅、群体性失语"现象比较明显,容易诱发法外维权。新生代农民工在维护自身权益时,首选仍是基层政府和相关组织,而城市对农民工的权益保护机制还不完善。加快构建新生代农民工权益维护机制,畅通权益诉求渠道,维护他们的合法权益是当务之急。

第二,新生代农民工住房仍未纳入住房保障体系,住房问题是新生代农民工融入城市的主要障碍之一。目前,虽然少数城市已开始着手解决新生代农民工的住房问题,但大多数城市的经济适用房、公租房、廉租房等保障性住房没有向新生代农民工开放,针对农民工群体的住房政策体系还没有建立。根据国家统计局专项调查,目前新生代农民工解决居住问题主要有三种途径:即由用工单位提供住房、租房和购房,占比分别为58.6%、36.8%和0.7%。在租房的新生代农民工中,平均每月租房成本为420.8 元,占到月收入的24.5%,且房屋大多在位置较偏远的郊区,不管是面积还是质量,都远远低于城市居民水平。八成以上的农民工居住在设施不完善的各类简易房或地下室中,公共卫生和安全存在隐患。尽管新生代农民工大多数都想定居城市,但其意愿房价和房租水平与现实状况差距巨大。根据国务院发展研究中心课题组 2010 年的调查,新生代农民工能够承受的商品房单价为2214 元/平方米,月租金为292.7 元。对于收入有限的新生代农民工来说,住房仍是他们定居城市面临的突出困难。

　　第三,针对农民工的社会保障覆盖率不高、衔接性不强,保障水平不高。近年来,各地各部门在农民工社会保障方面做了大量工作,情况有了较大改善,但从总体上看,农民工的社会保障仍不完善,处于较低水平。根据人社部公布的全国社会保险情况,2010年,农民工参加城镇职工养老保险、医疗保险、工伤保险和失业保险的人数仅占外出农民工人数的21.5%、30%、41.4%、13%。新生代农民工保障情况也很不理想。一是参保缴费状况较差。由于就业稳定性差,劳动合同期短甚至有的没有签订劳动合同,新生代农民工的社会保险参保缴费时断时续。二是参保缴费负担仍然较重。相对于新生代农民工的收入来说,目前的城市社会保障参保费率明显偏高。据测算,新生代农民工参加城市社会保障所缴费用已占到当年工资的12%。相比较而言,农村各项保险由于个人缴费较低,政府有补贴,受到农民欢迎。根据国务院发展研究中心课题组2010年对武汉市的定点调查,65%的农民工在老家参加了新农合,11.8%的农民工在老家参加了新农保。三是保障制度呈"碎片化"状态。目前养老保险的跨地跨制度接续还难以实现,医疗保险不能异地结算,等等。这与新生代农民工的高流动性形成尖锐矛盾,使其在转移接续社会保障关系时面临诸多困难。另外,城镇社会救助体系仍然没有将农民工纳入进来。

　　第四,新生代农民工子女教育面临的困难和问题仍然较多。据国家统计局专项调查,在已婚的新生代农民工中,其子女随父母在务工城镇就读和留守老家的各占37.1%和62.9%。无论在城市还是在农村,子女教育都是新生代农民工面临的一个现实问题。在城市,首先是幼儿教育问题。根据全国妇联的调查,大部分农民工子女进不了公立幼儿园,只能去私立、非注册幼儿园或家庭式托幼园。另外,根据2011年全国妇联组织有关专家对北京、上海、武汉、成都四个城市进行的典型调查,有相当一部分家庭因承担不起收费,而选择让幼儿在家或工作场所"放养"。其次是小学教育问题。新生代农民工随迁子女在城市上学难、上学贵的问题仍然十分突出。相当一部分随迁子女在民办小学上学,民办小学师资和条件与公办小学差距很大,教学质量难以保障。再次是升学问题。受目前的中考和高考制度所限,许多新生代农民工子女在完成小学教育后,无法直接在城市接受后续的中学教育,只能返回老家。在农村,留守儿童的问题很多,最突出的有两条:一是农村学校投入少、条件差、师资弱,留守儿童学习成绩差,失学、辍学等情况较为普遍;二是由于家庭结构不完整和亲子教育缺失,留守儿童缺乏必要的监护和关爱,很容易形成人身意外伤害和儿童心理问题。

第五,新生代农民工落户的门槛依然很高,与户籍相关的福利待遇没有得到实质性解决。近些年来,按照中央的要求,部分省市探索推进户籍制度改革,实行城乡统一登记的居民户口制度,户籍制度改革取得了重要进展。但从总体上看,公共服务和福利附着于户籍制度之上的现状并没有根本改变,农民工与市民在这方面的差距仍然较大。在推进户籍制度改革的地方,许多是对本地农民工放开,对外地的农民工则要设置很高的门槛,特别是一些特大城市和大城市,设置的门槛只有极少数优秀的农民工能够达到。还有的地方把出让土地作为落户的前置条件,即在允许落户的同时,收回农民工的土地。一些地方以农民"双放弃"(承包地、宅基地)为条件换取城镇户口和社保。事实证明,在城镇化进程中,农民的土地不仅具备保障功能,而且表现出日益增值的财产功能。根据国务院发展研究中心的专项调查,83.6%愿意进城定居的农民工希望保留老家承包地,不愿意以置换的方式(土地换户口)来获取城镇居民身份。农民工并非完全不愿意退出土地,而是要求对土地有更大的处置权。

第六,新生代农民工充分融入城市社会生活面临障碍,精神生活和归属感较差。从发展上升空间看,新生代农民工面临不少困难,"前途迷茫、焦虑无奈"情绪比较突出。他们怀揣梦想进城,渴望变成真正的城里人,期待在上大学之外找到另外一条通往成功之路。这些年,农民工技术明星、农民工人大代表、农民工娱乐明星等受到新生代农民工的追捧,也受到社会广泛认同。但总体而言,农民工的发展上升问题还没有引起人们的足够关注。从政治参与来看,尽管重庆、广东等地在促进农民工参政议政方面做出了有益探索,但由于现行选举制度仍然以户籍为基础,多数新生代农民工无法在就业地参加选举,政治权益难以保障、利益诉求难以充分表达。从融入企业文化方面看,新生代农民工的组织化程度很低。全国总工会调查显示,44.1%的农民工所在单位没有工会,73.5%的人没有参加工会。新生代农民工正处于谈婚论嫁的年龄阶段,但由于上班时间长、接触面较窄、工资收入低,他们中很多人面临"想交友没时间、想恋爱没人选、想倾诉没对象"的困境。如果新生代农民工婚恋问题不能得到很好的解决,家庭这个细胞缺失,将不利于这个群体稳定,从而也不利于社会安定。新生代农民工对人文关怀的需求也十分迫切。大多数新生代农民工进城务工后与亲人朋友相隔甚远,缺乏思想沟通和情感交流,容易心理失衡、情感孤独,一旦有事就有可能出现情绪失控,产生极端行为。新生代农民工对文化生活的需求非常强烈,他们的思想观念和价值取向也更多地受到网络和社会大环境影响。如果不能为新生代农民工提供健康丰富的精神文化生活,他们将很难融入主流文化价值轨道。

新生代农民工面临的诸多问题值得我们深入思考和高度重视。妥善解决好这些问题,使这个庞大的青年群体实现稳定就业并能够向上流动,从而保持积极进取的心态,更好地融入城市,融入我们的主流社会和主流文化,是各级党委、政府和全社会的共同责任。

2012 年 5 月 25 日

加快完善新生代农民工融入城市的相关政策

——"推进新生代农民工融入城市及相关政策研究"之四

乔尚奎　冷云生

新生代农民工融入城市涉及到经济改革、社会转型、结构调整和社会建设等诸多重要领域,是一项国家层面的重大战略任务。按照目前城镇化率每年提高1%左右的速度,2020年城镇化率将达到60%左右。也就是说,未来的八到十年,城镇化过程将持续转移人口1亿人左右,这其中绝大多数将是新生代农民工。因此,要着眼城镇化、工业化的长远发展战略,从当前我国经济社会发展阶段和新生代农民工的实际出发,坚持以人为本、改革创新,城乡统筹、远近兼顾,完善管理、强化服务,积极接纳、促进融合的方针,研究制定有针对性的政策措施。既要立足当前,从经济上帮助他们解决最直接、最现实的问题,如就业、技能培训、社会保障、子女教育、住房等;从政治上帮助他们解决合法权益保障、民主权利履行、入党入团等问题;从文化上帮助他们解决继续教育、文化生活、城市生活习惯养成等问题;从社会上帮助他们解决社会身份认同、社会责任培养等问题,又要着眼长远,推进城乡联动改革,加强顶层设计,实行体制改革与制度创新,促进新生代农民工有序融入城镇,从根本上解决新生代农民工问题。

第一,千方百计促进新生代农民工就业,切实保障劳动者权益。一是实施更加积极的就业政策促进新生代农民工就业。进一步清理各种针对农民工就业的歧视性政策和不合理限制,建立城乡统一、平等竞争的劳动力市场。同时,做好新生代农民工就业失业登记工作,建立完善的就业失业信息系统。进一步完善和落实政策,用好已有的专项就业资金,降低专项资金支持创业的准入门槛,鼓励新生代农民工创业。要大力扶持劳动密集型二、三产业和中小企业发展,广泛开辟新生代农民工就业、创业渠道。鼓励引导新生代农民工自谋职业、开店办厂,兴办工商服务小企业。应加大对中小企业政策扶持力度,出台面向中小企业的财政、税收、金融、用地等扶持措施,尤其要解决中小企业融资难问题。二是大力加强职业教育,完善就业培训。坚持职业教育与在岗培训并重,发挥职业学校和用工单位的主导作用,合理划分政府、企业、学校的职责。职业学校主要负责农村初高中生毕业后的职业教育,使未考取大学的农村初高中生都能免费接受一次系统的职业技能教育,增加其进入劳动力市场后获得稳定工作的技能。用工企业主要负责新生代农民工的岗位培训,要按国家规定提取并使用职工培训费,对企业用于农民工职业技能培训的开支可在税前列支,调动企业开展培训的积极性,使已经进入劳动力市场的新生代农民工能够接受初中级职业技能培训。政府部门要增加公共经费,加强督促检查,强化对新生代农民工的劳动职业技能鉴定,对考核合格者发放职业能力证书,并作为大城市落户的优先条件,调动新生代农民工参加教育培训的积极性。要完善培训补贴管理方式,探索推行"培训券"等多种模式,让农民工自主选择需要培训的实用技能和职业学校,提高培训效果。鼓励用人单位、劳务中介和培训机构建立战略联盟,组织开展订单培训、定向培训,形成培训、输出、管理一条龙的高效就业服务模式,提高新生代农民工的就业能力。三是加强劳动权益保护。进一步强化劳动合同管理,加强职业病防治和职业健康保护,严格执行高危行业持证上岗制度。进一步改革完善劳务派遣用工制度,确保同工同酬、社会保障和各项民主权利。

第二,加大投入和改革力度,切实解决好新生代农民工的社会保障问题。养老、医疗、工伤等社会保险是新生代农民工在城市扎根落户的根本保障,要抓好既有政策的落实,加快推进相关制度改革。一要实现工伤保险全覆盖。要大力推进此项工作,争取在"十二五"时期内完成。特别是对那些高危行业,要强制用人单位为农民工办理工伤保险,足额缴纳保险费。二要健全医疗保险制度。在扩大医疗保险覆盖面的同时,要推进制度改革,允许农民工家属和子女参加城镇居民基本医疗保险,同时做好各项基本医疗保险制度之间的衔接工作,尽快建立异地就医费用医保结算制度。三要完善养老保险各项制度。加大工作力度,尽可能地将稳定就业的新生代农民工纳入城镇职工养老保险,暂时不具备条件的也可纳入城镇居民养老保险。加快出台城乡各项养老保险制度衔接办法。在新农保与城镇职工养老保险衔接上,可参照北京市的做法,制定缴费年限转换计算办法。还要尽快出台被征地农民的社会保障纳入现行城镇社会保险制度的框架性意见,以及省际城乡居民养老保险关系转移接续办法。进一步简化续保手续,使新生代农民工凭参保缴费证明即可续保。四要抓紧将新生代农民工纳入城市社会救助体系范围。

第三,下大气力解决好新生代农民工子女教育问题。一是解决随迁子女在城市幼儿园和中小学就学的问题。要继续贯彻落实"两为主"方针,将包括农民工子女在内的常住人口全部纳入区域教育发展规划,将农民工子女义务教育发展经费全部纳入财政保障范畴。同时,面对未来数量庞大的新生代农民工子女的教育需求,应积极扶持民办幼儿园和学校的发展,在规划、财政投入、师资准入、评估等方面对民办机构一视同仁,投入方式上可采取"购买服务"方式给予支持。二是加快推进考试制度改革。在这方面,部分省市已有实质进展。山东在全国率先允许异地高考,从2014年起,凡在山东省高中段有完整学习经历的非户籍考生均可在山东省就地(所就学的高中段学校所在地)报名参加高考,并与山东省考生享受同等的录取政策;上海有限放开异地高考,2012年将有10类非上海户籍考生在上海参加高考;广东省也明确,2014年前将试行异地务工人员子女在输入地就读学校参加中考、高考,探索省内高职高专院校接受省外户籍考生的入学申请。各省级政府应尽快放开流动人口子女异地参加中考和高考。在此基础上,国家有关部门加快研究制定全国非户籍考生参加高考政策,实现高考与户籍所在地完全脱钩。三是解决好留守儿童问题。要进一步完善留守儿童的统计工作,建立国家监护制度,确保对留守儿童监护到位。各地应根据实际建设寄宿制学校,建立校车制度,完善相关救助政策,确保留守儿童就学。另外,还要考虑采用购买服务的方式,请具有专业资质的民办机构或社会组织对留守儿童提供相关服务,解决留守儿童的社会关爱和心理问题。

第四，采取多种形式，有效解决新生代农民工的住房问题。安居才能乐业。从根本上解决新生代农民工住房问题，必须把新生代农民工住房纳入城市住房保障体系。要科学制定包括新生代农民工在内的城市住房保障规划，落实投入，多管齐下，形成有利于农民工融入城市的住房保障体系。当前和今后一个时期，各地可根据新生代农民工的不同情况，采取不同的形式解决住房问题。对于刚刚进入城市、就业低于一定期限的新生代农民工，可在城中村或城乡接合部将一些闲置住房、工业厂房改建成廉租房、公共租赁房供其居住；对于在城市稳定就业、有一定年限和收入的农民工，可比照城市居民收入标准，采取"先租后买"或直接销售等方式使其拥有自己的经济适用房。在符合规划的前提下，鼓励用人单位在农民工集中的开发区和工业园区建设职工集体宿舍。允许各地探索由集体经济组织利用农村建设用地建设符合新生代农民工需求的社会化公寓。

第五，加快推进户籍制度改革，保障新生代农民工的土地权益。一要研究制定和落实放宽新生代农民工进城落户的相关政策。根据城市规模不同，可采取不同的户籍制度改革策略。对少数特大城市，可采用"积分制"的方式逐步放宽准入，优先将农民工中的劳动模范、先进工作者、高级技工、技师及其他有突出贡献者准予落户，保证与城市承载力相适应的人口规模。例如，近年来，上海等地采取"积分制"的方式，根据外来人口的工作时间长短、技术能力高低和贡献程度大小等，设置户籍准入门槛，让符合条件的外来人口落户城市，这种渐进的模式取得了良好的成效。对大城市要进一步放宽准入，允许更多的新生代农民工落户。加快落实放宽中小城市、小城镇特别是县城落户条件的政策，促进符合条件的农业转移人口在城镇落户并享有与当地城镇居民同等的权益。提高中小城市和小城镇的产业和人口聚集能力，为他们能稳定地留下来创造条件，使其工作融入企业、子女融入学校、家庭融入社区，与城镇共生共荣，与居民融洽相处。二要研究在全国范围内推行居住证制度。进一步清理歧视性规定，真正实现城市各项基本公共服务与户口完全脱钩。应多出台以实际居住地为依据的社会管理、社会福利政策，不再出台与户籍挂钩的社会福利政策，从制度上淡化身份差别和身份意识。三要合理保护新生代农民工的土地权益和集体经济权益。对于落户城市的新生代农民工，应保留他们对原有土地的财产处置权和集体经济权益,并通过市场转让获得财产收益,禁止实行以退出土地作为落户城市前置条件的政策。要适应农民工进城落户和城镇化发展的需要,赋予农民工对承包土地、宅基地、农房和集体资产股权更大的处置权。对于农民承包土地和宅基地,国家要统一全面地进行确权登记工作,为农民颁发具有法律效力的土地承包经营权证书和宅基地使用权证书,从法律上明确农民长久不变的土地使用权。在此基础上,按照平等、协商、自愿、有偿的原则,允许采取委托、代耕、转包、出租、转让等方式进行流转;对于集体经济权益,应出台相关政策进一步明确集体经济成员的资产权益,保证集体经济组织成员对集体资产的占有权、管理权、监督权和收益权。

第六,促进新生代农民工融入城市社会,丰富精神文化生活。建立农民工权益救济机制,免费开展针对农民工的法律援助。拓宽新生代农民工政治参与渠道,建立优秀新生代农民工评劳模、参选人大代表、入党入团方面的工作机制,积极接纳符合条件的农民工加入共产党、共青团和工会组织,保障他们实现基本政治权益。在城市社区建立新生代农民工维权的公共平台,畅通意见表达渠道、提供法律咨询服务等,发挥社区服务中心的作用,向新生代农民工提供综合服务,促进农民工从情感和生活上融入社区、融入城市。城市免费向市民开放的公共文化服务设施对新生代农民工要一视同仁,保障农民工平等使用图书馆、文化馆、文化站、博物馆、体育馆等公益性文化设施,鼓励文化经营单位和文艺工作者为农民工提供免费或优惠的文化产品和服务。加强对新生代农民工的心理疏导和人文关怀,鼓励工青妇组织对其开展心理咨询服务。针对新生代农民工上网比例较高的特点,重视发挥网络媒体的正面引导作用。

2012 年 5 月 25 日

应把发展农民工高等教育作为一件大事来抓

——解决农民工问题的一个新视角

王昕朋　曹庆臻

农民工问题是顺利推进我国改革开放和现代化进程必须解决好的重大课题。最近,华东师范大学公共管理学院李明华教授在《农民工高等教育需求、供给和认证制度研究》(中国言实出版社出版,获上海市第十一届哲学社会科学优秀成果著作类一等奖)一书中,就研究和解决这一重大课题提供了一个全新的视角。该书从农民工高等教育是今后我国劳动生产率乃至国民经济增长的重要源泉的基本判断出发,着眼于加快提升新生代农民工人力资本的基本目标,对当前农民工高等教育问题进行了深入研究,提出把发展农民工高等教育上升到国家战略以及在农民工聚居区、工业区、中西部和广大农村地区大力发展社区性开放大学的对策建议。现将该书的主要观点摘要如下:

一、关于农民工高等教育市场前景

该书认为,农民工尤其是1亿多新生代农民工对高等教育需求迫切,只要政策得当、支持得力,完全可以培育出一个巨大的非传统高等教育市场。主要依据有三:

一是大部分新生代农民工具有获得高等教育的基本能力。获得高等教育的基本前提是要具有终身学习能力,而终身学习能力的形成最主要依赖较为完整的初中和高中阶段教育。国家统计局等相关部门调研结果显示，新的年轻农民工基本上都受过至少9年的义务教育，其中有相当大的比重接受了高中阶段的教育，上海、浙江等地工业区新的年轻农民工完成高中教育的在70%以上。

二是大部分新生代农民工具有获得高等教育的强烈愿望。在工业区进行的农民工问卷调查结果表明，大部分工业区的新生代农民工对高等教育有着强烈的渴望。他们需要涉及各个学科和专业领域的高等教育，并且以技术和大专学历相结合为主的开放大学式教育为其最希望得到的教育方式。

三是农民工愿意为获得继续教育买单。根据在上海市的调研数据估计，上海市农民工人均年购买继续教育的意愿是700元。以此计算，上海市农民工继续教育市场估计是21亿元。进一步的细分市场研究还表明，"三资"企业的工人，特别是技工，愿意年支付的继续教育费用人均为1058元，远高于上海市的平均水平。

二、关于发展农民工高等教育的重要性和紧迫性

该书提出，在发展农民工高等教育上，我们既等不起，也慢不得，要从保持经济社会又好又快发展的大局出发，把加快培育农民工高等教育市场上升为国家战略，积极加以推进。主要理由有三：

首先，这是提升我国产业特别是制造业国际竞争力的根本途径。促进产业优化升级，除了技术创新外，最根本的还是要靠培养庞大的、高素质的、在"变平"的国际化条件下有竞争力的基本劳动力队伍。近20年来，我国的改革开放很好地适应了世界供应链的巨变，推动我国成功跻身制造业大国。但由于劳动力人力资本含量低，导致产品技术含量和附加值较低，使我国的制造业仍然处在国际产业链的低端。要从制造业大国成功迈向制造业强国，必须加快发展先进制造业。而先进制造业更强调以知识和技术为投入要素，其发展水平和国际竞争力实际上就依赖于农民工的人力资本含量。因此，我们除了加快提升最底层的劳动力知识层次外，别无他法。

其次，这是防止新生代农民工在城乡进退无路的现实选择。虽然新生代农民工现在还都比较年轻，大部分人在20岁上下，找到工作没有太大问

题。但以他们的受教育程度和目前的企业用工状况,大部分人剩下的有效工作年限不超过 10 年。一些企业的人事部门负责人直言,工厂一般不招 28 岁以上的农民工,而在订单较低时最先辞退的也是年龄较大的农民工。要尽量延长农民工的有效工作年限,让既不愿意、也不可能回到农村的新生代农民工尽可能稳定在城镇,大力发展农民工培训和高等教育是较为可行的一个办法。让农民工在生产线上工作的时候利用业余时间学习,一旦他们离开生产线,就有可能很快学会另一门技术,或者有可能在离开的时候已经学会了另一门技术。这样,他们就能很顺利地转入其他行业,不但不会成为巨大的社会隐患,反而会成为有竞争力的知识型劳动者。

第三,这是促进城镇化健康发展的必然要求。当前我国城镇化面临的一个突出问题,是如何让已进城的农民工稳定融入城镇。这主要取决于农民工的收入水平。而农民工与他们所在城市的同龄人收入水平的差别又主要体现在受教育程度和受教育内容的差别。要提高他们的收入水平,必须给他们提供继续教育。同时,随着经济发展和产业技术升级,低素质的劳动力转移领域将越来越窄,这将给农民工向市民转变蒙上一层阴影。如果这部分进城农民工没有获得相应的就业岗位,没有固定收入,就会成为城市中的弱势群体。此外,大批低素质农民工因无法满足城市的劳动力市场需求,他们可选择的就业岗位越来越少,很容易在城市形成大批贫民窟,给城市交通、治安、环境等在管理上带来困难。毫无疑问,通过教育获得个人发展,提高农民工人力资本和收入,不仅是我国城市化健康发展的需要,也是维护社会稳定的需要。

三、关于加快发展农民工高等教育的具体建议

该书认为,加快发展农民工高等教育不是由国家多花钱就能实现,而是要针对农民工与现有成人教育体系基本分离、缺少时间和信息、方便距离内无教育供给、支付能力和意愿较低以及缺乏合适的教育项目等突出问题,重新构建符合农民工特点的高等教育供给体系。具体建议有五点:

一是建立覆盖农民工的成人教育体系。建立遍及农民工聚居区的以学习中心为基点的社区性开放大学体系。与目前我国的成人教育系统相比,这是一个真正开放的教育体系。社区性开放大学的物质资本等基础设施可

以与教育项目供给者分离,使任何有资格的教育家个人、联合体和机构都可以自由地办学,趋近于教育市场的完全竞争。

二是中央和地方政府设立不同层次的建设工业区开放大学专项基金。由各级财政给予一定的补贴来推动农民工教育消费达到公共效用极大化。分配款项不采用按行政渠道层层下拨,而是采用项目经费申请——受理——审核——择优扶植的方式。中央政府可以通过给或不给资助,达到实施有关政策、实现意图的目的。

三是大学办分校扩大社会服务。鼓励大学办分校建立农民工教育机构,使其成为工业区"全工半读"的"开放大学",形成只要有意愿,肯劳动,人人都可上大学的新通道。

四是支持办学模式多样化。公办式、参与式非营利性民办、营利性民办都可以尝试。不论是公办民助还是营利性公司或私人举办的营利性社区学院,都有资格申请政府建立的工业区开放大学专项基金资助。

五是建立利益兼容、信息成本最低的农民工高等教育认证制度。农民工高等教育存在多个层次,为有效保障农民工高等教育学历秩序,应进一步建立健全各项法律法规制度,严格办学机构资质条件,创新农民工学历认证模式,实施有效的学历分层认证。

2012 年 10 月 11 日

(曹庆臻　中国言实出版社)

四、加快转变经济发展方式

振兴中国远洋运输业迫在眉睫

范 必 王 飞

远洋运输业是关系国家安全和国民经济命脉的战略性产业,在扩大对外开放、开展民间外交、提供海军补给、应对海外政治军事突发事件中扮演着重要角色。改革开放以来,中国已成长为世界重要的海运大国。目前,我国控制的船队规模居世界第三位。中远集团综合运力位居世界第二、跻身世界500强。中远集团、中海集团在世界集装箱市场的份额分别排名第4位和第8位。但是,与老牌海运大国相比,差距仍然很大。在中国注册船籍的船舶数量仅列世界第九位。中远集团、中海集团在世界集装箱市场份额合计为7.5%,而排名第一的丹麦马士基集团达16.1%,排名第二的瑞士地中海航运公司为13.3%。海运贸易逆差是我国服务贸易的最大逆差项目,这与我贸易大国的地位是不相称的。

远洋运输业是国际经贸形势的"晴雨表"。去年以来,由于全球经济低弥,国际船用需求减弱,出现严重供大于求,航运企业受到低运费收入和高经营成本的双重夹击。全年波罗的海指数(BDI)平均值比上年下跌43.8%,目前已低于2008年金融危机的历史最低点。与此同时,远洋航运的成本大幅上升。去年一年,国际船用重油均价上涨38.2%,仅中远集团的燃油成本就比上年多支出30多亿人民币。人工费用、物料备件、港口使用费等成本也呈上涨趋势。为应对外部环境压力,国际航运巨头纷纷结盟抗衡,中央航运企业遇到了组织性、协调性更加强大的对手。2011年,我国远洋运输业盈亏相抵后全行业亏损。去年前三季度全国上市公司前十大亏损企业中有四家是中央航运企业所属上市公司。

155

我国航运企业面临的困境既有国际经济形势变化的原因,也与政策环境上的差距有关。我国航运企业在国际航运市场上处于不平等竞争状况。

一是在政策扶持上不平等。海运大国对远洋运输业实行多种支持政策。主要有税收优惠、关税减免、低息贷款、设立海运发展基金、光船租赁、国内航行权,以及不违反 WTO 规则的船队更新补贴、船舶营运补贴、造船补贴、海事保险补贴等。这些政策越是在国际航运市场恶化的时候力度越大,我国在许多方面基本还是空白。

二是在货载保留制度(或"国货国运")上不平等。很多海运大国通过签订国际多边或双边协议来确保本国船队获得一定的货运份额,或者通过单方立法规定全部或部分特定货载由本国船队承运。全球约有 50 个国家和地区不同程度地实行这种制度。美国、巴西、阿根廷、韩国、印尼等国家规定,100% 的政府采购物资和 50% 的商业物资由本国商船队承运,只有在其主动放弃承运权时才可由外国船公司运输。我国 2011 年进口原油 2.5 亿吨、铁矿石 6.86 亿吨、煤炭 1.82 亿吨,多数为国外船公司承运。2007 年国家发改委提出"国油国运"到 2010 年达到 50% 以上,2015 年达到 80% 的目标,原油国轮运输的比例在 40% 左右,实现 2015 年目标难度很大。

三是在远洋运输税制上不平等。国际远洋运输通用的税制是吨税制,即对船舶课税以吨位为基准,而不是依据航运利润,税率一般低于企业所得税。其优点是,企业付税简单、固定、低税率,政府航运税收入不受企业盈亏影响,是一种政府和企业双赢的税制。目前,全球大部分航运国家采用吨税制,不仅促进了国内注册船舶数量的增加,还带动了就业、投资和相关产业发展。我国目前除向远洋运输船舶征收吨税外,航运企业还要按利润总额25% 缴纳企业所得税。由于国内税负明显高于国外,致使很多航运企业将经营业务转移到境外,在我国注册的航运企业和船舶运力不断流失。

四是在船舶互租免税上不平等。航运企业租用国外船舶可以规避经营风险、提高远洋运输能力。为了鼓励租船,大多数航运国家对远洋运输船舶、集装箱租金收入不征税。2008 年之前,我国也实行这一政策。新的企业所得税法和营业税暂行条例实行后,这一政策不再执行。我国现已同世界 90 多个国家和地区签订了避免双重征税、互免国际运输收入税收的协议。在实际执行中,我国航运企业对外出租远洋运输船舶租金收入,不需要支付企业所得税及营业税。但国内航运公司租用境外远洋运输船舶和集装箱所支付的租金,却要外方缴纳所得税及营业税。由于这种做法不符合国际海运惯例和双边协议,境外出租方拒不承担相关税费,转由国内航运公司代扣代缴。这种做法极大增加了企业额外成本,削弱了我国航运的国际竞争力。

五是在海员收入课税上不平等。海员是国际公认的特殊艰苦职业和高危职业,他们大部分时间无法享受公民在陆地居住应有的公共服务,因此多数航运国家对本国海员实行个人所得税减免政策。按照我国税法,海员要按照工资、薪金和海上补贴等全部收入缴纳个人所得税,纳税额占海员收入近三成。近年来,国际海员出现全球性紧缺,很多中国高级海员流失到境外船公司,人才短缺极大地制约了远洋运输事业的发展。

当前,我国航运企业进入国际市场尚处起步阶段,应当实行符合国际惯例的鼓励政策,打造与世界第二经济大国地位相称的远洋运输业。兹建议如下:

第一,制定振兴远洋运输业的发展战略。建议国务院出台"振兴远洋运输业的若干意见",制定"振兴远洋运输业发展规划",提出远洋运输业发展的长远思路和即期政策,促进我国从海运大国向海运强国转变。

第二,实施"国货国运"和"国油国运"政策。参照国外货载保留制度,大力发展国内主要航运企业控制的资源能源运输船队,推动石化、钢铁等企业与之建立长期合作关系。鼓励石化、钢铁企业以及其它重点进出口企业将主要运输业务交由中央航运企业承运。对我国企业与国外矿业巨头合资经营的"虚拟矿山"进行审查,防止其损害我国经济安全。

第三,研究制定有利于远洋运输业发展的税收政策。目前,国家在上海进行了营业税改征增值税试点,试点范围已扩大到交通运输业,应当以此为契机,继续完善交通运输业所得税和财产行为税制度。(1)按照新的企业所得税法,可以根据经济社会发展需要制定企业所得税专项优惠政策。目前,国家已经征收吨税,可以考虑对远洋航运业的所得税实行专项优惠政策。(2)建议在税法允许的范围内,给予远洋运输企业成本支出税前扣除、灵活管理等优惠政策。(3)按照船舶互租免税的国际惯例和双边协议,恢复对航运企业租用境外船舶和集装箱用于国际运输的租金免征所得税和营业税。

（4）建议参照国际惯例，在中国税法允许的范围内，对海员在航行期间的工资性收入免征个人收入所得税。这些税收政策可以在大型国有航运企业先行试点，条件成熟时全面推广。

第四，加强振兴远洋航运业的组织协调。建议国家发展改革委、财政部、交通部、商务部、国资委等部门加强协调配合，研究提出振兴远洋航运业的战略规划和政策措施，制定相关鼓励性税收政策，促进远洋航运业尽快摆脱困境，成为经济发展的支柱产业和战略性产业。

2012 年 2 月 14 日

促进流通业发展亟需解决的
几个重大问题

朱艳华　胡　成

改革开放以来特别是近年来,我国流通业取得了重大发展,但也存在流通效率低、流通成本高、经营方式落后、竞争力不强、整体发展不足等突出问题。最近,我们就流通业发展问题进行了专题研究。我们认为,当前和今后时期,促进我国流通业健康发展亟需解决如下几个重大问题:

一、正确认识流通业的重要地位和作用

流通是社会生产和消费的桥梁和纽带,流通业是国民经济的重要基础产业。在社会主义市场经济条件下,消费通过流通决定生产,现代流通已成为社会再生产过程的血脉和神经,是决定经济运行速度、质量和效益的引导性力量。

在我国现代化建设新阶段,加快流通业发展还具有以下重大意义。第一,促进流通业发展,使生产和消费联系更加紧密,是扩大内需特别是消费需求、转变发展方式的重要举措。第二,促进流通业发展,努力掌控国际国内销售渠道,有利于我国工业活动由生产环节向研发、设计环节和流通销售环节延伸,是争取国家经济利益最大化和国家经济安全的重要保证。第三,促进流通业发展是加快发展服务业,调整优化产业结构的重要途径。第四,促进流通业发展是增强国家综合实力、扩大和稳定就业的必然要求。据商务部统计,2010 年我国流通业(不含物流业)占全国当年 GDP 比重为

13.1%,吸纳就业人数1.3亿人,当年国内贸易税收占全国税收总额的18.8%。

我们应当充分认识流通业的重要作用和战略地位,系统研究影响流通业发展的重大问题,尽快制定促进流通业发展的政策措施,实现流通业快速健康发展、适度优先发展。

二、加快完善流通业税收制度

我国流通业税收制度自1994年改革后一直延续至今,存在两个方面的问题。第一,整体税负重。资料显示,我国流通业税负在25%以上,比房地产业高4.6个百分点,比金融保险业高5.8个百分点,比信息通讯业高13.6个百分点。2010年,我国流通业增加值占国内生产总值的比重为13.1%,但流通业税收占国家总税收的比重高达18.8%。分行业看税负也偏重,如1994年批发企业批发税改增值税后税负有所增加,而且还需向进货的商户代扣税收,这是我国批发体系日益呈现"多小散弱"格局的重要原因;服务业实行按营业额全额征税,分工越细,重复征税程度越严重;正在进行的税收改革试点方案中,运输型物流企业的实际税负不仅没有降低,反而增加了2.2个百分点以上。调研中上海市反映,较高的税负导致流通企业平均利润率只有1%左右,远低于国际2.5%的平均水平,导致流通企业可持续发展能力严重不足。第二,一些税收政策限制了现代流通业发展,如连锁零售企业统一纳税政策没有落实,影响了我国连锁业的发展;物流的运输环节、仓储环节执行不同的营业税率,不利于物流业务各环节一体化运作。

建议对现行流通业税制进行系统研究和调整完善,减轻流通业税收负担,扩大营业税改增值税试点范围,公平税赋,使服务业间接税征税标准和工业企业一致。加快落实已经出台的优惠政策,促进连锁经营、跨区物流、批发企业、批发市场的建设和发展。

三、切实解决流通业费用负担过重问题

目前,对流通业的收费项目多、费率高、收费行为不规范。据有关部门调查,目前我国流通行业行政事业性收费多达19项。流通业用水、用电同网不同价的问题一直没有较好解决。一些地方执行工商"同网同价"政策

后,由于流通业用电都在高峰期间,导致流通业用电价格不降反升。银行卡刷卡手续费占交易额的比率,大卖场、超市为 0.5% ~1%,百货和一般零售商店为 1% ~2%,餐饮企业为 2% ~3%,相对于我国流通业平均利润率而言,显然取费过高,不够合理。公路运输费用项目多,费用高,路桥费用已占运输费用的 30% 以上。城区内物流配送受到交通工具的限制,鲜活农产品"绿色通道"也只到"城门",城区内"最后一公里"成了物流的大瓶颈,一些收费乱象与此有关。

建议采取切实可行的措施降低流通业费用。要充分考虑流通业经营特点,落实水电费同网同价政策。要降低银行刷卡手续费费率,解决过多占有流通业利润问题。要继续清理整顿收费公路和公路收费中的问题。要抓紧研究、出台措施解决城区"最后一公里"物流问题。

四、大力增强流通业竞争力

我国流通业经营方式仍然比较落后。据有关行业协会统计,我国限额以上企业连锁经营额仅占社会商品零售总额的 16%,远低于欧洲 60% 和美国 80% 的水平。流通企业主营业务"空心化",收入主要依靠出租柜台,收取"通道费"和销售"扣点"以及各种名目的收费。城市农产品批发市场也基本上只起到提供交易场地的作用。流通企业超过 99% 是中小商贸企业,大企业数量少、规模小。一些地方为了引进境外商业资本,对外资给予低地价、低租金、税收优惠等超国民待遇,使国内流通企业在竞争中处于不利地位,大型超市有被外资控制的趋势。

为了提高我国流通业的竞争力,建议:一要重点支持一批流通企业在主营业务方面做强做大,支持大型流通企业按照供应链管理模式或者综合商社经营模式向生产和配送领域拓展业务。二要在财税金融政策方面支持中小流通企业有序发展和连锁发展。三要积极推进城市农产品批发市场业务创新,发展全经营功能的新型农产品批发市场。四要规范流通企业的收费行为,营造良好的流通内部竞争生态环境。五要采取措施营造内外资流通企业公平竞争的政策环境。

五、加大对公益性流通基础设施建设投入

我国流通业财政性资金投入少,流通基础建设滞后,公益性流通网络少、覆盖面小。全国几千家农产品批发市场没有一家是公益性的,且设施简陋。事关食品安全的冷链物流基础设施基本上是空白,导致我国鲜活农产品在运输和储存环节损失率达 25% ~ 30% ,远高于发达国家的 5% 的水平。同时,我国商品流通基础设施近一二十年来还出现了"去公益化"现象。公益性市场和物流配送系统、信息网络缺失是我国物流配送成本高、物流车辆空驶率高、城市鲜活农产品流通"最后一公里"成本居高不下、农村消费品连锁配送率低等问题的重要原因。

　　建议按照经济区域和商品产销合理流向,制定全国商品流通公益性基础设施建设规划;要加大政府投入力度,建设若干全国性和区域性物流中心、配送中心,以及全国性流通信息网络平台;要落实各方和各级组织建设、配套、管理的责任,严格公益性流通基础设施的收费标准,规范收费行为;加快推进公益性农产品批发市场建设和改造工作。

　　从长远看,促进我国流通业健康发展还要重视流通管理体制创新,解决多头管理、职责重叠、互相扯皮、效率低下、基层工作力量薄弱等问题。

2012 年 2 月 29 日

关于推进流通改革发展的几点建议

史德信　冯晓岚　李继尊

最近,我们对流通改革发展问题进行了调查研究,听取有关部门、企业和行业协会意见。总的看,流通改革发展是一个系统工程,应加强顶层设计和总体规划,着力解决制约流通发展的体制机制障碍,积极推进组织制度和经营模式创新,逐步形成现代化流通体系,更大程度发挥市场机制的作用,更好地促进扩大消费、增加就业和改善民生。

一、规范市场秩序,营造良好的商业环境

商业环境是当前制约流通企业开拓市场的重要因素。主要表现在:侵犯知识产权和制售假冒伪劣商品行为仍未从根本上制止,产品质量和食品安全事故频繁发生,商业欺诈、行业垄断、拖欠货款等不正当竞争行为还大量存在。

导致这些问题的主要原因:一是市场监管薄弱。目前市场监管职能分散在商务、工商、质监、发展改革等多个部门,"群龙治水",权责不清。如山西生猪屠宰涉及 11 个部门,食品安全涉及 29 个部门。同时,一线监管力量不足,商标注册审查、产品抽检等方面人手缺口大。二是现行法律法规对违法行为的处罚轻、弹性大、执行难,企业失信成本低,守信成本高,诚信意识淡漠,即便是家乐福等大企业也屡罚屡犯。三是行业自律作用发挥不够。大部分商业协会脱胎于政府部门,尚未发育成独立的社会中介组织。四是地方保护、市场分割突出。出于税收等考虑,有的地方对外地连锁企业在用地、审批等方面设置障碍。

建议:(1)以建立打击侵权假冒长效机制为契机,加强工商、质监、商务、公安等部门的协调配合,充实基层执法力量,形成监管合力,力争在软件正版化、产品质量与食品安全等方面取得突破,抓出成效。(2)完善市场监管法律法规,加大经济处罚力度,减少处罚的任意性。(3)整合社会信用资源,加快形成覆盖全社会的征信系统,推动信用信息联网共享。海尔集团董事局主席张瑞敏反映,中国企业对产品的"保修"承诺与西方企业的"保证"承诺一字之差,背后是质量管理上不去。要引导企业重信守诺,把自身发展建立在提高服务质量和管理水平上。(4)全面清理各地与公平竞争相悖的"土政策",严肃查处市场垄断和不正当竞争行为,推动形成统一、开放的全国大市场。(5)充分发挥中介组织特别是民间商会的作用,加强行业自律。深入开展"3·15"、中国质量月等宣传教育活动,弘扬诚信文化,提高消费者维权意识。

二、加大对薄弱环节的支持,完善农村流通和社区商业网络

发达国家普遍对农产品流通和社区商业给予大力支持。比如,美国1929年通过《农产品销售法》,授权联邦政府向农民合作社提供贷款以促进农产品销售;日本的88个中央批发市场、英国的30个果菜批发市场以及韩国的许多市场都由政府投资;法国制定《公益市场法》,在全国指定23家农产品批发市场为公益性市场,包括欧洲最大的巴黎兰吉斯农产品批发市场也是由政府投资兴建。

近年来,我国开展"万村千乡"、"双百"、农超对接、标准化菜市场改造等,取得了一定成效,累计建设或改造连锁化农家店60多万家,参与农超对接的规模以上连锁企业超过800家,合作社1.6万个。但与发达国家相比,我国长期以来对农村流通和社区商业的公益性认识不足,支持不够。一是财政投入有限。中央每年直接用于流通领域的支出仅70亿元左右,地方财政投入更少。二是金融支持不够。大部分流通企业规模小,可抵押、质押资产少,特别是农村和社区零售网点多是个体店、"夫妻店",很难获得银行贷款。三是规划管理跟不上。地级以上城市商业网点规划落实难,很多县级市和村镇没有规划,大商场扎堆与社区商业网点不足并存。如郑州仅二七商圈就有大型购物中心14家,百货商场5家;河南18个省辖市约2000个

社区中,近1700个没有菜市场;湖北一些配送中心、冷链物流等商业设施用地得不到保证。四是路桥费等支持政策落实不到位。山东省商务厅反映,高速公路收费站实行开厢检查破坏了专用封车条,容易导致商品丢失或被掉包,许多企业因此不愿使用鲜活农产品"绿色通道"政策。

建议:(1)加大中央和地方财政对流通基础设施的投入。重点投向农产品批发市场、农贸市场、标准化菜市场、冷链体系、信息网络体系、产品质量与食品安全可追溯体系等,由政府介入管理,保证其公益性。提升"万村千乡"农家店质量。(2)引导金融机构创新产品和服务,拓宽融资渠道,加大对农产品流通、社区商业的扶持力度。(3)探索将免征蔬菜流通环节增值税政策扩大到所有鲜活农产品。严格执行鲜活农产品运输"绿色通道"政策,创新检查方法,为企业提供便利。研究免收所有农产品高速公路费。(4)顺应农业合作组织快速发展的趋势,加大对农业合作社等的支持,促进"农超对接"、"农企对接"、"农批对接"等。(5)抓紧出台商业网点管理条例,引导大型商业网点合理布局,明确新建社区商业网点比例,严格用途管理。

三、培育新兴业态,加快流通业转型升级

连锁化、信息化、国际化是当前全球流通业的发展趋势。我国连锁经营、电子商务、购物中心、专卖店等新兴流通业态已成为新亮点,苏宁、国美、百联、淘宝等一大批全国性流通企业,以及王府井、大商、苏果、广百等地方性流通企业快速发展壮大。以电子商务为例,2011年我国网络购物规模约8000亿元,比国际金融危机前的2007年增长13倍,占社会消费品零售总额的比重升至4.3%。

但是,与国际先进水平和现实需要相比,我国流通业发展还有较大差距。一是规模小,组织化程度低。国内最大零售企业苏宁2010年的销售额仅相当于沃尔玛的6.3%。"零售百强"销售额占全国社会消费品零售总额的11%左右,而美国这一比重为35%。限额以上连锁企业销售额仅占全部商业企业销售额的16%,而美欧国家连锁企业销售额占总销售额的60%~80%。二是科技水平和标准化程度低。即使苏宁、物美等大集团,在信息技术应用方面也远远落后于沃尔玛、家乐福、麦德龙等跨国商业集团。近年来,有关部门制定了大量指导性标准,但流通企业不认可、不接受,流通环节标准缺失。三是经营方式粗放。打折、积分、抽奖仍是主要促销手段,赢利主要来自商业地产、购物卡、通道费等,百货商店普遍"引厂进店",缺乏企业品牌,如辽宁百货店自营率只有 5% ~10% 。这种盈利模式造成零售商经营功能弱化。四是税费负担较重。许多企业反映,中央明文规定的连锁企业省内统一缴纳增值税和所得税、工商企业水电气同价等政策落实难。河南省政府反映,2010 年全省限额以上流通企业营业利润增长 0.8% ,但费用增长 15% ,包括卫生费、动检消毒费、检测费、垃圾处理费、消防培训费、卫生培训费等,名目繁多。湖南省政府反映,伴随着刷卡交易比重上升,刷卡费已成为流通企业继房租、人工、电费之后第四大开支。

建议:(1)促进网络购物健康发展。支持物流配送、网络宽带、信用评级、电子支付等配套服务发展,加强对客户沉淀资金、商家保证金的监管,规范网购市场秩序。(2)切实把已经出台的税收、行政事业性收费、价格等政策落实到位,特别要尽快解决连锁企业省内统一纳税问题。在此基础上,研究连锁企业全国统一纳税。完善并扩大物流企业营业税差额纳税、上海增值税改革试点。研究降低刷卡费率。(3)支持流通企业应用物联网、供应链等新技术和管理模式,制定和推广科学适用的行业标准。(4)鼓励购物中心、专卖店、百货店、尾货市场等业态发挥各自优势,细分市场,满足不同消费群体多层次、个性化的需求。

四、推动流通业"引进来"与"走出去"

近年来,我国流通业对外开放步伐不断加快。截至 2010 年底,外资企业在批发零售业累计投资 1032 亿美元,限额以上企业批发零售额中,外资企业占比达 11.8% 。对外投资规模不断扩大,批发零售业累计对外投资存量达 420 亿美元。"引进来"与"走出去"的发展促进了内外贸一体化,网络等现代技术的应用则加速了这一趋势。如富士康通过 B2C 购物网站扩大了内销规模,淘宝网的供货来源中外贸转内销也占有较大比重,阿里巴巴在网站上专门构建了"东莞制造"等专区,拓展加工贸易内销市场。

目前存在的主要问题:

在"引进来"方面:许多地方片面追求引资指标,在用地、审批等方面给予外资企业优惠条件,内资企业反映比较多。在"走出去"方面:企业不熟悉东道国的法律、文化、社会环境,在发达国家遭遇"玻璃门"、"弹簧门"等障碍,在新兴经济体和发展中国家的成功案例也不多,面临的人员、财产风险不断上升。有的企业图近取巧,甚至因销售假冒伪劣商品、"灰色清关"多次被查抄。此外,加工贸易企业出口商品转内销面临缺乏销售渠道和品牌以及产品设计、结算方式不适应等问题,境内价格高、质量不可靠导致消费者在国外大量购买品牌产品特别是中国制造产品。

建议:(1)继续扩大流通业对外开放,积极引进先进技术、管理经验和高端人才,在用地、审批等方面平等对待内外资企业。(2)支持企业参股、收购国外营销渠道和品牌,鼓励电子商务企业开拓国际市场。加大对企业"走出去"的税收、融资、保险、用汇等支持力度,加强服务和国别风险提示,通过双边对话等平台维护企业利益。(3)研究破除出口产品国内市场销售的标准、渠道、结算等障碍,鼓励出口企业利用电子商务等新的商业模式开拓国内市场。(4)借鉴海南离岛免税、境外旅客购物离境退税政策的经验,进一步扩大试点范围,可考虑向其他旅游城市延伸,提高购物限额,带动当地旅游业发展。

2012 年 3 月 1 日

关于发展家庭服务业的几点建议

孙慧峰

家庭服务业是现代服务业的重要组成部分,对于增加就业、改善民生、扩大内需、调整产业结构都具有重要作用。2009 年,我国已有各类家庭服务企业和网点 50 多万家,从业人员 1500 多万人,年营业额近 1600 亿元。2010 年,国务院办公厅下发《关于发展家庭服务业的指导意见》(国办发〔2010〕43 号),推动家庭服务业呈现较快发展态势,行业规模逐步扩大,服务领域不断拓展,就业贡献率持续增长。但总的来看,我国家庭服务业仍然处于发展的起步阶段,整个行业还比较弱小,仍然面临许多困难和问题。

一、家庭服务业发展面临的主要问题

(一)企业规模小、利润水平低

据调查,各地家庭服务企业普遍规模较小,注册资本大多数在 10 万元以下,年营业额大都不超过 50 万元。只有北京、山东、四川、湖北等一些地方初步形成了若干家庭服务龙头企业,实行小规模的连锁化经营。除此之外,大部分家庭服务企业都属于单店经营,总体上还没有形成规模化和产业化发展格局。

从事家庭服务业的机构大致可以分为两类:一类是半公益性的。大多数是由具有政府背景的部门或社团主办的,帮助政府解决城市大龄下岗失业女性、农村富余劳动力的就业问题,基本上都是保本经营或者略有盈余。第二类就是企业,但利润率较低。根据有关资料,各个行业的平均利润率大致为:交通运输业9%~14%,建筑业6%~15%,餐饮业8%~15%,服务业

9%～15%,娱乐业15%～25%,而家庭服务业的利润率低于8%,属于服务业里面最低之列。许多企业反映,从事家庭服务业基本不赚什么钱。很多社会资本也不愿意投资这一行业。

(二)税费负担较重

家庭服务业的经营方式主要有两种:中介制和员工制。中介制企业一般只负责职业介绍,从中收取介绍费或管理费,由从业人员和家庭签订服务合同,家庭直接向服务人员支付劳动报酬。员工制企业则招聘家庭服务员作为企业员工,签订劳动合同,参加社会保险,经过上岗培训后派遣到客户家中提供家庭服务,员工工资由企业支付。与中介制相比,员工制企业既有利于提高从业人员素质和服务质量,也有利于家庭服务业产业化、职业化发展,是应当鼓励的经营方式。但实际上,目前员工制企业的数量很少,发展缓慢。最重要的原因是员工制企业的税费负担较重。

首先是营业税负担重。作为中介制企业,从业人员的报酬由家庭直接付给服务人员,不计入企业收入,只有中介费和管理费计入收入,因此营业税的税基较小。以一家规模为300名员工的家庭服务企业为例,如果采取中介制,每年收取的管理费和中介费约为72万元,应缴营业税3.6万元。而对于员工制企业来说,家庭直接将钱支付给服务机构,计为企业的营业收入,这将大大增加营业税负担。仍然以上面那家企业为例,如果采取员工制,每名员工每月带来2000元收入,则企业每年总收入为720万元,应缴营业税36万元,是中介制的10倍。

针对这种情况,财政部、国家税务总局2011年联合下发《关于员工制家政服务免征营业税的通知》,实行三年免营业税政策。但在调查中,很多企业反映政策力度小、附加条件多,难以真正享受其带来的好处。一是免税期只有三年,从2011年10月1日到2014年9月30日,将来是否延续还不确定。很多企业担心,如果三年后优惠政策到期,营业税负担会重新加重,其经营仍然是无利可图。二是只针对员工制家政服务员提供的家政服务收入免税。有的企业反映,单独把这块收入进行核算难度较大。而且,这块收入占企业收入的比例并不是很大,企业觉得政策"含金量"不高。有的企业抱怨说,这条优惠政策像是挂在树上的苹果,看得见、吃不着。

其次是社会保险费负担重。中介制企业不需要承担员工的社会保险费。如果改成员工制企业,则需要为员工缴纳社会保险费,大概相当于员工工资基数的30%。以上面的家庭服务企业为例,每年的社会保险费支出将高达216万元,是营业税负担的6倍。面对这笔支出,企业要么提高服务收费,转嫁给消费者,要么只能降低员工实际工资水平。

(三)从业人员缺口大

劳动力供不应求是家庭服务业面临的又一个突出问题。有统计表明,目前家庭服务业有1400多万人的缺口,员工缺岗率达到30%~40%。我国劳动力资源相对充足,但家庭服务业却面临"人难招、人难留"的困境,主要原因在于:一是收入相对较低。媒体上宣传的月薪上万的"金牌月嫂"都属于少数高端家庭服务人员,普通服务人员的工资都不是很高,有的仅相当于社会最低工资标准。近两年来,家庭服务人员的工资有所上涨,但主要是受物价上涨拉动,与社会平均工资水平相比仍然处于偏低的水平。二是劳动强度比较大。特别是看护老人、照顾婴儿的保姆,工作非常辛苦。有的住家保姆,劳动时间远远超过每天10小时,基本没有上下班之分,全天随时得听从雇主安排。三是社会地位低。在很多人看来,家庭服务员是个伺候人的工作,不是一个像样的职业。许多人一旦找到其他工作便辞职不干,人员流动性很大,职业化也比较难。

二、政策建议

发展家庭服务业,必须坚持市场化、产业化和社会化的方向,充分发挥市场机制配置资源的基础性作用。我国家庭服务业还处在起步阶段,企业有投资意愿,但是由于税费负担重、利润薄,有效供给不足;家庭有服务需要,但是由于购买力有限、购买意识低,有效需求也不足。这就迫切需要政府给予政策上的扶持,帮助家庭服务业逐步发展壮大。

第一,认真落实已有的优惠政策。《关于发展家庭服务业的指导意见》已经制定了许多针对家庭服务业的扶持政策,内容比较全面,关键是要落到实处。建议有关部门根据《意见》精神,加快制定配套的细化政策,进一步明确实施主体、优惠内容、申请资格、办理程序,为企业享受政策优惠创造便利条件。发展家庭服务业联席会议办公室应适时对《意见》的落实情况进行检查。

第二，降低员工制家庭服务企业的营业税负担。家庭服务业的平均利润率水平较低，特别是员工制企业的营业税负担较重。建议区分其提供的不同服务收入，实行不同的营业税减免政策。对于员工制企业提供的家政服务、老年照护、婴儿照看等服务收入，免征营业税。对于员工制企业提供的其他家庭服务收入，减为3%的税率征收营业税。

第三，允许选择灵活的参加社会保障方式。家庭服务业企业一般规模较小，员工大多数为农民工或者城市下岗职工，就业稳定性差，全部纳入城镇职工的基本养老、基本医疗保险体系有一定的困难。建议：一是允许家庭服务业员工和企业选择灵活的参加社会保险的方式。对于员工参加了新型农村养老保险、新型农村合作医疗、城市居民养老保险和城市居民医疗保险的，都可视同家庭服务企业已经为其按月足额缴纳了相应的社会保险，不用额外缴费。二是研究城镇职工基本社会保险的分档办法，可以考虑为家庭服务业等行业设立较低的缴费基数和缴费比例，以降低其参加城镇职工基本保险的门槛。三是对于家庭服务业可能出现的责任事故，可以通过购买商业保险的方式覆盖风险，不必强制参加工伤保险。

第四，增加家庭服务的有效需求。发展家庭服务业，既要扩大有效供给，又要激发有效需求。一是发放服务补贴。建议采取"补需方"的方式，向低收入家庭、高龄老年人等发放服务津贴或者服务券，增加其购买服务的能力。二是完善税制、鼓励家庭服务消费。建议有关部门加快研究综合所得税改革方案，不断完善我国的个人所得税制度。在此基础上，允许家庭将用于家政服务、照护老人、照看婴儿等方面的支出从所得税中扣除，从而引导其增加家庭服务消费。三是探索建立护理保险制度。应借鉴日本、德国老年护理保险制度的经验，研究建立老年护理保险制度的必要性和可行性，为老年人的护理服务需求提供制度化的资金保障。

2012 年 3 月 19 日

关于促进小微企业健康发展的建议

郭克莎

最近,国务院出台了《关于进一步支持小型微型企业健康发展的意见》。这是应对国际金融危机以来对小微企业扶持政策的延续,也是至今为止涉及范围最广的政策文件。但总的看,仍停留在短期性扶持政策的层面上,概念性、一般化的政策描述较多,定量化、有力度的支持措施较少,也缺乏区别对待和分类指导。相对于小微企业面临的艰难状况和发展困境,这些政策措施的适用性、有效性和稳定性都明显不足。因此,应当在落实这些政策的过程中进一步研究推进长期性、深层次制度建设,并区分不同类型的小微企业,实施不同的政策导向,细化和加强支持措施,真正发挥促进小微企业稳定健康发展的重要作用。

当前,受国际金融危机冲击和经济增速下行影响最大、并且面临结构调整和转型升级压力最重的,主要是工业类型的小微企业。因此,下面主要就促进小微工业企业健康发展的有关问题提出一些看法和建议。

一、我国小微工业企业的构成及作用

在我国小微企业中,小微工业企业是主体。按照去年新颁布的企业划型标准,工业中从业人员在 300 人以下、且营业收入在 2000 万元以下的为小微企业;其中,从业人员 20 人及以上、且营业收入 300 万元及以上的为小型企业,从业人员 20 人以下或营业收入 300 万元以下的为微型企业。

根据国家统计局的抽样调查和推算,2011 年末,全国共有小微工业企

业135.3万家,从业人员2913.5万人,全年实现主营业务收入51836.3亿元。其构成特点是:

(1)微型企业数量多、规模小。在全部小微工业企业中,微型企业数量占72.9%,从业人员、主营业务收入所占比例只有36%和35%;而小型企业数量占比27.1%,从业人员和主营业务收入占比为64%和65%。

(2)东部地区小微企业比重大。东部地区小微工业企业数量、从业人员和主营业务收入分别占全国66.4%、64.8%和65.7%;中部地区分别占21.6%、21.8%和20.9%;而西部地区只分别占12.1%、13.4%和13.4%。

(3)小微企业主要集中于少数制造业行业。小微工业企业分布范围广,多达39个工业行业,但采掘业的企业数量、从业人员、主营业务收入分别占4.2%、4.3%和4.3%,电力、热力、燃气和水的生产和供应业分别占3.4%、2.6%和2.2%,而制造业分别占92.4%、93.1%和93.5%,其中非金属矿物制品业、通用设备制造业、金属制品业、塑料制品业、纺织业、专用设备制造业、农副食品加工业、电气机械及器材制造业、化学原料及化学制品制造业、交通运输设备制造业、纺织服装鞋帽制造业等11个行业所占比重分别达到64.2%、64.7%和66.5%。

小微工业企业在经济发展中的主要作用:

一是有利于增加就业。小微工业企业劳动密集度高,用工门槛低,同样的资本投入可带动较多的就业人数,是消化农村剩余劳动力和城镇普通待业人员的重要形式。2011年,全国规模以上工业企业每亿元营业收入的就业人数为107人,而小微工业企业的同样指标为562人,就业密度是规模以上工业企业的5.25倍。这是大中型企业难以比拟、不可替代的最主要功能。

二是有利于激发创业。小微工业企业是民间资本与专业技术人才、经营人才结合起来的一种重要形式,专门从事一些工业产品或零部件的加工制造和维修,具有专、精、特、新和规模小、灵活性强的特点,既是一部分社会人士依靠自身力量生存和发展的合理方式,又能发挥民间小资本带动就业、服务社会的独特功能,还可以促进经济发展并成长为中、大型企业。

三是有利于搞活经济。小微工业企业所从事的业务往往是大中型工业企业不愿干或干不好的事情。它们可以利用闲置厂房、废旧生产资料,在占用资金、土地少和成本较低的条件下,有效解决大中型企业难以解决的生产或生活难题,对于完善产业链条、便利居民生活具有不容忽视的重要作用。

四是有利于促进创新。国内外的实践经验充分证明,大量的创新活动和成果,包括技术创新、市场创新等都来自于小微工业企业,并对大中型企业发展产生了多方面的启迪和促进作用。这是因为,小微企业直接面对着生存和发展的压力,时刻都面临着激烈市场竞争的考验,同时受传统生产模式和企业体制的束缚较少,从事创新活动的主动性、灵活性、有效性更强。

二、小微工业企业面临的主要困难及原因

去年以来,我国小微企业的生存发展再度面临较大压力,其中沿海地区的小微工业企业问题更为突出,不少处于停工、半停工状态,长三角、珠三角地区的一些小微企业相继倒闭,以至有人认为"现在小微企业面临的困难比2008年金融危机时更严重"。最近几个月,汇丰公布的 PMI 一直在 50 的荣枯线以下,明显低于我国国家统计局等公布的 PMI,4 月份的差距达 4 个点之多,而汇丰的数据主要覆盖中小型企业;5 月份国家统计局等公布的 PMI下降为 50.4,其中大、中型企业 PMI 分别为 51.1 和 50.8,而小型企业 PMI只有 45.2,比上月下降 3.9 个百分点。这些数据表明,与大中型工业企业发展的下滑态势相比,小微工业企业的生存发展状况更加艰难。主要表现在:

(1)企业经营成本上升。据福建省有关调研,2011 年该省规模以下工业企业主营业务成本同比增长 29%。全国尤其是沿海地区小微企业经营成本上升,主要来自以下几个方面:一是用工成本上升。近年来各地连续较大幅度上调最低工资标准,劳动力成本快速上升,平均工资年度涨幅达 15% 以上。有关调查数据显示,招工困难和劳动报酬上涨是小微企业面临的较大问题,2011 年长三角、珠三角地区小微企业员工薪资普遍比上年提高20% ~ 30%。二是生产资料价格上涨。2011 年工业生产者购进价格和出厂价格分别上涨 9.1% 和 6%,差距为 3.1 个百分点。今年 1—5 月,工业生产者出厂价格同比下降 0.3%,而工业生产者购进价格同比上涨 0.1%。最近两个月原材料价格回落,但部分企业仍需消化库存的高价原材料。同时,企业场地租金普遍上涨,运输成本明显增加。三是融资成本上升。去年央行 7次上调金融机构存款准备金率,5 次提高银行贷款基准利率,大多数小微企业难以获得银行信贷支持,转向依赖民间借贷,企业综合贷款成本在10%以上,一些地区民间融资利率高达18%~20%。四是税费负担依然较重。据全国工商联统计,目前向中小企业征收行政性收费的部门有18个,收费项目达69个大类。有些地方设立的环保、人防、地震、水土保持、职业病防治等各项预评审费和后评估费用,占到小微企业新上项目总投资的10%;一些地方政府以多种名目下发"红头文件",自行加入项目许可、认定等内容,超范围、超标准向小微企业收费,甚至直接搞摊派、拉赞助。

(2)市场需求持续收缩。主要表现是:工业品出口市场萎缩,订单减少,尤其是面向欧美国家的劳动密集型产品出口增速大幅下滑,对小微工业企业冲击较大;国内市场受经济刺激政策到期、货币信贷政策收紧、房地产市场调整等多种影响,投资和消费增速放缓,需求不足的矛盾日益显现,对小微工业企业经营环境的制约更加突出。

(3)企业资金周转紧张。福建省调研材料表明,2011年,小微工业企业流动资金紧张的占比为31.8%,而资金宽裕的仅占0.7%。去年以来,一些沿海小微企业频频出现资金链断裂的问题。主要导因是:银行贷款和民间借贷难度加大;企业存货持续上升,占用资金明显增加;"三角债"现象普遍蔓延,导致企业资金回笼缓慢。

小微工业企业面临的困难和问题,原因是多方面的,既有国际金融危机和经济增速下滑的影响,也有自身发展水平和企业制度环境的问题。需要指出的是,这是短期因素和长期因素综合影响的结果,特别是反映了发展阶段和形势变化带来的严峻挑战。对于工业行业的小微企业来说,未来一段时期将面临两个重大的趋势性压力:

一是工业产能过剩的压力加大。1998年东亚金融危机后,我国工业曾遇到外需下滑、内需不足的压力,当时产能过剩问题也比较突出,工业增速连续4年低位徘徊。一直到2001年加入WTO后,扩大国际市场打开新的空间,工业行业才又迎来新一轮高速增长期。这次国际金融危机的影响预计还要延续相当一段时间,加上我国主动调整过度依赖外需的战略,降低国际贸易和收支顺差,工业发展依靠外部市场扩张的时期可能即将结束。出口增速下行还制约国内投资扩大,使工业增速受到外需和内需增长放缓的双重约束,工业产能过剩的局面将成为一个长期性的重大问题。而对于为大中型企业提供原材料、零部件和生产配套服务的小微企业来说,由于处在产业发展的低端,应对市场变化的能力较弱,受到产能过剩的影响将更加突出。

二是生产成本上升的压力加大。在经济总量增大、人均收入提高、人口结构变化、资源环境压力加大等因素的综合作用下,我国企业生产成本上升是一个必然趋势。对于工业企业来说,随着经济结构调整和发展方式转变的推进,劳动力成本、资源和环境成本的上升趋势更加明显。而这种趋势对小微工业企业带来了更大的压力:一方面,小微企业劳动密集度较高,用工成本上升对企业生产成本的影响更多;另一方面,小微企业经营规模较小,应对资源、环境成本上升的能力较低。特别是,技术工人和各类人才的薪酬上升明显较快,经济发展中减少和治理污染的要求日益提高,这些对小微企业的经营发展形成了更强的压力和影响。

相对于融资难、融资成本高等问题,以上两种趋势性压力的不断加大是小微工业企业面临的长期性严峻挑战,也是它们难以摆脱生存发展困境的根本性原因。在这种条件下,对于首当其冲的沿海地区小微工业企业来说只有三条出路:一是加快产业转型升级,提升经营发展水平;二是向中西部地区转移,减轻成本上升压力;三是转出工业尤其是制造业行业,向农业、服务业领域寻找新的发展空间。而这三个方面都需要政府提供必要而有力的支持,并且是系统性、长期性、制度性的支持。

三、促进小微工业企业长期健康发展的建议

从发达国家的历史经验看,长期支持小微企业发展是推进工业化、城镇化、市场化和国际化,促进就业和创业、保持经济发展活力、增强企业创新动力、保障和改善民生的客观需要。当前我国小微工业企业发展正处于重要的转折阶段,促进这些企业稳定、健康和优化发展是一个事关经济社会发展全局的重大问题。

最近国务院出台的《关于进一步支持小型微型企业健康发展的意见》(以下简称"意见")比较系统地颁布了支持小微企业发展的政策措施,但总体上看,仍限于应对国际金融危机影响的范围,"延长扶持政策"的短期性特征较为明显,缺乏长期性的制度安排,而且概念性、一般化的政策阐述较多,定量化、有力度的具体措施较少。这使政策措施的适用性、有效性和稳定性都明显不足。可以说,对于工业行业的小微企业来说,在当前和未来一段时期内,只有把促进小微企业发展的一系列政策措施制度化、长期化,并区分不同类型的小微企业,实施不同的政策导向,才能真正稳定和增强企业信心,使已有的小微企业不放弃经营实业,使新的小微企业愿意进来创业发展。主要建议是:

(一)把支持小微企业发展的财税政策制度化

一是长期实施结构性减税政策。"意见"中提出落实支持小微企业发展的各项税收优惠政策,分别延长到 2013 年底、2014 年 10 月、2015 年底不等。但这只能对企业维持现有生产起一定刺激作用,难以真正调动企业投资发展的积极性,因为当企业固定资产投资尚未获得回报时,优惠政策已经到期。因此,应当更多侧重于促进小微企业稳定持续发展,明确规定对符合国家产业政策的小微企业,按照它们所处行业和经营状况,长期实施结构性减税政策,并逐步完善和规范化。

二是加大财政资金支持力度。"意见"提出,2012 年将中小企业专项资金总规模由 128.7 亿元扩大至 141.7 亿元,以后逐年增加。但是,这个规模还不如扶持一个大型国有企业或投资项目的数量,相对于几百万个中小企业已经是杯水车薪,落实到数量庞大的小微企业上,支持力度和作用可想而知。应当像重视民生工程投入一样,切实扩大支持小微企业发展的财政资金规模,尤其是加大对就业型、创业型、创新型小微企业的支持引导力度,真正发挥积极财政政策的推动效应,加快小微工业企业技术改造和产业升级。

三是全面清理和减免各种收费。"意见"提出,继续减免部分涉企收费并清理取消各种不合规收费,但减免时限只延长到 2014 年底,清理违规收费仍缺乏具体举措。目前对中小微企业的各种收费数目繁多,对于规模小、经营难、利润薄的小微企业来说,实在是不堪重负。应当尽快采取有力措施,综合协调有关管理部门,全面清理对小微企业的各种收费名目,研究借鉴国际惯例,只明确保留少数必要的收费项目,其余项目一律明令限时取消收费;对于所有企业都需要收费管理的项目,也应对符合条件的小微企业减半征收。同时,要以法律法规形式加以规范,确保长期严格执行。

(二)把支持小微企业发展的融资政策制度化

针对小微企业融资难、融资贵的问题，近年来已出台了许多政策措施，有些还在落实当中，这次"意见"又对政策取向作了五个方面的阐述，但总的看仍缺乏实质性的举措，需要进一步细化政策措施，并通过深化改革建立长期性制度安排。

一是明确规定银行业金融机构对小微企业的贷款比例。"意见"规定，银行业金融机构对小微企业贷款的增速不低于全部贷款平均增速，增量高于上年同期水平。但由于目前小微企业所占贷款额度很小、比例很低，按这种办法执行，改善速度显然过于缓慢。应当根据小微企业在国民经济中所占比重，明确规定银行业金融机构对小微企业贷款必须达到的最低比例下限，并列入考核指标严格执行。要推动高薪酬的商业银行工作人员真正走出办公室，去发现和支持稳定性、成长性强的优质小微企业贷款对象。

二是加快发展面向小微企业的小型金融机构。要打破国有及国有控股商业银行的垄断地位，在加强监管和防范风险前提下深化金融体制改革和创新，大力支持民间资本发展小型金融机构，专门为小微企业提供融资服务，并根据不同类型小微企业发展状况，提高专业化服务水平和运营能力。应放宽民间资本持股比例限制，允许外资参股经营，增强小型金融机构发展活力。小型金融机构可加快市场取向改革，提高利率市场化程度，扩大存款利率上浮和贷款利率下浮的空间。

三是积极拓宽小微企业融资渠道。除了支持符合条件的小型企业上市融资和发行债券外，要更多地为大量尚未成长起来的小微企业创造融资条件、拓展融资市场。主要是：加快发展场外股权交易和融资市场，规范发展私募股权投资和创业风险投资等融资工具，积极发展适合小微企业特点的各种质押融资方式，大力推进小微企业融资服务体系建设。

四是严格规范对小微企业的融资服务。要加强对银行业金融机构的监管，禁止金融机构对小微企业贷款收取不合规费用，全面清理和严格限制金融服务的不合理、超标准收费。同时，还要采取有力有效措施，制止有关机构和人员利用小微企业弱势地位牟取融资服务高额收益、长期拖欠应付资金等不正当行为。

（三）把支持小微企业发展的公共服务制度化

一是加快建立完善小微企业统计和监测体系。目前对工业类小微企业的统计指标还不健全，非工业尤其是服务业小微企业的统计指标甚至还没有建立起来，明显影响对小微企业运行的定量分析。要着力推进这方面的统计调研工作，借助各级工商联和各种行业协会、商会的力量，加快建立和完善小微企业统计体系，并定期向社会公布有关数据，为加强监测分析提供权威、可信的资料依据。

二是大力推进小微企业公共服务平台建设。"意见"中提出到2015年要支持建立和完善4000个小微企业公共服务平台的目标。从实践上看，还需加快工作进度，扩大服务范围。要充分调动各级地方政府的主动性、积极性、创造性，有效发挥各种网络平台的重要作用，坚持公益性服务为主的原则，明确服务流程和收费标准，建立规范的服务评价和激励机制，围绕小微企业经营发展的各类需求，提供全方位、专业化和优质低价的服务。

三是改善和规范对小微企业的工商管理。目前我国对小微企业工商登记设限偏高，有限责任公司注册资本的下限还高于日本等发达国家；小微企业开办手续繁杂，注册程序不规范，需填表格多，需跑部门多，审批周期长，有时还受到轻视或歧视。必须尽快改变这种不利于小微企业发展的状况，督促有关部门增强服务意识，提高服务质量，切实为小微企业创造规范良好的政策氛围和公平竞争的市场环境。

（四）加强对不同类型小微企业发展的分类指导

不同产业、不同区域的小微企业有不同的发展趋势和特点，需要区别对待，采取不同的支持和促进政策。这些政策既要与产业政策和区域发展政策相一致，又要兼顾不同类型小微企业的成长阶段和特性。从发达国家的小企业政策看，大体经历了三个时期：第一个时期是反垄断，为小企业生长创造条件；第二个时期是维护小企业的竞争性地位，拓宽小企业发展空间；第三个时期是鼓励支持小企业创新，促进小企业技术进步和产业升级。我国工业类与非工业类小微企业、沿海地区与中西部地区小微企业，目前还处于不同的发展阶段，需要借鉴发达国家的经验，研究实施适合它们特点的促进政策。对于小微工业企业的分类指导，应采取以下三个层面的政策措施：

一是推动小微企业转型升级。主要是针对一般加工制造业的大多数小微企业,包括战略性新兴产业中的小微企业。基本政策取向是:加大对企业技术改造和创新的支持力度,增加技术改造财政资金特别是中央预算内资金投入,完善企业研发费用所得税前加计扣除政策,促进企业提升技术水平和产品质量,推进节能减排,增强创新能力,进一步向"专精特新"发展,与大中型企业建立更加紧密的协作配套关系。

二是支持小微企业区域转移。主要是针对沿海地区的劳动密集型产业、尤其是出口导向型产业的小微企业。目前东部9省区的小微企业数量占到全国66.4%,主要集中在长三角、珠三角地区;而西部12省区的小微企业数量占比只有12.1%,不利于增加就业、创业和活跃经济。应借助沿海地区出口加工业收缩、劳动力成本上升的压力,顺势推动其中的小微企业向中西部转移。尤其是对于农副产品加工、纺织等行业,这种转移还有利于减少原材料长途运输和劳动力远程迁移,促进区域间资源优化配置。基本政策取向是:深化财税、投资等体制改革,消除不利于沿海产业向中西部转移的各种障碍;对小微企业的区域转移给予金融政策支持和税收政策优惠,调动它们的积极性、灵活性和创造性。

三是加快淘汰小微企业落后产能。主要是针对资本密集度高、规模经济性强、产能严重过剩行业中的小微企业,特别是能耗高、污染重、资源浪费大的小微企业。目前我国在采掘、冶炼等行业中还存在一批小微企业,即所谓的小煤窑、小矿井、小钢铁、小建材等,如截至2011年底,全国还有15.99万家小微水泥企业,而水泥行业已进入产能绝对过剩的时期。这些小微企业一般是利用资源特点、区位便利、市场短缺等条件匆忙上马发展起来的,往往得到地方政府的支持和保护,但企业从开办之初就优势少、劣势多,随着经济形势发生变化,现在已到了难以继续生存、严重影响资源环境的地步,亟需加快淘汰落后产能。基本政策取向是:按照产业政策的要求,综合运用财税、金融、土地、环保等手段,支持大中型企业收购、兼并、重组小微企业,并对企业退出人员实施必要的救济措施,减轻当地经济和社会波动。

2012 年 6 月 11 日

我国钢铁产业面临的主要困境、原因及对策

何维达　卫新华

钢铁产业是国民经济的重要基础产业,行业涉及面广、产业关联度高、消费拉动大,在经济建设和稳定就业等方面发挥着重要作用。但是,近年来钢铁产业发展面临不少困难和问题,严重影响了产业乃至整个国民经济的可持续发展,必须采取积极对策加以解决。

一、我国钢铁产业面临的主要困境

(一)面临"高成本、低盈利"困境。2011 年,中国钢铁业经历了"冰火两重天",从年初中国钢铁综合价格指数创 2009 年以来新高,到下半年粗钢产量和国内钢材销售价格双双跳水。数据显示,2011 年,我国 77 家大中型钢铁企业累计实现利润总额 875.3 亿元,同比下降 4.5%,销售利润率仅为2.4%,较 2010 年的 2.91% 进一步下降,远低于同期全国工业企业的平均利润率水平。预计这种微利状况在今后两三年内很难改变。为此,国内许多钢厂在最新规划中,都提到要大力提升非钢业务在收入中所占的比重,这无疑与"副业"的利润率强过主业有关。据统计,去年武钢集团整体销售利润率为 1.67%,而非钢产业达到 3.47%;济钢集团整体销售利润率仅为0.71%,而非钢产业达到 4.11%。今年全国"两会"期间,"武钢养猪"事件曾一度引发热议。

(二)面临"贸易大国、定价小国"困境。从 2003 年我国成为世界第一

181

大铁矿石进口国至今,进口市场份额不断上升,2011 年进口铁矿石达到 6.86 亿吨,是名副其实的贸易大国。但是,中国并未获得与贸易大国地位相应的议价权,反而频遭巨额损失,不得不直面"定价小国"的尴尬与无奈。2003 年,我国铁矿石进口价格每吨不足 30 美元,到 2011 年,铁矿石现货市场价格约 148 美元/吨,累计上涨 4 倍多。由于定价权的缺失,导致"大市场"难有"大作为"。中国不但不能利用自身的大市场优势为自己争取最为有利的进口价格,反而由于自身对资源的旺盛需求,往往成为全球资源市场上寡头厂商的提价理由,或者成为众多基金等国际炒家狙击的对象。特别是近几年国际资源市场剧烈振荡,铁矿石资源进口价格大幅提高,使我国钢铁产业利润大量向国外转移。据中国钢铁协会统计,2011 年我国 77 家大中型钢铁企业利润为 875.3 亿元,不及巴西的淡水河谷、澳大利亚的必和必拓和力拓三大铁矿石巨头利润的三分之一。定价权缺失导致资源进口价格居高不下和出口价格受到国际机构的联合打压,严重影响了钢铁产业的健康可持续发展。

(三)面临"产能过剩、过度竞争"困境。2011 年我国粗钢产量 6.84 亿吨,比上年增长 7.3%;而年末钢铁企业库存钢材 978 万吨,同比增长 8.9%。同时,2011 年钢铁行业固定资产投资呈快速增长态势,累计投资额达 5111 亿元,同比增长 15.5%。高投资直接导致产能继续扩张。2011 年以来,我国新增高炉 63 座,炼铁年产能合计 8559 万吨。其中,华北的唐山地区新增高炉最多,2012 年计划新增高炉 32 座,新增炼铁年产能约 4816 万吨。即使在未来两年将现有 400 立方米及以下高炉全部淘汰,我国粗钢年产能仍高达 8 亿吨左右。产能过剩和供过于求必然打压钢铁产品价格,在成本上升情况下,利润下降甚至全行业亏损就不足为奇。

目前,我国规模以上钢铁企业 801 家,其中大约有 108 家大中型钢铁企业有外贸经营权。我国钢铁企业在原材料和产品进出口市场面临严重的恶性竞争。在钢铁产品出口市场,众多中小企业竞相压价;在铁矿石等原材料进口市场,一些企业特别是中小企业为了保证生产的顺利进行,不惜抬高进口价格。据统计,2009 年,我国铁矿石进口价高的时候要比日本高出 60 多美元/吨。这种分散化的竞争主体格局导致钢铁企业相互掣肘,在联合对外采购和谈判中难以形成合力,不仅损害大多数钢铁企业的利益,也使国家利益蒙受严重损失。

二、我国钢铁产业面临困境的原因分析

一是对外依存度太高,原料受制于人。近十年来,我国铁矿石进口需求大幅上升,对外依存度不断提高。据工信部统计,我国铁矿石对外依存度从 2002 年的 44% 上升到 2009 年的 69%,2010 年降为 63% 左右。铬铁矿和镍矿的 90% 左右依靠进口。另外,我国干散货运力严重不足,无法掌控海运价格,必然增加运输成本。据国际钢铁协会估算,2002 年至 2009 年,铁矿石价格上涨了近 5.2 倍,海上运费上涨了 15 倍。但是,同期我国钢材价格只上涨了 35% 左右。显然,这削弱了我国钢铁企业的竞争力优势。

二是钢铁产业集中度偏低,地方盲目发展。据国家统计局数据,2011 年全国生产粗钢 6.8 亿吨,其中,产量进入世界前十位的企业有河北钢铁、宝钢、武钢和鞍钢等,从产业规模看我国是钢铁大国,但仍然大而不强,最突出的表现是产业集中度较低。从 1999 年至 2010 年,世界主要产钢国家前 4 家企业的集中度都是逐年上升的,其中美国钢铁企业前 4 家企业的集中度 1999 年、2007 年和 2010 年分别为 37.9%、52.9% 和 54.9%;日本分别为 58.75%、74.77% 和 76.79%;韩国分别为 79.16%、88.93% 和 89.8%。2007 年印度和俄罗斯前 4 家企业的集中度分别为 67.7% 和 69.2%。但是,我国钢铁产业集中度在 1999 年至 2007 年却是逆势下降的,前 4 家企业的产业集中度 1999 年是 31.3%,2007 年下降至 19.3%,2008 年后逐步上升 23.94%,2010 年我国前 4 家钢铁企业的产业集中度为 27.8%。由于我国钢铁产业集中度低,规模经济不明显,不仅导致众多钢铁企业各自为战,不能统一对外,也造成了钢铁企业的高能耗、高成本和严重的环境污染,制约了钢铁产业整体竞争力的提高。

尽管中央政府一再强调要提高钢铁产业集中度,但是有些地方政府片面追求经济利益,在淘汰落后钢铁产能上不仅缺乏动力,相反却争相上新项目,导致钢铁产业盲目扩张,出现大量落后产能和小型炼铁厂、炼钢厂,进而加剧了铁矿石资源进口的竞争。此外,有些地方政府还支持中小企业销售不开票,这样企业生产一吨钢能减少 500 元增值税,每吨可多赚 100~200 元,使得落后产能的中小企业比大型钢铁企业成本更低,效益更好。

三是成本控制不力,创新能力不足。主要表现在:(1)企业能耗过高。我国钢铁企业平均综合能耗比国际先进水平高出 10% 以上,国际先进企业吨钢耗新水 2.5 吨左右,2010 年我国大中型钢铁企业吨钢耗新水 4.11 吨。(2)管理成本偏高。据中国钢铁协会统计,2010 年我国大中型钢铁企业管理费用总计 1007 亿元,比上年提高 16.39%。(3)企业创新能力不足。其结果,一方面是传统钢铁产品的生产成本降不下来,另一方面是高附加值的钢铁产品又供给不了。我国高技术含量和高附加值的钢铁产品所占比重 2003 年为 28.3%,2008 年提高到 50.6%,2010 年略有上升,但仍低于发达国家 70% 左右的比例。这导致我国钢铁企业难以有效开拓高端国际市场,而低端钢铁产品的出口以低工资率、过度消耗国内资源和污染环境为代价,不具有可持续性。

三、对策建议

第一,合理配置国内外铁矿石资源,逐步降低对外依存度,争取价格话语权。首先,增加国内铁矿石的供给,逐步提高国内铁矿石资源效率。一方面寻找新的铁矿石资源,另一方面通过技术创新,加大二次资源(主要是废钢铁)的再利用。其次,建立多元化的铁矿石国际贸易体系,争取话语权,分散进口风险。一是进口来源多元化。目前,我国以淡水河谷、必和必拓、力拓等三大铁矿石公司为铁矿石主要来源,原料来源过于集中。为此,需要分散进口铁矿石的来源地,逐步降低对三大铁矿石公司的依存度,争取相应的定价权。对铁矿石进口的来源,应制定明确的国家战略安排并做出及时部署,尽量扩大非洲、俄罗斯等国的铁矿石进口,使其成为与三大铁矿石公司互为补充的稳定的铁矿石供应来源。二是贸易方式和渠道多元化。通过铁矿石贸易,从国外直接购买铁矿石是我国进口的主渠道。为了保证中国对铁矿石资源获得的稳定性,进口铁矿石的贸易方式应以长期合同为主。积极参与国外铁矿石资源开发,建立海外长期的铁矿石生产基地。积极向外投资,或直接参与资源国勘探开发项目的国际招标,或与国际铁矿石垄断资本建立战略联盟和投资海外资源产地等。三是运输渠道多样化。针对目前我国进口铁矿石以海运为主、海运中约有70%以上要经过马六甲海峡等情况，必须高度重视铁矿石进口运输方式多元化问题。要规划、组建大型船队，增强海洋运输能力，进而增强对进口铁矿石海洋运输的掌控能力。同时，根据进口来源的变化，增加俄罗斯、伊朗、乌克兰等国的铁矿石进口，增强陆路通道运输能力。这样不仅能降低运输成本，也有利于确保铁矿石进口运输安全。

第二，积极推动以股权改革为主的钢铁产业战略性重组，大力提高产业集中度和组织化程度。积极推动以股权改革为主的战略性重组，注重培育具有高活力和高积极性的并购重组主体，特别是应鼓励以民营企业为主导的兼并重组行为，避免政府"拉郎配"式的重组。开放国有企业股权，灵活运用换股、交叉持股、资产转股等方式推动转制型重组，提升钢铁产业集中度和组织化程度。注意避免经营机制、成本控制、技术效率等方面的逆势兼并，不能简单地推行"大吃小"。通过科学有效的兼并重组，进一步提高钢铁产业集中度，力争到2015年我国前4家钢铁企业的市场占有率达到55%～60%，接近俄罗斯和印度2007年的水平。要科学规划产能目标，严格控制钢铁产能扩张，在重组过程中进一步加强钢铁企业集团管控与协同整合，完善成本控制机制。同时，要促进产业专业化分工，突出产品差异优势；要进一步发挥行业协会的组织协调功能，实行资源进口和国际资源开发代理制等，提高产业的组织化程度；加快发展大型企业集团，增强企业的国际资源合作开发以及资本运营能力。

第三，加大技术创新力度，努力降低成本。要解决钢铁产业的困境，出路在于不断创新，努力降低成本。因此，要通过人才引进和技术创新，开发高技术含量和高附加值的钢铁产品，大幅降低能源消耗。同时，调整骨干钢铁企业考核体系，促使企业通过管理制度创新，努力降低管理成本。

第四，完善政府宏观调控，防止地方盲目扩张。在政策目标取向上，以提升钢铁产业竞争力为目标，在充分考虑节能减排的基础上，科学评价钢铁产业利润。在产业发展战略上，促使企业把创新战略放到优先位置，注重长期效应，不断提高产品的技术含量和质量水平。在淘汰落后产能上，要以国际先进钢铁企业的规模效应和环境效率作为是否"落后"的判别标准,不过分强调数量规模。中央政府可通过调整税收政策和金融支持等手段协调地方政府关系,建立地方政府与钢铁企业产能优化的稳定预期,形成淘汰落后的自觉行动,大力发展"绿色钢铁"和"低碳钢铁"。

2012 年 8 日 7 日

（何维达　北京科技大学）

关于启动国内市场促进光伏产业[*]摆脱困境的建议

范 必 高 虎

　　光伏产业是国家确定的战略性新兴产业,经过多年努力,我国光伏组件的生产技术和产业规模已居国际领先地位。自去年以来,我国光伏产业面临严峻形势,既有国际市场需求减弱的影响,也与国内政策不配套导致的需求不足直接相关。当前,应通过扩大国内市场需求,消化现有光伏产能。建议适时调整政策,鼓励小规模、分布式光伏发电;在补贴总量有限的情况下,优化光伏发电的补贴政策;发展灵活、开放、安全的智能微电网,为光伏发电提供高效便捷的接入和结算服务;完善各部门协调机制,促进光伏产业摆脱困境。

一、光伏产业面临的严峻形势

　　近年来,在国际市场带动下,我国太阳能光伏产业快速成长。到2011年底,光伏组件年产量达2100万千瓦,约占全世界当年安装量的70%,连续四年位居世界第一。但是作为一个高度外向型产业,光伏产业受全球经济衰退影响,面临着前所未有的挑战。

　　自2011年下半年开始,我国光伏行业整体盈利能力急剧下降。2012年一季度,在国外上市的十家主要企业亏损6亿多美元。今年上半年,A股光伏企业超过八成业绩下降。资本市场看空光伏行业,债务负担沉重。截至

---

　　* 此文获得国务院研究室2012年度优秀研究成果一等奖。

今年上半年,我国最大的 10 家光伏企业债务累积超过 1100 亿元人民币。无锡尚德、江西赛维等骨干企业在纳斯达克的股价已跌至 1 美元以下,面临着退市、破产的风险。贷款逾期现象普遍,仅国家开发银行 2009 年以来给光伏企业的信贷规模就超过了 2600 亿元,由此带来的金融风险亦不可小视。

我国光伏行业陷入生存困境,原因是多方面的。一是严重依赖国际市场。2011 年我国光伏产业实现销售收入 280 亿美元左右,其中出口额约 258 亿美元,对外依存度维持在 90% 左右,主要出口地为欧盟、美国、澳大利亚、日本等。随着美国"双反"惩罚性关税出台以及欧盟对华"双反"调查启动,我光伏组件在国际市场的份额已大幅萎缩。二是国内光伏产能增长过快。自 2009 年下半年起,国内光伏组件生产商开始扩产,到 2011 年底全国总产能约 4000 万千瓦,而当年全球光伏市场安装总量仅 2800 万千瓦左右。全国光伏产能一半以上闲置。尽管如此,仍有 100 多个城市提出打造光伏产业基地,10 多个城市提出打造双千亿光伏产业基地。三是国内市场尚未有效启动。2011 年,国内光伏市场安装量 220 万千瓦,仅是全部光伏电池产量的 10% 左右。

二、国内光伏市场的突出问题

当前,欧盟的反倾销裁决可能很快出台,大多数企业已到了生死存亡的边缘。有关部门和地方政府出台了财政、金融、税收等措施进行救市,虽然会有一定效果,但对于规模巨大的光伏产业来讲仍嫌不足。在这种形势下,唯有大幅度扩大国内市场需求才是缓解全行业困境的根本出路。

我国大规模开展光伏应用的优势明显。全国太阳能丰富地区占陆地面积的 2/3,资源潜力远优于欧洲。光伏发电的经济性不断改善。"十一五"以来,光伏组件价格平均每年下降 25%,从 2006 的 30 ~ 35 元/瓦,降至 2012 年 5 ~ 6 元/瓦。在资源条件较好的地区,光伏电站的发电盈利点已普遍低于 1 元/千瓦时,将业界的预期提前了 10 年左右。国家高度重视光伏产业,建立可再生能源基金、实施"金太阳示范工程"、"建筑物屋顶光伏"等补贴光伏发电。截至 2011 年底,我国太阳能发电装机约 300 万千瓦,规划到 2020 年达到 5000 万千瓦。尽管如此,大面积推广光伏发电仍面临着多方面的制约因素。

第一，指导思想上的问题。光伏发电仍然延续了风电"大规模、高集中度开发，远距离、高电压输送"的思路，把开发的重点放在西北荒漠地区。西北五个省光伏发电装机185万千瓦，占全国的60%以上，主要都是大型光伏电站。西北虽然风光资源丰富，但本地市场消纳空间有限，要用特高压远距离输送到一两千公里外的华东、华中使用。由于太阳能发电具有随机性、间歇性的物理特性，年发电等效利用小时数只有火电正常情况下的1/4左右，大规模集中开发给电网调度运行增加了困难，加上输电线损和变损，电网购买这些新能源是很不经济的。从能源利用的一般规律看，分散稀薄的能源应当分散利用，如果集中利用代价会比较大，风电、太阳能发电就属于这种情况。欧美实行"小规模、分布式，低电压、就地分散接入系统"的模式，满足了大部分新增电力的需求。这种模式对电网主频率和电压等重要参数的影响甚小，更符合风电、光伏发电的特性和目前技术水平。

第二，补贴效果不够理想。

一是金太阳示范工程。这一工程从2009年开始启动，对并网光伏发电项目按光伏发电系统及其配套输配电工程总投资的50%给予补助，偏远无电地区按总投资的70%给予补助，三年累计使用补贴资金约100亿元，有力支持了身处困境的光伏企业。但是，由于补贴办法是按申报事先拨付资金，很难控制设备质量和工程建设质量，实际并网规模、电站质量，特别是最为关键的发电量难以达到申报水平。补贴并未有效拉动光伏产品需求。

二是可再生能源电价附加。2011年，国家发改委发布了首个全国统一的太阳能光伏发电上网电价补贴政策，每千瓦时补贴至1.15元或1元。即超出常规火电上网标杆电价的部分由销售电价中加收的可再生电价附加基金支付。可再生能源电价附加的标准从最初的2厘/千瓦时提高到2009年11月的4厘/千瓦时，2011年12月提高到8厘/千瓦时。按现在标准，理论上每年应收可再生能源基金约300亿元，由于各种减免政策政出多门，征收过程管理不规范，现基金实际年收入不到200亿元。这些钱将主要用于风电补贴，约180亿元，其它用于电网接入系统工程、生物质能发电、垃圾发电、光伏发电等，总量严重不足。目前基金补贴大量拖欠，风电只补到2010年第四季度。光伏发电能够使用基金的数量较少。

第三，缺少智能电网技术的有效支撑。在发达国家，智能微电网是为了适应多种电源形式、分布式能源(风、光等新能源和页岩气)发展,在用户侧兴起的电网建设和运行模式,国际科技界谓之"第三次工业革命"。它以现代互联网为代表的信息和控制技术为基础,以最大程度利用不稳定供能的新能源为目标,具有高度的灵活性、可接入性和安全性,能够满足用户兼具发电和用电的特性。譬如,美日欧大规模实施屋顶光伏计划,很多家庭白天用屋顶光伏发电,除满足自己使用,多余电力可以卖给电网;不足则从电网买电,形成了千家万户、星罗棋布使用光伏的格局。国外这些分布式电源点也正是中国光伏产品的主要客户,德国、意大利 2011 年光伏分别建成 750、900 万千瓦,主要是屋顶项目。我国按照 1995 年通过的《电力法》,"一个供电营业区内只设立一个供电营业机构"。除了电力公司,其他机构不得出售电力。这一规定显然落后于现代电力发展的趋势。近年来,国家有关部门和电网企业着力开发智能电网,主要目标是满足电力大规模、集中、远距离输送的需要,对如何向微网、分布式能源开放尚未提上日程,这在很大程度上制约了光伏产品在中国的使用。

三、开拓国内光伏需求的思路

我国光照资源丰富,光伏产品成本较低,国家政策大力支持。在外需不足的情况下适时启动内需,时机已经成熟,条件基本具备,以下措施似乎有利于启动国内光伏市场。

第一,调整光伏发电发展思路。大力发展小规模、低电压、近消纳、直接接入配电网系统的分布式光伏发电。从投入产出效益和经济性、电网安全性出发,今后不宜在西部大规模开发光伏发电项目。在各地实施"屋顶光伏"计划,鼓励从事光伏发电的企业、工业园区、商业单位和家庭"自发自用、多余上网"。

第二,优化补贴资金使用。光伏发电与常规能源相比经济性较差,还不具备竞争力,补贴规模决定了发展规模。要通过优化资金使用,以有限的补贴带动尽可能多的光伏发电。通过合理的制度安排和竞争机制,促进光伏发电成本不断下降,最终达到与常规发电可以竞争的水平。

一是建立光伏发电补贴的稳定来源。充分发掘现有政策潜力,取消各地自行出台的可再生能源电价附加减免政策,加强征收和使用各环节的管理,做到应收尽收。仅此一项,一年可以增加可再生能源基金近 200 亿元,可专项用于支持光伏发电。原来基金中用于风电、生物质能补贴的金额可以基本不动。

二是改变补贴方式,放大带动效应。将光伏发电补贴方式从补贴装机改为补贴发电量,从补贴发电端改为补贴用户端。补贴发电量可以避免虚报装机、以次充好。补贴用户端相当于直接替代销售电价水平,可以比补贴发电端提高效率数倍。譬如,目前光伏发电上网电价为每千瓦时 1 元,西部省份火电上网标杆电价普遍不超过 0.3 元,光伏发一度电国家要补贴 0.70元左右。如果要维持这么大的补贴幅度,需要连续大幅提涨销售电价,这是我国目前经济社会难以承担的。我国东部和中部地区工业、商业用电实际价格水平在每千瓦时 0.8 ~ 1 元左右,如果每千瓦时补助他们 0.2 ~ 0.3 元,他们就有积极性采用分布式光伏发电。在西部,发电端花 0.70 元只能补贴1 千瓦时,到东、中部用户端,同样的价钱可以补贴 3 ~ 4 千瓦时左右。

三是统筹集中使用光伏补贴资金。统一使用可再生能源电价附加基金中的光伏补贴、财政资金中用于"金太阳工程"和"屋顶光伏计划"的资金,一年可以达到近 300 亿元。这些资金如完全用于售电端补贴,按每千瓦时补贴 0.2 ~ 0.3 元计算,每年可补贴光伏发电量 1200 亿千瓦时(去年全国光伏发电量为 20 亿千瓦时),相应装机 1.2 亿千瓦,是现有光伏装机的 40 倍,可以有效释放现有光伏产能。

四是通过招标竞争降低光伏补贴成本。光伏补贴是公共财政资金,为达到补贴效益最大化,建议在全国范围内对光伏发电的业主进行补贴招标,选择最低补贴的企业中标。这一措施有利于通过竞争淘汰光伏产业中的落后产能,限制在远离电力负荷的地区发展光伏发电。

第四,建设灵活、开放、安全的智能电网。电网要利用现代信息技术,为分布式光伏发电提供高效便捷的接入、结算服务。在完成电力市场化改革前,要按照国务院要求,全面实施节能发电调度办法,优先、全额调度光伏发电上网。适时修订《电力法》,取消"一个供电营业区内只设立一个供电营业机构"的规定,为分布式光伏发电上网扫清法律障碍。

2012 年 10 月 17 日

(高虎 发改委能源所)

用新体制、新办法推进我国页岩气开发

范 必 郭立仕

页岩气革命使美国"能源独立"成为可能。我国页岩气可采资源量与美国相当,大规模开发有利于降低油气对外依存度。作为一个新矿种,页岩气应当实行新的、市场化的勘探开发体制。建议对页岩气采用国际通行的区块招标方式,政府与企业签订分成合同,国家分成收益建立专门基金。设置较低的页岩气开发准入门槛,吸引多种所有制经济、多元投资主体参与勘探开发。大胆与技术原创方合作,以开放创新、集成创新推动开采技术进步。页岩气新矿种实行新体制,有利于催生中国的"页岩气革命"。

一、我国发展页岩气前景广阔

我国页岩气资源类型多、分布广、潜力大。全国可采资源量约为 25 万亿立方米(不含青藏区),与陆域常规天然气相当,与美国页岩气的 24 万亿相近。现在,已优选出有利区 180 个,面积 111 万平方公里。

我国页岩气开发具备一定基础。目前勘探开发主要集中在四川盆地及其周缘、鄂尔多斯盆地、辽河东部凹陷等地,获得重大发现。已完钻近 63 口页岩气探井,30 口井压裂获工业气流,初步掌握页岩气压裂技术。国内相关企业、科研院校成立专门机构,开始研究页岩气生成机理、富集规律、储集和保存条件。2009 年,我国与美国签署了《中美关于在页岩气领域开展合作的谅解备忘录》,在勘探开采中与国外企业开展了广泛的技术合作,为顺利产气提供了有力的技术支撑。

我国是能源消费大国,与发达国家相比,煤炭占能源消费总量的比重较高,油气等优质能源的比重偏低,目前正处在能源结构优质化的进程中。天然气在我国一次能源消费中的比重为4%,远低于世界平均24%的水平。页岩气与传统天然气一样,是清洁、高效、低碳的优质能源。加强页岩气资源勘查开发是增加我国清洁能源供应、促进节能减排的有效途径。对于改变我国油气资源格局,保障国家能源安全具有重要意义。同时,页岩气开发也可带动管网、发电、化工、城市用气等产业发展,培育新的经济增长点。

二、发展页岩气需要解决的几个问题

页岩气矿业权配置存在障碍。我国传统石油、天然气探矿权和采矿权主要以申请在先方式获得,经国土资源部审批后登记。油气矿业权大部分由中石油、中石化和中海油三大石油公司获得,延长石油、中联煤层气、河南煤层气拥有少量矿权。页岩气被确定为新矿种之后,开展了一次探矿权出让的公开招标,迈出了油气矿业权市场化改革的重要一步。目前只有上述6家国有油气企业有资格从事页岩气勘探开发,中标企业也在这6家中产生。很多国有、民营企业对开发页岩气有积极性,但尚未取得进入许可。由于页岩气近80%分布区和常规天然气分布区重叠,为了避免矛盾,拿出来招标的区块避开了重叠区。现在的问题是,页岩气矿业权配置如沿用传统的审批登记方式,将限制多种所有制经济进入这一领域;如果按照现在这种方式招标,虽避免了矛盾,但也避开了资源富集区,大部分页岩气区块将无法靠竞争方式出让。

开发收益分配矛盾突出。世界上大多数资源富集国通过征收可观的资源税费和签订开发合同,使国家获取油气资源收益最大化,并把开发企业的收益控制在合理的范围内(见附件一)。我国矿产资源属国家所有,但对资源开发征收的税费比率较低,企业的利润空间较大。石油、天然气开发的利润大部分留在了国有企业,如果页岩气向各类所有制企业开放,大部分收入将落入开发企业和个人手中。如果没有合理的分配制度安排,就有可能像其他资源行业放开后那样,出现大肆炒作探矿权和采矿权、企业获取暴利、少部分人暴富等问题,甚至引发社会矛盾。反之,如果仍由少数国有企业作为页岩气开发主体,地方政府将只能有少量税收收入,大多数将上缴开发企业所在的发达地区或中央政府,这将影响地方的发展积极性。

地质勘探难以满足发展需要。我国具有页岩气大规模成藏的基本条件,但尚未系统开展全国范围内页岩气调查和普查,资源总量和分布情况没有完全掌握。这主要是由于:地质勘查投入不足,我国页岩气调查评价和勘探累计投入不足 70 亿元,而常规油气勘探每年投入约 660 亿;我国对油气商业地勘实行特殊准入规定,基本由几大油气公司掌握,社会资本很难涉足;有的政府地勘职能也由企业执行,其地质资料无法让行业内共享。因此,通过全面调查掌握页岩气资源分布的难度很大。

此外,页岩气勘探开发需要水平井分段压裂等专门技术,目前我国尚未完全掌握。如完全依靠自主研发,将需要较长的时间和投入。

三、页岩气实行新体制的思路和建议

结合我国实际,借鉴国外经验,推进页岩气资源勘探开发,应当突破传统油气开发模式,对新矿种实行新体制。建议下一步在页岩气开发的制度安排上实行"市场配置、多元投入、合理分配、开放创新"的原则,实施各种鼓励政策,调动各方面积极性,提高页岩气对我国能源供应的保障能力。同时,也在制度安排上为推进油页岩、油砂、天然气水合物等油气资源开发探索一条新路。具体有以下几点建议:

第一,国家以招标方式出让页岩气矿业权。建议页岩气勘查开发实行国家一级管理,所有页岩气矿业权均通过公开招标出让,出价高者获得矿业权。由于页岩气是新矿种,对页岩气与已登记常规石油天然气重叠的区域,国家也应设置新的页岩气矿业权,各类企业通过平等竞争获取矿业权。同时,允许国外企业参与页岩气矿业权投标和勘查开发。

第二,进一步放宽页岩气市场准入。页岩气分布面积广、埋藏浅,地表条件很适合中小企业进行分散式开发。美国页岩气产业化之所以成功,得益于竞争开放的开发体制和专业化分工(见附件二)。建议国家鼓励中小企业和民营资本参与页岩气开发。放宽页岩气的市场准入,投标单位不仅限于已有的油气开发企业,不宜设置过高的资质要求,要向各种所有制企业开放,为资本市场的参与留出空间。

第三,合理分配收益。为了保证国家作为资源所有者的权益,防止将过多收益留在企业以及出现倒卖矿业权的现象发生,建议借鉴国外的做法,一是由国土资源部与开发企业签订分成合同,分成收益建立专门基金,作为财政性资金管理。在基金中提取一部分充实公益性地勘基金,专项用于页岩气地质勘探。二是在页岩气开发中进行权利金制度试点,将矿产资源补偿费、矿区使用费、资源税合并为权利金。权利金分为两个部分,分别反映矿产资源的绝对地租和级差地租。反映绝对地租的部分,可按照产值或产量进行征收,并实行比例费率;反映级差地租的部分实行从价计征、滑动比例和累进费率。

第四,鼓励页岩气技术开放创新。页岩气的核心技术大多掌握在国外专业公司手中,建议在实施好国家页岩气重大专项的同时,鼓励企业引进消化吸收再创新。国家可以用优惠政策鼓励页岩气开发企业与国外技术原创方加强合作,在保护知识产权的基础上鼓励国内企业以合资、参股和并购的方式与国外专业技术公司合作。建议对页岩气技术研发给予财政补贴;对页岩气勘开采等鼓励类项目项下进口的国内不能生产的自用设备(包括随设备进口的技术),按有关规定免征关税。

第五,加强页岩气开发的组织协调。建议国务院出台鼓励页岩气发展综合性工作方案,明确各项鼓励政策和改革措施。国土资源部牵头,发展改革委、财政部、科技部等部门以及页岩气富集地区参加,组成页岩气发展部际协调机制,加强对页岩气开发工作的组织领导。集中优势力量,在川、渝、黔、鄂、湘地区实施页岩气开发示范工程,在资源勘察、区块招标、技术攻关、开发利用、政策支持、市场监管等方面进行综合试点,争取率先在这些地区形成产能。

2012 年 7 月 17 日

附件一:

国外油气资源收益分配方式

世界上大部分国家的油气矿产资源属于国家。在勘查开采过程中,国家所有的油气权益采用不同的方式体现,主要包括以下两种。

第一,征收税费体现国家权益。一是在取得矿业权环节,主要税费是矿业权租金和红利。矿业权租金又称矿业权使用费,是矿业权人取得矿业权而向国家支付的费用,反映了矿产地租的概念。红利,主要指一些国家对前景明朗、潜力较好的矿区矿业权采取招投标等竞争性方式出让,中标者向矿产资源所有者支付一次性的现金。实际上,矿业权租金与红利都反映了开采主体获取矿业权,取得经营地下含矿空间而支付的租费。二是在矿产资源生产和销售环节的税费。它包括权利金、超额利润税。权利金反映了矿产资源的绝对地租,体现了国家对矿产资源的所有权;超额利润税是按照矿产资源的质量差异而按不同比例征求的权利金。世界各国大都要对油气开采征求数量可观的权利金,同时加入对超额收益部分的调节,体现了资源所有者对级差地租的权益。

第二,签订油气合同体现国家权益。油气资源国与资源开采企业签订的合同包括产量分成合同、服务合同、回购合同、联合经营合同等。目前国际上使用较多的,一是产量分成合同,石油公司在勘探中如果没有商业发现,将承担所有的开发和生产费用;如果有商业发现,资源国政府(或国家石油公司)按约定比例进行利润分成。这种合同常用于高风险开发。二是服务合同,由石油公司提供资金和技术进行勘探开发,承担开发作业风险,而其合同收益仅为现金形式的服务费。这种合同在资源前景明朗的国家使用较多,如伊拉克、伊朗、巴西等。不论石油企业与资源国政府(或国家石油公司)签订何种合同,都要依法纳税。各国一般以国家石油公司名义同油气开发企业签订合同,油气收益大都会形成一个专门的基金,用于国家需要的方向。

附件二：

美国页岩气发展的经验

美国页岩气开发始于上世纪80年代，随着新世纪以来的重大技术突破，目前已成为页岩气技术全球领先、产业化最成功的国家。2011年，页岩气占整个天然气产量的28%。美国页岩气的成功开发，使其成为全球第一大天然气生产国，大大提高了本国能源自给率，降低了能源对外依存度，甚至提出了"能源独立"的日程表。美国页岩气的规模化、产业化发展得益于以下几个方面的关键因素：

一是竞争开放的开发体制。美国页岩气勘探开发准入门槛低，勘探开发主体多元化。美国的页岩气勘探开发主要由中小公司推动，目前有数千家页岩气公司。2006至2010年间，85%的页岩气产量由中小公司生产。中小公司率先取得技术和产业突破后，大公司则通过收购和兼并中小公司参与进入市场，形成了大中小企业并存发展的市场竞争格局。

二是专业化分工协作机制。美国油气专业服务公司门类齐全，自主研发仪器装备，专业化程度高，比如，地震公司、钻井公司、压裂公司，等等。在页岩气产业链中，某专业公司在完成本环节服务后即可退出，转由下一环节的服务公司接替，形成了相互衔接、配套服务的局面。由于高度分工，页岩气开采的单个环节投入小、作业周期短、资金回收快，吸引了大量风险投资和民间资本进入页岩气开采领域。

三是市场化的管网运行和价格政策。美国页岩气产业的快速发展与美国天然气价格的放松管制、天然气开发和运输业务的垂直分离以及发达的天然气管网设施密切相关。美国天然气管网总长约50多万公里，大大减少了页岩气在开发利用环节的前期投入，降低了市场风险。同时，天然气开发和运输全面分离，运输商对天然气供应商实行无歧视准入。政府在对管道运费进行监管的同时完全放开天然气价格，有力支持了页岩气开发的商业化。

四是科技创新、税收等激励措施。美国政府重点支持页岩气技术研发，并在初期对上游开发实施税收优惠。美国政府于上世纪70年代就设立专项资金用于页岩气基础研究、资源潜力评价和前期技术攻关。到上世纪90

年代后期,研发工作就主要由油气公司负责,政府则通过设立研究基金的方式来支持相关研究。1978—1992 年,美国联邦政府对页岩气等开发实施长达 15 年的补贴政策,州政府也出台相应的税收减免政策,对油气行业实施 5 项税收优惠,大大鼓励了中小企业的钻探开发投资,有力地扶持和促进了页岩气的勘探开发。

积极运用市场手段推进煤炭行业结构调整

郭克莎　潘国俊

今年前三季度,我国煤炭行业产能过剩、库存积压形势严峻,煤炭企业生产经营困难。总的看,煤炭需求减缓现象有可能中长期化,未来几年,煤炭行业发展将进入一个比较艰难的时期。因此,必须加强对煤炭行业运行趋势的分析,注重运用市场经济手段推进煤炭行业结构调整,努力实现优胜劣汰、转型升级,为煤炭行业拓展新的空间,促进煤炭行业高效、绿色、可持续发展。

一、加快煤炭行业结构调整的重要性和紧迫性

未来一段时期,国内国际多重因素将对我国煤炭市场带来较大冲击,加快煤炭行业结构调整刻不容缓。

(一)从国内看,经济增长速度放缓,经济结构和能源结构调整加快,煤炭需求增速下滑,煤炭行业加快结构调整的压力加大。

经济发展是煤炭消费增长的基础,煤炭行业运行高度依赖宏观经济形势。未来我国经济发展趋势难以支撑煤炭产量的快速扩张,主要表现在:

一是我国经济长期增速明显下行,对煤炭的需求增长将相应下降。改革开放以来高达9.9%的年均增速在未来一段时期将难以延续。我国人口红利正在逐步消退,劳动力成本刚性增长,生态环境制约进一步加强,资本投入产出效率降低,这些将导致潜在经济增长率下降。经济理论界普遍预

199

测,我国潜在经济增长率将从过去 10% 左右逐步下降到 7% ~ 8% 的区间,加上未来几年一些短期性因素的影响,年度经济增速将明显下行。这将使经济发展对能源需求增速相应放缓,包括对煤炭需求增速下降。

二是经济结构调整加快,对煤炭消耗大的行业比重逐步降低。工业占比逐步下降是产业结构演进规律,特别是随着我国促进服务业发展政策效果的逐步显现以及部分制造业改造升级和对外转移,工业比重将明显下降。同时,工业内部,重工业尤其是钢铁、水泥、电解铝等高耗能行业产能过剩问题突出,消化过剩产能需要一个较长过程,其产量规模收缩或增速回落是必然趋势,这也将大量减少煤炭需求。

三是能源结构变化是个大趋势,煤炭的替代能源占比将逐步提升。"十二五"规划提出,要提高风电、光伏等非化石能源在能源消费中的比重;国际减排压力倒逼我国要大力发展可再生能源;我国生态环境恶化的严峻形势也迫使我国加大清洁能源利用力度。这些因素叠加将使煤炭在我国能源消耗中的比重发生变化。尽管以煤炭为主的能源消耗结构短期内不会改变,但煤炭消耗占比持续下降将是大趋势。

(二)从国际看,全球经济增长放缓和发达经济体调整能源战略,减少国际煤炭需求,冲击我国国内市场。

这两年,国际煤炭价格相对国内价格走低,我国进口煤炭明显增多。2009 年我国开始成为煤炭净进口国;2011 年进口煤炭达 1.823 亿吨,超过日本变成第一大煤炭进口国;今年前三季度,国内煤炭进口量超过 2 亿吨。煤炭进口区域增多,从两广向沿海其他地区扩张,对国内市场影响范围扩大。国际煤炭市场形势的变化对我国的冲击不可忽视。

一是受国际金融危机影响,全球经济低迷将持续一段时间,对煤炭需求有可能减少。欧洲受欧债危机拖累,财政整顿与刺激经济增长之间矛盾重重,经济还处于衰退中。美国面临的财政悬崖问题难以有效解决,短期内难以走向全面复苏。新兴市场和发展中国家发展速度也在放缓。全球经济增长缓慢,导致包括煤炭在内的能源需求明显减弱。

二是主要煤炭出口大国成本低于我国,煤炭进口将影响国内煤炭生产。印尼的煤炭以露天开采为主,采掘成本低,岛内运输成本也低,2011 年煤炭平均成本约为每吨 42 美元,到我国东南沿海城市价格优势明显。美国几个矿区坑口煤炭开采成本在25美元以下,到我国口岸价格比国内价格要低很多,价格优势同样突出。澳大利亚基础设施瓶颈逐步改善,煤炭开采条件好,也有较强的成本和价格优势。

三是全球能源战略转型加快,煤炭替代能源大量运用在生产生活中。近年来,美国通过加大本国油气资源开发力度、发展替代清洁能源、提高能源使用效率、提高勘探技术水平等,正在降低能源对外依存度。美国能源逐步独立,将减少能源进口,这将大幅度降低国际能源市场需求。未来几年,美国国内煤炭需求下滑将加剧,出口有可能大幅增长,增加国际市场煤炭供应量。欧洲热衷于应对全球气候变化,积极推行可再生能源战略,也将显著减少对包括煤炭在内的化石能源消耗。因此,不考虑我国因素,煤炭在全球能源总消耗中的比重将稳步下降。

(三)我国煤炭行业结构问题突出,调整空间还很大。

过去10年来,煤炭行业主要依赖以量取胜,固定资产投资和产能增长过快,存在低水平、盲目发展倾向,结构调整力度还不大,带来的问题很多。

一是产业集中度仍然较低。从国际看,集约化是煤炭产业发展的主流方向,世界主要产煤国大都实行大公司制。就前4家煤炭企业产量占全国产量的比重来看,俄罗斯高达90%以上,印度达到80%左右,美国约为67%,澳大利亚为55%。尽管2005年以来我国加大了淘汰落后产能力度,着力提高产业集中度,但中小煤矿数量仍然很多。目前,全国年产30万吨以下小型煤矿近1万处,占全国煤矿总数的80%左右。前5家煤炭企业产量占全国产量比重仅为25%左右,前8家产量占比还不到30%,与世界主要产煤国相比,差距还相当突出。加快提高产业集中度仍然是我国煤炭行业结构调整的方向和重点。

二是资源浪费和生态环境破坏严重。这些年,乱采乱挖、破坏性开采等浪费煤炭资源的现象尚未杜绝,煤炭资源回采率低、浪费严重的问题仍较为突出。全国煤矿资源回采率只有45%左右,其中小煤矿仅约为15%。大量煤矿特别是小型煤矿仍然采用传统的开采、储运方式,原煤入洗率不高,直接使用原煤不仅浪费大量运力,还造成环境污染。矿区环境破坏较为严重,据统计,全国煤矿煤矸石堆放量累计已经超过35亿吨,占压土地超过15万亩,造成严重的土壤污染;每年排放工业废水约36亿吨,采煤造成地表塌陷累计达到 100 万公顷,每年还新增约 6 万公顷。我国煤炭资源主要集中在生态脆弱、水资源短缺的西部地区,这种开采方式对我国环境保护、可持续发展形成重大挑战。

三是科技创新还不够,技术进步缓慢。在煤炭开采和加工领域,技术还不够先进,科技含量不高,关键技术研发滞后,小煤矿大都采用非机械化采煤,生产方式较为粗放,还不适应建立新型煤炭工业体系的需要。煤炭科技投入不足,科技进步贡献率不高,尚不足40%。全行业采煤机械化程度仅为45%左右,而发达国家大都接近100%。

二、推进煤炭行业结构调整的目标和路径

加快煤炭行业结构调整,要建立以市场手段为主、行政手段为辅的调控体系,激发市场活力,增强企业主体地位,促进形成产业集中度提高、科技发展水平上升、生产安全性增强、生态环境得到有效保护的良好格局。

(一)推进煤炭行业结构调整的主要取向。

煤炭行业结构调整涉及多方面内容,但从存在问题和发展方向看,重点要强化以下几个方面:

一是提高煤炭行业产业集中度。推进煤炭企业兼并重组,加快现代化大型煤炭基地建设,提高煤炭生产集约化程度、科技水平和安全水平,形成以大型煤炭企业集团为主体、中小煤矿协调发展的格局。继续依法关闭一批安全生产条件不达标、浪费资源、破坏生态环境的小煤矿,加大力度淘汰落后产能。合理设置准入门槛,在资金、技术、环保、土地等方面设置必要条件,提高煤炭资源勘查、准入标准。

二是提高煤炭行业技术水平。加强项目引导,以推进国家重大科技创新为抓手,建立健全以企业为主体、市场为导向、产学研相结合的科技创新体系,力争在关键技术攻关和推广运用方面取得突破并逐步走在世界前列。重点在煤炭资源勘探技术、地质保障能力、高效开采技术和成套装备研发、煤炭加工转化、洁净煤技术等领域,增强自主创新能力和水平,依靠技术创新降低成本、提高效益。

三是推进煤炭企业多元化发展,增强企业潜力和活力。因地制宜支持拥有自主知识产权、条件成熟的企业发展煤化工产业,延伸煤炭产业链条,分散经营风险。改善煤炭行业外部发展环境,增加煤炭运力、变输煤为输电,减少流通环节税费成本。鼓励煤电联营,通过资本金注入、股权互换等方式相互参股、控股,形成合理的煤电价格机制。

四是进一步提高煤炭生产的安全性,加强矿区生态环境保护。落实好煤炭安全生产责任制,加强瓦斯、水害、火灾等重大灾害防治,多渠道筹集资金加大煤矿安全投入,提高煤矿职工队伍素质和安全生产技能,强化职业危害防治,进一步减少百万吨死亡率,显著提升煤矿安全水平。提高资源回采率,发展煤炭洗选加工,推进煤炭资源综合利用,发展循环经济,加强治理采煤区沉陷问题,有效控制矿区生态环境恶化趋势。

(二)注重运用市场手段推进结构调整。

推进煤炭行业结构调整要重视转变调控方式,更多地运用经济、法律等市场手段,发挥市场机制的调节作用,促进煤炭行业可持续发展。

一是减少行政手段干预。这几年,一些地方通过行政手段推动煤炭行业结构调整,在煤炭企业重组整合中,有的地方政府凭借行政权力、矿权等,对重组双方"拉郎配",而不是采用经济手段引导市场主体兼并重组,社会议论多,还带来一些问题。企业整合后,民营资本逐步退出或进入减少,制约煤炭市场活力。电煤价格尚未有效放开管制,煤炭价格"双轨制"问题长期得不到有效解决。政府行政手段运用较多,阻碍了市场机制的调节作用,难以使企业真正实现优胜劣汰。必须尽快改变这种局面,进一步深化煤炭管理体制改革,完善煤炭价格形成机制,强化煤炭企业的市场主体地位,充分发挥市场配置资源的基础性作用。

二是加快建立全国统一大市场。这些年,不少省份组建了国有大型煤炭生产企业,对区域内煤炭市场形成较强的控制力。一些地方政府在煤炭价格上涨时,借煤炭资源整合的旗号限制煤炭出省,以保障本地用煤;在价格下行时,为保护本地煤炭企业,又限制外省煤炭进入本地市场。有的地方政府为让本地煤炭企业发展壮大,还人为限制外来企业兼并当地企业。这种格局有悖公平竞争原则,不利于煤炭行业健康发展。要改革完善地方领导干部政绩考核机制,深化财税体制改革,引导地方政府转变职能,将工作重点放到改善当地投资环境上来,减少干预市场主体行为,为企业创造公平竞争的环境,促进区域间资源有效流动,增强市场配置资源的功能。

三是更好地运用经济、法律手段。发达国家主要运用经济、法律手段对煤炭行业实施调控。在经济手段上，注重运用税收、补贴、金融等工具调节企业行为，促进企业节约资源和加强环境保护。在法律上，世界主要产煤国大都建立了一套科学有效的煤炭法律制度，煤矿矿权、资源开采、矿区生态环境保护、因自然资源枯竭而关闭、企业兼并重组等都有法律法规可依。总体上看，我们对经济、法律手段的运用还很不够。例如，对小煤矿关闭的补偿标准没有明确的法律法规，随意性大；税费设置还不尽合理，煤炭资源税以产量为计征标准，难以促进资源集约利用，无法实现煤炭产业结构调整目标；税轻费重矛盾突出，一些地方开征的价格调节基金等收费基金项目远远超过煤炭行业税收负担；运输等流通环节成本过高，制约煤炭行业竞争力。根据有关中长期规划，今后一个时期要继续淘汰落后产能，关闭部分小煤矿，这必须加快制定和完善法律法规，消除相应障碍，增强可操作性，提高依法推进水平。在经济手段上要改革财税、金融等体制，加强财税、金融政策与产业政策的有机结合，更加注重和更好发挥对市场主体行为的引导作用。

三、促进煤炭行业结构调整的政策措施建议

未来几年煤炭行业产能过剩的趋势客观上增强了市场机制对行业结构的调节作用，同时也可能出现地方政府保护本地经济、干预企业行为的倾向。因此，国家有关部门应研究制定适应新形势要求的政策措施，深化煤炭行业管理体制及相关体制改革，协调好有关方面的利益关系，从加强市场作用、规范政府行为出发，运用规划指导、产业政策和投资、财税、金融等手段，为推进煤炭行业结构调整创造有利条件，特别是要引导好地方政府行为，抑制不合理的行政干预，充分发挥企业的自主性、积极性和灵活性。主要建议是：

（一）抓紧制定推进煤炭行业结构调整的指导意见。2006 年，国家发改委出台"加快煤炭行业结构调整、应对产能过剩的指导意见"，主要是针对煤矿建设趋热、投资增长过快、产能过剩矛盾显现以及结构不合理等突出问题，提出了推进结构调整的指导思想、目标和主要措施。6 年过去了，煤炭行业产能过剩的矛盾明显加剧，当时提出的 2010 年全国煤炭产量目标是24.5 亿吨，但实际上这一年达到 32.4 亿吨，2011 年达到 35.2 亿吨；而结构

调整的进展却比较缓慢,问题依然突出。目前看来,当时提出的主要思路和措施,很多还需要继续落实和深化,有些需要进一步修订完善。不久前发布的《煤炭工业发展"十二五"规划》,恐怕对产能过剩的估计还是不足,有关结构调整的内容相对薄弱。因此,应当根据经济形势的发展变化,加强对煤炭行业发展趋势及面临问题的深入调研,进一步研究制定产能过剩条件下深化体制改革、加快结构调整的指导性意见,明确中长期目标、主线和重点,强化规划和政策导向,为促进煤炭行业优化升级、可持续发展提供框架和平台。

(二)突出重点推动煤炭行业产业组织调整优化。我国煤炭行业结构中最突出的问题是产业组织水平低、不协调。产业组织问题是市场发育程度低的表现,而未来较长时期的产能过剩则为产业组织调整提供了有利的条件和空间。要通过加快煤炭行业的产业组织调整,带动整个行业的结构调整和优化升级。一是大力推进企业兼并重组。这些年来煤矿企业的兼并重组是速度较快和有成效的,但也存在一些问题,主要是省区内整合重组的多,省区之间兼并重组的少;地方政府运用行政手段整合的多,通过市场进行兼并重组的少;企业在整合后扩大生产能力的多,通过重组后提高发展质量的少。因此,必须在政府引导和协调的基础上,充分发挥企业主体地位的作用,推动市场化、开放式的资源再配置,真正实现跨地区、跨所有制、跨行业的企业兼并重组,加快提高煤炭行业的产业集中度,实现优胜劣汰。要进一步破除市场分割和地区封锁,全面清理各种不利于企业兼并重组和公平竞争的政策障碍,坚决取消各地有关限制外地企业兼并重组本地企业的成文和不成文规定,防止保护落后。针对煤矿企业多数为国有及国有控股企业的状况,要着力深化产权多元化改革,积极引进各种类型的战略投资者,鼓励支持民营资本通过参股、控股、资产收购等方式参与企业兼并重组,放宽对民营资本在股权比例、控股权限等方面的限制,增强国有经济的动力和活力。同时,加快培育和发展相关中介机构,为企业兼并重组提供专业化服务;加强对企业兼并重组过程的风险监控,防范和应对可能出现的重大问题;妥善处置企业间债权债务关系,做好相关职工的安置工作。二是加快淘汰落后产能。落后产能数量多、比重大,既是煤炭行业中的产业结构问题,也与产业组织水平低有很大关系。这些年通过关闭小煤矿淘汰了相当一部分落后产能,但在不少大中型煤矿企业中,落后产能的比例仍较高。面对未来几年煤炭行业产能过剩压力加大的形势,应当更多地利用公平竞争和市场机制的力量,充分借助跨地区、跨所有制企业兼并重组的带动,加快淘汰落后产能的步伐。要支持科技水平高的企业兼并重组落后产能比重大的企业,在保持产能相对稳定的条件下减少落后产能、提高企业生产整体发展水平。三是合理提高企业进入门槛。作为资源性行业,矿业权相对分散会制约企业兼并重组的进程,影响资源勘查开发的规模化、集约化发展。要加快优化产业组织,提升产业集中度,通过必要的法律手段,从技术水平、规模标准、环保要求等方面合理提高煤矿企业、新建煤矿进入门槛,为促进资源整合和结构优化创造有利条件。四是改变用行政手段培育大型企业集团的做法。企业能否做大、做强,从根本上说要依靠自身的市场竞争力,而不能依赖政府的扶持和政策的优惠,否则将缺乏可持续发展能力。要改变地方政府片面支持某些大型煤炭企业、用行政化手段搞"拉郎配"、脱离市场机制搞企业整合重组,甚至把本地国企简单组合成一个大型集团与外地大型企业进行竞争的做法和倾向。要反对地方政府对本地煤矿企业给予各种形式的保护和关照,鼓励支持中央企业与地方企业、煤矿企业与非煤企业在公平竞争基础上以市场为导向、以产权为纽带进行合作和重组。

(三)积极运用财税政策促进煤炭行业结构调整。现行的财税体制和政策,客观上不利于煤炭企业跨地区、跨行业、跨所有制兼并重组,制约着煤炭行业的优化升级。要发挥市场机制对煤炭行业结构调整的作用,必须深化相关财税体制改革,有效运用财税政策,减弱体制性阻力,增强政策性动力。一是深化中央与地方财税体制改革。理顺各级政府之间的财税关系,完善企业相关税收的归属和分配制度,消除地方财税体制对企业、产权、资源等变动的负面影响。二是推进煤炭行业税费综合改革。加快煤炭行业资源税改革,实现从量税向从价税转变,使资源税税负与煤炭市场价格挂钩,促进煤炭资源有效利用和产业结构优化。在产能过剩条件下,煤炭企业难以通过涨价向下游行业转嫁税收负担,这有利于增加小型煤矿、落后企业的经营压力,加强市场机制的调节作用,促进企业兼并重组、做大做强。合理设置不同档次税率,把税率水平与安全生产、生态环境保护等结合起来。进一步完善煤炭成本核算制度,清理取消各类违规收费,促进企业加强经营管理、提高发展水平。三是加大支持煤炭行业结构调整的财政资金投入。中央财政要加大资金投入,鼓励引导地方及煤炭企业加大结构调整力度。最近,财政部联合国家能源局、国家煤矿安全监察局,下发了《关于支持煤炭行业淘汰落后产能的通知》,明确"十二五"期间,中央财政将安排专项资金对经济欠发达地区淘汰煤炭落后产能工作给予奖励。这是一项必要而有力的政策措施,要切实抓好落实和推进工作。有条件的地区特别是煤矿集中、产业比重大的地区,还可设立企业兼并重组专项资金,通过信贷补助、贷款贴息等方式,支持企业兼并重组。要有效运用相关财政奖补资金,大力支持兼并重组企业淘汰落后产能,加快技术改造和结构升级。四是落实好有关税收优惠政策。煤炭行业的兼并重组和结构优化既是缓解产能过剩矛盾的需要,也是有效利用能源资源的客观要求,应当从税收政策上加以支持和推动。要认真落实好财政部、国家税务总局《关于企业重组业务企业所得税处理若干问题的通知》、《关于发布"企业重组业务企业所得税管理办法"的公告》等政策规定,对煤矿企业兼并重组涉及的资产评估增值、债务重组收益、土地房屋权属转移等给予税收优惠,并妥善处理跨地区企业重组中税收优惠的分配关系。

（四）加大金融政策对煤炭行业结构调整的支持。煤炭行业的兼并重组和结构调整涉及资金规模大、投入周期长,需要国家金融政策的大力支持和推动。一是加强资本市场的推动作用。要支持煤矿企业利用资本市场开展跨地区、跨行业兼并重组,加快产业技术改造和结构升级。继续推进煤炭企业股份制改造,完善公司治理结构,推动改制上市企业整体上市;支持符合条件的企业通过发行股票、债券、可转换债等方式为兼并重组融资,鼓励支持煤炭上市公司以股权和其他金融创新方式作为兼并重组的支付手段,推进行业整合和结构优化。二是适度加大信贷政策支持。面对经济尤其是工业增速下行、银行中长期贷款比重下降的趋势,应引导银行业加大对资源性、规模化行业结构调整的信贷支持,煤炭行业就是其中的一个重要行业。要鼓励商业银行按照依法合规、审慎经营、风险可控、商业可持续的原则,积极稳妥开展并购贷款业务,对煤炭行业兼并重组后的企业实施综合授信,促进企业加快技术改造和产业升级。三是支持社会资金参与煤炭企业兼并重组。鼓励支持证券公司、股权投资基金、产业投资基金等金融机构参与煤炭行业兼并重组,为企业提供直接投资、委托贷款、过桥贷款等融资支持。支持引导国内外大资本参与煤炭行业兼并重组,深化相关金融体制改革,加大金融政策扶持力度,为煤矿企业引进战略投资者和财务投资者提供有利的投融资条件。

(五)为煤炭行业结构调整创造必要的市场环境。煤炭行业产能过剩的局面既会给企业经营发展带来压力,有利于迫使企业加快兼并重组和改造升级,也会造成企业库存积压、冗员增加、资金周转困难等问题,制约企业资本运作和行业结构调整的推进。因此,在加强煤炭行业产业政策推动作用的同时,还需要为行业结构调整创造一个相对稳定的市场环境。重点包括:一是控制煤炭行业基建投资和规模扩张。要严格控制新上项目,合理推进在建项目,在加快淘汰落后产能基础上保持总体产能低速增长或基本稳定,防止产能过剩矛盾继续加剧。二是加强对煤炭进出口关系的协调。在国际市场煤价下行、部分国家成本较低的条件下,我们既要继续控制煤炭出口增长,也要防止煤炭进口大量增加,对国内煤炭市场和价格带来较大冲击。三是加快完善煤炭价格形成机制。进一步健全煤炭市场交易体系,推进煤炭价格市场化改革,理顺电煤价格关系,利用当前有利时机加快实现重点合同煤与市场煤价格并轨。探索建立煤炭期货交易市场,促进形成煤炭价格发现和稳定机制。四是推进煤炭运输通道和储备体系建设。加快重大铁路运煤通道建设和改造扩能,大幅度提高铁路煤炭外运能力,减少公路长途运煤压力。积极发挥水运通道作用,加强内陆省份煤炭调运保障能力。加快建立煤炭储备和应急体系,建设一批重要港口煤炭码头,形成一批重要储配煤基地,提高煤炭调运和应急能力。

2012 年 11 月 5 日

关于设立国家长江中游四省综合交通运输示范区的意见和建议

张　泰　马传景

交通运输是国民经济的重要基础产业,交通运输发展的方向是构建综合交通运输体系。早在上个世纪80年代中期,中央就提出了建立综合交通运输体系的要求,但是到目前为止,我国建设综合交通运输体系的任务远未完成。构建综合交通运输体系涉及范围较广,需要处理的各种关系复杂,改革任务十分艰巨。我们认为,设立综合交通运输示范区,就交通运输改革发展中的突出矛盾和重大问题先行先试,突破部门行业限制,突破行政区域限制,是推动交通运输体系建设的有效途径。最近,我们就在湖北、湖南、江西、安徽等四省设立国家长江中游综合交通运输示范区进行了专题调研,现将有关情况和意见建议报告如下:

一、设立国家长江中游四省综合交通运输示范区意义重大

湖北、湖南、江西和安徽四省位于我国中部核心地区,在国家交通运输格局中占据重要的枢纽地位,建设综合交通运输体系中存在的问题也比较突出和典型。在这一区域设立综合交通运输示范区,率先构建综合交通运输体系,对于完善全国交通运输体系、推动经济社会发展,意义十分重大。

一是有利于推动全国综合交通运输体系建设。建设综合交通运输体系是交通运输发展的内在规律和必然趋势。经过改革开放30多年的建设,我国各种交通运输方式的通道、枢纽和技术装备都达到了一定规模和水平,长

期存在的运输能力紧张状况基本缓解,有力地支撑了经济社会发展。但是,目前各种运输方式仍然呈分散独立发展、互不衔接状态,综合交通枢纽建设明显滞后,地区之间交通建设发展缺乏统筹协调,交通运输能力难以充分有效发挥,严重制约了交通运输服务水平和效率的改善,不能很好地满足经济社会发展和人民群众出行需要。设立综合交通运输示范区,在统筹各种运输方式、优化运输资源配置、创新交通运输体制机制、完善交通运输政策环境等方面先行先试,率先建成布局合理、优势互补、分工明确、衔接顺畅的交通运输运行系统和服务系统可以积累经验、"以点带面",加快全国综合交通运输体系建设。

二是有利于迅速提升全国交通运输的通畅水平。长江中游四省特殊的枢纽地位决定了在交通运输上"中部通,则全国通"、"中部活,则全国活",四省交通运输的通畅便达程度对全国交通运输系统的通畅程度和整体效率有重要影响。设立综合交通运输示范区,打通高速公路"断头路",消除长江三峡"肠梗阻",构建铁水空公交通枢纽基地,有助于迅速提升全国交通运输畅达程度,提高通行能力和效率。

三是有利于迅速提升中部地区交通运输能力。当前和今后一段时期,沿海与内地产业布局将加速调整,中部地区经济发展和运输量增长速度均将超过全国平均速度。据测算,到2020年,长江中游城市群客货运量将分别达到116亿人次和162亿吨,比现在分别增长2倍和2.4倍;客货运周转量将分别达到1.36万亿人公里和4.75万亿吨公里,比现在分别增长2.7倍和3倍,这些指标的年均增速均在两位数以上。设立综合交通运输示范区,优化整合交通运输资源,有助于迅速提升运输能力,缓解交通压力,满足中部地区经济社会发展需求。

四是有利于加快中部地区崛起进程。城镇化是推动我国经济社会发展的重要力量。以武汉、长沙、合肥和南昌四个省会城市圈和邻近39个城市组成的长江中游城市群,经济总量位居全国城市群第四位,发展潜力巨大,是实施中部崛起战略的重要战略支撑点。设立综合交通运输示范区,形成长江中游城市群内畅达高效的运输网络,可以加速城市群产业一体化、市场一体化、旅游一体化、环保一体化进程,增强都市圈经济集聚发展能力和辐射能力,形成中部增长极,充分发挥比较优势,带动四省以至整个中部地区加快发展。

五是有利于促进物流等现代服务业发展。中部地区综合交通运输体系不健全、不完善是阻碍我国物流业发展的重要因素。设立综合交通运输示范区,打通东西、南北区域间运输互联互通的瓶颈障碍,形成承东启西、接南纳北、内畅外联、辐射全国的综合交通运输网络,可以有效促进能源、原材料等大宗物资的跨区域运输,提高运输效率,降低物流成本,有力推动物流等现代服务业发展。

二、设立国家长江中游四省综合交通运输示范区具备条件

设立国家长江中游四省综合交通运输示范区具有现实可行性。

第一,四省交通基础设施条件较好。四省铁路、公路、水运、航空和管道等五种交通运输方式兼备,配置均衡。四省位于全国"七纵九横十八射线"高速公路骨干网架的中心区域,也是六大铁路特大枢纽之一,铁路、高速公路骨干网架已经形成;长江等通江达海的水运通道便捷经济,基本形成了以长江为主通道,以汉江、湘江、赣江、鄱阳湖、洞庭湖为补充的水运网络,区域内港口布局合理、功能完善;航空枢纽可以辐射全国,各干线机场均已开通国际国内航线;以川气东送、西气东输等为骨架的油气管网基本形成,长江中游区域成为全国油气管网的中心。设立综合交通运输示范区,主要借助体制机制创新和政策支持,通过统筹多种运输方式,优化运输资源配置,并不需要过多的资金投入和新建项目,就可以构建起便捷、安全、高效的综合运输体系。

第二,四省共同推动建立综合交通运输体系的积极性很高。四省省政府已经就交通运输一体化等问题进行了磋商,四省交通运输主管部门已经签署合作意向书,表达了在交通运输规划、各种运输方式高效衔接、重大交通运输项目建设、交通运输信息共享等方面加强统筹协调的强烈意愿,合作推进区域综合交通运输体系建设具有良好的工作基础。

三、长江中游四省综合交通运输示范区先行先试的主要内容

根据建设综合交通运输体系的要求和长江中游四省的实际,建议国家批准设立长江中游四省综合交通运输示范区,鼓励在以下方面先行先试,并

在国家层面建立协调机制加强指导,在资金和政策上给予一定支持。

一是在国家指导下制定长江中游四省综合交通运输发展规划。打破省与省和各种运输方式的界限,统筹安排建设项目、建设进度、运输布局,力争2020年前在示范区内基本建成省与省之间通畅、各种运输方互联互通、具有国际先进水平的综合交通运输体系。

二是支持示范区加快交通基础设施建设。建议优先安排四省综合交通运输重大项目,支持示范区内综合运输网络、综合交通枢纽和中心城市综合交通运输圈建设,近期重点是打通高速公路"断头路",疏通三峡"肠梗阻"。

三是鼓励推进交通运输管理体制改革。第一,鼓励四省之间在交通运输建设发展方面建立高效的协调联动机制,共同规划区域内交通运输发展,共同研究解决交通运输发展难题。第二,支持四省推进交通运输管理体制创新,改变不同交通运输方式分散管理、各自为政状况,对各种交通运输方式建设发展实施统一协调管理。

四是在示范区内开展政策创新试点。包括开展交通运输投融资改革试点、交通运输项目建设用地政策试点、物流等流通业税收体制改革试点等。

四、长江中游四省推进综合交通运输体系建设可以先期开展的工作

我们认为,四省在积极争取国家同意建立综合交通运输示范区、解决制约综合交通运输发展重大矛盾问题的同时,也可以充分发挥主观能动性,通过加强各省之间、各种运输方式之间的沟通协调,促进各种运输方式有机衔接,改善区域综合交通运输状况,提升运输效率。

一是加快综合运输网络建设。加快构筑中部四省"四纵四横"综合交通网络,即合肥至福州、京九、京广、二广四纵通道和南京至西安、长江沿线、杭瑞和沪瑞四横通道,特别是加强统筹跨省骨干交通项目实施进度,贯通省际通道;全面提升三峡枢纽通过能力,充分发挥长江黄金水道运输功能。

二是构筑四个层次综合交通圈。这可以有效改善中部四省与其他地区、四省内部以及都市群交通运输状况。一是加快武汉、长沙、南昌、合肥四大都市门户机场建设,形成覆盖国内外的航空运输圈;二是构筑连接长江中游城市群至周边其他主要城市群的快速铁路通道建设,构建城市群高铁交通圈;三是加快四大城市城际通道建设,形成高铁高速公路交通圈;四是加快四大都市内部"一小时高速公路网"建设和城市快速公交网络建设,形成都市快捷交通圈。

三是建设综合交通枢纽。根据经济社会发展要求,分别构筑国际性、全国性、区域性和地区性等不同层级的综合交通运输枢纽和物流集散中心,完善枢纽布局和功能,加强交通网络重要节点的配套衔接,实现铁、水、公、空货运"无缝化衔接"和客运"零距离换乘"。

四是建立综合交通运输信息互通共享机制。提高交通运输信息化、智能水平,建立各种运输方式之间的信息采集、交换和共享机制,构建城市群交通数据信息管理系统、交通电子政务系统、交通信息服务平台、客货运电子商务平台、安全信息服务及应急调度指挥系统等。

2012 年 3 月 30 日

五、深入实施科教兴国战略和人才强国战略

应下决心解决"小升初"不规范问题

刘文海

应试教育和"择校"是我国基础教育的两大痼疾。有人总结,在一线城市,中考最易,高考其次,"小升初"最难。为了争夺有限的优质教育资源,"小升初"成为许多家庭和孩子的沉重负担。尽管国家禁令频出,却依然堵不住"小升初"违规办班、私设门槛、人情开路、权力寻租、以钱择校、招生腐败等问题叠出,义务教育的升学路径竟异化为"拼爹时代"的畸形怪圈。广大人民群众对此反映十分强烈,必须从制度上加以解决。

一、现有"小升初"途径

"小升初"问题在城市比农村突出,越大的城市越突出,省会城市比一般地级市突出,北上广等一线城市尤为突出。目前各地"小升初"究竟有多少种方式?有媒体总结,多达 16 种。主要的有以下 8 种:

1."电脑派位生"。这是最能体现教育公平的方式,但近年呈现萎缩之势。事实上,从 1998 年"小升初"取消统一考试起,划片就近入学的电脑派位政策在实践中就遇到双重阻力,家长不愿意孩子被随机派到差校,重点校也不愿意接受派位生。据 21 世纪教育研究院的调研报告显示,2011 年北京市择校竞争最激烈的东城、西城和海淀三个区,电脑派位生占比分别是 44%、33% 和 40%,都不到五成。另一项调查则表明,92% 的家长愿意择校,电脑派位几乎被视为"垫底选择"。从实际情况看,越是名牌学校,电脑派位比例越低;薄弱学校往往"一开学班里少了一半人";中间的普通学校实际上承担了大部分电脑派位学生。

2."占坑生"。"占坑班"是指公办重点学校自办或与社会机构合办、面向小学生的学科培训机构,可从中选拔优秀学生升入本校初中。一般名校都有自己对口的培训机构,只有进入这些机构就读,才有可能将来被"点招"进入该校。对于普通家长而言,"占坑"是孩子进入名校较为靠谱的渠道。与顶尖重点中学关联大的培训班谓之"金坑",学校知名度、录取力度稍次的谓之"银坑",一般重点学校的培训班则是"土坑",当然还需提防社会上忽悠事的"粪坑"。"占坑班"盛行是因为重点学校有一部分生源是"以优择校",但国家规定不许考试,这些学校就借助有选拔功能又不违规的培训机构和竞赛项目,两者结成利益联盟。而教育主管部门只能管公办学校,对培训机构无法制约。"占坑班"实际是教育异化的变种,既是"潜规则",也是"产业链"。"小升初"中家长最反感,也最无奈的就是"占坑班"。据调查,绝大多数"占坑班"一年的花费在 8000 元以上,而一个孩子往往同时占 2 ~ 3 个"坑",孩子累不说,家长的经济负担也不轻。

3."点招生"。这是"占坑班"的一种延伸,顾名思义就是点名招生。优质生源是各学校抢夺的重点。学校看上了某个孩子,就会给家长一种明确的暗示,说可以提前被录取。学校一般都是从自家的"占坑班"里捞奥数、英语"牛孩"。这些被"点招"的孩子往往手持各种证书,尤其是奥数四大杯赛证书,英语等级证书也很重要,且要有相当的级别。不参加各种补习班、课外班的孩子基本没有被"点招"的可能。这其实也是对家长和孩子的一种"绑架"。

4."共建生"。实质是"以权择校"。就是政府机关和大型企事业单位与重点名校"合作共建",满足本单位职工子女享受优质教育资源的需要。共建单位用公共资源向共建学校额外投入,而学校则免试(所谓"大共建")或降低录取条件(所谓"小共建")接收这些单位的子女入学。北京有的名校共建单位多达十几家。这种方式隐蔽性强,信息完全不透明。每年都有为数不少的孩子通过这个隐秘渠道进入众人仰慕的名校。

5."推优生"。也即小升初推荐入学,又被称之为"小派位"。是指小学根据学生的身体素质、综合素质、三好学生、优秀学生干部和学业成绩等一定标准,选出一些优秀学生向重点中学进行推荐,同时满足家长择校、学校择生的现实需要。由于采取"差额推荐派位",不排除被推荐学生有"落空"

的可能。推优竞争激烈,学生一般需要"大队(少先队)委"、班干部和连续多年省市级、区县级"三好学生"等资格,而学校和老师通常有较大的推荐话语权。

6."特长生"。是指那些在某些方面(如音乐、体育、绘画、舞蹈等)有优于普通人天赋和技能的学生,他们可以凭借特长进入仅仅靠文化课考试不能够去的重点学校。"小升初"特长生分为艺术、体育、科技特长生三类。北京市各区对特长生的认定比较严格,社会上各类考级证书、获奖证书不再具有"敲门砖"效力,学生须在市、区级教育行政部门举办的正式比赛中获得规定名次以上,才能拿到特长生测试资格。

7."条子生"。也即"后门生",是指一些家长通过特殊社会关系,靠"打招呼、递条子",使自己孩子获得进入名校的机会。这是赤裸裸的以权谋私,也是最不公平的入学方式。虽然比例不大,但老百姓意见最大。一些教育部门和学校的负责同志也抱怨,有些人不仅择校,还要求择老师,甚至择座位,简直是"择无止境"。

8."收费生"。也即"以钱择校",虽然国家明令禁止,但实际上普遍存在。"择校费"是半公开的,是每个择校孩子都要缴纳的。"收费生"指的还不是这类,而是指那种通过缴纳额外费用获得重点学校免试或降低门槛的入学资格。这种缴费一般以"赞助费"、"捐资助学费"、购置设备等方式出现,隐蔽性很强,有时数额大得惊人。这是典型的违规操作,一般只有校长等少数人知情并操办。

此外,还有"划片"、"直升"(小学升入对口中学,不用考试和电脑派位)、"跨区"、"学区房"、"密电"(学校表明录取意向的秘密电话通知)、"签约"(被点招后与学校达成录取意向)等"小升初"方式,五花八门,不一而足。

分析一下,在上述各种"小升初"渠道中,除了"电脑派位",无论是"条子生"、"共建生",还是"特长生"、"推优生",在操作过程中往往都与权力滥用有关;而"占坑生"、"收费生",则与金钱开道有关。权力与金钱介入"小升初",是对教育公平的极大伤害,也败坏了整个社会风气,必须加以纠正。

二、"择校热"的深层次原因

一般认为,"择校热"的原因:一是家长望子成龙的心态因独生子女政策被放大;二是名校的不正当竞争加剧家长的集体恐慌;三是变相的重点学校制度拉大了校际差距;四是失调的学校布局难以适应城市人口迁移;五是庞大的利益寻租链条造成政府监管失灵。

本文认为,"择校热"一方面反映的是教育资源配置不均衡、优质教育资源短缺的问题;但另一方面,其背后存在的巨大利益链条才是择校顽症久治不愈的关键所在。一是择校费。在北京,目前中学择校费少则 8 万元,最高的达 25 万元,且行情逐年看涨。全国各地情况有所不同,但择校费长期存在且逐年攀升却是不争的事实。二是"占坑班"收费。比如说"奥数"班,几乎就是为"小升初"量身定做的。有教育专家说,奥数既不适合这个年龄段的孩子们学,也没什么实质性的好处。但要是不参加奥数班,孩子一般很难通过重点名校的"点招"一类考试。有媒体报道,北京某奥数班上课一次约两小时收费 600 元,一学期 12000 元,如果从三年级算起,到六年级毕业,单是奥数一项就需要付出课外学费 9.6 万元。虽然奥数班一般由社会教育培训机构举办,但带课老师却往往是名校一线教师。此外还有英语班、英语口语班、语文班、作文班,等等,名目繁多,家长们既反感又无奈。三是社会办班收费。比之学校办的"占坑班",像"学而思"、"巨人"、"高斯"一类民办培训机构收费则要更高。家长为了孩子能被"点招",这些社会办班"大有市场"。有一项社会调查显示,北京地区的家长在孩子"小升初"择校准备阶段的平均花费高达 8.7 万元。

我们过去总批判教育产业化,并把放宽教育准入、鼓励发展民办教育作为产业化的形式加以否定。但像目前"小升初"这样的乱象,才是真正扭曲的"教育产业化",才是我们真正需要纠正的。

三、建议

教育公平是最基础的,也是最重要的社会公平。"就近入学"是我国义务教育阶段的基本政策,《义务教育法》对此有明确规定。国外在维护基础教育公平性方面有相当成熟的做法,特别是日、韩有三条重要经验值得我们学习借鉴:一是实行基础教育学校"平准化"(均等化);二是实行校长和教师校际轮流制度;三是实行完全的电脑派位招生。结合我国国情,建议:

第一,取消初中阶段的重点学校。取消对重点初中在招生、教师职称、奖励、评价等方面的特殊政策,与其他学校一视同仁。按照义务教育均等化的要求,优化教育资源配置,加强对薄弱初中的建设改造,力争使这些学校在软硬件方面赶上其他学校。同时,学校也要取消重点班、实验班,按随机方式编班。

第二,实行教师资源的制度性流动。这是均衡基础教育资源配置的重要手段。首先,实现城市学区内、区县内中小学学校校长和教师定期轮流,可考虑每3~5年轮流一次。其次,实现城市区域内教师资源流动。再次,实现同一地区城乡之间的教师资源流动。

第三,实行最严格的电脑派位招生制度。公办学校要取消占坑生、共建生、特长生、推优生、条子生等一切非电脑派位的"小升初"方式,电脑派位生的比例应达到95%以上。对于个别特殊情况的择校生,应由县级以上教育行政部门审批,而不能由学校自主决定。切实做到"公办不择校,择校找民办"。

第四,实行教育信息全面公开。义务教育阶段学校的收费、招生、升学等重要信息应透明化。加强公众参与和社会监督,建立教师、家长、学生、社会人士参与的学校管理监督和评价机制,学校的一些重要事务要举行社会听证和公示。

第五,整顿和规范教育秩序。取消基础教育阶段的择校收费制度,并建立相应的责任追究制度。禁止举行"幼升小"和"小升初"考试。禁止举办面向小学生的各种学科竞赛。禁止在课堂和考试中加入奥数内容。禁止在"小升初"评级中使用奥数成绩。禁止公办学校教师从事有偿家教和在校外培训机构中兼职,如有违反应辞职或解职。

2012 年 8 月 31 日

大力推进县域教育公平发展

——河北省三河市的实践与启示

张定龙　范绪锋

近年来,河北省三河市将促进县域教育公平发展、实现城乡教育"无差别"作为奋斗目标,完善管理体制,持续加大投入,创新教育发展模式,在努力实现义务教育公平发展的基础上积极推进高中阶段教育、学前教育公平发展,让改革发展的成果普惠城乡居民。

一、立足实际,构建较为完善的基础教育体系

三河市充分利用地处京郊的区位和经济条件较好的优势,大力推进教育公平发展。目前全市有小学 58 所,初中 16 所,幼儿园 103 所,高中 3 所,国家级重点中等职业学校 1 所,高等职业专科学校 1 所,特教学校 1 所,教师进修学校 1 所,初步形成了覆盖城乡、较为完善的基础教育体系。

(一)加强义务教育学校标准化建设。在全面普及义务教育的基础上,进一步加大统筹力度,使城乡优质教育资源均衡配置。加快义务教育学校标准化建设步伐,全市小学和初中标准化率分别达到 70% 和 87%。在确定年度重点工程和惠民工程时,优先考虑教育基础设施建设,特别是加快改善农村学校办学条件。5 年来,累计投入专项建设资金 10 多亿元,实施中小学基础设施和配套设施建设工程,新改扩建学校 35 所,发展现代远程教育,全市学校硬件水平达到了省级一类配备标准。

(二)推动高中阶段和职业教育特色发展。一是下大力抓普通高中质量建设,使各校均有侧重,打造精品。二是新建职教中心新校区,建成了"数控技术应用"、"焊接技术应用"两大省级特色实用专业。在此基础上,为适应京津及周边地区的人才发展需求,筹办建设了"燕京职业技术学院",实现了县域内中、高等职业教育的全面衔接。

(三)促进城乡学前教育公平发展。以加强农村学前教育建设为重点,从本地区实际出发,新建、改扩建农村幼儿园以一次性建成、相对独立、较为规范为标准。过去5年,政府用于学前教育投入达1.85亿元。目前全市幼儿园在园幼儿1.9万人,适龄幼儿愿入园者均可入园,学前教育服务水平大幅提升。

二、以师资建设为重点,扩大优质教育覆盖面

在推进教育公平发展进程中,三河市始终把师资建设放在突出位置,下大力提高教师队伍整体素质和水平,为教育公平发展、质量提升提供有力保障。

(一)推动名师资源城乡共享。一是实施城区优秀教师到农村边远学校轮岗支教制和"名师走课制",把先进的教育理念、方法带到农村。二是打破教育行政界限,建立起7个区域教研组,实现教研资源跨校、跨镇、跨学区共享。三是实施农村教师边远津贴补助制度,即"公里补助制",根据学校与城区的距离差别,边远学校教师每人每月可享受200～800元不等的补助津贴。

(二)注重培养与引进相结合。一是加大优秀教师引进力度,连续6年每年面向应届二本以上师范类学校公开招录毕业生不低于100人。据统计,每年新入职教师占全市招聘人员总数的50%以上。二是坚持高学历、高职称、高素质的原则,积极引进在职教师,有力地充实和优化了教师队伍。三是加强在职教师培训,对提高学历的教师实行奖励,根据学历层次给予每人1000～5000元不等的奖金补贴,极大地激发了广大教师的学习热情。

(三)着力改善教师生活条件。一是实施中小学绩效工资改革,人均工资水平每月上浮600～800元。对农村教师工资实行统一管理,由财政统一按时、足额发放。二是全面落实教师安居工程,在一些规模较大的城区学校单独建设教师公寓,在一批居民小区中安排建设教师楼,使广大教职工"居有其所"。三是积极改善农村教师的居住条件,先后在地处农村的 10 余所学校兴建了高标准的教师周转房,让立志扎根农村的教师免费居住。

三、抓住关键环节,完善教育公平发展的保障机制

三河市紧紧抓住基础教育的关键环节,以建立、完善教育公平发展的保障机制为重点,为推进教育公平发展创造良好的保障条件。

(一)科学合理布局。一是在编制城市总体规划、统筹城乡发展规划时优先考虑教育发展需求,为校园建设预留足够空间。二是根据区域人口变化、交通区位等特点,编制了《中小学布局调整规划》,并纳入到《城市建设总体规划》和《中心城区教育和医疗设施专项规划》中,保障城乡教育科学布局。

(二)加大教育投入。每年将教育建设资金纳入财政预算,坚持"预算内资金全部兑现、预算外资金优先安排"的原则,有力保障教育发展。"十一五"期间,三河市财政用于学校基础设施建设、配套设施建设、办学条件改善、教师福利待遇等方面的投入由 2006 年的 3.2 亿元增加到 2010 年的 9.2 亿元,年均增长 25.8%,高于全市 GDP 增速 9.6 个百分点。

(三)帮扶困难群体。一是在免除义务教育阶段学生各种费用的基础上,将逐步免除普通高中学生学费、住宿费、取暖费和学前一年教育保育费等费用。二是实施贫困生救助政策,按照初中每年每生 1000 元、小学 750 元的标准给予贫困生生活费补助。三是建立、完善孤残儿童救助机制,成立了"三河市少年幸福之家",对全市孤儿实行集中财政供养,统一安排学校集中就读,所有孤儿学生列入全额城乡低保,全部免费参加城镇居民医疗保险;对全市残疾儿童实行免费教育,确保了残障儿童接受基础性教育。四是优化外来人员子女的就学政策,对义务教育阶段的外来务工和经商人员子女,做到与当地学生同等对待,就学率达 100%。

四、几点启示

推进教育公平发展,是当前以至今后较长时期教育改革和发展的重要任务。能不能真正实现教育公平发展目标,推进县域教育公平发展是基础,也是重点和关键所在。三河市的实践给予我们一些有益的启示。

（一）坚决把教育公平发展落到实处。三河市的实践表明,在加强义务教育的基础上,大力推进和实现县域内教育公平发展是当前可行也必须抓好的一项重要工作。只有充分发挥各地的积极性、主动性、创造性,真正把中央的要求部署不折不扣地贯彻好、执行好,真正把教育摆在优先发展的战略地位,不断扩大县域内义务教育公平发展的成果,才能为实现更大范围乃至全国的教育公平发展奠定坚实基础。

（二）必须立足实际统筹谋划、创新发展。我国有2800多个县（市）,经济社会发展状况差异性很大。实现教育公平发展,必须根据各自实际情况和发展趋势,规划好布局结构,把握好关键环节,部署好重点任务,安排好工作进度,促进教育更好适应和服务经济社会发展。特别要优化公共教育资源配置,在财政拨款、学校建设、教师配备和工资福利待遇等方面向农村倾斜,建立起城乡学校互助互通机制,提高农村公共教育服务水平,努力实现城乡教育一体化发展。

（三）密切关注、有效满足群众多样化教育需求。随着经济社会发展和生活水平的提高,人民群众对教育的需求也更趋多样。对于一个县而言,要突出抓好义务教育,同时努力满足不同群体的特殊需要。既办好义务教育,又发展好高中阶段和职业教育,重视学前教育;既着眼为全体人民提供基本教育公共服务,又照顾好特殊群体的教育利益。特别是把扶持、救助社会弱势群体作为促进教育公平的有力保证,解决好流动人口子女、生活困难家庭子女、留守儿童、孤残儿童的教育问题,真正实现教育的公平普惠。

（四）大力推进以提高质量为核心的教育内涵发展。当前,义务教育基本普及,"有学上"的目标基本实现,而"上好学"越来越成为广大群众的迫切愿望。为此,必须以提高教育质量为核心,统筹优质教育资源,推进基础教育公平发展,提升教育现代化水平,更好地满足人民群众接受高质量教育的需求。

2012年7月3日

推进集团化办学，探索区域教育均衡发展新路径

——北京市西城区中小学集团化办学改革实验调查

李　萌　侯万军　范绪锋

在全面实现普及九年义务教育之后,均衡发展成为义务教育发展的战略任务,成为促进教育公平、解决择校问题的根本手段。各地在贯彻落实《国家中长期教育改革和发展规划纲要》工作中,从区域发展水平和实际特点出发,进行了各具特色的探索。不久前,拥有丰厚基础教育资源的北京市西城区决定成立四个教育集团,列入改革试点项目,旨在发挥名校的辐射和带动作用,推进优质教育资源共建共享,进一步提高教育公共服务水平。其政策设计与机制运行有以下特点:

第一,政府主导,推进校际合作机制化。

在此之前,西城区已有不少名校通过举办分校、手拉手帮扶、组成学校联合体等方式,自发开展了扩大优质教育覆盖面的探索。比如,北京小学就先后以不同的办学方式开办了 7 所分校。在总结相关学校经验的基础上,西城区决定由四中、八中、实验二小和北京小学分别牵头,成立四大教育集团。四中教育集团主要包括四中、一五六中、三十九中、五十六中 4 所学校;八中教育集团主要包括八中、四十四中、鲁迅中学、八中分校 4 所学校;实验二小教育集团主要包括实验二小、浸水河小学、白云路小学、玉桃园小学、长安小学 5 所学校;北京小学教育集团主要包括北京小学、北京小学红山分校、北京小学走读部、北京小学广外分校、红山幼儿园 5 所学校(园)。

目前的四个教育集团都是在政府主导下建立的,开展为期三年的集团化办学实验。西城区为此专门成立教育集团领导小组,由主管教育工作的副区长担任组长;成立教育集团工作小组由区教委主管中小学的副主任任组长。小组成员除教委有关科室负责人外,还有教育集团成员学校负责人,以及有关高校和教育科研机构的专家。

成立教育集团的主要目的是以名校为核心,实现教育教学、质量管理、教师研训等统一管理,教师待遇、专业发展等统筹安排,用政府的力量把原来比较松散的校际合作常态化、机制化,推动教育集团内各单位在办学理念、学校管理、师生管理、教育教学业务指导、学校文化建设等方面的实质性合作与交流。

第二,名校牵头,打造区域优质学校群。

西城区的四个教育集团是由名校与若干成员学校构成、实体运作的紧密型合作实验组织。集团坚持"法人独立、理念共识、资源共享、优势互补、品牌共建、实验先行"的原则,是学校管理和教育教学研究的共同体。通过集团化办学,可以发挥名校的引领辐射作用,加快提高普通学校办学水平,带动全区教育质量整体提升。

一是发挥名校优势。每个教育集团都设立校务委员会,由牵头学校校长担任主任,协调集团组织行为。集团内名校有责任输出干部、教师参与成员校的教育教学管理,统筹集团教研、备课等活动,接纳成员校的干部教师挂职、实训。借助这些名校的社会认同度,进一步挖掘"名校"潜力,做大优质资源总盘子,可以有效缓解群众"择校"需求。

二是资源共建共享。教育集团能够统筹调配师资、课程、教科研等资源,有利于促进优质资源合理利用,提高办学效益。成员校有义务按照集团规划进行必要的资源调整,参与集团的各项活动,同时将本校的德育、科技、艺术、体育和文化等资源无偿向其他成员校开放共享。

三是健全制度规范。四个教育集团中,除了北京小学教育集团成员校之间具有直系"亲缘关系"外,其他都是在自愿参与的前提下组合而成的。西城区的工作方案明确,集团内各学校保持原有的法人独立、财务独立、人事关系独立;教育集团成员单位有责任积极完成集团各项实验任务,确保项目顺利实施和本校教育教学质量的不断提升。目前,各教育集团正在抓紧制定发展规划、管理制度和议事规则,以制度的不断完善实现可持续发展。区政府也成立了专门的工作领导小组,具体负责政策落实、协调指导、督促检查等。区政府教育督导室还将逐步完善对教育集团学校的考核评价机制,每年对教育集团工作开展情况进行整体考核。

第三,项目保障,推动实验有序开展。

西城区政府无论从经费保障还是政策倾斜方面,都对教育集团予以大力扶持。区里设立专项,优先支持集团校与实验项目相关的基本建设、设施建设项目;每年给各集团拨付 100 万元实验经费;加强信息网络系统、视频会议设备等方面建设,为资源共建共享提供技术保障。此外,还为各集团加强师资储备提供师资编制数量支持,在进修、学历提升计划中优先满足集团校需求。

第四,教研支撑,不断提高整体办学水平。

为集团化办学提供科研保障,是西城区开展这次实验的一个特色。西城区与北京师范大学、首都师范大学、北京教育学院等签订合作协议,由高校和科研机构派出领衔专家,全程、深度参与四个集团的实验,力争在教育教学研究方面实现新的突破。区教委还建立跟踪指导制度,配合各高校按照不同集团学校需求,搭建各集团学校间联动的教研合作平台,形成交流学习、合作研讨的格局。

西城区开展中小学集团化办学,是立足本地教育特色和发展实际的一种积极探索,目前教育集团的管理体制和运行机制尚处于改革实验阶段。参与学校普遍反映,今后在工作中应注意加强以下几个方面:

一要坚持既促进均衡又有特色的发展方向。成立教育集团,难点在于处理好成员校之间的关系。牵头的名校知名度、社会认可度高,而各成员学校则处在不同的发展水平,办学规模、教师组成、生源情况各不相同。有人担心会让名校资源"稀释"、降低名校的品牌效应。因此,在实验开展过程中,既要加强理念共识、课程共享、师资共用,又要结合各校实际,探索个性化、差异化、特色化发展之路,打造各有特色的"子品牌",形成效益显著的区域教育均衡发展模式。

二要增强教育集团统筹协调功能。为保障集团顺畅运转,集团内部的管理运行机制需要进一步完善改进,以有效整合教育教学资源、提高管理效率。还有，管理的信息化水平也需要大力提高，搭建畅通的交流展示平台，实现数字化系统同步配套，促进各成员校之间信息交互，提升集团资源共享能力。

三要完善促进教师交流的相关政策。比如，无论是牵头名校还是参与学校，一部分干部教师交流出去后，空出来的岗位或工作得有人顶，就需要人员编制有一定的宽松度和灵活性。特别是绩效工资实施以后，参与交流的干部教师工作量与工作方式变动较大，他们的收入分配问题也需要得到政策保障，这样才能实现名校与参与校"双赢"，而不会出现拉高就低的现象，形成"双输"局面。

2012 年 11 月 19 日

建议逐步调高职业教育的"重心"

刘文海

  职业技术教育是现代教育的重要组成部分,是一个国家工业化、城市化、现代化的重要支柱。按照《国家中长期教育改革和发展规划纲要》,今后一个时期直到 2020 年,在高中阶段,职业教育与普通教育学生规模全国平均各占 50% 的比例;在高等教育阶段,职业教育与普通教育学生规模分别占 42% 和 58% 的比例。

  过去一个时期,我国职业教育特别是中等职业教育近些年来快速发展,取得长足进步。这是由我国快速工业化、城镇化和外向型经济发展以及劳动力市场需求、就业结构等特殊因素和实际国情决定的,应当给予充分肯定,不能简单加以否定。大力发展职业教育是我国既定的教育发展大政方针。这个方向本身没有错。问题是,究竟是重点发展中等职业教育还是高等职业教育?这是两个不同的路径选择。本文认为,目前职业教育"重心"过低,也就是中等职业教育所占比重偏大,是我国教育发展总体布局中的一个突出问题,必须逐步加以调整解决。而且,经过这些年的发展,我国客观上已经到了逐步调高职业教育"重心"的新阶段了。

  从实际情况看,在高中阶段,据教育部发布的《2011 年全国教育事业发展统计公报》数据,2011 年全国高中阶段教育在校学生总规模约 4687 万人,其中普通高中在校学生约 2455 万人,占比为 52.4%,剩余占比为中等职业教育。也就是说,普通高中与职业高中学生大体各占一半。

在高等教育阶段,2011 年全国各类高等教育在校生总规模达到 3167 万人,其中普通高校本专科在校学生 2309 万人、硕士博士研究生在校约 165万人,两项合计 2474 万人、占比达 78.1%,剩余占比为成人高等教育(大体可视为高等职业教育)。也就是说,高等职业院校学生与普通高校学生占比大体为"二八开",普通高校学生占大头。

就职业教育本身而言,2011 年全国高职和中职学生总规模为 2925 万人,其中中职学生为 2309 万人、高职学生 693 万人,中职学生占比约为79%。也就是说,高职学生与中职学生占比大体也为"二八开",中职学生占大头。

以上从几个侧面都表明,现行中等职业教育比重偏大。这种现状是否合理,是否在高中阶段就开始区分职业教育与非职业教育,是否应在我国大力发展中等职业教育?这个问题向来广有争议,其中否定之声也一直不绝于耳。最具代表性的是 1999 年 11 月世界银行东亚太地区人力开发部印发的题为《21 世纪中国教育战略目标》的报告。该报告对中国大力发展中等职业教育是不赞成的,怀疑中国中等职业教育所占 50% 以上的比例是否能适应 21 世纪的实际需要,认为"在中学阶段应实行普通教育,职业教育应放在高中之后进行",甚至提出"今后 20 年内中国应当把中等职业教育的比例减少为零"。其实,世界银行不主张在发展中国家发展职业学校教育的思想早已有之。原世界银行高级官员福斯特(Philip J. Foster)在总结 20 世纪 60年代非洲发展职业教育失败的教训后曾指出,在发展中国家采取学校教育形式发展职业教育是一种"谬误","费钱费力不见效",最终难以摆脱失败的命运,故他主张应主要开展短期培训。与世界银行专家持有类似观点者,国内也不乏其人。

从全面提高国民素质和促进国家经济社会长远发展的角度看,我们也应当总结、评估和反思职业教育发展状况,及时调整政策方向和措施。建议今后一个时期内,应逐步压缩中等职业教育规模,把发展高等职业教育作为职业教育发展的战略重点和主要方向,也就是应当逐步提高职业教育的"重心"。有三大理由:

第一,从促进人的全面发展和提高国民素质看,应当加强而不是削弱高中阶段的各门基础学科和各种基础知识的教授。教育的根本目的是促进人的全面发展。实现就业只是教育的一个目的,而不是全部目的。按我国现行教育体制,学生在接受九年义务教育后就要参加"中考"。这大致可以说是决定孩子们一生命运的"大考",大约有一半的学生上"普高",今后可以考大学,有机会成为"白领";而另一半学生只能上"职高",今后几乎注定成为"蓝领"。虽然"高考"很重要,但"中考"却更为关键。对于这些十五六岁懵懵懂懂、未完全明了世事的孩子们来说,这是残酷的,也是不公正的。虽然我们讲职业平等、职业不分高低贵贱,但社会分工、社会观念、社会歧视却是客观存在的,不以人的意志为转移的。而且,我们必须注意到,过去"考大学"是改变一个孩子和一个家庭命运的重要手段,也是一个人从社会下层通往社会上层的重要管道。但现在由于各种原因,上"职高"的基本上是平民的孩子,公务员、国企管理人员、知识分子、私企老板和其他高收入家庭的孩子更多地上"普高"。从长远看,这会加剧社会分化,加剧社会各阶层的对立和矛盾,不利于维护社会的平稳发展和国家的长治久安。

从人的成长和身心发展规律来看,科学文化知识素养的重要性要远大于职业素养。16~18岁高中阶段的孩子正是一生中求知欲、智力、精力最为旺盛的时期,也是世界观、价值观、道德观养成的关键时期,应该让他们花更多的精力学好语文、数学、外语、物理、化学、生物、历史、地理、信息、文艺、音乐、体育等基础科学文化知识,这些都是形成人的全面素质的关键知识,而不是匆忙去学习职业技能。18~20岁左右的孩子才算是有独立人格的成人,也就是等他们高中毕业或上了大学后,再由他们自己决定未来的职业定向。这才是科学合理的,也是符合人性的。

中等职业教育本身的绩效也是不高的。就学习技术技能而言,3年职业高中的知识显得太浅,加上基础科学和人文知识薄弱,这些孩子们未来很难成长为创新型、高技能人才;就学习实际操作技能而言,似乎又用不着专门学习3年,由三个月到半年的短期培训也就够了,何况职业高中学校的机床设施和操作课程等往往是落后于企业和市场需求的,即使职高毕业生进入企业也得接受新的短期职业培训。单独设立职业高中可能不如在普通高中增设职业教育课程更有绩效。

第二,从国际正、反两方面的经验教训看,职业教育的"重心"也不宜过低。从国际上看,现阶段国别间中等职业教育发展的差距很大,高的占比达到60%以上,如德国、奥地利、部分东欧国家及个别拉美国家;多数工业化国家的中等职业教育占比处于中等,比如韩国和芬兰在40%左右,日本仅为24%;低的占比不足10%,如一些非洲、南亚国家及个别拉美国家。德国在中学和大学阶段实行的普通教育、职业教育并行的"双元制"教育体制是比较成功的典范,而"双元制"教育的主体却是高等职业教育。这是由"二战"后德国把制造业作为国家振兴重要战略、急需大批熟练的专业技术工人这个特殊国情决定的。随着后工业化、信息化深入发展和服务业比重的不断增加,人们发现受过高等教育的高素质人才虽然会面临一时的就业压力,但在长期的劳动力市场竞争力中却有更多的机会,个人职业发展的空间也更大。换言之,知识最终会胜于技能。目前瑞典等北欧五国的学制与我国类似,实行7至16岁的9年义务教育,高中阶段开始区分普通高中和职业高中,但近些年来有一个明确的改革方向,就是将义务教育年限提高到18岁,这就意味着职业教育"重心"要逐步上移到大学阶段,而高中阶段则大力发展综合高中,就是在普通高中增加职业课程。英格兰、奥地利也已将义务教育年限提高到17~18岁。美国职业教育的主体是高等职业教育,而不是中等职业教育。非洲不少国家的中等职业教育在20世纪60—70年代获得快速发展,中职学校数量、在校学生人数都有了相当规模,但在80年代以后就出现了大幅度萎缩和倒退,至今也没有恢复元气,仍处于改革调整阶段。可以说,非洲国家发展中等职业教育的失败大于成功、教训多于经验。

总体上看,在最近的十多年里,越来越多的国家意识到,中等职业教育与中等普通教育各自独立分轨,无法满足人们自身发展的需要与社会对人才的需要。一方面,当代科学技术迅猛发展,对劳动力的素质要求不断提高,只懂技术而缺乏深厚理论基础知识作为后盾的人,往往缺乏足够的创新能力与适应能力。另一方面,只具备理论基础知识而没有实际操作能力的人也不能满足现代社会发展的需要。因此,不管在中学还是大学教育阶段,普通教育与职业教育的融合成为必然发展趋势。

第三,从提高劳动者就业质量和维护社会就业格局总体平稳的需要看,也不应让低年龄、低知识素质的青年过早大规模地进入劳动力市场。按照国际上的最新观点,现代教育有五大目标:学会求知、学会做事、学会共处、学会生存和学会学习。通常一个人的就业能力、就业质量与受教育年限有明显的正向关联,受教育程度越低,失业的可能性越大。我国职业教育的办学形式基本是以学校为主的、终结性的教育,继续深造或转向接受普通教育的可能性通常比较小。职业高中毕业的孩子们一般只有 18 岁左右,无论从知识和技能储备还是心智成熟程度、人生阅历等因素看,都不宜大量进入劳动力市场。即使勉强到工作,就业质量和今后职业发展的空间也都不大。还应该看到,今后一个中长期时期内,我国就业供大于求的供需矛盾将会继续存在。低龄劳动力进入市场无疑会加剧就业压力,不利于维持社会就业总体平稳的格局。

综上所述,本文建议:

一要科学地规划中等职业教育的发展规模,合理确定高中阶段职业教育学生的比重。可以考虑,职业高中与普通高中在校学生规模比例为"三七开"或"二八开",普高占大头,职高占小头。大力举办综合高中(就是在普通高中开设职业课程),形成以普通高中、综合高中和职业高中为主的"三驾马车"办学体系。可以考虑逐步将现有的中专、技校和部分职业高中调整合并为综合性高中。这样既满足城乡多数初中毕业生希望继续接受普通高中教育的普遍需求,也方便少部分家庭贫困学生或无力、无意继续深造学生在高中阶段获得基本职业技能。

二要重点发展高等职业教育,在整个高等教育体系中占比应达到六、七成以上的大头。不仅应办本科专业,还应办研究生层次的专业,以构筑高等职业教育人才的立交桥,适应科技与经济发展对各层次应用型人才的需求。国外像日本专修学校、加拿大的技术学院、美国的社区学院、英国的多科技术学院等高等职业技术教育机构已成为职业教育的主要机构。

三要加快各层次职业教育与普通教育的融合。要将职业教育作为人生中接受教育的一个阶段,而不是终结性教育,建立职业教育纵向横向相互衔接、相互沟通的新机制,允许优秀的职教学生报考普通高等院校。重视加强职业教育中的基础教育和现代科学技术教育,强化普通文化科目的学习,并在教学中重视基础理论的教学,而不单单偏重技能的掌握。实行科目综合化和选修制课程结构,提高职业教育对社会职业的适应性。

2012 年 11 月 29 日

平台建设是深化科技体制
改革的重要抓手[*]

——中关村创新示范区调查

侯万军

　　1988年中关村建立了我国第一个国家高新技术产业开发试验区,拉开了全国建设高新技术区的序幕,这也是改革开放后我国最早、最有影响的科技产业化平台,极大地促进了全国科技体制改革的步伐;2009年国务院批准建设中关村国家自主创新示范区,要求把中关村建成具有全球影响力的科技创新中心,这是我国第一个国家自主创新示范区;2010年国务院又出台了关于中关村"1+6"的政策和规划纲要,中关村创新示范区平台建设步入快车道。回顾中关村的发展历程,有许多经验和做法值得总结和借鉴,其中平台建设尤其值得重视。实践证明,平台建设是推进科技创新的重要支撑,是深化科技体制改革的重要抓手,特别是在当前加快推进科技体制改革的情况下,加强平台建设可以有效解决科技资源分散、封闭、低效、浪费等问题。

一、中关村平台建设的基本情况

　　经过近30年的不懈探索,中关村逐步建立起了功能各异、形式多样、大小不等的平台。比如,有政府部门主导的综合协调机构、有不同定位的科技

---

　　* 此文获得国务院研究室2012年度优秀研究成果二等奖。

园区、有产学研用结合的孵化器,有满足各种科技活动需求的中介服务组织,有引进人才的智力支撑系统,等等。可以说,既有有形的硬件平台,又有无形的软件平台,中关村已经形成了"一区多园多基地"的平台体系。归纳起来大致有:

(一)政府主导的综合协调平台。政府主导是科技改革顺利进行的最大保障。按照创新发展的需要,整合政府资源,转变政府职能,特别是建立由中央部委和北京市紧密合作的综合协调平台,为区内各类机构和人员提供高效优质服务是中关村示范区近年来最突出的重大举措。2010 年 12 月,以政府为主导的中关村创新平台(即中关村科技创新和产业化促进中心)正式成立,共有 19 个国家部委、37 名局处级干部参与平台工作,31 个北京市相关部门的 174 名工作人员进驻平台办公。平台下设项目审批联系会议办公室、政策先行先试工作组、人才工作组、规划建设工作组等 8 个办事机构。一年多来,通过不断完善工作机制、创新工作方式,已取得初步成效。北京市与科技部、工信部、国家发改委、财政部、卫生部、教育部六部委分别建立了部市会商机制,中央有关部门和北京市联合出台了"1+6"系列政策实施细则和中关村人才特区、科技金融创新试点等政策,由中央部委牵头出台了7 个支持中关村先行先试的政策文件,等等。

(二)互联互动、错位发展的园区平台。园区建设是科技创新的最大依托。从科技资源分布实际和经济发展总体要求出发,打破行政区划、行业壁垒和所有制限制,在全市范围内建设互联互动、错位发展的园区平台,是中关村示范区的鲜明特色。首都科技资源密集程度全国首屈一指、在国外也不多见,但长期以来由于多种因素,科技资源分布不均、分散封闭等问题一直没有得到很好解决,造成很大浪费。多年来,中关村从"北京高新技术产业开发试验区"到"国家自主创新示范区",逐步整合市域内空间资源,按照"集中布局、集群发展"的理念,探索建立分工明确、错位发展的各类园区平台,并使之相互配套、协同发展。如今已形成了以海淀园为核心,包括丰台园、昌平园、电子城、亦庄园、德胜园、石景山园、雍和园、通州园、大兴生物医药产业基地以及众多大学科技园、若干特色产业集聚专业园等在内的"一区多园多基地"的平台体系,北部园区以科技创新和研发服务为特色,南部园区以高端制造和外向型经济为特色。

（三）重大科技成果转化的统筹平台。统筹推进是重大科技成果转化的主要途径。建立目标清晰、有制度安排的科技成果转化和产业路线图并将其机制化是中关村示范区建设的新亮点。为了加快重大科技成果转化，2010年5月，北京市设立了重大科技成果转化和产业化投资专项资金，出台了《中关村国家自主创新示范区重大科技成果转化和产业化股权投资暂行办法》，以股权投资方式支持重大成果转化和产业化。专项资金根据"政府出资、市场运作、重在激励、及时退出"的原则运作。同时，成立中关村发展集团，以股权为纽带统筹各类资源，多渠道吸引社会资本。从2010年开始，北京市又从市发改委、市科委、市财政局等原有部门资金渠道中切块，每年拿出100亿元，由示范区建立重大科技成果转化和产业项目资金统筹机制。近两年，全市直接推动落地的中央单位重大成果转化项目超过200项，总投资1000多亿元。

（四）科技中介服务的支撑平台。科技中介是推动科技发展不可或缺的重要力量。注重引导、鼓励发展各种类型的中介组织、提供多样化的科技中介服务是中关村保持旺盛活力的重要因素。多年来，中关村十分重视中介服务的作用。2000年12月，北京市人大常委会通过的《中关村科技园区条例》对建立和完善社会中介服务体系作了专门要求，此后北京市又出台了一系列鼓励科技中介机构发展的政策措施。如今，中关村已有各类科技中介服务机构1000多家，形成了服务形式多样、专业配套完善的中介服务体系，成为首都科技资源的重要载体，专业类、技术类、金融类以及自律性等中介机构快速发展，正在逐步形成现代服务业的新型业态，搭建起了政府与企业沟通的桥梁，成为规范中介行业的重要平台。

（五）人才引进激励的智力平台。全力打造人才特区，为各类人才，特别是高端人才提供施展才华的环境和条件，是中关村之所以快速发展的根本原因。经过多年努力，北京市打破所有制、指标和地域限制，确立了"特定区域、特殊政策、特殊机制、特事特办"的原则，建立了全市统一的人才引进激励平台。2011年3月，中组部、教育部等15个中央部委和北京市联合出台了《关于中关村国家自主创新示范区建设人才特区的若干意见》，明确提出了搭建高层次人才自主创新平台的目标，成为我国第一个国家级人才特区。为此，北京市整合力量，制定行动计划，积极开辟人才引进的"绿色通道"，放宽用人自主权,深化股权和分红激励,建立以能力、贡献和业绩为导向的人才考核评价体系。同时,为各类急需人才及其配偶子女提供签证办理、落户、就业、入学、就医等方面的便利条件,加快公共租赁房建设,2011 年首批启用 6000 多套人才公寓。

二、中关村平台建设的巨大作用

中关村的实践表明,重视不同功能的平台建设并使之相互配套,对促进首都乃至全国科技创新、科技与经济的结合起到了重要作用,日益显现出强大的生命力,主要体现在:

(一)体制改革"试验田"的作用。中关村从诞生起就承担了我国科技体制改革"试验田"的重任,其相对固定的空间区域和先行先试的政策保障为科技改革创造了环境良好、风险可控的试验平台。多年来,凡是改革的政策、措施和办法都拿到中关村的各种平台上进行试验。经过探索,作为平台,无论是名称定义、区域布局,还是功能内涵、表现形式等都不断丰富完善,逐步形成了"一区多园多基地"的平台体系。在推进科技体制改革中,中关村始终围绕平台建设,在资源整合、成果转化、人才激励等方面进行了一系列试点,大胆突破,发挥了很好的示范作用。2009 年,中关村再次承担了先行先试的重任,更加重视平台作用的发挥,尤其是通过建立部市合作的综合协调平台,既没有改变与条条块块、不同所有制的利益格局,又有效整合了各方资源、实现共享,大大降低了改革的阻力和成本,许多长期制约科技发展的体制机制问题得到有效缓解,为深化科技体制积累了有益经验。

(二)科技成果孵化器的作用。科技成果的转化需要相对配套的设施环境和稳定的政策措施,中关村不同特色的园区基地实际上发挥了不同功能孵化器的作用,在促进产学研用紧密结合方面发挥了不可替代的作用。一是加速了重大科技成果的转化进程。现在,示范区承担了国家约 1/3 的"863"项目、"973 项目"及近千项国家科技重大专项,相继探索出"平台建设加产业联盟"、"孵化加股权"、"天使投资加创新产品构建"等一系列平台模式,产生了很好的效果。比如,国家科技重大专项"核高基"专项开发出的基于龙芯处理器的龙腾服务器产业化进程加快;"集成电路装备"专项开发出的 12 英寸 65—40 纳米介质刻蚀机进入了国际主流企业生产线;全国首枚

4G 基带芯片进入市场;飞机核心制造装备——自动化电磁铆接设备研发取得突破;首台海上 6 兆瓦风电机组成功下线并完成安装,等等。二是催生了一大批小微企业,特别是民营科技企业快速发展。2011 年新创办的生产型和研发型小微科技企业近 4000 家,比上年增加近千家;全年示范区研发及科研活动经费总额超过 750 亿元,同比增长 20%;专利申请量达 1.9 万件,专利授权量近 1.2 万件,增幅均超过 30%;创业投资案例 349 个,投资金额378 亿元,占全国的 1/3。

(三)人才延揽高地的作用。多年来,前瞻、特殊、灵活的人才政策极大地调动了中关村科技人员的积极性和创造性,产生了持续的"磁铁效应"。一大批敢为天下先的科技人员走出高校和科研院所,为实现科技经济紧密结合树立了榜样,联想、北大方正、清华紫光等一批著名科技型企业快速成长为闻名中外的品牌企业。近年来,随着人才特区的建设,使中关村人才高地的作用更加凸现。2011 年全市科研人员达 28.8 万人,比上年增长6.6%,其中留学归国创业人才超过 1.5 万人,累计创办企业超过 5000 家,留学人员创业园 33 家。仅 2011 年就引进海内外高层次人才 1962 人,其中引进海外人才 436 人。目前,北京市引进的国家"千人计划"各类人才 467人,占全国近 1/3。今年一季度又引进海内外高层次人才 600 多名。

(四)国家自主创新的引领作用。创新是中关村发展的永恒主题。改革开放以来,国务院先后 5 次对中关村改革发展做出重要决策,每一次都催生了政策创新、制度创新和技术创新。中关村的发展从一开始就关乎全国科技生产力的解放和发展,有关政策措施的出台和法律法规的实施都是国家层面的战略举措。因此,中关村始终在我国科技体制机制的改革方面发挥着辐射带动和示范引领作用。全国各地高度关注中关村的发展经验和政策效应,继中关村示范区之后,经国务院批准,2009 年 12 月武汉东湖、2011 年1 月上海张江相继成为国家自主创新示范区。中关村的国际影响力也日益增强,目前已有 350 家跨国公司在北京设立研发机构,2011 年信息服务业和科技服务业合同利用外资分别增长 93.5% 和 88%,100 多家国内外技术转移机构成立了"国际技术转移协作网络"。

(五)首都创新发展的引擎作用。得天独厚的条件使中关村在推动首都科技创新、加快发展方式转变方面发挥了引擎作用。多年来,北京市千方百计发挥平台对首都的辐射带动作用,全市自主创新能力明显提高,重大科技成果不断涌现,科技对"保增长、调结构、惠民生、促和谐"的支撑引领作用显著增强。2011 年,示范区高新技术企业实现总收入 1.9 万亿元,同比增长 20% 以上,增速连续 3 年保持在 20% 以上。全市高新技术企业已达 7300 多家,占全国的近 20%。全社会研发经费 932 亿元,增长 13.5%,占全国的 10.8%;全年技术交易合同成交额 1890 亿元,增长 19.7%,占全国的 40%;78 个项目获得 2011 年度国家科学技术奖励,占全国获奖总数的 26.4%,居全国之首。

三、存在的主要问题

虽然中关村在打造平台方面作了不少探索,取得了显著成效,但是,也存在一些不容忽视的问题,需要引起重视并切实加以解决。主要有:一是不同平台之间的统筹规划不够。近年来,各种平台建设明显加快,但不同功能的平台如何统筹、配套从总体上考虑得不多,还没有一个长远的规划,政策措施不够系统。特别是在如何衔接好各平台之间关系,从总体上规划好"一区多园多基地"的定位问题,还有很多工作要做。二是各种资源整合的力度还需进一步加强。目前的综合协调平台虽然作用明显,但人员构成仍是由各方面拼盘组成,且基本属兼职,工作时间、人员素质、工作效能等难以保证,在很多具体问题上,实际上还是由原主管部门说了算,多头管理的现象仍然存在,平台的权威性有待提升。三是重形式、轻功能的现象仍然存在。各方面建设平台的积极性很高,但大多停留在建园区、争项目、引投资等硬件方面,且往往是各自为政,功能定位不明确,存在同质化竞争的问题,有的甚至打着科技创新的旗号有跑马圈地、搞商业开发之嫌。已建成平台之间开放共享、相互衔接不够,使用效率偏低,平台在促进科技创新的市场化、专业化方面的作用有待提高。四是对中小企业,特别是小微科技企业的服务平台还需加强。中小科技企业数量众多,规模小而分散,资金来源不足,技术、人才、信息缺乏,自我开发能力较低,技术创新风险大,更需要平台的支撑。虽然多年来也出台了一些扶持政策,但从现实看,能够从各种平台受益的主要还是高校和科研院所以及大型企业,各种政策的着眼点也往往是大企业、大机构,对中小企业特别是小微企业的支持力度相对较弱。

四、几点建议

21 世纪,世界科技发展呈现许多新的特点:学科交叉融合加快、新兴学科不断涌现;科技创新、成果转化和产业化速度不断加快,原始创新、集成创新和关键技术创新作用日益突出;科技发展呈现出群体突破态势;科技与经济、社会、教育、文化的关系日益紧密;国际科技交流合作越来越广泛深入。所有这一切都更加依赖创新平台和基地的支撑。可以说,各类平台对建设创新型国家的作用犹如"要致富,先修路"的简单道理。中关村的实践启示我们,科技要发展,政策是关键,支撑靠平台,只有把平台建设搞好了,政策措施的落实才有坚实的依托和良好的环境。而且,平台建设的过程本身就是深化改革的过程。因此,在深化科技改革的关键时期,应把加强平台建设作为深化科技体制改革的重要抓手。

(一)加强顶层设计,尽快完善平台建设的政策体系。当前,科技发展的环境变了,技术进步的条件变了,成果转化的方式变了,但科技平台的试验示范、引领带动作用没有改变,而且在不断加强。这就需要加强顶层设计、统筹规划,进一步明确不同园区的功能定位,建立分类指导、相互支撑、重点突出的政策体系。就中关村而言,要进一步拓宽视野,在更大范围谋篇布局,充分考虑部市资源的特点,特别要加强政策的协同创新,通过平台建设促进科技体制机制改革,加速科技资源的优化配置、产业链条的有效衔接和科技成果的顺畅转化,实现特色发展、错位发展、协同发展。

(二)加强统筹的权威性,切实提高统筹效能。只有加强统筹,才能提升平台效能。在加强统筹方面,中关村已经迈出了可喜的一步,但只是初步的,在具体统筹过程中仍有很多政策和体制障碍。应抓住当前有利时机,结合科技体制改革,从有利于中关村长远发展、有利于促进科技成果转化和产业化的大局出发,进一步突破行政区域、部门利益、管理层级的限制,给予中关村更大的自主权,逐步增强综合协调平台的统筹权威。比如,可先选一两个领域进行试点,在充分会商的基础上,中关村综合协调平台具有一定程度的审批和否决权。

(三)重视平台建设的规范性,坚决避免和防止以圈地为目的的商业炒作行为。规范是平台可持续发展的保障。应尽快研究出台有利于促进各类平台建设相互衔接的规范文件,切实把平台建设的重点转向功能配套、内涵提升、环境优化、服务完善等软件方面,坚决杜绝各种名义的圈地炒地行为。对那些不按照规划要求建立的园区基地等要建立退出机制,及时进行整合。同时,完善决策程序,引进第三方评价机制,研究建立决策责任追溯制度。

(四)让企业真正成为平台的主体。企业是科技创新的主体,衡量平台好坏的最重要标准就是看能否为企业创造公平、公正的创新创业环境,也就是政府搭台,企业唱戏。这就要求政府有关部门要切实遵循科技规律,以企业为主体、市场为导向,不断完善各类平台建设,使企业成为技术创新的决策者,成为研发活动组织和成果推广的主力军,特别要对小微企业给予重点支持,使其能够充分发挥潜力和活力,更好地共享平台的有力支撑。

2012 年 5 月 15 日

六、切实保障和改善民生

关于房地产市场调控
政策手段的分析及建议

郭克莎

近来,房地产市场调控的成效持续显现,截至 2012 年 1 月,全国 70 个大中城市平均房价已连续 4 个月环比下降,市场呈现出良性调整的局面。在这种情况下,社会上出现了不同的判断和评论,其中一种比较有影响的观点认为,房地产市场调控取得成效,主要是行政手段作用的结果,而行政措施的干预不可持续,使市场走势存在不确定性。我们认为,以上观点值得深入分析。当前,有必要对政府调控房地产市场的政策手段进行梳理,以便更好地把握调控效果和市场走势,并明确下一步调控的方向和重点。

一、当前房地产市场调控政策的构成和特点

这一轮以遏制房价过快上涨为目标的房地产市场调控,大体上是从 2009 年年底开始的。2009 年,我国房地产市场经历了由低迷到亢奋的迅速转变,下半年市场购房需求急剧扩张,房价出现持续大幅上涨。为遏制部分城市房价过快上涨,国务院开始调整房地产市场调控政策,当年 12 月,决定不再延长 2008 年底出台的二手房营业税减免优惠政策,将个人住房转让营业税免征时限由 2 年恢复到 5 年,抑制市场炒房现象。随后,提出增加普通商品住房有效供给,继续支持居民自住和改善型住房消费、抑制投资投机性购房,加强市场监管,大规模推进保障性安居工程建设等 4 条具体措施,基本废除了刺激房市的短期政策,转向实施新的稳定房价政策。为了促进房地产市场健康发展,国务院在过去的两年中连续发布了多份调控性政策文

件,主要是:国务院办公厅于 2010 年 1 月出台的《关于促进房地产市场平稳健康发展的通知》(即"国十一条")、国务院于 2010 年 4 月出台的《关于坚决遏制部分城市房价过快上涨的通知》(即"国十条")、国务院办公厅于 2011 年 1 月出台的《关于进一步做好房地产市场调控工作有关问题的通知》(即"新国八条")。这些文件以调控房地产市场供求关系、稳定房价为目标,逐步加强调控的重点和力度,加上相关部门、重点城市出台的配套措施和实施细则,形成了全方位的政策调控体系。主要内容包括以下三个方面:

(一) 增加供给政策。增加住房供应特别是面向中低收入群体的住房有效供应,一直是房地产市场调控政策的一项重要内容。主要措施是:(1)增加居住用地有效供应。要求各地及时制定并公布以住房为主的房地产供地计划,增加居住用地供应总量;依法加快处置闲置房地产用地,收回的闲置用地优先用于普通住房建设;探索完善土地出让方式,抑制居住用地出让价格非理性上涨。(2)推进住房供应结构调整。要求各地尽快编制和公布住房建设规划,明确保障性住房、中小套型普通商品住房的建设数量和比例,其用地不低于住房建设用地供应总量的 70%;加快对普通商品住房规划、开工建设和预售的审批,确保中小套型住房供应结构比例严格按照有关规定落实到位。(3)加快保障性安居工程建设。提出 2010 年确保完成建设保障性住房 300 万套、各类棚户区改造住房 280 万套的任务;2011 年全国建设保障性住房和棚户区改造住房 1000 万套。要求各级政府加大投入力度,多渠道筹集保障性住房房源,增加公共租赁住房供应,扩大住房保障制度覆盖面。

(二) 调控需求政策。调控购房需求特别是抑制投资投机性购房需求,是房地产市场调控政策的一个重要方面。主要内容包括:(1)实施差别化信贷政策。继续支持居民首次贷款购买普通自住房,但购房面积在 90 平方米以上的,贷款首付款比例不低于 30%;对购买第二套住房的,首付款比例依次提高到不低于 40%、50% 和 60%,贷款利率不低于基准利率的 1.1 倍;对购买第三套及以上住房的,应大幅度提高首付款比例和利率,也可暂停发放贷款;对当地从业不足 1 年的非本地居民,暂停发放购房贷款。(2)实施差别化税收政策。严格执行个人购买普通住房与非普通住房、首次购房与非首次购房的差别化税收政策,对不符合规定条件的,一律不得给予税收优惠;调整个人转让住房营业税政策,对购买住房不足5年转手交易的,统一按其销售收入全额征税;加大存量房交易税收征管工作试点和推广力度,堵塞"阴阳合同"产生的税收漏洞;加快研究制定引导合理住房消费和调节房产收益的税收政策。(3)实施限制性购房政策。2010年4月出台的"国十条"首次提出,商品住房价格过高、上涨过快、供应紧张的地区,地方政府可在一定时期内限定购房套数。2011年1月出台的"新国八条"进一步要求,各直辖市、计划单列市、省会城市和房价过高、上涨过快的城市,要从严制定和执行住房限购措施;对已有1套住房的当地户籍居民家庭、能提供当地一定年限从业证明的非当地户籍居民家庭,限购1套住房;对已有2套及以上住房的当地户籍居民家庭、有1套及以上住房的非当地户籍居民家庭、无法提供一定年限当地从业证明的非当地户籍居民家庭,暂停售房。

(三)加强监管政策。加强市场监管措施和落实政府相关责任,也是房地产市场调控政策的一个重要组成部分。主要是:(1)加强住房市场监管。继续整顿房地产市场秩序,加强土地供应管理和商品房销售管理;加强对开发企业购地和融资的监管,加强房地产信贷风险管理。(2)落实地方政府责任。在稳定房地产市场和房价、加强住房保障方面,健全省级政府负总责,市、县政府抓落实的工作责任制;建立考核问责机制,加强监督检查,实施约谈、巡查和问责制度;2011年各城市政府要确定本地区年度新建住房价格控制目标。(3)完善住房信息系统。地方政府要继续加强房地产市场统计、分析和监测;有关部门要及时发布市场调控和相关统计信息;完善房地产市场信息披露制度,建立个人住房信息系统,研究发布具体住房价格变动信息。

总的看,以上三大政策构成了房地产市场调控的政策体系,基本上是经济、法律手段和行政手段相结合,以政府之手改变市场的单边走向。尽管稳定的调控制度和机制尚未形成,但综合性的调控力度持续加强,调控效果日益显现。

二、房地产市场调控中行政性手段的运用和效果

目前市场评论最多的行政性调控措施主要是"三限",即限购、限贷和限价。对于"三限"的主要内容、出台背景、调控效果和负面影响,需要进行具体分析。

(一)"三限"主要是限制投资投机性购房需求。

从"限购"看,不论是国务院规定的基本原则还是各地出台的具体措施,都只是限制当地户籍居民家庭购买第三套及以上住房、非当地户籍居民家庭购买第二套及以上住房,以及没有当地固定职业的非当地户籍居民家庭购买住房,受到限制的基本上都是投资投机性需求。而当地户籍居民家庭的自住、改善性购房需求并没有受到限制,有固定职业的非当地户籍居民家庭的自住性购房需求也没有受到限制。

从"限贷"看,主要是对购买第二套住房的,提高首付款比例和贷款基准利率;对购买第三套及以上住房、从业不足 1 年的非本地居民,暂停发放购房贷款。也就是说,限制的是改善性购房、投资投机性购房的贷款需求,使这些购房需求更多或全部使用自有资金。至于一些地方商业银行自行提高首次购买普通商品住房的首付款比例和贷款利率,并不符合中央的政策规定。

从"限价"看,主要包括两个方面:一是规定商品房明码标价,防止房地产企业坐地起价;二是要求各城市政府制定房价控制目标,并实行行政问责制。这主要是限制房地产开发商、中介机构炒作和哄抬房价,限制各城市政府放任房地产市场过度扩张和地价、房价过快上涨。

(二)"三限"是为了抑制房地产泡沫过度滋长。

"三限"尤其是限购的行政性措施是在"房价越调越高"的背景下推出的,是一种不得已而为之的政策。主要原因是:社会流动性过多、可投资领域较少,导致大量资金流入房地产市场,投资投机需求以及相关的超前性需求不断扩张,企业和个人炒房现象日益突出,推动城市房价持续过快上涨;而调控房地产市场的经济、法律手段和机制还不健全,房地产税制特别是房产税改革的推进还受到诸多限制,有效供给短期内难以快速大幅增加,过度需求一时间难以得到有效抑制,市场过热趋势一浪高过一浪,加上一些开发商、中介和媒体的推波助澜,"房价只涨不跌"几乎成为一句神话。在这种情况下,如果不及时出台力度较大的行政性调控措施,就不能阻止社会资源过度流入房地产领域,避免产业和经济结构的失衡;就不能缓解社会收入和财产分配不公的矛盾,支持中低收入家庭从市场上购买住房;就不能遏制房地产泡沫的迅速聚积,防止市场房价暴涨暴跌,搞不好,还可能使经济出现大的波动,影响社会稳定。

(三)"三限"短期效果明显,但副作用将逐步增大。

在"三限"中,见效较快的是限购政策。从 2011 年限购城市与非限购城市的房价走势看,上半年限购城市的房价环比涨幅基本上都高于未限购城市;但 7 月份以后情况转变过来,限购城市的房价环比涨幅持续低于未限购城市。这既反映了限购措施对房价的较强抑制效果,也表明了限购城市房价对全国房价走势的引领作用。可以说,如果没有限购政策的实施,我们至今也不可能看到房价回落的势头,更不可能看到房地产市场良性调整的局面。限贷政策对于减少信贷资金流入房地产市场、抑制投资投机性需求和超前性需求、降低银行信贷风险也发挥了重要作用。限价政策对于完善房地产市场价格监管,加强地方政府对稳定房价的责任,使城市之间的房价变动形成相互制约的格局,也产生了积极效应。

但也必须看到,"三限"特别是限购的行政性措施毕竟是与市场化改革的方向相冲突的,尽管从短期看明显是利大于弊,但长期实施将转化为弊大于利。其负面影响主要表现在:一是妨碍市场机制的内在调节功能。行政性措施短期内可以矫正市场失灵,缓解供求矛盾,但持续下去会抑制市场自我平衡、自我修复的机制,不利于价格与供求关系趋向协调。二是可能使市场需求信号失真。不论限购措施设计得如何准确和严密,都可能影响部分改善性购房需求和迁移人口购房需求,也使部分自住需求出现观望推延状态,这些都会导致市场需求信号扭曲。三是可能影响市场供给稳定增长。行政手段的最大作用是抑制市场大起大落,但同时也改变了市场预期,增加了不确定性,可能引发新的波动。

我们要正确认识行政措施的两面性,既要看到其发挥的积极作用,又要看到其产生的负面影响。必须深入研究和把握好运用行政手段的度,适时完善调控措施。

三、加快构建市场取向的房地产调控制度和机制

目前的房地产市场调控政策已经注重多种调控手段并用、增强综合性

调控效果,但总的看仍侧重于短期性调控。下一步要抓住市场良性调整的有利时机,加快构建长期性的、符合市场经济要求的调控制度和机制,并把短期调控政策与长期制度建设更好地结合起来,继续完善调控措施,加快建立长效机制,逐步实现调控模式和机制的转换,促进房地产市场长期健康发展。主要建议是:

(一)进一步明确房地产市场调控目标。未来一段时期,在房地产市场深度调整的过程中,要坚定不移地继续实施和落实调控政策,明确调控目标,稳定市场预期。一是坚持把加强住房保障体系与稳定商品房市场结合起来,租售并举、多渠道解决不同收入家庭住房问题。二是坚持支持合理的住房消费,引导调节超前性居住需求,抑制投资投机性购房需求。三是坚持增加住房有效供给,促进供给结构调整优化,扩大中小套型普通商品房供应。四是坚持把房价调控到合理水平,防止房价出现大幅反弹和波动。

(二)建立长期稳定的住房需求调控机制。稳定房地产市场的重点是引导和调控需求,要立足本国国情、借鉴国际经验,把行之有效的差别化需求调控政策规范化、制度化,并充分吸收专家学者建议,广泛征求社会各界意见。

(1)完善差别化住房信贷政策并形成长期性制度安排。目前对首次购买普通商品住房给予信贷支持,对购买第二套住房贷款实行较高首付比例和利率,对购买第三套及以上住房不给予贷款的差别化信贷政策,总体上有利于抑制不合理的购房信贷需求,防范金融风险,应继续实行并规范化、制度化。同时,要研究确定当地居民与流动人口、购房面积在人均居住面积以下与以上等情况的政策差别;还要借鉴国外做法,逐步改变对首次购房家庭提供优惠贷款利率的方式,转为实施个人所得税抵扣或购房补贴,支持低收入家庭购买符合政策导向的普通住房。

(2)加快实行差别化的住房税收政策并形成调控机制。充分发挥住房税收政策的调控作用,是以经济、法律手段取代行政手段的关键环节,应加快步子、加大力度推进。最重要的是,要积极推动和深化房产税改革,实行按住房面积征收累进房产税的制度,加大住房保有环节税负,抑制投资投机性购房需求。从今年开始,要增加房产税试点城市,扩大房产税实施范围,如从增量住房扩大到存量住房,从高档住房扩大到一般住房,并提高多套住房的累进税率。可以说,实施合理、规范、严格的房产税制度,是住房限购政策退出的重要前提条件。一个实现政策过渡的思路是,把目前限购政策的对象,即限制当地居民家庭购买的第三套及以上住房、非当地居民家庭购买的第二套及以上住房,先列入征收房产税的范围,按当地人均居住水平等因素确定购房面积的累进税率,公布征收条件和标准,然后放开限购措施。凡是房产税试点成效显著的城市,均可逐步放松住房限购政策。同时,要调整完善住房交易环节税收政策,大幅度提高住房交易个人所得税率,明确规定并公布征税范围、标准和具体程序,依法严格实施税收征管,堵塞"阴阳合同"等漏洞,抑制各种炒房现象,打击违法违规行为。

(三)建立长期稳定的住房供给调控机制。未来10年是我国住房产业发展升级和住房市场调整优化的重要时期,解决好这个时期的主要问题,建立起稳定有效的供给机制,后边的道路就会比较宽畅。重点是:

(1)抓紧编制住房发展中长期规划。应同时从全国和地方两个层面编制住房发展规划,建立上下沟通和协调的机制,特别是未来几年住房供求矛盾突出的热点城市,要尽快修订城市总体规划,明确住房建设的基本框架和空间布局,合理确定保障性住房与商品住房的供给比例,并广泛征求各界意见,及时向社会公布,引导和稳定市场预期。

(2)积极完善住房用地供应制度。应制定与住房建设规划相适应的供地规划,根据人口城镇化发展的需要,合理调整城市建设用地结构,提高住房建设用地在土地供应中的比重,提高保障性住房和普通商品住房用地在住房建设用地中的比重,并优先保证保障性住房用地。探索发展多元的土地市场,盘活城镇存量建设用地,多渠道增加住房用地有效供给。完善商品住房用地出让方式,抑制市场化地价过快上涨。加强土地出让和开发建设全过程监管,加大对闲置土地的查处力度,缩短从供地到供房的周期。

(3)建立可持续的住房投融资机制。应借鉴国际经验,探索把间接融资与直接融资结合起来的多种投融资方式,在防范金融风险的基础上搞活中长期住房投融资机制。对于保障房建设投融资,要加大中央和地方财政的支持力度,提高和落实土地出让净收益的投入比例;合理利用地方政府债券、公积金增值收益、房产税收入等资金来源,特别是多渠道引进和利用社会资金。对于商品房开发投融资,要引导金融机构支持房地产企业的正常投资建设,加大对中小套型普通商品房建设的信贷支持;继续规范发展房地产投资信托基金,支持符合条件的开发企业扩大债券、股票等融资渠道,提高直接融资比重。

(四)加快完善住房统计和信息系统。住房统计数据和信息体系是搞好房地产市场调控的重要基础,要积极推进标准化、制度化建设。一是完善住房统计标准和制度。对国际上通用的各种住房统计指标和数据,尽快建立权威的统计发布制度,避免数据空缺或部门冲突。对房屋建设新开工、施工、竣工、销售及期房面积等指标,要完善统计口径和标准,增强一致性、可比性,利于统计分析和监测监控。二是建立健全个人住房信息系统。在住建部已建立40个重点城市个人住房信息资料的基础上,继续完善统一登记、统计核实制度,推进城市间住房信息联网运行。同时,加强住建部、统计局等部门的合作协调,把个人住房信息系统建设向其他二、三线城市扩展。适时择机开展全国城镇房屋普查,全面摸清居民家庭住房底数。

(五)引导城市政府履行房地产市场调控责任。房地产市场是典型的区域性市场,城市政府是最直接、最重要的调控主体。我们要建立市场取向的房地产调控机制,必须促进城市政府转变经济发展方式,切实履行稳定市场和房价、加强住房保障的责任。一是既要制定当地房价调控目标并纳入经济社会发展的工作任务,也要在中央的支持下,更多地运用经济、法律手段实现房价调控目标。二是积极参与和推进房产税改革试点,依托房产税等手段抑制投资投机购房需求,逐步替代住房限购措施。三是减少地方财政对土地出让收入的过度依赖,采取多种方式盘活用好居住用地,促使地价合理回落或抑制地价上涨,减弱房价上涨压力。四是大力推进保障性住房建设,提高中小套型普通商品住房开发比例,增加面向中低收入居民住房的有效供给。

2012 年 2 月 3 日

养老金匆忙大规模*
入市可能酿成大错

刘文海

最近一段时间,"养老金入市"之说甚嚣尘上。有的网络和电视新闻报道标题说"养老金入市消息被证实"。尤其是"南方某省已经获准将1000亿元基本养老基金转交全国社保基金理事会运营,一季度将开始投资"的消息更是刺激2012年1月17日的股市暴涨4.18%(上证指数),创近两年最大单日涨幅。看得出,"入市说"正在股市上兴风作浪。

虽然在1月20日召开的新闻发布会上,人力资源和社会保障部发言人尹成基明确表示养老金暂无入市计划,并强调,按照现行规定,养老保险基金只能存银行或买国债。养老金投资运营的举措一定要经过人社部的审核同意。但是,"入市说"仍然是不绝于耳,在股票市场上产生了很大的误导,导致一些投资者预期紊乱、无所适从。因此,需要进一步明确政策导向,以正视听。

我们认为,"养老金入市"事关重大,必须慎之又慎,一旦决策失误,可能造成难以挽回的严重不良后果。

一、当前关于养老金入市的争议

关于养老金入市,当前社会上有两种截然相左的意见:一种是支持,声音主要来自证券监管部门和社会保障基金管理部门的官员,以及券商、基金等市场利益主体的相关人员,他们认为养老金多元化投资,无论是对实现自

---

* 此文获得国务院研究室2012年度优秀研究成果三等奖。

身保值增值,还是促进资本市场制度完善,都大有益处。理由是,目前我国养老保险基金支付缺口太大,储蓄与国债投资收益率太低,因而必须追求高收益;养老金入市既可以提振股市信心,也可以提高自身收益率,一举两得。总之,养老金入市并不单是为了托市、救市,也是自身保值增值的要求,而且是多数发达国家的通行做法。

另一种是反对,声音主要来自人社部、财政部的官员和学术界的多数专家学者,他们认为安全性是养老金的第一准则,目前我国资本市场还不够成熟,存在一些制度性缺陷,股票市场波动大,无法确保养老金的保值增值,养老金应该等资本市场成熟之后再考虑入市。

表面上看,两种意见似乎都有些道理,也各有依据,还不好简单说谁对谁错。但说到底,"入市说"背后真正隐含的恐怕是管理权之争、利益之争,养老金是一块硕大无比的"蛋糕",各部门、各机构都想尽可能多地划拉到自己帐下。但养老金真正的所有者、直接利益相关者是老百姓,是缴纳养老金的用人单位和广大劳动者。可惜,他们的声音和利益诉求却少有机会得以表达。

二、养老金的特殊属性及投资运营原则

"养老金"或"养老基金",是养老保险基金的简称,是一个笼统含糊的说法。在我国整个养老保障体系中,有政府举办的社会养老保险、用人单位提供的职业养老保险(即企业年金)、个人自愿选择的商业保险及养老储蓄等三个层次。其中,社会养老保险即基本养老保险,实行社会统筹与个人账户相结合,是一种部分积累制的基金模式,会有大量的基金结余。因此,一般泛泛地说"养老金",是包括基本养老保险基金在内的,而且后者是占大头的。

众所周知,养老金具有先积累后支付、逐年分批发放的特点,是退休职工和在职职工退休后生活的基本保障,是老百姓的"养命钱"。养老金规模庞大,社会涉及面极广,对经济社会发展全局影响极大,牵一发而动全身,稍有差池则后果不堪设想。

各国政府在处理养老保险基金的投资运营问题时都采取了十分谨慎的态度。通常遵从三大原则:一是安全性。此为第一准则。养老金具有高度

的社会性、政治性,它作为一种特殊债务,到期必须支付给参保者。因此,不能投向高风险性项目。二是流动性。基于养老金的特殊性质,对参保人必须以现金的形式支付。这就要求,在不发生基金本金损失的前提下,投资组合应能保证流动性的要求,做到随时变现。三是盈利性。要求在保证基金安全性的前提下,力求投资能够获得最大收益,实现基金的保值增值,提高未来基金的支付能力。盈利性原则常与安全性原则相冲突,因此,投资运营决策必须充分权衡收益与风险。

在西方国家,养老金问题一向是个重大的、敏感的政治问题。"二战"一仗几乎打光了欧洲各国几十年的养老金积累,战后多数欧洲国家对养老金体系做出了制度性调整和重建,确立了以"现收现付制"为主体的养老金制度,不主张搞规模庞大的基金积累,就是担心各种全局性、系统性风险,怕未来养老金支付出现巨大"窟窿"。只是最近三、四十年来,随着西方国家资本市场的不断健全,养老金入市才成为一种趋势。我国有自己的国情,眼下资本市场的健全程度与西方发达国家相比是不可同日而语的,不能简单生搬硬套。

三、我国现行养老金投资政策及现状

在现阶段,我国养老金大体包括基本养老保险基金、企业年金和商业保险及个人养老储蓄等三大块,其中基本养老保险基金占到八成以上。据人力资源和社会保障部统计,截至 2011 年底,我国基本养老保险基金累计结余 1.92 万亿元,企业年金结余约 3000 亿元。另外,截至 2010 年底,作为国家战略储备性基金的全国社会保障基金资产总额达到 8567 亿元。

按照现行法律法规和政策规定,我国社会保险基金实行财政专户管理、收支两条线,基金只能存银行或买国债。也就是说,基本养老保险基金是不能投资股票的。《企业职工养老保险基金管理规定》第 22 条规定:"各级社会保险管理机构不得经办放款业务,不得经商、办企业和购买各种股票,也不得为各类经济活动作经济担保。"

按政策规定可以例外的,一是企业年金,自 2004 年颁布《企业年金试行办法》后发展很快,目前在股票和债券市场均有投资。二是全国社会保障基金,可按规定的比例分别投资固定收益类产品、股票和直接股权投资。2000

年8月,党中央、国务院决定建立"全国社会保障基金",同时设立"全国社会保障基金理事会",负责管理运营全国社会保障基金。全国社会保障基金由中央财政预算拨款以及国务院批准的其他方式筹集的资金构成,用于社会保障支出的补充、调剂,并可以在保证安全的前提下实现保值增值。自2003年后全国社会保障基金开始投资股票,规定的最高比例是40%。据全国社会保障基金理事会发布的数据显示,2000—2010年全国社会保障基金年均投资收益率为9.17%。

乍看之下,全国社会保障基金的投资运营好像为养老金入市提供了有说服力的依据。的确,全国社会保障基金投资收益率好于一般机构。从2003年到2010年,全国社保基金的资产总额一路从1325.01亿元增长至8566.90亿元,八年来经营收益率分别为3.56%、2.61%、4.16%、29.01%、43.19%、-6.79%、16.12%、4.23%。而相比之下,五项社会保险基金由于只能存银行和买国债,投资收益率就低得多,年均约2%,实际上并没有跑赢"通胀"。

但必须看到,全国社会保障基金其实是个"特殊"、"特权"资本,它有45%投资于固定收益产品,约30%进行权益类投资,还有25%进行股权投资、PE投资(即"私募股权投资",是指投资于非上市股权,或者上市公司非公开交易股权的一种投资方式)。其中,划拨至社会保障基金的低价国有股,享受了一、二级市场的差价,相当于购买的是"原始股";而债券投资与PE投资也赶上了近些年难得一见的"大牛市"。如果让全国社会保障基金直接进入股票二级市场,结果肯定大不一样。一个可对照的例子是,商业保险资金入市收益就大为逊色。过去十年,全国社会保障基金的年均投资收益率达9.17%,而商业保险仅为4.73%;近五年,全国社会保障基金的年均投资收益率达15.83%,而商业保险仅为6.17%。同样是"入市",同样是专业化的投资运营,差距为啥这么大呢? 当然是由全国社会保障基金所具有的特殊身份和享特殊政策决定的,保留这样一个特殊投资者是可能的,也有一定的合理性,但让规模庞大的各类养老金都享受这样的特殊优待政策显然是不现实、不合理的。

四、我国股市现状及养老金入市的可能后果

并不是说养老金一定不宜入市,而是有个前提和时机问题。这个前提就是资本市场相对比较健全。从美国、欧洲等发达国家实践看,养老金入市的情况确实比较普遍,但也主要局限于多层次养老保障体系中的第二层次,也即职业年金,以及第三层次商业人寿保险和个人储蓄性养老计划,而对政府举办的第一层次养老基金则有严格的法律限制,基本上是禁入股市的,只有加拿大放得宽些。例如,在美国,政府举办的养老基金由社会保障信托基金管理,法律规定养老基金只允许购买政府债券,不得进行任何其他投资;但雇员自愿参加的"养老储蓄计划"(401K)可用于证券投资,不过该计划不属于政府举办的第一层次养老保障,类似于个人理财产品。2008 年,美国"养老储蓄计划"亏损近 2 万亿美元。2011 年 8 月 5 日,标准普尔宣布将美国主权信用评级由"3A"降为"2A+"后,平均每个"养老储蓄计划"账户亏损 1.2 万美元。在加拿大,养老基金在法规政策上允许入市,但 2008 年投资股市的损失是 36 亿加元,2009 年的各种投资净损失为 236 亿加元,主要是股票投资损失造成的。可见,无论在哪个国家,养老金入市都不是一拍脑袋的事。

多年来,我国在发展资本市场的路径选择上过于偏重股票而忽视了债券市场发展,同时,大量企业热衷于发行股票"圈钱",企业债券的发行也十分冷清。不久前,世界经济论坛发布的《2011—2012 全球竞争力报告》中,中国在竞争力指数中"金融市场成熟度"子项的世界排名仅仅为第 57 位。

我们认为,目前我国 A 股市场存在一些制度性缺陷或先天不足:一是股市扩容速度过快,有限的上市资源不断地被稀释,且大多数上市公司质量不佳,极大地影响了投资者的投资预期和信心。二是股票定价机制不健全,新股发行价无约束,市盈率过高。三是股权结构不合理,上市公司的股权被大量、廉价地集中在控股股东与大股东手上。四是缺乏完善的分红机制,这是最要害的问题,注定了投资者在股市不能通过分红,而只能通过低买高卖的"炒股"来获得回报,因此,严格意义上说并不具有真正的投资价值。总之,A 股市场是一个主要为融资者服务的市场,也是一个高风险的投机市场,投资者利益难以得到有效保障,确有社会上广泛诟病的"圈钱"嫌疑。过去三年中,A 股市场 IPO 募集资金超过 9000 亿元。

就 A 股市场实际表现而言,2001 年 6 月 14 日,上证指数冲向 2245 点,这是此之前的历史最高位;2011 年最后一个交易日,上证指数报收于2199.42 点。媒体一片报道声,2011 年一年,A 股市场有五、六万亿元市值灰飞烟灭,全国约 1 亿个股票账户,每个平均损失五、六万元。正像有股民说的,十年一梦,原地踏步。对于多数普通股民而言,目前的 A 股市场是一个缺少投资回报的市场,投资 A 股的回报还不如银行存款的利率高。

在这种背景下,作为老百姓的养命钱,养老金入市意欲何为? 无非是两种可能:一是投资,但现阶段股市不具有长期投资价值,不足以保证养老金的安全和实现增值。二是投机,这倒有可能,但不合适。养老金如此庞然大物进入股市,必然加剧股市的波动性、投机性。如果为了确保养老金入市后实现盈利或减少亏损,而让养老金在政策的呵护下成为一种特权资本,这对其他投资者来说是不公平的。要是养老金在股市上人为"坐庄",则买哪只股票就会应声而涨,卖哪只股票就会应声而落。显然,这些都不利于股票市场的健康发展。

如果不解决好股市的基础性、制度性问题,任何资金进入股市都将面临出现重大亏损的风险,进而会引发严重的社会问题,没有哪个部门、机构或个人能负得起这个责任。

五、未来养老金投资运营的方向

由于需要应对人口老龄化的挑战,未来养老金支付压力的确会很大,养老基金保值增值的问题的确日益突出。《社会保险法》规定:社会保险基金在保证安全的前提下按照国务院规定投资运营实现保值增值。国家"十二五"规划纲要也提出,积极稳妥推进养老基金投资运营。也就是说,养老基金要投资运营这个方向是明确的,也是必要的。关键是要抓紧研究实现养老基金保值增值的具体办法。

养老基金投资运营是个很复杂的问题。我们认为,在未来一个不太长的时期内,有一些重要投资方向是值得重视和考虑的:

第一,投资于债券市场,包括国债、地方债、市政债、公司债等多样化金融产品。债券市场的最大优势是收益固定和风险较低,这应当成为今后养老基金的主流投资渠道。但单一的国债市场容量有限,不足以支持庞大规模的养老金进入,因此,可以适当放宽对养老金进入地方债、绩优公司债等市场的限制。此外,向养老金发行能够抵抗通胀的特种国债也是可以探讨的策略。例如,美国1997年开始发行此类国债,称之为"通胀保护国债"(TIPS),日本称为"物价联动国债",这类国债利息随通胀的变化而自动调整,实际收益率不受通胀影响。

第二,投资于国家给予优先权的实业,特别是投资于具有长期稳定回报的铁路、高速公路、机场、港口码头等基础设施建设。这在国外有成熟经验,一般会占到养老金资产配置的三成左右。在我国可预期的将来,经济仍然会持续较快增长,基础设施建设规模仍然会比较大,养老基金投资于此领域大有可为,也是相对安全和收益较高的。

第三,投资于房地产市场,特别是投资于商场、酒店、写字楼、停车场等大型商业物业和不动产,既可以收取租金,也可以坐享房价地价升值收益。房地产也属于风险市场,但相对于股票市场来说,还是要稳妥得多。国外养老基金也有相当比例配置于此。此外,土地使用权和各种矿产权主要集中在政府手中,这是我国特有的,一定意义上讲也是个优势,可以研究养老金进入土地使用权市场和矿产权市场的可能性。

第四,择机进入股权投资和股票市场。股票市场具有高风险、高回报的特点。随着我国资本市场的不断完善,养老金进入股市也是大势所趋,但需要严格限制在一定比例内。需要特别指出,炒股是一种"零和游戏",有人赚,必有人赔。养老基金是老百姓的养命钱,只能分享经济增长和股市发展的红利,不能为眼下不景气的股市买单。

总之,养老基金投资一定要实行多元化、多层次的战略,通过科学合理的组合投资来控制风险、实现收益最大化。

2012年2月7日

推进城乡居民社会养老
保险制度全覆盖工作调查报告

孙慧峰　刘文海　乔尚奎　冷云生

按照中央要求,今年年底前实现新型农村社会养老保险和城镇居民社会养老保险制度全覆盖。最近,我们就两项社会养老保险工作的进展情况,分赴江西、福建、贵州、陕西等地进行调研,并发函请北京、河北、山西等 9 个省市提供相关资料,现将有关情况报告如下。

一、总体情况

各地认真贯彻落实中央决策部署,把建立城乡居民社会养老保险制度作为民生工程的大事来抓,切实加强组织领导,扎实稳妥推进工作,试点工作总体进展顺利。

一是两项试点工作进展较快。广大城乡居民对社会养老保险的需求非常迫切、参保积极性很高,各地都加快了试点工作进度。我们所调研的地方,江苏、北京等地已经提前实现了制度全覆盖,其他大部分省市的试点面都超过了 60%,参保率超过 80%,有的超过 90%。一些地方还向贫困地区和革命老区倾斜,在这些地方"先试先行"。如贵州省将贫困县优先纳入试点,50 多个国家扶贫开发重点县已全部实现制度覆盖;江西省中央苏区县、贫困县也全部先期纳入了试点范围。

二是财政资金投入基本到位。推进新农保和城居保试点,财政投入是关键。除了中央财政补助资金以外,各级财政都将两项保险政府补助资金列入年度财政预算,做出专门安排。福建省明确提出"当年先行预拨、次年据实结算、差额多退少补"的资金拨付办法,确保资金及时到位。江西省补贴资金由省财政拿大头,对参保人员缴费每人每年30元的基本补贴,省财政负担24元,占80%,大大减轻了县(市、区)的财政负担。

三是主动上调保障水平。在国家统一制度框架内,各地大都通过增加个人缴费水平、提高基础养老金等方法,为参保居民提供更高保障。在缴费档次方面,福建省将新农保和城居保个人缴费最高标准分别提高到每年1200元和2000元,有的市提高到了4000元。在基础养老金方面,广州市将基础养老金提高到每人每月130元,厦门市提高到每月200元。此外,江西、贵州、陕西的一些地方对城乡居民社会养老保险待遇领取人员增加了丧葬补助金项目,领取标准为300~1000元,既体现了人文关怀,又有效地纠正了享受待遇人员死亡信息上报不及时的问题。

北京市的城乡居民养老保险保障水平较高。目前每年缴费标准最低为960元,最高为7420元,基础养老金待遇为每人每月357.5元。加上个人账户,城乡居民平均养老金水平达到了每人每月450元,接近北京市城市居民最低生活保障标准。

四是普遍建立缴费激励机制。一类是鼓励多缴费的政策。许多省份都实行分档累加激励,每提高一个缴费档次,政府补贴增加5元,最高补贴至50元或70元,部分县市将政府补贴最高标准提高到105元。另一类是鼓励长缴费的政策。对于缴费超过15年的,有的地方规定每超过1年,基础养老金加发1%,有的地方规定每超过1年,基础养老金增发1~2元。

五是探索城乡一体化实施。许多地方响应国家的要求,开展了将两项社会养老保险合并实施的探索,为城乡居民提供一体化、均等化的服务。北京、陕西、河南等地从一开始试点就将两项保险合并为城乡居民社会养老保险统一实施。福建省将各级农村社会保险管理中心更名为城乡居民社会养老保险管理中心,统一经办新农保和城居保业务。

六是努力提高经办服务能力。各地非常重视城乡居民社会保险经办服务,努力为参保居民提供及时、有效的服务。在经办机构建设方面,福建、江西基本做到县、乡两级机构、人员、经费、场所、工作、制度"六到位",村级还设有劳动保障协理员,省里对每位村级劳动保障协理员每月发放100元工作补贴。在经办服务方面,针对农村服务网点少、农民缴费和领取待遇不方便的问题,各地探索出一些各具特色的实招。福建省要求农村合作金融机构在村委会或者村民活动集中的小卖部、电信代办点设立村级金融服务便民点,力争使参保农民不出村就能办理参保缴费和领取待遇业务,目前已有1万多个建制村设立了金融服务便民点,布点率达到74%。

二、存在的困难和问题

调研中,各地反映比较突出的困难和问题主要有以下方面:

一是部分地区完成全覆盖的任务还比较艰巨。一些地方反映,今年需要进行制度覆盖的县,多数财政能力和工作基础较为薄弱,一些党委政府领导的认识不到位,工作积极性和主动性与前期试点地方相比有一定差距。可以说,留下的都是一些"硬骨头"。有的试点地方反映,目前中央补助资金按照90%的比例预拨,试点县(市、区)需要垫付一个多月的资金,形成了一定的财政压力。

二是经办能力弱、服务体系滞后的问题比较突出。由于编制总数受限,各地普遍反映经办人员不足,目前采取编制内调剂的办法暂时缓解了基层经办人员少的矛盾,但并没有从根本上解决问题。同时,农村地区金融网点普遍较少,群众参保缴费和领取养老金都存在很大不便。还有少数地方存在对参保居民开卡收取年费等问题,增加参保人负担。

三是少数地方存在"子女不参保导致老年人领不到养老金"的问题。国务院试点指导意见规定,"新农保制度实施时,已年满60周岁、未享受城镇职工基本养老保险待遇的,不用缴费,可以按月领取基础养老金,但其符合参保条件的子女应当参保缴费"。一些地方将这条规定看作"家庭联动机制",在具体操作中,按照"子女不参保,老年人不能领取基础养老金"来执行。少数家庭老人和子女关系不融洽,子女故意不缴费,刁难老人;一些老人的子女确实经济困难,无力缴费,导致老人不能领取养老金。因为这个问题,一些地方出现群众上访,影响了社会稳定。

除此之外,基层同志也提出其他一些问题,包括:基础养老金水平较低、积累资金保值增值问题逐渐显露、各项制度衔接不完善等。对这些问题也应该予以重视,待完成全覆盖任务以后逐步研究解决。

三、政策建议

第一,加大投入,强化督导,确保年内实现制度全覆盖目标。建议进一步完善中央补助资金预拨办法,将预拨比例从90%提高到100%,实现足额预拨。相关职能部门应加强对重点、难点地区的工作督导,就制度出台、补助资金落实、工作经费安排、机构人员、政策宣传等情况进行检查,及时发现问题,帮助地方解决实际困难。

第二,加快完善政策,提高城乡居民参保积极性。

一是老年人享受基础养老金要与子女缴费脱钩。"家庭联动机制"与新农保自愿参保的基本原则相矛盾,应当停止执行。不论子女是否参保缴费,只要年满60周岁,符合领取条件,都应当把基础养老金按时足额发放到老人手中。对于子女,应采取鼓励和引导的方式使其参保缴费。

二是继续完善多缴长缴的激励机制。重点是鼓励早参保、多缴费、长缴费,使这部分群体的到期待遇与晚参保、少缴费、短缴费的相比具有明显优势,提高参保对中青年的吸引力。

三是加快出台城乡各项养老保险制度衔接办法。可以参照北京市的做法,在与老农保的衔接上,实行个人账户养老金分段计发的办法;在与城镇职工养老保险衔接上,制定缴费年限转换计算的办法。此外,还要尽快出台被征地农民的社会保障纳入现行城镇社会保险制度的框架性意见,以及省际城乡居民养老保险关系转移接续办法。

四是待完成全覆盖任务后,要研究基础养老金正常调整机制,主要是与物价指数变动挂钩,但也不要把目标定得太高。要逐步提高统筹层次,研究基金保值增值问题。

第三,提高基层经办能力和服务水平,为参保居民提供更好服务。各地要合理调配使用编制,保证基层各项社保经办机构必要的工作力量。有条件的地方可对各类社保经办机构进行整合归并。积极探索委托银行、商业保险机构代办社会保险业务的模式,由政府购买服务。加快社会保险信息管理系统建设,对农村和落后地区要适当给以帮助。引导各金融机构参与社会保险业务,引入竞争机制。鼓励金融机构结合实际,增加在农村社区的网点设置。规范金融机构对参保人的服务标准、收费政策,监督他们提高服务质量,收取合理费用。

2012 年 4 月 17 日

企业与国家机关、事业单位退休[*]人员养老金差距情况及有关建议

邓文奎

根据温总理在新华社 3 月 4 日第 116 期《国内动态清样》《社会保障成民生热点问题网民期盼取消养老双轨制》一文上的批示,我们对目前企业与国家机关、事业单位退休人员养老金差距问题做了调查了解,现将有关情况报告如下。

一、企业、国家机关和事业单位养老保障制度基本情况

我国于上世纪 50 年代初,分别建立了企业职工和国家机关、事业单位工作人员退休养老制度,虽然是两个制度,但直到 80 年代以前,企业和国家机关、事业单位退休养老制度的基本模式、待遇领取条件、计发办法和标准都是一样的。改革开放以后,为适应建立社会主义市场经济体制的要求,率先对企业退休养老制度进行了改革。从 90 年代开始建立并逐步完善了社会化的企业职工基本养老保险制度。部分事业单位进行转企改革,也纳入企业职工基本养老保险制度,但是国家机关和绝大部分事业单位仍实行原有的退休养老制度。

(一) 企业职工养老保险制度。目前我国企业职工养老保险制度实行社会统筹与个人账户相结合的模式,用人单位按工资总额 20% 缴费,纳入社会统筹基金,职工按本人工资 8% 缴费,计入个人账户。参保人员到法定退

---

[*] 此文获得国务院研究室 2012 年度优秀研究成果二等奖。

休年龄、缴费累计满 15 年的可以按月领取基本养老金。缴费不足 15 年的可继续缴费至满 15 年或转入城市居民社会养老保险。基本养老金调整由国务院统一部署，2005 年以来已连续 8 年上调，每年均为 10% 左右。据人力资源和社会保障部有关材料，2004 年全国参保的退休人员月均基本养老金为 647 元，今年调整后预计为 1650 元；中央财政对中西部地区和老工业基地的养老保险基金给予补助，2011 年补助 1800 多亿元；2011 年底，全国企业职工基本养老保险参保人数 2.84 亿人，全年基金收入 16658 亿元，支出 12724 亿元，累计结余 19257 亿元。

同时，国家鼓励有条件的企业为职工建立企业年金作为补充养老保险，政府给予工资总额 5% 的免税支持。企业年金采取完全个人账户积累模式，账户资金由专门机构管理，市场化运营，职工退休后可一次性或定期支取。到 2010 年底，有 3.7 万户企业（主要是国有大中型企业）为 1334 万职工建立了企业年金，基金规模 2809 亿元，已有 33 万人开始支取企业年金。

（二）国家机关、事业单位工作人员退休养老制度。目前国家机关干部职工退休后养老金完全由财政负担，事业单位区别不同情况有的完全由财政负担，有的由财政和本单位共同负担，有的完全由本单位负担；不管哪种情况，个人均不缴费，不建立基金，实行现收现付，单位之间互不调剂；退休费标准以本人退休前工资为基数，按工龄长短计发，比例如下表：

机关工作人员（按职务工资和级别工资）		事业单位工作人员（按岗位工资和薪级工资）	
工龄	待遇比例	工龄	待遇比例
不满 10 年	50%		
10～20 年	70%	10～20 年	70%
20～30 年	80%	20～30 年	80%
30～35 年	85%	30～35 年	85%
35 年以上	90%	35 年以上	90%

据人力资源和社会保障部统计，2010 年底，全国国家机关在职人员共810 万人，月人均工资 3960 元，退休人员 297 万人，月人均退休金 3043 元；事业单位在职人员共 3022 万人，月人均工资 3189 元，退休人员 770 万人，月人均退休金 2565 元。

从上世纪 90 年代初开始，一些地区自发开展了事业单位养老保险制度改革试点，实行单位和个人共同缴费，有的还建立了个人账户，但养老金计发办法没有改变,待遇与缴费不挂钩。

二、企业、事业单位、国家机关退休人员养老金差距情况

(一)总体差距情况。从历年统计数据看,上世纪 90 年代初,企业与国家机关、事业单位退休人员养老金待遇大体相当,90 年代中期以后,绝对额差距逐步拉大,2007 年相对比值差距最大,2008 年后呈缩小趋势。具体情况见下表:

年代	月人均待遇水平(元)			比企业高(元)		比值
	企业	事业	机关	事业	机关	企业:事业、机关
1990	134	148	143	14	9	1:1.10、1.06
1995	321	422	435	101	114	1:1.32、1.35
2000	512	805	788	293	276	1:1.57、1.54
2005	700	1346	1469	646	769	1:1.92、2.10
2006	818	1634	1779	816	961	1:2.00、2.17
2007	925	1935	2217	1010	1292	1:2.09、2.40
2008	1100	2106	2537	1006	1437	1:1.91、2.31
2009	1225	2353	2816	1128	1591	1:1.92、2.30
2010	1362	2565	3043	1203	1681	1:1.88、2.23

注:资料数据来源于人力资源和社会保障部。

(二)具有可比性的退休人员差距情况。主要是企业有中高级职称的专业技术人员、原来有行政职务或级别的管理人员、企业军转干部,与国家机关和事业单位中有同样职称、同等职务级别的人员相比,具体如下:

一是退休科技人员养老金待遇比较,职称越高差距越大。2010 年底,企业与事业单位有正高、副高和中级职称的退休人员,养老金待遇每月分别低 2009 元、1301 元、857 元。具体情况见下表:

职称	企业		事业单位		待遇差额(元)	比值
	人数(万人)	基本养老金(元)	人数(万人)	基本退休费加生活补贴(元)		
正高	8	2516	20	4525	2009	1:1.80
副高	92	2129	116	3430	1301	1:1.61
中级	200	1875	352	2732	857	1:1.46

注:资料数据来源于人力资源和社会保障部。

二是有行政职务级别人员养老金待遇比较,职级越高,差距越大。2010年底,企业与国家机关、事业单位相同级别退休人员的养老金待遇相比,司局级正副职每月分别低 2042 元、2721 元;处级正副职分别低 1330 元、1919元;科级正副分别低 796 元、1117 元。具体情况见下表:

级别	企业(元)	事业(元)	机关(元)	比值	
				企业:事业、机关	
厅级	2939	4981	5660	1:1.69、1.93	
处级	2308	3638	4227	1:1.58、1.83	
科级	1864	2660	2981	1:1.43、1.60	
科以下	1634	2189	2279	1:1.34、1.39	
工人	1545	2023	2220	1:1.31、1.44	

注:资料数据来源于人力资源和社会障部。

三是企业退休军转干部与国家机关、事业单位相对应级别退休人员养老金待遇差距较大。2010 年底,正副师级平均每月低 2547 元、1868 元,正副团职低 1826 元、1237 元,正副营职低 974 元、653 元,连排职及以下低 379元、289 元。

目前对养老金待遇差距反映最为强烈的,主要是企业中与国家机关、事业单位具有直接可比性的退休人员。例如,政企分开或事业单位转企后留下的干部和管理人员,有高级职称的科技人员、安置在企业或转企事业单位的军转干部等。对这部分人在养老金待遇确定和历次调整中都给予了政策倾斜,其养老金待遇也高于企业退休人员平均水平,但与国家机关、事业单位同等人员相比差距较大,他们心理还是不平衡。

三、解决办法的初步考虑

如何看待养老"双轨制"和养老金差距问题?从世界范围看,多数国家和地区公务员的养老保险制度都是单独建立的。目前国际上建立了社会保障制度的国家和地区共有 172 个,其中 116 个有单独的公务员养老保险制度,68 个国家和地区有单独的公务员养老保险立法。各国公务员养老保险待遇普遍相对优厚。这是因为在就业市场化条件下,政府公共管理部门也要吸引和留住优秀人才。但是近些年来出现了将公务员养老保障与国民养老保障融合的改革趋势,一些国家已经进行了这方面的改革。

解决我国企业与国家机关、事业单位养老"双轨制"和养老金差距过大问题,首先,要继续增加企业退休人员养老金并进一步向退休科技人员、管理人员和军转干部倾斜,同时抓紧建立企业退休人员养老金正常增长机制。第二,要积极推进国家机关、事业单位养老保障制度改革。国家机关、事业单位养老保障制度改革滞后,与企业养老保障制度不衔接,不仅形成了养老金差距过大的问题,也严重影响人力资源合理流动和优化配置,影响就业市场化进程。第三,以推进国家机关、事业单位养老保障制度改革为契机,统筹考虑我国养老保障制度改革。初步考虑是:总结我国养老保障制度建设经验,借鉴其他国家养老保障制度的经验教训,对我国现行制度进行改造整合,逐步为全体国民搭建一个统一的养老保障平台。其要点是:通过统一的国民基础养老金制度体现公平,通过职业年金制度体现差别,即体现个人的职业特点和贡献。具体实施步骤,可先将城镇职工和国家机关、事业单位的养老保障整合到这个平台上来。这件事现在就应抓紧研究启动,以尽快解决所谓"双轨制"和养老金差距过大问题。现行新农保和城镇居民基本养老保险制度可以继续完善,待以后条件成熟时再整合进来。对上述问题,我们将进一步研究提出具体建议。

2012 年 3 月 15 日

关于重要时政新闻电视直播为* 听障残疾人提供手语服务的建议

乔尚奎

目前,在我国8300多万残疾人中,有2004万听障残疾人,占残疾人总数的24%,此外还有776万兼有听力残疾的多重残疾人。而在电视越来越普及并成为大众传播媒介的今天,广大听障残疾人在获取电视信息方面还存在严重障碍,迫切要求加快开设电视手语栏目,特别是重要时政新闻电视直播提供手语服务。

一、开设电视手语栏目和重要时政新闻直播加配手语翻译,是保障残疾人公民权利的重要体现。我国《残疾人保障法》明确规定:"残疾人在政治、经济、文化、社会和家庭生活等方面享有同其他公民平等的权利。""公共服务机构和公共场所应当创造条件,为残疾人提供语音和文字提示、手语、盲文等信息交流服务。"开设电视手语栏目,为重要时政新闻电视直播配备手语翻译,能够有效地保障听障残疾人同其他公民一样同步"聆听"党和政府的声音,帮助他们及时了解知晓国家重大政治活动和方针政策,共享平等参与的权利。同时,联合国《残疾人权利公约》也规定:"缔约国应当采取一切适当措施,确保残疾人能够在与其他人平等的基础上,通过自行选择交流形式寻求、接受、传递信息,包括承认和推动手语的使用。"因此,开设电视手语栏目和电视直播配备手语翻译,也是我国履行国际人权公约、保障残疾人人权的重要体现。

---

* 此文获得国务院研究室2012年度优秀研究成果二等奖。

二、大型会议活动提供现场手语服务及开设电视手语栏目已成为国际通行做法。从世界各国特别是发达国家和地区的经验来看,为听障残疾人人群提供手语服务或设立电视手语栏目是切实保障其知情权、发展权和平等参与的重要方式。目前,许多大型国际会议、国际体育赛事以及国际残疾人组织开展的各项活动中,手语翻译已经成为帮助听障残疾人共同参与的不可或缺的辅助手段,如:北京国际残奥会、世界聋人协会举办的各类会议等。美国是目前全世界提供手语翻译服务最普遍的国家,在一些大型的世界性听觉障碍者会议上专门为来自不同国家的听觉障碍者配备手语翻译,美国的电视新闻配有与播音员语音一致的同步滚动字幕,美国听障残疾人能更多地从电视上了解新闻内容。挪威立法规定,电视台必须配有字幕和手语。日本、韩国的国家电视台在播送新闻时基本都配备了真人或电子手语主持,如日本电视台转播日本福岛核泄漏的新闻,每当日本内阁官房长官枝野幸男登台发言,会有一位女性手语翻译,现场向观众提供手语翻译服务。

三、我国开设电视手语栏目现状及建议。为丰富听障残疾人的精神文化生活,增加他们了解党和政府政策及有关信息的渠道,2011 年 10 月,中央电视台在新闻频道《共同关注》栏目日播新闻直播节目中开辟手语直播,得到了广大听障残疾人及其亲属的热烈欢迎和回馈。今年春节,中国残疾人服务网与央视首次合作开展 2012 年春晚网上无障碍(文字 + 视频)直播活动,实现了听障残疾人与健全人同步共享央视春晚文化盛宴,当晚播出完,网上直播页面点击量达到 42 万人次,听障残疾人纷纷通过网络等渠道表达对社会关爱残疾人的感激之情。据中国残联统计,截止 2009 年底,全国共开辟省级电视手语新闻栏目 26 个,地市级电视手语新闻栏目 142 个。但是,包括中央电视台在内的全国大部分各级电视台的主要栏目、重要时政新闻直播还没有加配手语服务或字幕。

随着信息化加快发展,广大听障残疾人对同步接收新鲜资讯的需求非常强烈。特别是近年来党和政府惠及民生政策密集出台,听障残疾人朋友尤其希望通过电视方式及时了解国家的方针政策,直接获得惠及残疾人群体的民生保障政策信息,帮助他们实现平等参与和共享。为此建议:

一要认真落实《残疾人保障法》和《中国残疾人事业"十二五"发展纲

要》等相关法规政策,中央、省、设区的市电视台要积极创造条件开办手语栏目和残疾人专题节目。中央电视台《新闻联播》等重要新闻、资讯类节目要尽快加配手语、字幕;直播全国"两会"、党中央国务院重要会议、党和国家领导人重要活动等重要时政新闻节目要率先提供手语直播服务;积极推进影视剧和其他电视节目加配字幕。

二要建立包括听障残疾人电视手语栏目在内的残疾人信息无障碍建设推进工作机制。应成立中宣部、财政部、工业和信息化部、国家广播电影电视总局、中国残联等部门参加的推进信息无障碍建设协调机构,增加投入,配套联动,整体推进。对困难地区电视台开设手语栏目和残疾人专题节目给予扶持。

三要加强宣传,营造全社会关注残疾人信息交流无障碍建设的良好社会氛围。

2012 年 2 月 9 日

先看病后付费应予推广

——山东省济宁市医疗付费方式改革调查

乔尚奎　孙慧峰

"先看病后付费"不仅是医疗服务付费方式的改革,更是医疗服务模式和管理体制的改革。长期以来,人民群众对"看病难、看病贵"问题反映强烈,一个重要方面就是当群众患病特别是大病、重症、急症需要住院时,部分家庭困难患者短时间难以筹集大额住院押金,从而影响对患者的及时救治,也加大患者与医院的紧张关系。在解决这个问题上,山东省济宁市探索出了新路子。

一、济宁市是怎样做到"先看病后付费"的?

济宁"先看病后付费"的服务对象包括:在本市参加城镇职工医保、城镇居民医保、新农合的患者,"三无"病人(无姓名、无住址、无陪人)和危重病人。基本做法是:患者在办理住院手续时不需交押金,只需出示医保证和本人身份证、与医院签订《住院治疗费用结算协议书》即可住院治病。出院结算时,个人只需要支付医保报销后自付的部分,其余费用由医疗保险机构与医院结算。这一改革最早于 2010 年 12 月在兖州市(县级市)中医院开始试点,效果非常明显。不仅提升了中医院的经营业绩,也降低了患者的负担,医患关系得到明显改善。

经过一年多时间的试点,2012 年 2 月,济宁市开始在全市推行"先看病后付费"模式。截止到 6 月份,全市 262 家各级各类医保定点医疗机构已经全面实施了这一模式。实行这一付费方式以来,全市没有出现 1 例恶意逃费的患者。改革之所以能够顺利推进,主要是靠以下做法:

(一)医疗保险兜底。全市城镇职工、居民医保和新农合的参保比例都达到了 99% 左右,基本上人人都有医保。这是"先看病后付费"的重要保障。住院费用中,医保患者一般能报销 65% ~ 80%,需要患者自付的费用比例只有 10% ~ 40% 左右。据兖州中医院的院长讲,报销比例高,医院的风险就低,有了医保兜底,即使有人欠费或者逃费,医院也能收回成本。实际上,根据兖州中医院计算,目前该院患者住院平均花费 2400 元,个人需要承担的只有 240 ~ 960 元,大部分人还是能够承受的,不会恶意逃费。

在与医疗保险机构正式结算前,患者自付以外的费用实际上由医院垫付。为了减轻医院的垫资压力,济宁市采取了两个措施:一是将城镇基本医疗保险、新农合周转金的拨付比例从 10% 提高到 15%,每年度 3 月底前确保拨付到位。二是不断优化医疗费用结算程序,缩短结算时间,各级医疗保险、新农合经办机构与"先看病后付费"的医疗机构至少每月进行一次费用结算,结算资金在 5 日内就能拨付到位。

(二)控制医药费用。与"先看病后付费"改革相配套,济宁市制定了许多措施,以规范医疗机构行为,把医疗费用控制在合理的范围内。一是医院出台杜绝大处方、乱检查措施;二是控制药品收入比例,不得超过总费用的 1/3;三是落实基本药物制度。只要是没有特殊疾病情况的病人,全部使用基本药物和医保报销目录的药物。四是推行单病种付费、临床路径。对一些常见病、多发病的治疗费用实行最高限价。五是严格执行住院费用"一日清单"制度。每天给患者打印前一日费用清单,接受患者监督。使用医保目录外的药物要由患者或家属签字认可,否则患者可以拒付。

作为医院来讲,采取后付费的模式,如果乱检查、乱收费、服务不好,患者就可能拒付费用,医保资金也可能拒付或者少付。这就迫使医院必须规范自己的诊疗行为,提高服务质量,很大程度上抑制了医疗机构创收的冲动,从而控制医疗费用的整体增长。2011 年,兖州中医院人均住院费用比上年同期下降 600 多元,降幅为 20%。

(三)完善医疗救助机制。作为"先看病后付费"模式的一部分,对于少数困难群众,如果出院时一时拿不出自己应负担的费用,可以和医院签订协议,两年内分期付款。两年后仍无法偿还的特困患者,医院视情况给予一定减免或者全部免除。济宁市政府也制定了一些措施,加大对困难群众的救助力度。一是建立了 100 万元专项资金。主要用于补助"三无病人"、恶意逃费患者住院治疗个人应承担的部分费用。基本原则是"医疗机构负担大部分、专项资金补助少部分"。二是大额救助。城镇职工医保大额医疗补助和困难群众大病救助标准分别提高到 20 万元和 8 万元。设立 1000 万元大病救助资金,对于低保对象、五保对象及孤儿,最高救助 10 万元,其他困难居民最高救助 8 万元。

（四）建立防止欠费的制度。一是签订《住院治疗费用结算协议》,明确患者依法履行缴费的义务。这是医院追缴恶意逃费的证据,必要的时候可以向法院提起诉讼。二是大额费用分段结算。达到 2 万元以上的大额费用需要患者先结算一次,只需要支付个人自付的部分即可。三是建立预警机制。住院期间,明确相关科室和人员职责,提前判断欠费风险。出院后,根据患者欠费天数实施分级预警,并采取相应催缴措施。四是建立不良诚信记录。如果患者有逃费行为,会被记入信息系统,以后住院就不能再享受"先看病后付费"了。医疗保险经办机构还定期将恶意逃费者的信息向有关部门通报。

济宁市"先看病后付费"模式从试点到推开一年多来,得到了社会的广泛认可,成效显著。从患者角度看,再不用担心交不起押金、住不了院了。省去了筹钱的麻烦,不会因为暂时无法交费而延误治疗时机,特别是确保了急重症患者能得到及时有效救治。从医院角度看,再不用背负"见死不救"的骂名,也不用天天催着病人缴住院费,真正专注于治病救人,医患关系大大改善。同时,"先看病后付费"还明显提升了医院的业务量,增加了医院收入。从社会角度看,医疗领域的这一小小改革不光是树立了医院和卫生行业的良好形象,也有助于全社会形成诚信、互相信赖和尊重的氛围,拉近了人与人之间的距离,促进了社会和谐。

二、怎样在全国推广"先看病后付费"?

目前,山东省已在全省县级及以下医疗机构全面实施"先看病后付费",并逐步向市级医疗机构推广。全国其他一些地方也在尝试开展"先看病后付费"工作。从各地试点情况看,"先看病后付费"模式是可以复制的,只要措施得当,完全可以在全国推广。有关部门应当系统总结济宁的经验,先由县级及以下医院开始,逐步分层次地在市级及其他具备条件的医疗机构推行。与此同时,应积极采取以下措施,确保"先看病后付费"模式顺利实施。

(一)不断提高基本医疗保障水平。较高水平的基本医疗保障是实施"先看病后付费"的重要前提。近年来,我国城乡居民和城镇职工的基本医疗保障水平不断提高。2011年,城镇居民医保和新农合的筹资水平达到了300元以上,政策范围内住院报销比例都已经达到70%,预计今年将提高到75%,城镇职工医保报销比例在80%左右。这为实施"先看病后付费"奠定了基础。下一步,一是要继续稳步提高筹资水平。筹资水平的增长要与医疗服务价格增长、医疗服务质量提升、社会平均收入水平增长等因素相适应。二是逐步提高实际报销比例。与政策报销比例相比,当前实际报销比例还是偏低。目前,城镇居民医保和新农合资金都有较多的结余,具备适度提高保障水平的条件,应通过合理测算和适当政策调整,缩小实际报销比例与政策报销比例之间的差距。三是要适应当前城镇化加快发展的现实,做好流动人口在异地就医的即时结算工作。有条件的地区要逐步提高医保统筹层次。

(二)深入推进公立医院改革。公立医院是实施"先看病后付费"的主体。"先看病后付费"与公立医院改革是相辅相成的。一是完善医保支付制度。主要是继续推行按病种付费、总额预付等新的支付制度。特别要合理测算预付比例,保障医院的正常资金周转需要,减少医院资金垫付。二是取消以药补医。要完善基本药物制度,增加基本药物数量,在公立医院推广使用基本药物,并实行零差率销售。逐步取消所有药品加成,医院不得通过卖药获得收入。医院减少的合理收入通过提高医疗服务费和增加政府投入等渠道进行补偿。三是改革医院的收入分配制度。要把患者对医院和医生的满意度作为一个重要考核指标,与医保对医院的支付比例挂钩,与医生的绩效收入挂钩。

(三)完善大病保障机制。要杜绝医院"见死不救"问题,必须建立起多渠道的大额医疗费用筹集机制。当面临急症重症患者、"三无"病人,医院首先想到的应当是治病救命,而不是担心费用没人承担。只有这样,"先治病后付费"才有底气。一是在基本医保中建立保大病的机制。可以有多个途径。一种是直接在医保中报销，目前国家已经全面推开尿毒症等 8 类大病保障，将肺癌等 12 类大病纳入保障和救助试点范围，今后应继续探索将更多的大病纳入医保保障范围。第二种途径是通过财政补助，为参加医保的群众集体购买大病商业保险，发挥商业保险的功能，确保其微利运营。二是加大医疗救助力度。建立民政部门与医疗保险经办机构、医院之间的联系机制，对于大额医疗支出，经医疗保险报销后患者仍然无力承受的，民政部门应及时给予救助。三是发挥社会力量的作用。鼓励各种民间慈善组织、基金会、企业、个人为患大病无力支付医疗费用的困难群众提供救助。政府部门应为这类社会组织的登记创造条件。企业、个人等对困难患者的直接救助支出应当等同于对慈善组织的捐款，允许在税前扣除。四是建立独立于医疗保险的医疗风险补助基金，专门用于补助医院"三无病人"、逃费病人的医疗费。补助标准应以医院提供的医疗服务成本价核算，医院只能获得微利。

（四）建立社会诚信系统。"先看病后付费"的实施既依赖于社会信用体系，也有利于社会信用体系的完善。一是推广全国通用的"医保卡"。卡内记录患者的相关信息，对于有过欠费或逃费记录的，全国医院都能够看到，不再允许其享受"先看病后付费"。对于失信者，医疗保险要降低其报销比例。同时，逐步实现医疗信用信息与银行、保险、住房、企业等系统的信息联网，让无诚信者处处难以容身。二是建立滞纳金制度。参考银行系统的做法，对于拖欠缴费的，按一定比例收取滞纳金，目的是督促其尽快缴费。滞纳金的比例要适度，不应定得太高。三是完善法律法规，加大对逃费者的依法打击力度。患者入院时要与医院签订《住院费用结算协议书》，一旦逃费，医院可以依法向法院提起诉讼。法院应简化诉讼程序，尽快依法作出判决。

2012 年 8 月 28 日

加快建立中国特色社会管理体制

刘应杰

一、我国社会管理体制的现状、面临的矛盾和问题

经过 30 多年的改革开放,我国经济体制改革取得了巨大进展,已经建立起比较完善的社会主义市场经济体制。适应社会主义市场经济体制的建立和完善,我国社会发展和社会体制改革也取得了重要成就。主要表现在:一是随着农村改革和城市改革的进展,逐步打破城乡分离的"二元社会结构",朝着建立城乡统一的社会管理体制迈出了重要步伐。二是随着自由择业和社会流动的发展,产生了越来越多的自谋职业者和自由职业者,许多人已经从"单位人"转变成为"社会人"。三是随着工业化和城镇化的发展,许多农村人逐渐转变成为城市人,同时也形成了庞大的农民工群体。四是随着个体私营等非公有制经济发展,一些民营经济和民间组织逐步发展起来。五是随着人们工作性质和社会生活的发展变化,社会保障体系逐步建立和不断完善,由以前的单位保障和家庭保障逐步向社会保障转变。

与此同时,我国社会管理体制还面临着突出的矛盾和问题。总体上看,社会管理体制还相对滞后,与社会主义市场经济体制不相适应,还没有建立起适应现代社会流动、充分激发社会自身发展动力和活力、具有中国特色的现代化的社会管理体制。主要表现在:一是政府包揽的社会事务太多、干预太多,管了许多不该管、管不了、也管不好的事情,社会组织发育不足,社会自身发展还缺乏动力和活力。二是中国社会还处在大变动、大转型的过程之中,还没有形成比较稳定的、成熟的社会结构,特别是收入差距过大,社会

利益格局面临着不少矛盾,正处在社会矛盾的凸显期。三是工业化、城镇化快速发展造成大量的社会流动,突出表现为中国存在世界上非常罕见的、庞大的农民工群体,对于一个处在高度流动中的社会管理还缺乏经验。四是由传统的农业社会和农村社会急剧转变为工业社会和城市社会,还没有建立起一套社会普遍遵守的社会规则体系,表现为比较严重的社会失范和无序状态。

与国外发达国家相比较,我国还处在现代化的过程之中,处在一个快速发展和转型之中,还没有建立起一个高度发达和成熟的社会。与建立和完善社会主义市场经济体制相适应,必须加快建立中国特色的社会管理体制。这是我国改革面临的一个重大历史性任务。

邓小平同志在1992年视察南方时的谈话中指出,再有30年的时间,我们才会在各方面形成一整套更加成熟、更加定型的制度。那么,大约到2020年,在我国全面建成小康社会之时,我们应该基本建立起一个适应现代化要求的中国特色社会管理体制。

二、中国社会体制改革的目标和思路

我国经济体制改革的成功举世瞩目,其中一条重要经验就是"放开搞活",即放开体制外的发展,实行农村家庭经营,发展个体、私营、外资等非公有制经济,反过来推动体制内的改革和发展,形成一种平等竞争关系,带来整个经济的发展繁荣。

社会体制改革也可以借鉴经济体制改革的成功经验,选择一条循序渐进的路径:放开体制外的发展,反过来推动体制内的改革发展,最终建立起一个充满动力和活力的社会体制和运行机制。

经济体制改革所要解决的基本问题是政府与市场的关系,主要表现为政府与企业的关系,采取的措施是政府不断减少、直至最终不再干预企业的自主经营活动,致力于创造公平竞争的市场环境,加强政府的经济调节和市场监管职能,建立起政府加强宏观调控与充分发挥市场机制作用相结合的良性运行机制。社会体制改革所要解决的基本问题是政府与社会的关系,主要表现为政府与组织的关系,采取的措施应该是为各类社会组织的发展创造良好的社会环境,政府不断减少直至最终不再干预社会组织的活动,致力于建立依法管理、自主发展、自我约束的社会机制。就像经济体制改革当初允许个体私营经济发展之时,社会上存在着很大争议,甚至担心"姓资""姓社"的问题;现在社会体制改革允许发展社会组织,也会存在不同的看法,担心会出现"失控"和"混乱"的现象。但只要我们积极引导、依法管理,就能够解决出现的问题。

我国社会体制改革的目标应该是建立与社会主义市场经济体制相适应、适应现代化要求的中国特色社会主义社会管理体制。为此,必须从中国国情出发,借鉴世界各国现代化的有益经验,坚持中国特色社会主义道路,进一步转变政府职能,切实履行好政府社会管理和公共服务职能,建立起"小政府、大社会"的管理格局,构建政府管理与社会自治相结合、政府主导与社会参与相结合的社会管理体制,形成政府提供社会管理和公共服务、社会组织自主发展和自我约束相结合的良性运行机制。

三、建立中国特色社会管理体制的主要任务

建立中国特色的社会管理体制是一项宏大的历史性任务,涉及到社会管理体制多方面的改革,要通盘考虑,周密部署,循序渐进地向前推进。

第一,政府切实履行好社会管理和公共服务职能。在社会主义市场经济条件下,政府承担着四大职能,即经济调节、市场监管、社会管理和公共服务。正像政府的经济调节和市场监管,目的是充分发挥市场的活力,弥补市场的不足,纠正市场的缺失,创造更好的市场环境。政府的社会管理和公共服务,目的是更大程度地激发社会的活力和动力,保证社会的稳定和有序运行,提供良好的公共服务。在社会体制改革中,政府职能转变主要是改变以前的"大包大揽"、无所不管的状况,把一些社会能够自我管理的职能逐步转移给相应的社会组织来承担,并加强管理、引导和服务,培育社会组织的自我发展能力。政府在公共服务方面要区分基本公共服务与非基本公共服务,政府主要是提供基本公共服务,而把非基本公共服务交给相应的社会组织或市场来承担。这更有利于在加强政府基本公共服务的同时,为国民提供更广泛的多样化的公共服务,满足其高水平的、多层次的需要。

第二,建立和完善现代社会运行机制。现代社会应该是一个公民社会,公民成为社会的主体,主动参与社会事务的管理。中国传统社会是一个"国

家",而不是一个"社会","国"管到"家","社会"发育不足,形不成有效的社会管理能力。为了加强现代社会管理能力,必须提高全社会的公民意识,提高其发育程度和自我管理能力。现代社会在国家与公民之间除了存在大量企业承担着市场经济的职能,还有大量的社会组织承担着社会管理和运行的职能。特别是一些非盈利性、公益性的社会组织,提供大量的非基本公共服务,满足人们广泛的、多层次的社会需要。在国外一些大企业家如比尔·盖茨和索罗斯等把大量的资金捐助到非盈利的公益性组织,包括发展慈善事业。我国推进社会管理体制改革,应积极稳妥地发展社会力量,创新社会管理体制,建立和形成现代社会的运行机制。

第三,规范发展各类社会组织。可以考虑,选择发展三种类型的社会组织:一是社会事业类组织。鼓励民间资本进入教育、医疗、科技、文化等领域,发展体制外的民营社会事业,特别是鼓励发展非盈利性的社会事业,与现有的国有公立类社会事业形成平等竞争关系,形成一种外在压力和内生动力,推动我国社会事业进一步改革发展繁荣。二是公益类组织。鼓励、引导和支持公民和民间资本投入社会公益活动,如发展慈善组织、环保组织、社会自愿者组织等,提供更多的社会服务。三是自我管理类组织。人的社会性决定了人们在社会生活中需要社会交往,需要正常的沟通与联系。人们通过一定的组织自我管理、自我服务,有利于促进社会发展进步。近年来已经出现了一些人们自发形成的社会组织,如自驾车友会、"驴友(旅游爱好者)会"、书法爱好者协会、摄影爱好者协会、各种老年体育锻炼、文艺娱乐等协会,对广大群众参与社会生活发挥了积极作用。应该鼓励、引导和支持这些社会组织正常有序发展,并且依法进行规范管理。为此,要加快制定《社会组织法》,对各类社会组织的发展作出法律规范,做到依法管理、自主发展。

第四,积极推进基层社区自治。社区是社会的基础,是最基层的社会组织。一个社会要健康有序发展,必须建立和完善社区这个基础。社区应该成为一个基本的社会自治组织,发挥群众自我管理的积极性、主动性和创造性。我国城市居民委员会组织法和农村村民委员会组织法都规定,居民委员会和村民委员会是居民自我管理、自我教育、自我服务的基层群众性自治组织。社区自治是我国社会管理体制建设的基础,要进一步扩大社区自治的范围,丰富社区自治的内容,使社区成为我国社会管理的基本单元。

第五,加快建立和形成现代化的稳定的社会结构。现代社会稳定发展的基础是建立起稳定的"中间大、两头小"的"橄榄型"社会结构,即社会中等收入者占绝大多数,超富群体和贫困群体都占极少数。社会收入差距相对较小,分配比较公平,人们通过个人能力、劳动获得相应的报酬,个人对社会的满意度较高,社会利益格局比较协调,建立起一个公平、均富的社会。针对我国在发展中收入差距扩大的趋势,需要下大力气改革收入分配制度,扩大中等收入者比重,提高低收入者收入水平,通过分配调整和税收调节等手段限制过高收入,从根本上解决分配不公的问题,走共同富裕的道路,建立起收入分配的良性运行机制。

第六,加快建立符合现代化要求的社会规则。我国正处在由传统人情社会向现代契约社会的转型过程之中。传统的伦理道德处理的是特殊的亲疏远近的人际关系,而现代的社会规范处理的是普遍的一视同仁的社会关系。符合现代文明要求的社会规则是现代社会正常运转的基石。我们应该加快建立现代社会的基本规则,培养公民的诚信意识、规则意识。要从最基础的做起,首先是诚信,其次是守规矩,包括遵守基本的交通规则、现代文明生活守则等,提高我国的国民素质和社会文明水平。

2012 年 5 月 10 日

食品安全信用体系
建设面临的问题及建议

孙梅君

在今年全国"两会"上,食品安全问题再次引起代表热议,依靠企业诚信从源头上治理食品安全乱象成为普遍共识;在刚刚落幕的央视 3·15 晚会上,曝光的一桩桩造假黑幕,披露的一个个无良企业,再次将食品安全诚信问题推到了风口浪尖。我们认为,持久稳定的食品安全,除了严刑峻法、加强监管以外,最终取决于食品企业的诚信自律和主体责任,而信用监督缺失则是当前食品安全监管中最薄弱的环节,迫切需要引起高度重视,加快推进食品安全信用体系建设,构筑保障食品安全的长效机制。

一、诚信缺失是食品安全问题屡打不绝的根源

近年来政府在加强食品安全监管方面做出了巨大努力,有效遏制了食品安全事件频发、高发势头,但制约我国食品安全的突出问题仍未得到根本解决。从"三聚氰胺"、"瘦肉精"、"地沟油"、"染色馒头"到今年央视 3·15 晚会上曝光的"麦当劳"、"家乐福"过期食品翻新销售等等,无一例外地暴露出一些食品生产经营单位诚信缺失之危害。这些食品安全案件主要并不是生产技术和管理水平落后造成的,而是一些不法分子主观恶意、见利忘义,不讲信用、道德失守所为,严重影响到人民群众的身体健康和政府监管效力。可以说,"信用缺失"导致的"人为污染和添加泛滥",是当前我国食品安全问题的主要隐患,食品行业缺乏信用监督和诚信环境、市场约束机制和行业自律机制不健全是食品安全事故屡禁不止、屡打不绝的根源。

没有诚信经营,就没有安全食品。诚信,是社会文明的标志,是经营活动的基石,也是人们对食品领域最迫切的期待。如果诚信缺失,再好的法律和制度、再好的技术和管理,也难以防范食品安全风险。因此,治理当前我国食品安全乱象,除了采取严惩重处高压打击外,加强食品安全诚信体系建设已刻不容缓。其中,建立健全食品安全信用档案则是最基础、最根本、最紧迫的任务,需要引起高度重视,采取有效措施加快推进。

二、食品安全信用体系和档案建设中面临的主要问题

我国政府对食品安全诚信体系特别是信用档案的建立给予了充分的重视。早在2004年,国家八部局就联合印发了《关于加快食品安全信用体系建设的若干指导意见》,提出用五年时间建立起我国食品安全信用体系的基本框架和运行机制。2009年颁布的《中华人民共和国食品安全法》,首次将"建立食品安全信用档案"列入立法程序。2011年4月,国办下发通知,要求年底前各监管部门按系统对所有食品生产经营者建立食品安全信用档案。前不久,国办下发的《2012年食品安全重点工作安排》,再次要求全面建立食品生产经营信用档案。但从调研的情况看,食品安全信用体系和档案建设进展较慢,管理和运行更是步履艰难。

一是要求比较模糊。近两年,有关部门在推进食品安全诚信体系和信用档案建设方面做了大量工作,在一些重点领域、重点地区开展了试点,部分行业已全面推行,取得了一定成效,但全面实施还面临不少困难。各类食品生产经营单位食品安全档案的具体内容是什么?谁来评定、如何评定食品安全信用等级?能否共享,共享的权限和范围是什么?信用体系谁来管理、如何管理?等等,并不是很明确;一些地方、一些企业对诚信体系建设的认识不到位,工作进展不平衡;企业守信激励和失信惩戒机制不健全、相关措施也研究不够,监管部门在实际操作中普遍感到困惑。

二是标准难以统一。我国现阶段食品安全监管采取"分段监管为主、品种监管为辅"的方式,不同部门对其监管的食品生产经营单位在建立食品安全信用体系和档案方面有不同的认识,在档案内容、档案载体、信用分级、信用评定以及信息披露等方面的标准很难统一,导致人们对食品安全信用档案的疑惑、误解甚至不信任,难以开展有效的社会监督。

三是管理和执行难度大。食品安全信用体系和档案建设成本高，不仅涉及建设之初各种软硬件初始投入，而且还包括后续监管阶段企业信用等级的动态评估、信用信息的录入和管理等。同时，我国食品生产经营者数量巨大、种类繁多、参差不齐，各监管部门普遍存在监管任务重、人手经费缺的突出矛盾，"救火"往往成为常态，一些长远的、基础性的工作难以得到重视，档案的质量和后续管理很难到位。事实上，"2011 年年底前各监管部门按系统对所有食品生产经营者建立食品安全信用档案"的要求也难以真正落实。

四是"花钱买信用"损害公信力。在已有的食品安全案例中，不乏"花钱买信用"的先例。如去年央视报道的《"健美猪"真相》就深刻揭露了"问题猪肉"如何凭借买来的"通行证"一路畅通无阻的事实。一些检疫站、检查站不仅没有履行执法职责，反而干起了售卖证明、收黑钱的勾当。如何避免"花钱买信用"的现象也是食品安全信用档案建设过程中面临的重要问题之一。

三、加快推进我国食品安全信用体系和档案建设的几点建议

民以食为天，食以安为先。加强食品安全信用体系建设是化解食品安全风险的治本之策，必须高度重视，摆到更加重要的位置。2012 年食品安全重点工作安排对此进行了全面部署，在贯彻落实过程中，需要进一步细化实化措施，多管齐下加快推进。

第一，研究出台信用监督管理办法，明确制度规范和运行机制。目前，一些部门、一些地区相继制定了本行业、本地区的食品安全信用体系和监督管理办法，但无论是信用档案的内容和标准，还是信用体系的管理和运行，都参差不齐。建议由国家食安委牵头，会同相关部门，在总结地方经验的基础上抓紧出台国家"食品安全信用体系建设和监督管理办法"，明确档案要求、制度规范、管理系统、运行机制等，发挥信用体系应有的监督作用。在档案内容上，应包括企业登记注册信息、日常监管抽查信息、信用评定等级、行业评价、消费者反馈等相关信息，由各职能部门负责。同时，督促和指导企业健全内部经营档案，实现食品安全信用信息的全程可追溯。在信用分级上，尽量统一为 ABCD 四级或者 ABCDE 五级，不要各行其是。在评价机制

上要明确评价机构,确定评价指标、原则和办法,各监管部门可结合自身职能,对有关指标的权重做相应调整,综合量化评分。可考虑建立由主管部门、行业和社会评价三者合一的综合评价体系,也可以委托有公信力的第三方进行评价。在信息披露上,建立统一的信用信息网络平台,明确信息发布机构,实现食品安全信用档案共享互联,便于社会监督。

第二,分级分类监管,重点防范高风险。食品从田头到餐桌,覆盖了食品生产、流通、销售和消费整个食品供应链。据华南农业大学的一项研究结果显示,当前发生在生产、流通、销售、消费环节的食品安全事故分别占87.4%、3.8%、7.7%和1.1%。显然,生产加工环节是食品安全监管的重点。具体到生产加工环节,大中型企业和小型、作坊式企业发生事故的占比分别是14.7%和85.3%。前者虽然所占的比例小,但市场份额大,影响的人群多;后者虽然单一事故影响范围较小,但涉及的企业多,监管难度大,具有复杂性、长期性。因此,食品安全信用监督管理需要按照信用档案等级分级分类、重点监管、逐步推进。首先,是规模以上食品生产加工企业,特别是问题突出的领域,今年要全面建立诚信管理体系;其次,是餐饮企业,这一领域直接面对消费者,量大、点多、面广,情况较为特殊,也需要重点防范。再次,狠抓小型、作坊式食品企业,积极推动食品流通和销售环节信用体系建设;最后,数以亿计的农户也要逐步纳入到食品安全信用档案的范畴,以实现全面建立各类食品生产经营单位食品安全信用档案的目标。

第三,完善信用奖惩机制,褒奖守信、惩戒失信。食品安全信用体系依赖于整个社会信用系统,需要与法律、制度以及其他信用系统配合运用,方能提高信用监督效力。要抓紧研究和完善信用奖惩机制,对诚信企业予以褒奖,对失信企业予以惩戒,鼓励和引导企业诚信经营。可通过信用信息共享平台与工商、税收、金融等部门的管理服务挂钩,与招标评标结合,为诚信企业创造良好的发展环境。将失信企业列入"黑名单",或给予降级评定,或提高准入门槛,或勒令退出市场,"一定让不法分子付出高昂代价,直至倾家荡产",努力营造诚信有益、失信无利的社会氛围。

第四,严惩重处违法行为,维护信用监督公信力。围绕重点品种和突出问题,深化食品安全综合治理,继续保持严惩重处高压态势,坚决遏制各种违法行为。对于食品监管部门的知法犯法,尤其是"花钱买证""花钱买信用""录入虚假信用"等现象,更要坚决予以打击,切实维护食品安全信用的公信力。因此,食品安全监管部门也需要建立自我监督的"信用档案",需要健全失职渎职的惩治系统,需要不推诿扯皮的负责精神和多部门联动的执法常态。

第五,建立食品安全基金,加大投入支持力度。食品安全信用体系建设是食品安全监管的重要内容,迫切需要政府加大投入和支持力度,以缓解基层监管部门资金短缺和人手紧张的矛盾。除了政府监管外,食品安全信用效力的发挥还取决于行业自律和社会监督。可考虑筹集食品安全基金,一是财政拨款,包括已设立的举报奖励专项资金等,二是企业的支持,三是对违法违规企业的罚款,四是社会的捐助,专项用于食品安全信用体系的运行管理、有奖举报等,建立专门的基金委员会和规范的管理制度,并委托第三方进行管理。

2012 年 3 月 21 日

充分发挥人民调解在化解社会矛盾纠纷中的独特优势和作用

——湖南等地基层人民调解工作调查

乔尚奎　冷云生

最近,我们借参加全国司法厅(局)长座谈会的机会,对各地开展人民调解工作情况作了了解,并实地调研了湖南省长沙市、衡阳市基层人民调解工作。报告如下:

一、人民调解在化解社会矛盾纠纷方面具有独特优势

我国民间自古以来就有"排难解纷、止讼息争"的传统。作为一项化解矛盾纠纷的正式制度,人民调解在陕甘宁边区时期创立;改革开放以来,人民调解制度逐步完善。2011 年,《人民调解法》颁布实施,人民调解工作步入法制化、规范化发展轨道。当前,随着经济社会转型步伐加快,社会矛盾纠纷日益增多,人民调解以其独特的优势,在化解矛盾纠纷、维护社会稳定中发挥着越来越重要的作用。

一是植根于群众的天然优势,使人民调解成为化解矛盾纠纷、维护社会稳定的"第一道防线"。人民调解制度既符合中华民族传统美德,又符合基层民主自治的基本要求。人民调解组织深深扎根于基层群众,及时调处化解群众日常工作生活中的矛盾问题,在维稳方面具有不可替代的基础性作用。调研中了解到,基层调解员主要来自民间,大多由德高望重的"主事人""和事佬"担任,他们人熟、地熟、情况熟,为人处世能得到大家认同,是深得

群众信任的"公道人"。群众说,有了调解组织就有了群众说理解气讨公道的地方。

二是人民调解的灵活便捷方式和低成本易于群众接受。心平气和地平息纷争是人民调解的突出特征。调解主要采取说服疏导的方式,促成矛盾双方当事人友好协商解决问题,有利于矛盾纠纷在情理互动中和解,也有利于调解协议的后续履行。同时,调解组织近在身边,田间地头、街头巷尾都可以进行调解,没有时间和场所限制,也没有司法诉讼的繁琐程序,而且还不收任何费用,在方便群众解决纠纷的同时,为群众省去了诉讼费用。

三是人民调解具有维稳信息源和问题苗头发现功能。抓早、抓小、抓苗头是人民调解工作的着力点。调查中了解到,人民调解通过矛盾纠纷排查机制,提前发现了许多矛盾苗头和隐患,主动介入、及时调处,有的防止了矛盾发生,有的避免了矛盾激化,使矛盾化解在基层、内部和萌芽状态,最大限度地消除不和谐因素,在维护社会稳定中发挥了"警报器"和"减压阀"作用,"小调解"促进了"大和谐"。

四是人民调解既是化解矛盾的过程,也是普法的重要途径。明法析理、以案普法是人民调解的一个重要功能。特别是随着群众利益诉求多样化和社会矛盾复杂化,消费维权、财产纠纷、医疗和交通事故纠纷等专业调解大量增加。人民调解寓法制宣传教育于调解过程之中,使群众在解决矛盾纠纷的同时,潜移默化地学习法律规定、了解法律程序、领会法律精神,达到了"调解一案、普及一片"的良好普法效果,促进了群众法制观念和法律意识的提高。

二、各地人民调解工作的主要创新做法

近年来,各地从自身实际出发,创造性地开展人民调解工作,在强基础、重协调、拓领域、建机制等方面取得了积极进展。仅今年上半年,全国就通过调解成功化解矛盾纠纷 335.1 万件,调解成功率达 97.3%。

(一)加强基础建设和管理。一是构建调解组织网络。到 2011 年,我国有人民调解组织 82 万多个,调解员 467 万人。湖南省各类调解组织达54535 个,其中村居(社区)人民调解委员会 47642 个,乡镇街道人民调解委员会 2663 个,企事业单位人民调解委员会 2558 个,交通事故、医疗纠纷、劳动争议、物业管理等专业性、行业性人民调解组织 1672 个。全省以基层司法所为支点、以村居调委会为基础,以乡镇街道调委会为龙头,以专业性、行业性调委会为补充、以派驻公安、法院、检察院等调解工作室为触角的调解网络逐步健全,实现了人民调解组织的多层次、宽领域、全覆盖。郴州市成立了全国首家旅馆行业纠纷人民调解中心。长沙、常德等地消费者协会人民调解组织不断健全,在化解当前热点消费领域矛盾纠纷方面发挥了积极作用。二是创新网格化管理模式。如长沙市开福区、邵阳市双清区、郴州市安仁县等地,将管辖地域划分成若干网格状单元,编织覆盖城乡的矛盾纠纷化解网络,把管理服务延伸到户。青岛市利用信息化手段,有针对性地研发了"人民调解工作管理系统",全面提升网格化管理水平。三是加强人民调解员队伍职业化、专业化建设。湖南省依法新选配人民调解员 16 万多人,选聘义务调解员和纠纷信息员 64 万多人,长沙市采取政府购买服务的方式招聘专职调解员 320 余人。2011 年全省各级共举办人民调解培训班 450 余期,对市县人民调解工作骨干、乡镇街道司法所长、乡村两级调委会主任和调解员进行培训,参训人员达 30 多万人次。郴州、衡阳、怀化、长沙、益阳等地对人民调解员实行持证上岗制度。内蒙古乌海市、赤峰市制定了调解员管理办法,对人民调解员的准入、管理、培训等提出明确要求。河南省对调委会实行标牌、印章、标识、程序、制度、文书"六统一"管理。湖南省还注重加强人民调解文化建设和理论研究,推动人民调解工作科学发展。

(二)"三调联动"化解重大矛盾纠纷。所谓"三调联动",是指在人民调解、司法调解、行政调解之间建立协调机制,以人民调解为基础,相互对接、协作联动,尽量通过调解方式化解矛盾纠纷。此做法是湖南省人民调解工作和社会矛盾化解机制的重大创新,目前已在全国范围内推开。湖南省建立了"党委政府统一领导、政法综治牵头协调、司法行政主办实施、相关部门协作联动、人民群众广泛参与"的调解工作机制。目前,全省县市区联合调委会建成率达 70%,驻法院人民调解工作室建成率达 90%,11 个市州建立了驻检察院人民调解工作平台,驻公安派出所人民调解工作室(窗口)实现全覆盖。2009 年以来,湖南省通过"三调联动"成功调处复杂疑难矛盾纠纷 45770 起,防止民转刑 6927 起,防止群体性事件 3329 起,防止非正常上访 5440 起。

（三）深入开展行业性、专业性人民调解。近年来,针对医疗、交通、国土等行业矛盾纠纷多发情况,各地普遍在行业内部建立调委会,通过专业化的调解化解疑难复杂矛盾纠纷。如浙江省在 11 个行业领域建立调解组织 813 个,2011 年以来调解纠纷 174813 件。在调解医疗纠纷方面,湖南省 80 多个县市区建立了医疗纠纷调委会,在所有三级医院和大部分二级医院都设立了人民调解室,建立了人民调解、保险理赔两个"第三方"参与的医疗纠纷预防调处机制。江西省把医疗纠纷调处由医院内引向院外,11 个设区市、100 个县(市、区)均在医院外建立医疗纠纷调解中心,同时在省市县三级设立医疗纠纷调委会,由司法部门主管,以第三方身份主持调解。上海市对赔付数额较大、患者死亡或其他疑难复杂的医疗纠纷,引入了"背靠背"的专家咨询程序,以保证调解的独立性和公信力。在调解交通事故纠纷方面,湖南省在交通事故赔偿纠纷多发地区的 125 个交警中队设立人民调解工作室,从退休交警、法官、司法助理员、法律服务工作者中选聘了 312 名专职调解员。自 2009 年 6 月以来,全省共成功调解道路交通事故民事损害赔偿纠纷 12234 起,涉及金额近 3 亿元,调解成功率达 96% 以上,没有发生因调解工作不当或不及时而导致的矛盾激化事件。内蒙古自治区实现了所有旗县道路交通事故纠纷调委会全覆盖,建立了保险机构与调委会的信息共享机制,将达成的调解协议作为保险理赔依据。青岛市在 12 个县市区建立了交通事故纠纷调委会,形成了人民调解与交警调解、司法确认、保险理赔、法律援助联动的工作机制,今年以来调解的 3000 余件纠纷无一起激化或上访。

（四）不断创新矛盾纠纷排查调处工作机制。各地不断改进工作方式方法,健全完善工作机制。一是矛盾纠纷排查分析报告制度。湖南省各级调委会定期对本辖区社会矛盾纠纷进行排查分析,形成分析报告,报同级党委政府和上级主管部门。吉林省在基层建立"百姓说事点",第一时间发现矛盾纠纷苗头,报告党委政府协调有关部门予以解决。二是应急处置机制。湖南省衡阳市对重大群体性矛盾纠纷和突发事件,由各类调解组织制订详细应急预案,建立"一个问题、一名领导、一个班子、一套方案、一抓到底"的处置机制。该市祁东县还专门成立了"矛盾纠纷应急处置大队"。三是协调处理机制。湖南省与周边的广东、贵州、广西等地建立边界联防联调组织,相邻市县签订边界人民调解协作协议,预防化解了大量涉边矛盾纠纷。长沙等地依法落实了人民调解协议司法确认制度,达成的协议经法院确认后可直接申请执行。四是责任落实追究机制。湖南省郴州市建立县级司法局长任"首席人民调解员"工作机制,落实主要领导包案化解重大矛盾纠纷的责任。桂阳市推行"首访负责制",实行首次接访、全程跟踪、负责到底,促进了调解率和调解成功率"双提高"。

三、主要问题和建议

调查发现,当前人民调解在基层基础建设和保障方面还存在一些实际困难,制约和影响着人民调解工作的进一步发展。一是对人民调解工作的认识还有差距。一些地方和一些领导在维护社会稳定工作中存在着重打击轻预防、重处理轻调解的思想,对人民调解工作重视不够、指导不够、投入不够,"三调联动"工作机制不健全,在个别地方、部门还联不起、动不了,影响人民调解特殊优势和作用的发挥。二是指导管理力量不足。司法行政机关是指导管理人民调解工作的法定机关,司法所是司法行政的基层基础和指导、参与矛盾纠纷调处的主要力量,但不少地方司法所人员编制严重不足。湖南省现有 2465 个乡镇街道司法所,仅有政法专项编制 4300 多个,平均每所只有 1.8 个,少数地方存在一名司法员指导管理几个乡镇司法行政工作的窘况。三是机构队伍建设不适应。同为基层政法体系中重要组成部分的公安派出所等均为副科级以上级别,而司法所机构级别不明确,司法所长职级待遇难落实,影响了工作积极性和队伍稳定。村居一级调解员队伍年龄偏大、文化偏低、专业不强,系统性、经常性和全面性的业务培训不够,依法调解、规范运作的整体水平不高。特别是随着"三调联动"深入开展,专职调解员队伍建设滞后,人员严重不足。四是保障不力。不少地方没有依法将调委会经费和调解员津、补贴列入财政预算,基层调解组织经费普遍紧张,对人民调解员的奖励、救助、抚恤政策尚未完全落实,特别是专业性、行业性调委会工作经费、人员报酬难以落实;一些地方调解工作环境办公条件较差,基础建设落后,缺乏交通工具和调解办案的必要装备。

对这些困难和问题必须引起高度重视并采取积极措施加以解决。为此建议:

第一,强化人民调解在政法工作体系中的地位。坚持把人民调解作为新时期化解社会矛盾的重要途径和有效手段,充分发挥人民调解在化解矛盾纠纷、维护社会稳定方面的独特优势。适应新的形势,转变以"管控为主"的传统维稳理念,更多运用疏解的方式,把人民调解作为当前转变维稳方式的重要抓手,作为加强和创新社会管理的重要方面,切实提高其在政法体系中的地位,强化相关工作职能,使其在维护稳定、促进和谐方面发挥更大作用。

第二,强化机构队伍建设。进一步理顺司法所管理体制,参照公安派出所等机构规格,明确司法所为副科级以上机构。有关部门要根据司法所承担职能任务和地域人口,研究制定司法所政法专项编制标准,提出新增编制数额,由中央编办核定下达。同时,加快推进调委会办公场所、信息化管理、文书台帐等方面的规范化建设。要加快提高人民调解员整体素质,行业性、专业性调解要推行专职调解员制度。采取购买服务的方式,每个调委会至少聘请1名专业人员担任专职调解员。同时,建立健全调解员持证上岗等制度,统一着装和标识。开展岗前培训和普遍轮训,提高调解员法律素质和调解技能。

第三,强化各项经费投入和保障。深入落实《人民调解法》,各级政府要依法将人民调解工作经费和调解员补贴列入财政预算,支持改善办公条件,增加交通工具和相关装备。有关部门要加快研究人民调解经费保障标准,根据辖区常住人口规模,合理确定人民调解工作经费。按照"以奖代补,分级负担"的原则,建立健全调解员办案补贴机制,统筹解决调解员福利待遇和社会救助、抚恤等问题。

第四,完善人民调解工作机制。畅通"三调联动"衔接协作机制,加强人民调解与有关部门的衔接配合,进一步依法落实调解协议书的法律效力,提高调解协议执行力和公信力。建立健全各项规章制度,完善相关工作机制、程序,确保调解工作有章可循。加强行业性、专业性人民调解指导管理和规范化建设,比如医疗、交通等纠纷需要统筹考虑调委会的组成、调解的程序、后续理赔以及各部门间的协调配合等。有关部门要有针对性地选择部分重点行业领域,总结各地做法和经验,研究出台意见,分类指导各行业人民调解工作有序开展。

2012 年 8 日 13 日

七、深入推进重点领域改革

在保持财政收入比重基本稳定的[*]前提下推进结构性减税的政策建议

潘国俊

分税制改革以来,我国财政收入持续快速增长,财政收入与国内生产总值比重大幅提升(以下简称"财政收入比重"),这一现象深受社会各界关注,也饱受争议。为此,我们研究了财政收入比重持续提高的利弊和发展趋势,并进行了国际比较,认为当前的财政收入比重基本适合我国国情,未来一段时期,我们有条件通过较大范围、适度规模的减税来调整财政收入增速,改变财政收入持续快于国内生产总值增长的情况,实现财政收入比重的基本稳定。这些年结构性减税的力度并不小,财政收入增长较快的原因是多方面的,不能因此否定结构性减税在制度建设、减轻企业和居民税负等方面的成效。要根据实际情况尽快制定以结构性减税为主要内容的、系统的税制改革方案,同时,要做好政策解释,引导好社会舆论,为财税改革营造理性的社会氛围。

一、作为发展中大国,十分有必要保持较大的财力规模,以解决经济社会发展中的诸多问题。

1. 从过去看,财政收入比重过低,财力不足曾经严重制约我国经济社会发展。从改革开放初期到分税制改革前,我国财政收入增速持续低于国内生产总值增速,财政收入比重从 1979 年的 28.2% 下跌到 1994 年的

---

* 此文获得国务院研究室 2012 年度优秀研究成果三等奖。

10.8%,平均每年下降 1.2 个百分点。结果是,从中央到地方,各级政府财力都严重不足,支持改革开放和经济建设力不从心,缺乏必要的财力搞基础设施建设,企业设备更新和技术进步严重不足,国家宏观调控能力不强,社会保障制度难以建立,一些县乡政府机关和教师工资拖欠普遍,部分基层政府甚至连正常运转也难以保证。

面对严峻的财政困难形势,中央下定决心提高财政收入比重。"八五"计划就明确提出,要适当提高财政收入比重,1994 年财税体制改革的主要目标就是提高这一比重。1996 年后,财税体制改革成效开始显现,2011 年财政收入比重升至 22% 左右,相当于 1985 年的水平。这个变化过程说明,以 1994 年为分水岭,我国财政收入比重呈现出一个"V"形结构,财税体制改革以来的大幅攀升是此前大幅下降的反弹。目前的比重来之不易。

2. 从这些年看,财政收入比重提高后,政府解决经济社会发展中的历史欠账和新问题有了财力支撑,主动办成了许多多年想办而没有办成的大事。一是有力支撑和配合了中央密集出台的一系列保障改善民生的政策。免费义务教育的实现,医疗、养老、低保等制度的逐步形成,没有较为充足的财力保障是难以想象的。二是增强了中央宏观调控能力。为减轻企业和居民负担而减免税费,为激活市场活力而补贴市场主体,为刺激消费和投资需求而扩大支出,为支持出口而实施有张有弛的出口退税政策,这些同样需要政府财力的强有力支撑。三是有效保障了基层政权正常运转。基础不牢,地动山摇。财政收入快速增长,逐步缓解了县乡财政困难问题,基本破解"吃饭财政"困局,稳定了基层工作人员队伍,并缓解了干群关系。四是推动完善社会主义市场经济体制。政府部门经费得到财力保障后,乱收费、乱摊派等严重影响企业正常经营的行为有效遏制,企业经营环境明显好转,为建立规范有序的政府与企业关系打下了良好基础。此外,在应对地震、洪涝等重大自然灾害以及一些突发事件方面,我国之所以能够从容面对,其中的一个重大支柱就是财力。

3. 从未来看,随着经济社会发展,社会公共需求增加,仍然需要较为充足的财力。未来较长一段时期,我国还将处于社会主义初级阶段,居民收入水平提高的同时,对基础设施、教育、医疗卫生、治安、生态环境等公共服务的需求只增不减。政府有必要集中相应的财力,推动社会事业发展,维护国家安全和社会稳定。盲目削减财政收入比重,将影响政府职能作用的发挥,也不利于国家长治久安。

二、从发达国家看,财政收入比重经历一个阶段提高后逐步稳定,而且没有出现持续大幅上升的情况,这与政府的减税政策密切相关。

目前,发达国家包括一般税收收入和社会保障税在内的财政收入比重大都高于我国。从历史演变看,这些国家财政收入比重的提高是缓慢的,比如,经合组织国家平均水平在1965年为25.5%,1980年提高到30.9%,15年期间仅提高5.4个百分点;2000年达到35.5%,这个20年仅提高了4.6个百分点,而且目前基本维持在2000年的水平。据国际货币基金组织资料统计,发展中国家包括各项税收、收费、资产收益等在内的政府收入比重平均约为33%,略高于我国同口径的比重。

下面,我们分别就发达国家税收收入比重和社会保障税比重的情况做重点分析。

1. 大部分国家税收收入比重提升一个阶段,其后基本稳定。以1965年、1980年和2000年3个时点数及此后数年数为例,剔除社会保障税的税收收入与国内生产总值比重(大致对应于我国公共财政税收收入与国内生产总值比重),法国分别为22.4%、23%和28.4%,此后稳定在27%~28%的区间;意大利分别为16.8%、18.4%和30.2%,此后基本稳定在30%的水平;日本为14.2%、17.8%和17.5%,此后为17%左右;英国为25.7%、29%和30.2%,此后在30%上下波动;经合组织国家平均水平为20.9%、24.3%和26.6%,此后基本在26%左右波动。同时,一些国家相对稳定。1965—2009年期间,美国基本在19%~22%之间波动起伏,德国保持在21%~24%之间。

2. 税收收入比重上升阶段的速度缓和,一些年份甚至下降。从1965年开始计算,法国税收收入比重由22.4%提高1个百分点花了17年,期间6个年份下降;意大利从16.8%提高1个百分点花了15年,期间6个年份下降;日本从14.2%提高1个百分点花了6年,但目前的比重也仅为17%左右;德国从23.1%提高1个百分点经历了12年,期间4个年份下降;经合组织国家平均来看,比重从21%提高到25%的4个百分点,分别花了4年、7

年、5 年和 10 年,期间还有 11 个年份下降。

3. 社会保障税与国内生产总值的比重持续上升后,也稳定在一个较高水平。同样以 1965 年、1980 年和 2000 年 3 个时点数及此后数年数为例,法国分别上升 5.5 个和 1.9 个百分点,此后维持在 16% 的较高水平;德国上升 4 个和 2 个百分点,此后在 14% 左右的水平波动;日本上升 3.3 个和 2.2 个百分点,此后维持在 10%;美国上升 2.5 个和 1.1 个百分点,此后一直在 6.5% 左右;经合组织国家平均上升 2.5 个和 1.8 个百分点,此后维持在 9% 左右的水平。

4. 除了在经济萧条时期出台减税政策外,发达国家在经济发展中也注重通过逐步减税,实现经济增长和财政收入增加的"双赢",这也是财政收入比重相对稳定的重要原因。德国在个人所得税方面,先后将最高税率从 56% 调低到 53%,再降低到 51%,2005 年降低至 42%;企业所得税由 56% 下调到 50%,再调低至 45%、40%,2001 年起进一步下调到 25%。美国也有三次大的减税历史,1961 年肯尼迪实施以减税为主的长期财政赤字政策;1986 年里根开展大规模减税行动;2000 年小布什主张减少政府对市场的干预,总体思路也是减税。英国先后在 1997 年和 1999 年将公司所得税税率下调了共 3 个百分点;法国进入 21 世纪后也数次减税,重点降低个人所得税、企业所得税和增值税税率;澳大利亚则将稳定财政收入比重作为目标,当比重提高时主动采取减税措施;加拿大、日本等也有明确且幅度不小的降低税率措施。

三、如果不实施减税,造成我国财政收入比重提高的一些因素将持续存在,上升趋势有可能延续,带来的问题不容忽视。

我们分析,财政收入超国内生产总值增长的主要因素是:

1. 经济增长质量和效益的提高。这些年,国有企业改革成效显著,特别是国有垄断企业经营状况普遍好转,使与经济增速相关的增值税、营业税,与企业效益相关的企业所得税,与居民收入相关的个人所得税稳步增长。同时,三次产业结构调整明显,国内生产总值构成中,高税负的二三产业增加值增速快于低税负的一产业增加值增速,也使税收增长快于国内生产总值增长。

2. 市场交易活跃和资产价格上涨叠加。经济较快发展过程中,市场交易愈发频繁。企业要做大做强,跨区域、跨领域兼并重组带来市场交易量增加;专业化分工加剧,企业原有内部生产外部化,也增加交易规模;城镇化快速发展,人员流动加速,居民资产交易更加频繁;企业参与经济全球化程度加深,进出口规模较快增长。我国一些税收针对交易行为,如营业税、契税、所得税、土地增值税、进口环节税收等,再加上资产价格上涨,进一步拓宽了税源。

3. 税收征管手段加强。信息技术大量运用在税收征管领域,减少了偷税漏税空间;税务人员素质的增强,提高了税收征管效率。这些使我国减免税过多、征管漏洞大等问题逐步得到解决,释放了大量的税收增长空间。

4. 多环节征税的税制设计。一些税收与当年国内生产总值相关,比如增值税、营业税、企业所得税;一些税收与财产相关,企业资产和居民财富存量逐步积累,相关税收水涨船高。此外,存在一些重复征税,比如增值税与消费税的重复、营业税自身的重复等。这些因素使税收收入不仅来源于当年的国内生产总值,也来源于往年的财富积累。

未来一段时期,上述增收因素仍然存在。同时,一些税制改革也体现为增收,包括扩大消费税征收范围、资源税改革、房地产税制改革和开征环境保护税等。如果不实施减税,财政收入比重的提高还有可能持续一段时期。持续下去,带来的后果是:第一,企业税负名义增加,实际上通过消费大都转嫁到居民身上,成为物价的重要组成部分,加重普通居民生活负担;第二,间接税为主的税制结构,弱化税收调节收入分配功能,在一定程度上助长新的不公平;第三,与财政资金使用还不够规范透明等现象交织在一起,居民对宏观税负的质疑加重,影响政府公信力。未来数年,我国国内生产总值仍然有可能保持10%甚至以上的名义增速,财政收入按照这个增速,能够满足年度预算收入安排(这几年的年度预算收入增速安排均未超过10%)。

四、稳定财政收入比重、系统开展结构性减税的建议

在保持税制框架总体稳定的情况下,降低流转税比重,逐步提高直接税比重,实现财政收入比重基本稳定,并推进形成直接税与间接税并重的税制。

1. 尽快在全国范围内实施营业税改征增值税，减少重复征税。尚未试点地区服务业领域的小型微型企业，营业税税率由 5% 降至 3%，以支持其发展。

2. 逐步降低增值税税率。一是分年度逐步将增值税基本税率由目前的 17% 调低到 13%。二是将粮食、食用植物油、自来水、暖气、饲料、化肥等与居民日常生活和农业生产相关的行业税率由 13% 下调到 6%。食品等生活必需品是居民生活成本的主要构成部分，也是物价的重要影响因素。目前，征收增值税的发达国家，食品等行业的增值税税率大大低于我国：德国为 7%，法国为 5.5%，意大利为 4%，英国则免征增值税。三是加大对小型微型企业实施增值税优惠政策，以发挥降低成本、降低物价和刺激就业的作用。

3. 调整消费税范围和税率结构。消费税已经成为我国第五大税种，"十一五"期间年均增速高达 34%。按照调节消费行为、控制奢侈消费、实现节能环保等改革方向，消费税征收范围有必要进一步拓展，这意味着增收潜力大。但要看到，消费税与增值税等税种存在重复征税，比如对汽车、摩托车在生产和销售环节征收增值税、车辆购置税后，还征收了消费税，并对轮胎单独征收消费税。要对调控作用小、不属于奢侈消费的商品实施减税，如摩托车、低排量普通汽车、黄酒、啤酒等。条件成熟时，按照简税制要求，将车辆购置税合并到消费税中。

4. 维持目前的企业所得税制度，重点对小型微型企业实施优惠。"十一五"期间，我国所得税占税收收入比重不到 1/4，调节收入分配的作用有待增强，再考虑到税率也低于日本、美国、英国、法国、德国等，要维持基本税率水平。重要的是，加大小型微型企业税收优惠力度，对年纳税所得额低于 3 万元的实施免税。这样的企业主，其收入扣除成本后可能还不到个人所得税的起征点。

5. 下决心改革个人所得税制度。发达国家从 20 世纪 30 年代开始建立家庭收入信息统计体系，经过二三十年发展逐步健全，为个人所得税制度发挥作用夯实了基础。这些年来，改革个人所得税制度的社会呼声很高，但迟迟未取得实质进展，只能过多纠缠于起征点的提高，根本的制约是居民收入信息统计体系尚未建立。我国必须明确由相关部门负责建立这样一套统计体系。在此基础上,综合考虑居民家庭生活费用等,设计出税率累进的、综合所得为主的个人所得税制度。同时,研究开征社会保障税和遗产与赠予税,促进社会公平。

6. 合并房产税、城镇土地使用税,统一对拥有多套住房家庭开征房地产税。明确为市县以下地方税收,省级财政不参与分成,缓解分税制改革后地方主体税种缺失、过于依赖土地出让收益的问题。

此外,提高税收征管的科学化水平,减少人为因素作用,确保税制功能有效发挥。

2012 年 4 月 16 日

近期我国金融脱媒现象的成因、影响和对策建议

孙艳梅　张昌彩

所谓"金融脱媒"，是指以前融资要由银行作为媒介来进行，转变为现在脱离银行中介，而由资金供需双方直接交易的现象。今年以来，我国金融脱媒呈加速之势，潜在风险不容忽视。需高度关注，正确加以引导。

一、近期金融脱媒现象突出

2012 年前三季度，银行业投放人民币贷款增加 6.72 万亿元，只占当期社会融资总量 11.73 万亿元的 57.3%，而十年前银行信贷占比高达 90% 以上。目前，越来越多的公司通过信托贷款、企业债券和融资租赁等方式获得融资，银行贷款在企业融资中占比大幅下降。比如，近两年信托业出现了爆发式的增长，今年前三季度信托贷款余额高达 2.4 万亿元，比 2009 年末增长超过 100%。以"影子银行"体系和债券市场的大发展为代表，我国融资供给正在加速脱媒。同时，存款加速脱媒趋势也十分明显，许多高端客户的存款资金被理财、信托市场吸引走了。当前商业银行的定期存款同比增速已经从 2009 年的 45% 下滑到 15% 左右。非银行金融机构创新的"类活期存款"产品也在分流部分活期存款资金。2012 年前三季度，银行业活期存款占比下降 3.5%，部分中小银行已经出现大幅下滑的情况。存款负增长不仅表现在住户部门，也表现在企业部门，甚至外币存款。

二、金融脱媒的主要原因

（一）负利率导致资金体外循环。2003 年以来的 8 年间，1 年期实际存

款利率平均为 -0.15%,最低达到 -2.4%,银行存款利率长期低于通货膨胀水平。随着居民理财观念逐步增强,银行存款的负利率使居民储蓄无利可图,促使公众脱离银行进行资产配置,推动金融脱媒深化。目前银行理财产品和券商集合理财产品年化收益率分别为 4.27% 和 3.64%,融资类信托产品一年期收益率更高达 7.5%~8%,对居民投资资金颇具吸引力。2011年各类金融机构累计发行银行理财产品 4.2 万亿,信托产品 4.8 万亿,分流了银行大量的储蓄资金。当银行信贷紧缩不能抑制投资需求时,市场需求催生"地下金融"和"影子银行",社会资金体外循环。如今年 10 月信托贷款增加 1445 亿元,同比多增 1355 亿元;前三季度,信托贷款增加 7015 亿元,同比多增 6176 亿元。

(二)中小企业融资难被迫选择脱媒。目前,众多处于起步和上升阶段的中小型、小微型企业融资需求大,但因风险高、抵押少及银行银根紧缩等因素影响,难以从银行获取贷款。企业只能求助高利贷、低门槛的民间借贷资本和信托、担保资金,导致"影子银行"规模不断扩大。

(三)企业债等直接融资快速发展。近年来,我国债券市场发展迅速,融资规模不断扩大。据亚洲开发银行报告显示,中国截至 9 月底已发行债券 3.7 万亿美元,占新兴东亚地区总规模一半以上,其中企业债约 1 万亿美元(6 万亿元人民币)。另据统计,10 月份企业债券净融资 2992 万亿元,同比增加 1353 亿元。企业热衷于发债融资,一个重要原因是财务成本低。目前金融机构 1 年期贷款基准利率为 6.56%,但市场上发行同期限的短期融资券参考收益率不到 4.0%。即使考虑发行成本,发债融资低成本优势依然明显。例如,中石油集团因发债融资,近 5 年节约财务费用高达 342 亿元。因此,能获准发债的企业一般都重债券、轻贷款。

(四)技术创新降低市场对金融中介的依赖。金融技术和信息技术的创新发展,如电子金融和电子商务等,增强了消费者的主动性和自助性,降低了市场对金融中介的依赖。由互联网和移动通讯技术结合形成的第三方支付以及由此衍生的现金管理业务也使金融脱媒加速。2011 年中国第三方互联网支付市场交易规模达到 2.16 万亿元,比 2010 年翻了一番。一些创新金融产品也脱离了银行的媒介作用,特别是"点对点"(P2P)网络信贷(也称个人网贷或"人人贷")与小额信贷的快速增长,对银行信贷业务冲击很大。据个人网贷平台"拍拍贷"公司内部资料显示,2009 年以前该公司的半年成交额不足 1000 万元,但 2012 年上半年已累计成交 1.8 亿元左右。目前,越来越多的社会资本进入网贷市场,加速推动金融脱媒。

三、金融脱媒影响广泛

(一)宏观调控难度加大。商业银行作为货币政策的传导者,承担很重要的宏观调控任务。随着银行支配的新增贷款占社会融资规模比重大幅下降,大量脱媒资本直接参与经济活动,对国家宏观调控提出新的挑战。它严重影响货币政策指标和货币传导机制的有效性,M2 指标与经济发展的相关性将显著降低。

(二)商业银行错配风险提高,议价能力降低。一是银行资产和负债匹配难度加大。银行通过多元化融资来弥补存款减少,将导致负债期限变短、波动性增大及风险上升等问题。脱媒风险和期限错配风险结合在一起,加大了商业银行贷款的结构失衡,对商业银行风险管控提出更高要求。二是银行负债议价能力大幅度削弱,中小银行尤为明显,利润空间受挤,经营风险面临更大挑战。

(三)对金融监管提出新要求。近年来民间借贷市场出现的问题,反映了没有监管的资金在银行体外运行会带来很大危害。随着利率市场化改革和金融脱媒不断深化,金融监管要求必须与时俱进,及时调整监管方式和监管标准。金融脱媒在一定程度上减轻了银行承担的金融风险,监管指标体系应随之调整。如银监会要求银行贷存比达 75%,而在欧洲一般为 120% 左右。同时,对"影子银行"监管亟待加强。目前由于"影子银行"游离于监管之外,很多银行将贷款转成信托公司打包的金融产品,再投资于高风险高回报的领域,如股票市场、房地产等,并通过资产抵押和股权持有等方式与更多主体联系在一起,极大地提高了金融风险。

(四)企业发债潜在风险不容忽视。近年来我国企业发债步伐加快,企业负债占 GDP 比例已从 2008 年的 96% 上升到 2011 年的 130%。考虑到目前尚缺乏一套严格的企业债资金使用监管办法,企业发债快速增长带来的风险令人担忧。一方面,一些地方政府通过干预企业融资获取发展资金,或者说一些企业是在政府隐性担保下发行债券的。当企业违约时,最终很可能转化为政府负债。另一方面,若国有大企业可轻易获得低成本资金,在缺乏真实资金流向监管的情况下,会助长其盲目投资扩张;甚至存在诱发违规套利的可能,即将低价募集来的资金再拿去高息放贷,以获取利差。

四、对金融脱媒的看法和政策建议

对金融脱媒,有专家认为总体上应持肯定态度。因为它有助于银行业向合理角色回归,可以减轻目前银行所承担的巨大金融风险,改善企业直接融资和间接融资的结构。但是,也有专家认为金融脱媒在传递出微观经济繁荣信息的同时,也反映出银行体系及金融监管中存在的诸多问题。我们认为,下一步应该加大金融市场化改革力度,加强脱媒资金监管,加快银行业转型,以适应经济社会发展需要。同时,不要人为地、过于热衷地推动金融脱媒,而应该统筹兼顾,谨慎引导。

(一)加大力度推进利率市场化。要适时调整现行利率政策,增大存贷款利率浮动幅度,消除存款负利率,改善银行存款不断流失的窘境,也使金融资本能够真正按照市场供求状况决定脱媒程度。同时,继续大力发展债券等市场体系,丰富交易品种和市场参与者。只有建立完善的市场和有效的价格形成机制,才能保证资源优化配置和市场融资成本降低,才能使金融脱媒的有利因素得到更好发挥。

(二)适时修订相关金融监管的法律法规。要适应银行业综合经营趋势,创造相匹配的制度环境,适时修订现行《商业银行法》、《银行业监督管理法》等相关法律法规中关于商业银行、非银行金融机构的营业范围的规定。如对银行的监管,可取消75%的贷存比限制。理财市场的快速发展和未来更灵活的金融产品安排对 M2 等指标提出新要求,需要监管部门灵活有效地调整监管目标,将更多指标纳入监管体系。债券、股票等市场发展会带来衍生品的创新,也需要监管部门制定有关法规,探索有效的监管手段,控制好衍生品的风险。

(三)加强对"影子银行"系统和企业债券资金的监管。国际组织一向高度重视对"影子银行"的监管。近日在全球监管者会议上,金融稳定理事会(FSB)再次给出了全面整顿"影子银行"的建议。我国"影子银行"是创新的产物,也是监管的重点。要进一步加强对理财产品、信托贷款、担保贷款、个人网贷等创新产品和新型金融机构的监管,健全风险防范机制,使"影子银行"系统风险处于全面监控之中,避免资金链断裂衍生的系统性冲击。同时,要加快对存款保险制度、最后贷款人制度、破产机制等政策的研究制定和试点实施。在当前银行信贷较紧、企业发债相对宽松的情况下,更要加强对企业债券资金使用的监管,降低地方政府过多干预形成的隐形财政负担,约束企业的套利冲动和谋取高利贷收益的风险,确保债券资金使用的安全高效。

(四)加快商业银行转型。银行要加快产品、服务和技术的创新,以提供差异化产品和服务为核心,调整资产负债结构,拓展新的利润增长点,从简单的金融工具转型为综合金融服务提供商。要稳步推进金融创新,大力发展中间业务,减少对存贷利差收入的依赖。特别是要提高综合金融服务能力,为大型客户、零售客户提供差异化、量身定制的服务。中小银行应加强金融脱媒后的创新业务,调整业务结构,加大对中小企业、小微企业的服务投入,大力发展与之相关的业务。

2012 年 12 月 11 日

关于进一步支持西部铁路
建设的思路及建议

潘国俊　郭克莎

10 多年前我国制定西部大开发战略时,就选择了铁路等基础设施建设作为重点。这些年来,以青藏铁路为标志的西部铁路建设成效显著,有力带动了西部地区经济社会发展,为缩小区域发展差距发挥了积极作用。但是,当前西部地区的铁路建设仍相对落后,随着西部经济较快发展,铁路运输的制约依然比较突出。我们认为,现阶段实施全国区域发展战略,推进区域产业转移和西部大开发,需要继续大力支持西部铁路建设。应当抓住当前外需收缩、内需不足的时机,深化铁路运价体制改革,搞活铁路投融资机制,加大财税政策支持力度,为推进西部铁路建设创造有利条件。

一、西部铁路发展的基本状况

实施西部大开发战略以来,我国西部铁路建设较快发展,一批重点工程相继投产,铁路运营能力明显上升,薄弱环节得到加强。这些年,西部铁路建设投资占全国铁路建设投资的比重达到 40% 左右,相继投资建成了青藏铁路、渝怀铁路、宁西铁路、南疆铁路等一批重大铁路项目。从 2000 年到 2010 年,西部铁路营业里程由 2.6 万公里提高到 3.6 万公里,年均增长 3.73%,明显快于全国 2.97% 的增速,占全国铁路营业里程达到 39.4%;西部铁路运量大幅度增长,货运量增长了 2 倍多,客运量每年增加 1221 万人。

作为西部地区重要的基础设施和交通工具,铁路运力大、成本低、高效便捷的优势明显,综合效益突出,有力支持了边疆地区经济社会发展。西部

307

铁路的发展保障了西部与中、东部地区的货运和客运需求,对西部煤炭、石油,以及粮食、化肥、农副产品等重要物资的运输作用突出,成为内蒙古、宁夏等西部省区煤炭外运的主要通道;每年春运期间加开大量客车,为西部劳动力大规模流动提供了极大便利。西部铁路建设还带动了沿线钢铁、建材、机械、电子和能源等相关产业发展,增加了就业机会,加快了西部城镇化进程,对拉动沿线经济增长、密切西部与东中部地区的经济联系、促进区域协调发展发挥了重要作用,并缓解了西部地区乃至全国的生态环境压力。

但是,与经济增速等指标对比,西部铁路建设仍相对滞后,发展空间还很大。尽管西部铁路建设和技术改造进展很快,但目前还没有搭建起路网骨架,铁路运力紧张问题还没有解决,货运能力更加缺乏,还难以适应西部大开发日益增长的运力需求。

1978—2010 年,我国国内生产总值年均增长 9.9%,公路和民用航空航线年均分别增长 5% 和 9.6%,而铁路里程年均增速仅为 1.8%。近些年,我国铁路货运在整个交通货运中的占比逐年降低,铁路货运量的增速也远低于其他运输方式和 GDP 增速。相比之下,西部铁路发展更加落后。西部地区占全国国土面积的 70%,而铁路只占全国通车里程不到 40%,西部铁路网密度仅为全国平均水平的一半左右。与东部沿海地区相比,西部地区铁路规模不大、支线少,对外运输通道单一;铁路多为单线,客货混用;很多资源富集地区、不少城镇仍不通铁路,一些重要物资需要借助长途公路运输。这对西部地区经济社会发展形成了较大压力,也给企业生产和居民生活带来了较大负担。

从煤炭等重要物资的运输看,西部铁路运力难以满足实际需要。北煤南运和西煤东运的运输瓶颈没有得到根本缓解,是导致用电高峰期出现电荒的一个重要因素。同时,铁路紧张,大量货物涌上公路,导致公路严重拥堵,大批车辆被困在公路上,超出公路设计运输能力。以内蒙古为例,目前其铁路年货物发送能力仅为 6 亿吨,请车满足率不足 40%,煤炭外运缺口达 2 亿吨左右,并造成许多重要物资大量积压,公路运输负担过重,许多公路严重拥堵。

二、西部铁路建设面临的主要制约

西部铁路建设相对滞后具有多方面的原因,其中运价机制不合理、投融资渠道不通畅和财税政策支持不足是主要的三个方面。

（一）铁路运价机制不合理且市场化程度低，明显制约西部铁路建设和运力发展。

发达国家铁路运价大都通过市场自行调整，除了对特殊人群实施优惠票价并由政府补贴外，基本取消了运价的政府管制。而我国自1955年统一铁路运价以来，一直实施政府定价和管制，至今尚未脱离计划价格体制的束缚，运价机制僵化且价格水平明显偏低。

一方面，铁路运价形成机制不灵活，价格引导资源配置的功能难以发挥出来。目前，在我国的交通运输体系中，公路和水路运输价格已基本实现市场化定价，企业和居民可以通过市场来自由选择运输工具。但铁路运价定价权集中在国家发改委，并实行大一统的固定价格机制，不能适应和调节市场供求，价格引导资金流向和资源配置的功能缺失。这既制约了社会资金进入铁路建设和运营的积极性，不利于西部地区铁路产业的发展，也使包括铁路在内的综合运输体系难以有效发挥作用，不利于各种运输方式的协调发展。

另一方面，铁路运输价格偏低，没有根据成本变化做出合理调整。

从铁路客运价格看。目前的客运基本票价是根据运输企业运营成本制定的，在确定硬座客票基础票价率后再换算其他各种客票率。1955年以来，我国铁路客运价格只进行过两次调整，分别是1989年和1995年，此后至今的17年来就一直没有变化，即使是六次铁路大提速，也没有提高相应的客票价格。相比之下，美国实施客货分离后，由客运公司根据市场供求情况对客票价格进行上下调整，而且根据乘客的不同需求制定出不同的票价水平。目前，我国铁路的票价水平大幅度低于美国，据统计，2010年，我国客运仅为0.1534元每人公里，而同期美国达到1.1615元。同时，我国铁路客运的比价关系不尽合理。1995年重新调整后，客运硬座、软座、硬卧、软卧之间的比例关系为1:2.0:2.2:3.85，多年来没有根据居民收入结构和需求变化做进一步调整，不能反映服务质量和服务成本的差异。

从铁路货运价格看。美国铁路货运公司都是私营企业，政府需要的运输服务同样需要按照市价来付费，没有公益性运输，政府的运输由政府提供补贴来维持。而在我国，铁路公益性货运占比过大，而且财政没有相应补贴。2010 年我国仅煤炭、粮食、石油、化肥、农药等重要物资运输就占到铁路货运比重的 64.1%。近 10 年来，我国曾 8 次调整铁路货运价格，但前 7 次调整幅度较小，主要是根据柴油价格上涨做了一些调价，对其他成本因素考虑较少。多年的物价上涨和人力等成本上升使铁路运输价格严重背离价值，铁路投资回报率偏低。这不仅不利于铁路运力正常有效运营，导致铁路运输供求矛盾和寻租行为，而且不利于铁路自身积累和社会资本进入铁路建设领域。

目前，在铁路运营成本中，工资、能源消耗等成本上升较快，5 年来电价上涨 24%，煤炭价格上涨 86%，运输业人均工资翻了一番。2011 年，电价上涨 8%，煤炭价格上涨 12%，人力成本上涨 20%。未来铁路成本继续增加将使运价偏低的问题更加突出。

（二）社会资本进入铁路行业仍存在不少障碍，西部铁路建设的投融资渠道还不顺畅。

近些年来，按照"政府引导、多元化投资、市场化运作"的基本思路，铁路投融资体制改革取得了积极进展。一些合资铁路先后建成并成功运营；铁路企业股份制改革较快推进，拓展了资本市场融资渠道；铁路建设债券发行规模显著扩大，多元化市场融资格局正在形成。从政策法规看，社会资本进入铁路领域并没有明显障碍，政府部门、社会各界都认可和支持各类资本进入铁路建设运营领域。

但是，从实际过程看，社会资本进入铁路行业仍严重不足，各种有形、无形的制约依然存在，加上铁路运价偏低和价格机制僵化，对社会资本尤其是民间资本进入影响较大。目前铁道部依然是最大的投资主体，地方资金尤其是民间资本进入规模小，社会资本进入铁路后发展较好的也仅是几条盈利高的煤运通道；已上市的铁路企业数量不多，运营类企业只有少数几家，总体融资规模不大，直接融资所占比例较低。这导致铁路建设受到投融资体制的严重制约。从近期披露出来的资料看，目前铁路建设资金严重不足，去年大批铁路建设项目因"无米下锅"而停产、半停产，今年新批的几条建设线路仍因资金不到位而没有开工建设。

近年来鼓励引导社会资本进入铁路建设领域的政策未能有效发挥作用，主要原因在于：一是现行铁路建设运营体制对民间资本缺乏吸引力。就资本逐利动机来看,只有铁路资产拥有较好的盈利能力,才能吸引民间资本进入。但目前铁路系统政企不分、铁路运价严格管制、企业经营限制较多,有吸引力的相关资产又很少,对民间资本吸引力不足。二是地方资金未能有效参与铁路建设运营。现阶段,很多地方政府对区域内铁路建设的积极性很高,但受制于铁道部的垄断地位,中央与地方合作体制尚未理顺,合作过程涉及许多问题。同时地方财力相对不足,难以有较大规模投入,各级财政在铁路线路建设中也难以形成有效的合力。三是铁路建设运营特点也影响民间投资。铁路发展本身对资本规模、技术水平等要求较高,有投资回收期长、投资额大、盈利水平不高等特点,民间资本直接进入有一定难度。

当前推进西部铁路建设需要大量资金,而西部地区经济发展水平较低,资金来源明显不足,东部地区资金相对充裕,尤其是民间资本规模很大,但进入渠道受到不少制约。只有通过多种途径化解铁路投融资难题,才能拓宽民间资本投资渠道,更好地利用社会资本促进西部铁路建设。

(三)支持西部铁路建设的财税政策还不完善,支持力度难以适应发展需要。

在当前和未来一段时间里,与东部地区相比,西部铁路公益性更强,社会效益和政治效益明显,但经济效益可能相对较差,这需要财税政策给予更大的支持。在实践过程中,我国财税政策结合财政状况和西部区域特征,注重推动西部铁路建设和运营,但总的看政策措施还不完善,支持力度和持续性还不强。

支持西部铁路建设的财税政策主要包括:一是对西部铁路建设的投入不断增加。1999 年西部铁路建设投资只有 231 亿元,2009 年达到了 1583 亿元,年均增长 21.2%。二是中央财政对西部铁路基本建设贷款实施贴息,降低西部铁路基本建设成本。三是实施一系列税收优惠政策。对铁路占用耕地,减征耕地占用税;对西部铁路运输企业实施企业所得税"两免三减半"的优惠政策;铁路火车修理业务免征增值税。四是加大对铁路建设项目融资支持力度。2009 年 5 月,将铁路固定资产投资项目资本金比例由 35% 下调到 25%。此外,中央财政对西部地区的一般性转移支付规模较快增长,增强了西部地区财政保障能力,有利于西部地区有更多资金安排用于铁路建设。我国公共财政制度建设的主要目标是实现财政职能由原来的"建设财政"向"民生财政"转变,即逐步退出基本建设领域,转而支持教育、医疗、社会保障等民生领域发展。在这个大背景下,对西部铁路建设实施这些财税政策,说明财政支持的力度还是较大的。

但也要看到,相对于西部铁路建设的推进来说,财税政策的支持力度还较小而且不稳定。多年来,铁路建设资金主要通过银行贷款和发行债券等债务融资,中央财政预算内的基本建设投资资金投入少。"八五"、"九五"、"十五"期间,来源于中央预算资金占铁道部投资的比重分别为 6.6%、6.0% 和 10.2%;在应对国际金融危机冲击中,这个比重有所下降,特别是 2010 年和 2011 年,用于铁路发展的支出不增反减。这几年,在铁路投资规模庞大的情况下,主要通过债务融资来解决投资需求,铁道部资产负债率较快上升。截至 2012 年 3 月底,铁道部负债为 2.43 万亿元,资产负债率由 2005 年的 48.8% 上升到 60.6%,提高了 11.8 个百分点。这种过于依赖负债的铁路建设资金来源结构风险较大,不仅债务利息支出成为一笔沉重的负担,而且中长期看债务偿还规模增大,收入难以有效支撑支出。西部铁路运营经济效益较差,这个问题更加突出。为了保持铁路运营畅通,铁道部只能对西部铁路实施内部转移支付,对铁路的公益性业务和经营性业务实行交叉补贴。但这种做法存在诸多问题,还会给铁路改革造成一定障碍。

三、支持西部铁路建设的重大意义

西部地区地域宽广、资源丰富、生态环境较脆弱、人口分布不均衡,是少数民族聚集区,又与多国接壤,这些特殊的区位地理特征决定了铁路在西部地区综合运输体系中的重要地位。支持西部铁路建设符合西部特殊区位和可持续发展要求,既是缓解西部地区基础设施瓶颈的重要途径,也有重要的经济、生态、政治和军事意义。

(一)有利于完善西部地区综合交通运输体系。

与公路、航空、水运相比,铁路具有运量大、运力强的优势,适合包括煤炭、石油、矿产、木材、粮食等大宗货物运输,加上运价低廉、准点率高、节能环保等,成为中长途货运的主要力量,在交通运输系统中具有独到的优势。

从国际上看,很多大陆性大国的货运基本都以铁路为主要运输方式。美国高速公路网络发达、运量大,但铁路仍然发挥着重要作用,近 10 年来,铁路承担的货物周转量份额一直占40%左右,明显高于公路的30%、水运的13%等水平。俄罗斯铁路系统承担了约80%的货运周转量,印度承担了40%左右,澳大利亚、南非等国家大宗货物的运输均主要依赖铁路。同时,很多人口密度大的国家,比如德国、法国、英国、日本等,客运对铁路的依赖同样很大。铁路运量大、速度快、时间和方向集中等优势避免了公路运输交通拥堵的弊端。

据统计,目前我国85%的木材、80%的原油、60%的煤炭、80%的钢铁是由铁路运输的。为应对自然灾害,铁路运输在物资抢运、人员输送等公益性运输方面也能够发挥不可替代的作用。我国西部地区地域辽阔、资源向外运载量大,加强铁路运输对完善西部本身综合运输体系,强化与中、东部的交通运输关系具有多方面的重要作用。

(二)有利于扩大内需、促进经济平稳较快发展。

未来一段时期,受发达国家经济低迷、尤其是欧债危机蔓延扩散等影响,世界经济复苏仍艰难曲折,我国外部需求难以明显扩大,内需不足将继续制约国内经济发展。推进农村和西部地区基础设施建设是保持投资稳定增长和扩大消费需求,促进经济平稳较快发展的必然要求,而西部铁路建设则是其中的一个重要方面,具有不容忽视的战略意义。主要作用表现在:

一是拓宽国内资源和商品销售市场。我国国土面积广阔,资源等要素禀赋在东中西部分布极不均匀,但互补性强,北煤南运、西油南输、西棉东调、南菜北运等就是我国国土面积大、商品销售空间大的体现。西部12个省区面积占全国面积的72.7%,人口占全国的27%,集中了一半以上的煤炭和81%以上的天然气储量。要有效实现区域资源和商品销售互补,必须更好地发挥西部铁路网络的作用。

二是促进投资和消费稳定增长。铁路建设可以扩大对钢铁、机械、水泥等产业的需求,拉动投资和经济增长。2011年以来,我国铁路投资规模下滑,对全国固定资产投资增速产生了较大影响。2011年,全国铁路基本建设投资同比下降34.8%,今年一季度同比又下降60.9%,明显拉低了投资增速。当前外需收缩、出口增速下滑,内需增长又受到房地产市场调整的影响,保持投资稳定增长相当重要。在这种情况下,要努力稳定铁路基建投资,增强西部铁路投资的拉动作用。同时,铁路发展还可拉动西部地区旅游、资源开发等行业发展,有利于吸收就业和增加居民收入,拓展消费需求空间。

三是缓解国内资源环境压力。相对于公路和民航,同等运力条件下,铁路运输耗费的资源、需要的土地都要小很多。西部地区由于地域、人口、资源分布和经济发展阶段的特点,发展铁路运输的优势更加突出。这有利于实现节能环保,推进资源节约型和环境友好型社会建设。

(三)有利于推进区域协调发展和各民族共同富裕。

当前西部地区与东部地区发展差距仍较大,只有逐步缩小区域发展差距,才能促进全国经济可持续发展。而加快西部铁路建设,可以为西部振兴创造有利条件。

一是降低西部物流成本。目前西部铁路货运无法满足市场需求,被迫选择公路运输,但公路运输成本高于铁路,还受气候、路况等影响。加快西部铁路发展,对于西部地区节约物流成本,改善企业经营环境,增强发展优势相当重要。

二是推动西部相关产业发展。铁路发展可以使西部与东、中部交通更加快捷方便,有利于充分利用西部地区丰富的旅游资源,加快西部旅游业发展;可以促进西部地区农产品输出,使西部丰富的农产品得到更好利用,带动农业和农产品加工业发展;同时,使西部地区人力资源成本低的优势得到更好发挥。

三是为西部吸引人才创造更好条件。人才不足是制约西部发展的一个主要瓶颈。铁路客运特别是高速铁路建设的发展可以缩短人流在途时间,便利人员往来,增强西部区域对人才的吸引力。

(四)有利于进一步加强民族团结和边疆安宁。

广大西部地区地处祖国边陲,是少数民族的聚居区。多年来,一些敌对势力利用西部民族和宗教问题搞分裂。要维护边疆稳定,既要加快区域经济发展,也要加快推进区域铁路建设。推进西部铁路发展,可以拓宽西部城镇和乡村居民视野,促进社会交往和文化交流,使少数民族更多了解外部世界,有利于增强民族团结,增强民族凝聚力,保持边境安宁和社会稳定。同时,铁路运输的发展还可以支持大规模的物资运输,为应对突发事件奠定重要基础。

四、促进西部铁路建设的政策建议

促进西部铁路建设,离不开全国铁路体制改革这个大背景、大环境。应当在推进铁路体制改革的基础上,完善铁路发展中长期规划,优化区域铁路发展布局,加大对西部铁路建设的支持力度。

铁路建设和运营是较为特殊的行业。铁路既是大众化的运输工具,涉及到普通客运,也涉及到关系国计民生的大宗物资运输,带有较强的公益性;又承担着市场经济条件下普通商品的运输,需要受供求规律、价值规律调节,按商业性原则运行。因此,国外较为成功的铁路管理体制大都合理区分了铁路的公益性和商业性,通过有关政策扶持公益性运输,而对商业性运输则放开市场调节,政府主要履行监管职能,维护市场竞争。比如,美国的铁路改革,首先是分离具有公益性的客运业务,财政实施相应的补贴,确保铁路客运正常运行,发挥其公益性作用;同时把铁路货运确定为商业性运输,政府完全放开价格管制,引入竞争,发挥市场对资源配置的基础作用,激发企业经营活力。

我国的铁路运输体系更加复杂,计划经济时期留下来的体制机制问题还没有根本解决。比如,货运承担了国内很大比例的钢材和煤炭等大宗商品的运输任务,且运价一直保持在较低水平,相当于承担了很多社会公益责任。因此,必须先解决好政企分开问题,将铁道部的行政监管职能与企业经营职能加以分离,确立铁路运输企业的市场地位,合理界定铁道部的监管权限。应当抓住时机、创造条件推进铁路市场化改革,建立健全符合市场经济发展要求的铁路管理体制,以促进铁路高效建设和优化运营。

要区别对待铁路客运和货运管理体制,把客运和货运都拆分成具有公益性的运输公司和完全商业性的运输公司。公益性客运公司注重保障运输任务,财政对公司运营给予适当补贴;商业性客运公司放开市场调节,鼓励支持企业充分竞争。同样,对于货运市场也进行类似的拆分,对公益属性较强的货运业务给予税收优惠或价格补贴,对商业性较强的公司放开市场和引进竞争,通过市场机制实现资源有效配置。铁道管理部门主要是制定发展规划、履行监管职能等。

（一）推进铁路建设投融资体制改革，实现铁路投资多元化。

根据铁路网中长期规划安排，到 2020 年，西部铁路营业里程将达到 5 万公里左右，基本形成路网骨架，基建投资将在 1.5 万亿元以上，资金需求规模庞大。我国社会资本相当充裕，但民间投资渠道较少，在财政资金投入总体有限的前提下，必须着力激发民间资本进入西部铁路建设的积极性。在发达国家中，吸引民间资本投资铁路是通行做法，有很多经验值得我们借鉴。目前，我国铁路投资主体几乎只有铁道部，融资渠道主要是债权融资，仅有少数的民营和合资铁路。应当尽快放松管制，降低铁路投资门槛，出台具体有效的政策措施，鼓励引导社会资本参与铁路建设和运营。

主要政策思路：一是进一步支持资本市场融资。继续按照"存量换增量"的思路，推进铁路企业股份制改革。可考虑出售部分铁路资产、以股权换资金等方式，引进战略投资者，特别是吸引大型工业企业参与铁路建设和运营。目前我国不少基础工业产能过剩，发展前景受到多种制约，鼓励引导国有及国有控股工业企业进入铁路行业，是加快产业结构调整，扩大铁路资金来源、推进股权多元化的一个重要出路。二是继续支持铁路建设债券发售。铁路建设债券利率较低、偿还期限较长，是我国支持铁路建设的重要政策手段。对投资者来说，铁路建设债券收益稳定，风险较小，有利于丰富和完善我国债券市场。要积极创新铁路债券发行模式，提高铁路债券吸引力，逐步形成期限、利率多个种类有机结合的完整的铁路建设债券体系。由于铁道部履行政府职能，可以参考国债收益免征所得税的做法，对企业和个人购买铁路债券取得的收益减免所得税。三是鼓励地方政府投资铁路建设。当前及未来较长一段时期，西部省区希望通铁路的热情仍然很高。要适当吸引地方政府通过土地出资、投融资平台等方式，增加对铁路建设和运营的投资。四是积极创新投融资模式。可以借鉴高速公路等基础设施建设的融资模式，探索可行的融资方式，多种方式拓展融资渠道，扩大融资规模，缓解建设资金压力。

（二）推进铁路运输价格体制改革，逐步形成反映市场供求的客运货运价格体系。

要实现运输企业间的有效市场竞争，加快铁路发展，必须对铁路运输实施或模拟市场化定价，使铁路运价反映并调节供求关系。由于缺乏市场定价体系,我国铁路运价一直维持在较低的水平,使铁路系统面临较大的经营困难,也成为民间资本进入的主要障碍。同时,铁路价格管制而公路运输价格市场化,二者形成了较大价差,又产生了对铁路运输的寻租空间,由此滋生了一系列腐败现象。例如,一些铁道部门设立各种运输托运公司,变相收费加价,既加重了企业负担,又引起不公平竞争,影响了市场机制的调节作用和市场配置资源的重要功能。

推进铁路运价体制改革,从长远看,要逐步放松运价管制,建立及时反映市场供需和成本变化的运价形成机制,并建立健全政府合理调控运价的制度。对合资铁路公司和改制上市铁路运输企业,要尽快赋予其必要的运价浮动权,增强对供求变化的适应性和灵活性,促进企业有效运营和改善经营水平。同时在调度指挥、计费和财务结算等方面制定对各类企业公开、公平、公正的市场规则,提高铁路运输企业经营收入的可预期性,确保投资者能够获取合理回报。

从短期看,在铁路运输成本上升的情况下,要适当提高铁路运价基准价格。今年以来铁路运输成本明显上升,经营压力正在加大。铁道部从去年开始大幅提升了铁路职工工资,今年初再次宣布职工福利提升方案,预计今年铁路系统人力成本上涨幅度较大。电价上调也对铁路系统形成一定成本压力。当前,我国通胀压力逐步缓解,CPI从去年峰值6.5%回落至今年4月的3.4%,预计未来几个月物价涨幅还会继续回落。这为上调铁路运输价格提供了有利条件。最近,国家发改委、铁道部已决定自5月20日起,调整铁路货运价格,货物平均运价水平每吨公里提高1分钱,升幅达到9.5%。这将有利于改善铁路运输企业的经营状况,也有利于增强铁路行业对民间资本的吸引力。

还要抓紧研究调整客运价格的可行方案。应当按照"保住基本、放开高端"的思路,合理拉开不同档次客运价格的比价关系,如保持普通客运的价格稳定,提高高端客运的价格水平;保持相对较低类别如硬座的价格稳定,提升相对较高类别特别是软卧的价格水平;促进企业用较高价格提供高档次、高质量服务,用以弥补价格较低的普通客运,满足低收入居民的基本需求。

同时,要加快完善铁路运输统计体系,加强铁路客运、货运基础统计工作,摸清运输成本、价格的底数,系统计算、分析铁路运营的总体状况和发展趋势,为有效推进铁路运输价格体制改革奠定基础。

(三) 用好用活财税政策工具,加大财政政策支持西部铁路建设和运营的力度。

美欧等发达国家在铁路建设过程中都给予大量的支持,包括财力资助和税收优惠。我国要积极实施财政政策措施,加大各级政府财政性资金投入力度,引导社会资本进入,促进西部铁路建设。一是增加预算内资金投入。目前,预算内的铁路基本建设投资是整个基建投资支出的一部分,中央要加大西部铁路投入,一方面是增加预算内的基本建设投资资金规模,维持和提高这部分支出在财政支出中的比重;另一方面是在安排基本建设投资支出时,重点向西部铁路建设倾斜,确保用于西部铁路的支出增长高于整个基本建设支出增幅。投资方式上可以采取直接投资、资本金注入、投资补助、加大贷款贴息力度等。这不仅有助于弥补铁路建设资金的不足,还可以发挥对民间资金、外资的引导和带动作用。二是探索运用国有资本经营预算资金投入。随着国有资本经营预算试点范围扩大和上交比例提高,收入将明显上升。要积极探索国有资本经营预算资金投入西部铁路建设的途径,重点用于加大基础设施建设投入,加快西部铁路发展。这也是利用财政政策促进产业结构调整和区域协调发展的一项重要内容。三是适当加大税收优惠政策力度。继续对企业所得税、耕地占用税、增值税等税种实施优惠,研究再适当降低西部地区铁路运营税负的可行办法。四是鼓励地方加大铁路建设投入。通过财政转移支付等手段,提高西部地区修建铁路的积极性,支持中央与西部省区合资修建铁路,鼓励地方利用土地入股等方式增加投入,适当提高地方出资比例。

2012 年 5 月 28 日

关于启动第二轮电力体制改革的建议

范　必　景春梅

2012 年是我国开展电力市场化改革十周年。通过改革,极大地增强了电力企业活力,提高了电力供给能力。但是近几年,煤电矛盾不断加剧,发电企业频现巨额亏损,工商企业用电负担沉重,新能源、可再生能源发展受到制约,电力普遍服务不到位。一系列能源领域的突出矛盾,反映出现行电力体制已成为转变经济发展方式、促进节能减排和发展多种所有制经济的重大障碍。建议抓紧启动第二轮电力体制改革,从根本上解决这一长期困扰电力工业和经济运行的突出问题。

一、当前电力行业的突出问题

2002 年国务院出台《电力体制改革方案》(下简称"5 号文件"),对国有电力资产进行重组,成立两大电网公司、五大发电集团和四个辅业公司,组建国家电监会。改革打破了原国家电力公司集发、输、配、售为一体,垂直运营、高度集中的体制,实行了政企分开、厂网分开。改革后形成了五大发电集团与神华集团、华润集团等中央发电企业以及众多地方、外资、民营发电企业多家办电、多种所有制办电的竞争格局。改革前,一年新增发电装机 2 千万千瓦就是很好的成绩。改革十年,很多年份一年就可以新增装机 1 亿千瓦,极大地缓解了长期困扰我国发展的电力短缺问题。改革也有力地增强了发电企业活力。在建设成本大幅度上升的情况下,十年来火电工程造价平均降低了一半,企业的投入产出效率明显提高。

但也要看到,电力体制改革只是取得了阶段性进展,5 号文件确定的一些重要改革任务尚未落实,如输配分开没有实行,区域电力市场建设受阻,电价改革滞后,积累了一系列新的问题和矛盾。

煤电矛盾周期性发作。进入新世纪以来,煤电轮番涨价、发电企业经营困难。往往越是在迎峰度夏、迎峰度冬、重要节庆期间,煤电矛盾表现越是集中,近两年甚至出现了淡季"电荒"。2008—2010 年,整个火电行业亏损达上千亿元,一些发电企业资产负债率甚至超过100%。虽然国家采取了煤电联动、鼓励煤电一体化、电煤限价、实施煤炭储备等措施,但都无法从根本上解决煤电矛盾。

新能源发电困难。我国风电装机容量已居世界第一,太阳能发电增长速度居世界首位。但新能源的实际发电量与设计水平相比有较大差距,"弃风"、"弃光"、限电现象严重,发展难以为继。在发达国家非常普遍的分布式屋顶光伏发电、小规模风力发电、分布式天然气多联产电站在我国举步维艰。

电力节能减排形势严峻。我国电力结构中,燃煤发电量占82%。不同效率机组的供电煤耗从 200 多克/千瓦时到 400 多克/千瓦时,相差很大。长期以来,在大部分电力调度中,对高耗能火电机组与高效节能机组、可再生能源发电的机组平均分配发电时间,甚至存在为了完成火电发电量计划,可再生能源发电要为火电让路的情况,等于鼓励了高耗能机组发展,形成了对节能减排的逆向调节。

工商企业用电负担过重。目前,发电企业的上网电价是 0.3～0.4 元/千瓦时,而工业企业实际用电成本一般要比上网电价高一至两倍,东部地区商业企业大都在 1.2 元以上。企业普遍反映,电网收费环节多,实际用电支出远高于国家目录电价,甚至达到一些发达国家水平,在很大程度上影响了企业的国际竞争力。

二、电力行业矛盾的成因分析

电力行业近年来之所以出现上述突出矛盾和问题,源于 2002 年以来的改革没有从根本上解决计划与市场的矛盾。

传统的计划管理方式仍在延续。一般说来,发电企业的销售收入等于电价乘以电量(收入＝电价×电量)。目前,上网电价由政府审批决定,发电量由地方政府下达的生产计划决定。作为一个企业,在产品产量和定价上没有自主权,这在市场化改革三十多年后的今天是一个罕见现象。人为设定的电价和发电量计划几乎不反映供求关系,也无科学依据。当电煤价格上涨或下跌时,发电企业无法自主调整、应对成本变化因素。地方政府在制定发电量计划时基本上是按机组户头平均分配发电时间。火电机组一年可以发电6000多小时,往往只给4000~5000小时。对这部分计划内电量,电网企业按国家规定的上网电价进行收购,计划外电量则降价收购。当电煤价格大幅上涨时,火电厂超计划发电甚至造成亏损。越是煤电矛盾突出的时候,企业的发电积极性越低。在全国发电能力充裕的情况下,不合理的制度安排造成了"电荒"。

电力市场发育不足。2002年以来的改革只是在发电领域初步建立了竞争格局,输电、配电、售电环节仍然维持了上下游一体化的组织结构。电网企业集电网资产运营、工程施工建设、电力系统调度、电量财务结算于一身。有的电网企业通过大规模收购兼并,将业务延伸至设备制造领域,对电网设备(如变压器、继电器、开关、电表、电缆电线等)形成生产制造和采购使用的内部一体化。发电企业和电力用户没有选择权,阻断了供求双方的直接交易。其他施工企业无法参与竞争,输变电设备制造业界反映强烈。有的电网企业大规模投资收购境外的发电、电网甚至矿业资产,而国内的农网改造工程和无电地区电力建设资本金却全部要国家财政出资;以系统安全、接入标准等理由限制新能源发电上网;上收五大区域电网人、财、物资源配置权,使5号文件规定的区域电力市场进一步萎缩。现在,电网的购电、售电差价在世界上名列前茅,但资产收益率仍然很低,2010年国网仅为1.8%,远低于发达国家8%~9%的平均水平。由于电网调度、交易、财务缺乏透明度,造成其高差价、低收益的内在原因一直是个迷。深化电力体制改革已经到了刻不容缓的地步。

三、发展电力市场势在必行

传统观点认为,电力行业必须实行上下游一体化经营,由国家统一管理。随着技术进步和管理创新,这种情况已有了很大变化。国外电力市场化改革的普遍做法是,在发电和用电环节按照公平竞争原则建立电力市场,重新界定输、配电环节的市场属性,将输电环节界定为非竞争性领域,由电网公司负责骨干输电网的建设、运营;将配电环节划归竞争性领域,引入市场机制,形成大量配电、售电公司,作为独立市场主体从事购售电业务。目前,发达国家的输电网络大都是由众多电网企业组成全国互联或跨国互联输电网,如美国有十个网、西欧(包括部分东欧国家)由十几个国家电网组成。多张异步输电网的好处在于,便于区域内资源配置和区域外的电力资源余缺调剂,并在安全性上高于全国一张同步网。5 号文件就规定了全国设置 6 个异步运行的区域输电网企业。

实施输配分开可以提高电力市场运行效率。从上世纪 80 年代以来,西方国家电力市场化改革主要遵循了两条主线:一是打破垂直一体化的管理体制,从发电侧的竞价上网发展到逐步开放配电网,将单边购买模式转向批发竞争和零售竞争,逐步加大市场化力度;二是打破电力企业是公益性机构的传统观念,允许不同投资主体进入国有发电和配售电领域,实现产权多元化。尽管各国改革方式和次序有所不同,但基本上都选择了对产业链进行分拆的路径。即便是仍然保留垂直一体化模式的日本和法国,也在发电侧和售电侧开放了市场。各国电力改革实践证明,实施输配分开并不改变电网原有物理连结方式,不存在技术方面障碍,也不会影响电力系统安全。实施输配分开后,市场机制将贯穿于发、输、配、售各个环节,在体制上打通了发电企业与电力用户间的交易屏障,用户的选择权大为增加,市场功能得到有效释放,电价普遍降低,电力市场的资源配置效率大幅提升。

各国输配分开主要采取三种不同模式。一是财务分离,即输配电业务在财务上实行分开核算,但其业务组织属于同一家公司,如日本。二是结构分离,即输配电业务由不同的两类企业负责,但这两类企业的产权属于同一个控股公司,比如法国、丹麦等国家。三是产权分离,即输配电业务各自独立,输电和配电企业的产权分属不同的主体,如英国、澳大利亚、俄罗斯、印度、巴西、阿根廷、菲律宾等国家。三种模式中,产权分开最彻底,虽然对传统体制会造成一定的冲击,但有利于培育市场主体、提高效率,特别是有利于清洁能源的发展,也是各国普遍选择的方式。

四、开展第二轮电力体制改革的建议

参照国际经验,深化我国电力体制改革需要进一步解放思想,重新界定各生产环节的市场属性,并根据其特点对其业务组织模式进行重构。当前,应以界定竞争性业务与非竞争性业务为突破口,尽快启动以输配分开为主要内容的第二轮电力体制改革。

第一,实行输配分开、配售分开,政府对电网企业单独定价、单独监管。输电与配电业务的划分,原则上以电网设施的电压等级为标准,可以考虑将500千伏(西北地区为330千伏)及以上电压的输变电资产划为区域输电网经营范围;其余220千伏及以下输变电资产划为配电资产。输配分开后,按照5号文件规定,输电业务仍由6个区域电网企业统管,专门负责电力运输;在配电环节组建多种形式法人主体。在此基础上,按照"合理成本加规定利润水平"的原则,国家对各电网企业单独定价,并由电力监管部门对电网运行、电力市场进行监管。

第二,改组调度交易机构,实施调度独立。改变现行调度交易组织模式,按照国际通行做法,将电力调度机构从电网企业中分离出来,组建独立的调度交易结算中心,负责电力市场平台建设和电力交易、计量与结算,组织和协调电力系统运行,以确保电力调度交易的公开、公平、公正和电网的无歧视公平开放。独立调度机构的运行由电监会负责监管,或直接划归电力监管部门。

第三,取消不合理的发电量计划。目前各地下达的发电量计划没有法律依据和政策依据,国家电力主管部门也没有下达过这一计划,建议在新的电力体制改革方案中彻底废止这一计划指标。

第四,建立市场化电价形成机制。改革基本方向是"放开两头,管住中间",建立多买多卖的电力市场。即输配电价格由政府制定,上网电价和用电电价放开。具体步骤是,除了用电量占15%的居民生活和农业生产用电仍实行政府直接定价外,对各个电压等级的工业和商业用户,从高到低,逐级、限期实行与发电企业直接交易、合同供电,自行商定电力、电量和电价。所订合同交电力调度机构校核后实施。合同履行后,用电方向相关电网企业支付规定的输配电价。电价改革中还应清理各种电价附加,改革征收方

式。对各地违规自行出台的电价附加坚持予以取缔。对原有符合国家规定的政府性基金和附加,可以通过费改税的方式,开征相关税收。

第五,改革电网企业考核办法。建议参考国际通行办法,在电网企业的利润水平由政府规定并封顶的前提下,将单位资产的输、配电量和供电质量作为电网企业最主要的考核指标。通过改革考核办法,促使电网企业专注于输配电的质量和效率,努力降低成本,约束其一味追求资产规模的扩张行为,提高电网经营的专业化水平和安全水平。

第六,加强电力体制改革的总体指导与综合协调。建议国务院制定并出台深化电力体制改革的决定,启动第二轮电力体制改革。重建电力体制改革领导小组及办公室,由发改委牵头,成员单位包括发改委、电监会、能源局、国资委、财政部等部门,以及五大电力集团、两大电网公司、两大辅业集团等企业单位,办公室由能源局和电监会共同派员组成临时机构。由电力体制改革领导小组办公室起草新一轮改革方案,由领导小组报国务院审定后执行。

启动第二轮电力体制改革时机已经成熟,条件基本具备。近年,国务院领导在中央经济工作会议、年度改革思路中反复强调输配分开和理顺电价形成机制,电力供需各方热切期待改革出台,政府有关部门也进行了积极探索。改革一旦启动,可在较短时间内形成方案、付诸实施。预计改革后,发电企业的售电价格会有所上升,工商企业的用电价格会有所下降,煤电矛盾逐步得到化解,多种所有制企业将扩大对电力的投资。在目前经济增长下行压力加大的情况下,有利于提高企业竞争力,发挥稳增长的作用,从而起到一举多赢的效果。

2012 年 6 月 7 日

(景春梅 中国国际经济交流中心)

促进城乡居民收入差距
持续缩小的分析与建议

叶兴庆

社会上广泛使用城乡居民收入比表示城乡居民收入差距,这是一种相对差距。近两年,以这种方法衡量的城乡居民收入差距连续出现缩小。这是统筹城乡发展的重要成果,是城乡发展协调性增强的积极信号。但也有人心存疑问:这是否标志着城乡居民收入差距扩大的过程已经终结、开始步入缩小的发展阶段? 如何把这个势头延续下去? 回答这些问题,需要回顾城乡居民收入差距演变的过程,分析这两年城乡居民收入差距缩小贡献因素的可持续性及其政策启示。

一、城乡居民收入差距缩小的三个阶段

城乡居民收入差距过大是我国收入分配领域突出矛盾之一。在过去33个年份中,按当年价格计算,城乡居民收入比有 12 个年份出现缩小,分布规律较差;按 1978 年价格计算,城乡居民收入比有 14 个年份出现缩小,集中在三个阶段(见附表)。

第一阶段是 1979—1988 年。改革开放初期,由于推行家庭联产承包责任制、提高农产品收购价格、发展乡镇企业,农民收入增长速度明显快于仍处于传统计划体制内的城镇居民。这个期间,农民人均纯收入年均增长12%,城镇居民人均可支配收入年均增长 6.2%,城乡居民收入比呈现缩小走势,持续的时间也较长。

第二阶段是 1995—1997 年。由于主要农产品恢复性增产、农产品价格

涨幅较大,农民收入实现较快增长;国有企业改革力度加大,职工下岗较多,城镇居民收入增长缓慢。这个期间,农民人均纯收入年均增长 6.3%,城镇居民人均可支配收入年均增长 4.1%,城乡居民收入比连续 3 年缩小。

第三阶段是 2010—2011 年。2010 年,农民人均纯收入增长 10.9%,比城镇居民人均可支配收入增长速度快 3.1 个百分点,城乡居民收入比出现缩小。2011 年,农民人均纯收入增长 11.4%,比城镇居民人均可支配收入增长速度快 3 个百分点,城乡居民收入比继续缩小。

需要注意的是,按当年价格计算的城乡居民收入比与按可比价格计算的城乡居民收入比在总体变化趋势基本一致的同时,有两点差异:一是在有的年份,按当年价格计算的城乡居民收入比,与按 1978 年价格计算的城乡居民收入比,出现相反的变化;二是按当年价格计算的城乡居民收入比明显大于按 1978 年价格计算的城乡居民收入比。

二、审慎看待近两年城乡居民收入差距缩小贡献因素的可持续性

近两年农民收入增长速度超过城镇居民、城乡居民收入差距出现缩小,原因是多方面的。其中既有体现经济发展内在变化、代表制度变迁方向的趋势性、可持续因素,也有一些特殊性、不可持续的因素。不能盲目乐观,需要认真甄别、因势利导。

人数、工资"双增长",促使农民人均工资性收入快速增长。近两年由于农村劳动力转移就业数量增加、平均工资水平提高,农民人均工资性收入增加较多。2010 年和 2011 年,全国农民工人数分别比上年增加 1245 万人和 1055 万人,其中外出农民工月人均工资分别比上年增长 19.3% 和 21.2%,农民年人均工资性收入分别比上年增长 17.9% 和 21.9%。同时,这两年城镇职工特别是公务员工资增加不多,城镇居民年人均工资性收入仅分别比上年增长 10.7% 和 12.4%,比农民年人均工资性收入增长速度分别低 8.6 和 8.8 个百分点。这两年农民工工资增长较快,固然受各地提高最低工资标准影响,但主要是由劳动力供求关系决定的。随着工业化城镇化深入发展和农村劳动力结构发生变化,这种上涨趋势将长期持续。需要注意的是,城镇职工特别是公务员也存在工资上涨压力,一旦得到释放,农民工工资的相对增长速度就会下降,城乡居民工资性收入差距缩小的势头有可能发生逆转。

产量、价格"双提高",促使农民人均家庭经营第一产业纯收入快速增长。2010 年和 2011 年,全国粮食、油料、糖料、蔬菜、水果、肉蛋奶、水产品全面增产,仅棉花 2010 年出现减产;同时,农产品生产价格分别比上年上涨 10.9% 和 16.5%,比农业生产资料价格涨幅分别高 8 和 5.2 个百分点。收成好、价格高,使农民人均家庭经营第一产业纯收入增加较多。2010 年和 2011 年,农民人均家庭经营第一产业纯收入分别增长 12.2% 和 12.9%,比上年分别加快 10 和 0.7 个百分点。产量普遍提高、售价普遍上涨、农资价格平稳,这种局面多年未有,既是农产品相对价格随经济发展逐步提高的客观反映,也与国家加大农业生产支持力度、提高粮食最低收购价格、增加主要农产品临时收储等调控政策发挥作用有关。今后,农产品产量还会继续提高,农产品相对价格也会继续上升,但能否保持这两年的格局,存在很大的不确定性。

范围、标准"双扩大",促使农民人均转移性收入快速增长。受强农惠农富农政策受益范围扩大、国家补助力度加大影响,农民人均转移性收入快速增长。2010 年,农民人均农业"四补贴"增长 6.9%、离退休金和养老金增长 32.8%、报销医疗费增长 36.6%、领取最低生活保障收入增长 29.6%,全部转移性收入增长 13.8%。2011 年,这些收入继续增长,特别是受新型农村社会养老保险加快推进、人均离退休金和养老金同比增长 68.6% 影响,农民人均转移性收入增长高达 24.4%。这两年转移性收入增长较快,与制度建立初期基数低有关。今后,随着经济发展水平提高和国家财力增强,各类农业补贴的实施范围和资金强度会继续扩大,各类社会保障的覆盖范围和补助标准也会继续扩大,但在制度基本建立起来以后,各类转移性收入的增长速度也将转入常态。

三、促进城乡居民收入差距持续缩小的思路与建议

为避免 1979—1988 年和 1995—1997 年城乡居民收入差距缩小后又连年扩大的现象重演,使 2010—2011 年城乡居民收入差距缩小不再是又一次昙花一现,真正迎来城乡居民收入差距从扩大转向缩小的拐点、促进城乡居民收入差距持续缩小,必须按照十七届五中全会"努力扭转城乡、区域、行业

和社会成员之间收入差距扩大趋势"的要求,采取多种措施促进农民收入持续较快增长。

(一)以释放农业剩余劳动力为主线持续较快增加农民工资性收入。工资性收入占农民人均纯收入超过40%,占收入增量的50%左右。必须把增加农民工资性收入作为缩小城乡居民收入差距的主要着力点。随着城乡二元体制的逐步破除,城乡劳动力的机会差距在逐步消弭。由于受教育年限不同,城乡劳动力存在较大人力资本差异,这需要通过促进城乡义务教育均等化、加强农村劳动力职业技能培训等途径逐步加以解决。从当前看,需要针对总量过剩与结构性短缺并存的新情况,通过多种途径继续释放农业剩余劳动力。特别是应针对可转移农业剩余劳动力年龄偏大、非农就业技能缺乏、农忙农闲季节分明、对家庭多有牵挂等特征,更加重视发展县域经济、走就地就近转移就业的道路,使就业增收与照顾家庭两全其便。正确处理提高最低工资标准与保持劳动密集型产业国际竞争力的关系,通过促进企业技术进步和转型升级,增强对人力成本上升的承受和消化能力,为农民工工资持续较快增长创造更大空间。顺应劳动力转移就业的新形势,改革和调整城乡居民收入统计调查制度,把举家外出者纳入城镇居民收入调查统计范围,把其他农民工在务工地的消费计入农村居民家庭纯收入。

(二)以提高农业劳动生产率为主线持续较快增加农民家庭经营纯收入。在农民人均纯收入中,家庭经营纯收入占比仍高于工资性收入占比;在农民人均纯收入增量中,家庭经营纯收入的贡献率也很高,有的年份甚至超过工资性收入的贡献率。这两年,农民家庭经营纯收入增加较多、对增收的贡献率较大,主要归因于农产品价格上涨较快。随着城镇居民收入增长,今后农产品价格将长期上涨,两者应呈螺旋上涨之势。这要求我们正确处理控制物价总水平与保持农产品价格合理水平的关系,通过调减食品价格在CPI中的权重、对低收入群体发放生活补贴等途径,增强全社会对农产品价格合理上涨的容忍度和承受能力。但也要看到,单纯靠农产品价格上涨促进农民增收有其局限性。这改变的仅是国民收入分配关系,并没有增加社会物质财富。增加农民家庭经营纯收入,特别是第一产业纯收入,必须更多地建立在提高农业劳动生产率的基础上。为此,需要根据农业劳动力转移情况,适时促进土地流转,使留在农业的劳动力占有更多农业资源,扩大单个农户经营规模;加大农机购置补贴力度,增强农业物质技术装备,发展多种形式的农业社会化服务;调整优化农业结构,利用国际国内两个市场、两种资源,提高农业附加值;引导农民通过专业合作,向产前产后延伸,分享流通和加工环节增值收益。

(三)以推进农村产权制度改革为主线持续较快增加农民财产性收入。从全国平均水平看,目前农民财产性收入总量和占比都不是很高。但在一些地方,财产性收入占有重要位置。党的十七大报告提出"创造条件让更多群众拥有财产性收入",2008年中央1号文件提出"进一步明确农民家庭财产的法律地位,保障农民对集体财产的收益权,创造条件让更多农民获得财产性收入"。为此,应当以股份合作制等多种方式改造农村集体产权制度,保障农民对集体资源和经营性资产收益的分配权;加快推进征地制度改革,公益性征地逐步按市场价补偿,经营性用地允许农民以多种方式参与开发经营,在符合规划的前提下引导农村集体规范发展公租房等物业经济,让农民更多地分享土地增值收益;调整完善相关法规,扩大农民对土地承包经营权、宅基地使用权和住宅所有权的权能范围,探索市场化转让机制;按照依法自愿有偿原则,健全农村土地承包经营权流转市场,增加农民土地租赁收入。

(四)以加强农村社会保障为主线持续较快增加农民转移性收入。在所有四项收入中,转移性收入的政策性最为明显,最能体现政府意图,是政府最有条件和理由进行调控的。然而,恰恰是转移性收入的城乡差距最为突出,对城乡居民收入差距扩大起到了推波助澜作用。这是城乡社会保障制度存在巨大差距的必然反映。遏制和缩小城乡居民收入差距,必须重视增加农村居民的转移性收入。近年来,中央出台了一系列强农惠农富农政策,农民获得的生产补贴收入增加较快。但农村居民领取的养老金和最低生活保障收入、报销的医疗费等社会保障收入还很低。今后应在继续强化农业补贴政策的同时,着力建立健全农村社会保障制度,大幅度增加农民的保障性转移收入。为此,应尽快实现新型农村社会养老保险全覆盖,鼓励有条件的地方提高参保和养老金发放标准,逐步实现城乡居民社会养老保险并轨;大幅度提高农村低保标准和补助水平,扩大覆盖面,将符合条件的农村贫困家庭全部纳入低保范围,逐步缩小城乡低保政策差距;完善农村五保供养政策,保障五保供养对象权益;提高新型农村合作医疗筹资标准和国家补助水平,提高报销率,加大财政对农村医疗救助的扶持力度,鼓励有条件的地方实现城乡居民医疗保险并轨;扩大实施农村计划生育家庭奖励制度、少生快富工程和特别扶助制度;建立健全农民工养老保险办法,提高参保率。

2012 年 2 月 2 日

附表　城乡居民收入比变化情况

年份	按1978年价格计算		按当年价格计算	
	城乡居民收入比	比上年增减	城乡居民收入比	比上年增减
1978	2.5704		2.5704	
1979	2.4302	− 0.1402	2.4157	− 0.1546
1980	2.3485	− 0.0817	2.4966	0.0809
1981	2.0447	− 0.3037	2.2019	− 0.2947
1982	1.7898	− 0.2550	1.9496	− 0.2522
1983	1.6457	− 0.1441	1.8205	− 0.1291
1984	1.6288	− 0.0169	1.8328	0.0123
1985	1.5332	− 0.0955	1.8589	0.0261
1986	1.6898	0.1566	2.1227	0.2638
1987	1.6452	− 0.0446	2.1665	0.0438
1988	1.5098	− 0.1354	2.1681	0.0017
1989	1.5370	0.0272	2.2871	0.1190
1990	1.6362	0.0992	2.2005	− 0.0866
1991	1.7201	0.0838	2.3999	0.1994
1992	1.7806	0.0605	2.5849	0.1850
1993	1.8902	0.1096	2.7967	0.2117
1994	1.9530	0.0628	2.8634	0.0667
1995	1.9452	− 0.0078	2.7147	− 0.1487
1996	1.8542	− 0.0910	2.5123	− 0.2024
1997	1.8333	− 0.0209	2.4689	− 0.0434
1998	1.8592	0.0259	2.5093	0.0404
1999	1.9575	0.0983	2.6485	0.1392
2000	2.0402	0.0827	2.7869	0.1384
2001	2.1244	0.0841	2.8987	0.1118
2002	2.2987	0.1743	3.1115	0.2127
2003	2.4023	0.1036	3.2310	0.1195
2004	2.4226	0.0203	3.2086	− 0.0224
2005	2.5000	0.0774	3.2238	0.0152
2006	2.5704	0.0704	3.2784	0.0546
2007	2.6337	0.0633	3.3296	0.0512
2008	2.6433	0.0096	3.3149	− 0.0147
2009	2.6743	0.0310	3.3328	0.0179
2010	2.5995	− 0.0748	3.2285	− 0.1043
2011	2.5295	− 0.0700	3.1260	− 0.1025

应下决心推进公车改革*

冷云生

一、改革势在必行

公车改革由来已久。早在 1998 年,国务院体改委就提出了改革方案,但没有实行。此后,一些地方和部门进行了探索,有的取得很好成效,有的进展不顺重回老路。总体上公车改革一直没有全面启动。社会各界对此一直高度关注。

数量庞大的公车占用了大量行政经费。许多单位公车经费不够,只能千方百计从其它渠道解决。围绕公车产生的种种不正之风在社会上一直广为诟病。从外部环境看,推进改革的各方面条件都已经成熟。先行改革的地方和部门积累了很好的经验;公共交通体系日益健全,保障公务出行不成问题;人民收入水平有了显著提高,发放适度的公务交通补贴压力不大;社会各界对公车改革已经形成共识,改革氛围越来越好。

2011 年以来,有关部门已在深入调研的基础上,研究形成了公车改革方案。如果能在"十八大"之后推开,将会产生良好的社会反响。

二、坚持市场化改革方向

近年来各地的改革模式主要有三种:一是加强管理。不改变现有制度,通过清理超编超标车辆,采取更精细的管理解决公车问题。二是准货币化。

＊　此文获得国务院研究室 2012 年度优秀研究成果三等奖。

把本来分散在各单位的一般公务用车统一到一个车队集中管理,给各单位发放公务交通卡,用以购买公车车队服务。三是货币化。除主要领导专车和特殊公务用车保留外,其他一般公务用车全部取消,发放公务交通补贴,由个人自行选择公务出行方式。

实践证明,加强管理模式走不出治理—泛滥—再治理—再泛滥的圈圈,运动式的治理虽有一定成效,但治标不治本,而且日常管理也很难到位。准货币化模式保留了公务用车车队,没有改变公车财政供养的实质,在实际运行中效率并不高。货币化模式是一种比较彻底的改革模式,所有一般公务用车一律取消,结束了多年的实物供给制,体现了改革的市场化取向。同时,发放交通补贴到个人,建立公务用车的购买服务机制,管理上简便、透明、规范,能从根本上解决公车领域的诸多问题。根据广东等地的改革经验,这种模式能节约公车成本30%左右,而且改革后风气为之一新,浪费腐败现象不复存在。这种模式应当是下一步推进公车改革的方向。

三、解决好几个重点问题

虽然公车改革条件已经成熟,但要顺利推进,还需找准突破口,着力解决好几个重点问题。

一是中央国家机关先改。从各地车改的情况看,中央不动,地方改革很难单兵突进。而且,由于各地情况差别较大,一刀切地让所有地区采取同一种模式也不现实。中央国家机关先行一步,为地方做出示范。各地参照中央国家机关的做法,从当地实际出发,自行制定和实施公车改革方案。

二是取消全部一般公务用车。在这一过程中,要明确界定保留公车的范围,把一般公务用车和特殊公务用车区别开来。中央国家机关保留的公车可分为三类,即部级干部专车、执法执勤用车和机要通信用车。保留车辆的数量应以实际需要为基础,把数量界定在最必需的范围内,同时实行严格的管理。对于取消的公车,各单位不能各行其是,要采取公开透明的方式统一处置。对相关司勤人员,要妥善安置,原则上以内部消化为主,不能转岗的也要补偿到位。

三是解决好部级干部相关问题。根据工作需要,并参考国外情况,建议把配备专车人员确定为正部级及以上干部。离退休部级干部,建议仍按现行规定执行。对现职副部级干部,可考虑两种方案:一是新老划断,老人不变,新人参加改革;老人亦可选择参加改革。二是不改,维持现状。如果副部级干部参加改革,可作为一种福利待遇,发放较高的车补。对于部长助理、副部级单位副职等中管干部,现在虽不在配备专车范围内,但考虑到他们的特殊职责,可参照副部级干部。

四是科学确定公务交通补贴标准。补贴标准要以公务出行实际需要为基础,同时综合比较历史成本,要比以往节约。在各职级干部之间,可以按职级高低确定补贴标准,但各职级差距不宜拉得太大。公务交通补贴不能体外运行,要同工资津补贴改革一并考虑,纳入规范的体系。

对于司局级及以下离退休干部,考虑到公务交通补贴主要是用于公务活动,离退休干部没有公务,但如果考虑平衡问题,可增发少量补贴。

2012 年 10 月 17 日

从改革金融体系入手治理经济结构失衡

王 敏

深化金融改革是我国经济体制改革的重要内容,也是调整经济结构的重要手段。

一、我国金融体系的主要结构性矛盾

我国金融体系由银行主导,资本市场作用相对较小;银行集中度高,平均规模大;银行偏好为大企业融资,中小企业贷款难;银行存贷差大,盈利模式单一;证券市场债券数量少,资产种类有限。这些特征是宏观经济结构性矛盾的反映,是我国高储蓄、高投资与巨额经常项目顺差并存的重要原因。

(一)融资结构失衡加剧宏观经济失衡。一是间接融资为主,直接融资严重滞后。2011 年末,我国银行业资产规模突破 110 万亿元,占金融业总资产的90%。长期以来,我国资本市场融资与银行融资比例一直维持在 1∶9 的水平,银行融资比重是"金砖四国"中最高的;而每千人拥有上市公司数量,在金砖四国中最低,资本市场处于从属地位。上市公司中民营企业比重偏低,截止 2009 年末只占37%。最突出的问题是债券市场不发达,企业债券规模很小。自 2007 年推出公司债券以来,由于综合发行成本偏高,审批准入过严等原因,公司债发展缓慢,严重抑制企业直接融资。二是银行业垄断经营,金融资产高度集中于大型国有控股银行。目前全国银行总量不到4000 家,与我国世界第二大经济体的地位很不相称。我国银行不仅数量少,而且平均规模大。目前工商、农业、建设、中银四大国有控股商业银行总资产占全部商业银行总资产的近50%。虽然近年来银行存款业务面临多方竞争压力,吸收存款成本不断上升,但国有控股银行凭借占有大量金融资源,利润率不降反升。三是企业储蓄率偏高,加剧经常账户失衡。国际经验表明,一国银行的集中度越高,企业利用自身储蓄作为投融资手段的比重越大。我国金融机构的存款规模远大于贷款规模,出于规避风险,大银行都偏向给大企业贷款,即"垒大户";但大企业本身资金需求有限,不可能吸纳所有银行信贷,因此银行存贷差提高。尽管银行有若干非贷款盈利方式,可以消化一部分存贷差,但还有很大一部分存贷差消化不了,作为商业银行在人民银行的存款即存款准备金。同时,占全国企业总数99%的中小企业由于得不到银行贷款,不得不主要依靠自身储蓄融资。因此,企业储蓄存款余额成为我国经常项目盈余的一部分。四是居民缺乏投资渠道,难以获得资产性收入。金融体系特别是资本市场的重要作用之一,是为居民提供金融资产能够保值增值的投资渠道。但我国居民金融资产长期以银行储蓄为主,居民储蓄存款占全部银行存款的60%～80%。由于直接投资不发达,股票市场投机性严重,大多数居民无法直接从企业利润增长中获得收益,分享经济增长成果。因此,虽然国民生产总值不断增长,但普通居民的投资和财产收入增长缓慢,消费难以提升。

(二)信贷结构失衡导致中小微企业贷款难。目前国有企业和政府融资平台贷款占到全部银行信贷总额的60%～70%。房地产、城建、公路、电力等大项目和地方投资公司成为国有大银行贷款的主要对象,民营企业所获信贷只占全部信贷总额的20%～30%。分析深层原因:一是中小微企业面临较大的市场风险和不确定性,银行在为其项目融资时持严格谨慎态度,不愿为风险高的小项目融资,容易发生融资抑制。二是大银行要求中小微企业提供足额抵押品担保,而中小微企业往往缺乏抵押资产。三是中小微企业拥有的诸如企业家的经营能力、个人品质、项目市场环境等"软"信息,在结构复杂的银行系统中难以及时验证和传递。同时,相对具有较长历史和完整信用记录的大企业,中小企业信用记录较短。这些都造成中小微企业融资难。四是银行贷款无论数额大小,都需经过申报、授信、分析、审批、贷后管理与监控的全过程,需要付出一定交易成本。这种交易成本并不随企业贷款规模变化而改变,具有固定成本性质,因而存在规模效益。小企业由于资金需求规模小,分摊到单位资本的交易成本相对高,银行为中小企业贷款很难利用规模效益节约成本,因此不愿为中小企业贷款。

(三)金融业利润过高挤压实体经济。现行金融体系下,存贷款利差是银行利润的主要来源。商业银行高利润不但导致物价上涨侵蚀百姓财富,民间借贷规模不断扩张,积聚金融风险,还推高实体企业融资成本,挤压其他行业的利润空间。虽然受外部出口需求减少和内部通胀压力影响,近两年我国经济增速放缓,一些实体经济出现困难,但银行业利润却大幅增长。据中国银监会数字,2011年全国银行业净利润达1.04万亿元,比2010年增加2775亿元。2011年前三季度,全国16家上市银行净利差收入超过1.2万亿元,占总营业收入80%,其中五大国有商业银行占71.7%,股份制商业银行占90%。某银行行长甚至感叹:"银行利润太高了,都不好意思公布。"另据银监会资料,2010年前三季度,全国商业银行累计实现利润8173亿元,同比增长35.4%,平均资本利润率22.1%,人均利润近40万元;同期,全国规模以上工业企业实现利润3.68万亿元,人均利润不到4万元,银行人均净利润是工业企业的12倍。2011年末,我国本外币存款余额82.67万亿元,商业银行理财业务呈爆发式增长,各商业银行共发行2.24万款理财产品,较2010年增长97%。银行业过度高额利润导致虚拟经济与实体经济平均利润率严重失衡,长期专注实业领域获取微薄利润远不如从事金融投机获得短期高额收益。在资本逐利推动下,许多企业不愿搞实体经济,热衷于"以钱生钱"的所谓资本经营,一些实体企业放弃主营业务,大量资本撤出。据2011年中国企业家调查,73.1%的受访者认为"目前愿意做实业的企业家越来越少"。这是当前宏观经济结构失衡的突出表现,也是潜在金融风险的重大隐患和根源。

二、推进我国金融体系结构性改革的建议

第一,改革以银行间接融资为主的金融体系,大力发展资本市场直接融资。首先要改变单纯发展银行业或仅从银行体系内部发展金融体系的现状,着力发展由大、中、小银行和小金融机构组成的立体化、多层次金融体系,充分发挥储蓄转化为投资的功能,提高金融体系运行效率。特别要加速拓宽直接融资渠道,充分发展证券市场,重点发展中小板市场,为中小企业融资提供更多渠道。加快发展壮大债券市场,使其成为企业融资主要来源,减少对自身储蓄依赖,建立与企业构成相匹配、多层次的正"金字塔"型资本市场体系。鼓励企业发行公司债券,扭转资本市场股票市场独大局面。建立多层次股权投资体系,通过政府引导基金吸引社会资本投向实体经济。当前发展债券市场时机良好。截至 2011 年末,全国债务融资工具存量规模突破 3 万亿元人民币,债市融资已成金融市场优选渠道。应尽快成立国家债券市场统一监管协调委员会,将银行间债券市场和交易所债券市场实行统一监管,尽快解决多头管理问题。统一债市监管标准,促进债券市场互相连通。统一短期融资券、中期票据、中小企业集合债、企业债、市政债以及公司债、可转债和可分离公司债等审批主体,减少审批环节,公开透明审批。通过直接融资与间接融资平衡发展,降低企业融资成本,有效控制银行风险。

第二,改革以大银行为主导的银行体系,大力发展民营中小银行。金融体制改革首先要对民间资本开放金融市场,允许民间资本设立银行,破除民间资本办银行的各种制度障碍。尽快制订民间资本设立金融机构资格审核办法,实现民办金融机构审批法制化。鼓励民间资本开办更多区域性的中小银行和村镇银行,积极培育"只贷不存"的贷款"零售商"和非吸储类信贷组织,包括小额贷款公司、融资租赁公司、典当行等,为中小企业提供个性化、差异化服务,从体制上解决中小企业融资难。通过降低中小企业储蓄率,降低整个国民储蓄率,改善经常账户失衡。将中小银行纳入金融监管范畴,充实监管力量,制定科学的监管办法。

第三,改革银行固定利差,加快推进利率市场化。利率既是资金的价格,更是银行风险组合的重要工具。利率应随资金供求而变化。稳步推进利率市场化改革,需分阶段有步骤进行。最重要的是,加快培育市场基准利率体系,引导金融机构增强风险定价能力。当前可先从加大贷款利率下浮幅度开始,增强贷款利率的灵活性。扩大存款利率浮动区间、实现存款利率市场化是未来利率市场化改革的主要内容。社会资金充裕为推进存款利率市场化提供了机遇。具体操作上,首先金融机构要实现财务硬约束,保持并加强对银行货币信贷和表外融资行为的监管,引导商业银行加快转型,夯实利率市场化微观基础。随着存贷款利率全面开放,利率定价既要立足于自身运营成本,又要充分考虑市场竞争性价格,银行需进一步改革内部成本管理,使运营成本尽量低于同行业标准,为市场竞争赢得先决条件。在利率定价机制上,需进一步完善风险评价体系,加强行业研究和对非系统性风险识别能力,通过金融创新有效化解风险敞口。应选择具有硬约束的金融机构,让他们在竞争性市场中产生定价,排除财务软约束。确立达标金融企业必须具备的硬约束条件,对达到自我约束标准的金融机构给予更多资金定价权。在放开存贷款利率的同时,其他一系列上、下游产品和替代产品的定价权也同时交由市场决定。建立健全自律性竞争秩序,制约违规行为。基准利率是利率体系中的核心和关键,应加快培育市场基准利率体系。作为货币市场的基准利率,Shibor(上海银行间同业拆放利率,以下用英文简称)既是金融市场基准利率体系的重要组成部分,又是推进利率市场化的重要基础,对提高商业银行定价能力、促进金融市场发展和完善央行利率调控机制十分重要。应继续强化 Shibor 报价指导和管理,提高 Shibor 报价质量。进一步加强对 Shibor 报价情况的监测分析和考核,建立自主经营、自担风险的正向激励机制。

第四,金融以支持实体经济为主,促进虚拟经济与实体经济协调发展。立足发展实体经济这一坚实基础,从多方面采取措施,进一步优化银行信贷结构,确保金融服务实体经济,确保银行信贷资金投向实体产业。银行资金重点支持科技创新型企业,重点支持能够扩大就业的小微企业,重点支持现代农业、先进制造业和现代服务业。坚决遏制"以钱生钱"的投机炒作。目前,发达国家正把绿色、低碳技术及其产业化作为突破口,支持新能源、生物医药、信息网络等产业加快发展。我国要紧紧把握世界经济结构大调整机遇,积极发展战略性新兴产业,把培育和发展节能环保、新一代信息技术、新能源、新材料等作为金融支持实体经济的重中之重,充分发挥现代金融在促进战略性新兴产业发展中的重大作用。

2012 年 3 月 8 日

电煤并轨：让市场配置资源

范　必

在计划经济时期,煤炭是由国家计划组织生产和分配的物资。改革开放后,国家逐步放开煤炭价格、生产、流通,市场配置煤炭资源的比重不断提高。虽然煤炭是市场化改革较早的资源类产品,但是改革并不彻底。电煤双轨制导致了不公平竞争、供求矛盾加剧、寻租现象丛生等问题,是造成煤电矛盾的重要原因之一。近年来,计划煤的实际作用逐步减少,计划内外电煤价差明显缩小,电煤并轨的时机已经成熟,条件基本具备。国家应采取果断措施,取消重点合同煤、煤炭产量计划、煤价干预等煤炭计划手段,建立全国统一的电煤市场。下决心尽快取消运力、电力的计划指标,实行与电煤市场化相适应的铁路运输和电力调度体制。这将有利于在一定程度上缓解周期性出现的煤电矛盾。

一、当前的问题和改革的必要性

改革开放以来,我国煤炭市场化改革不断深化。从 1983 年开始,国家逐步缩小煤炭指令性计划;1993 年,国家决定逐步放开煤价;2004 年起,逐步取消了政府直接组织煤炭订货的方式。但是,依靠计划配置电煤资源的体制并未从根本上消除,而且计划干预的形式更为多样。双轨制严重扭曲了煤炭的供求关系,妨碍了公平竞争,创造了大量寻租空间,应当坚决取消。

第一,计划煤比重逐年减少,已失去存在意义。在煤炭放开之前,国家每年组织煤炭订货会签订供需合同。2004 年以后,煤炭订货会改称重点煤炭产运需衔接会,原则上由发展改革部门提出框架性意见,企业自主订货、行业协会汇总。在会上,发展改革部门要对重点合同电煤发布参考价,价格一般低于市场煤价,主要供应对象是五大发电集团和其他国有发电企业。在实际运行中,每次产运需衔接会都是煤电两大阵营的集中博弈会,双方很少能顺利达成共识。当矛盾积累到一定程度后,由发展改革部门出面协调确定交易价格。由于非重点订货合同电煤价格完全由市场调节,计划内与计划外存在价差,为倒卖寻租提供了机会。重点合同煤到用户手中时,与市场煤价相差无几。近年来,煤炭订货会的成交量逐步减少。2012年重点合同煤名义数量为7.5亿吨,占全年电煤消费量的37%左右。实际上大部分合同是有量无价,甚至无价无量。目前,煤炭衔接会的作用已十分有限,重点合同履约率也逐年降低,取消重点合同煤对市场价格、供求关系基本不会产生影响。

第二,重点合同煤与铁路运输计划挂钩,抬高了中间环节的加价。我国煤炭产地主要集中在山西、陕西、内蒙古西部(简称三西)等华北、西北地区,而煤炭需求地则聚集在经济发达的华东和东南沿海地区。煤炭运输呈现北煤南运、西煤东运的格局,煤炭总运量中约60%通过铁路运输。计划内的重点合同煤纳入铁路运输计划,可执行国家规定的运输价格。计划外的非重点合同煤运输则要向中间环节付出相当高的代价,一些铁路的"三产"、"多经"企业从中渔利,这已成为行业潜规则。此外还存在点车费、车板费等各种名目的收费。电煤供需关系越紧张,运输中间环节的放大作用越明显。在煤电矛盾突出的时候,山西煤运到秦皇岛价格可以翻一番甚至更多,大部分差价来自铁路运输。

第三,地方政府对电煤产量下达计划指标,破坏了全国统一市场。经过这一轮煤炭企业的兼并重组,提高了生产集中度,同时也增加了产煤省对本地产能的控制能力,为地方限产保价提供了方便。有的省向产煤企业发放"煤票",没有"煤票"的煤不得出省、不得交易。大部分产煤地的地方政府在省界、地界、县界设置关卡,收取出境费。这些做法严重破坏了全国统一市场,扰乱了正常的煤炭生产、流通秩序。

第四,对电煤价格进行行政干预,妨碍了市场机制发挥调节供求关系作用。国家在放开电煤市场的同时,对电煤价格的干预几经收放。1993年放开煤价,1996年又开始实行政府指导价,形成了价格双轨制。2001年,再次放开电煤价格,同时有关部门又发布参考价。2008 年以来,又多次出台价格临时干预措施。一般来说,在煤电矛盾突出的时候,有关部门便会出台电煤限价措施,以减轻电力成本上涨带来的发电企业亏损。限价使价格无法准确反映供求关系。煤炭企业对煤价预期要高于国家限定的价格,不愿与电厂签订长期合同。限价措施出台后,普遍出现以次充好(如在电煤中掺入煤矸石、降低燃烧值)、地下交易(如不签合同、现金交易)等办法规避限价。限价不仅不能达到控制电煤成本的目的,反而加剧了供需矛盾。

除直接干预外,有关方面提出建立国家煤炭储备,准备利用储备煤吞吐调节价格。这一做法有很大争议。一般来说,对于短缺的战略物资才需要建立国家储备,而中国是一个煤炭资源充足的国家,电煤供求矛盾和价格大幅波动是由于体制原因,而不是资源禀赋不足。煤炭也不是什么优质资源,除中国外,世界上没有其他国家建立煤炭储备。现货储备占用土地多、污染大、易自燃,储备太少无法满足应急需求,大量储备成本很高且存在技术难题。目前我国只建成了 500 万吨的储备,要达到影响市场价格的目标,储备规模要远远高于这个水平,会加重财政负担。近年来,受美国页岩气大量替代燃煤发电等因素的影响,一些国家低价煤炭进入我国沿海地区,具有压低煤价的作用。因此,在充分的市场竞争和经济全球化条件下,以煤炭储备来缓解供需矛盾或平抑价格似已没有必要。

第五,与计划煤对应的发电量计划仍在延续,严重损害了发电企业的利益。在上世纪 80 年代和 90 年代初期,计划内电煤与计划内发电量及相应的上网电价是完全对应的,须执行严格的指令性计划。随着煤炭体制改革的深化,计划内煤炭越来越少,发电量计划本应逐步减少直至取消。但长期以来各地经济运行主管部门仍在下达这一计划。这种电量计划基本不考虑发电方式和能耗环保水平,而是按照机组户头平均分配发电时间。电网公司对计划内电量按国家规定支付上网电价;超计划发电量部分,电网公司要求发电企业降价上网,而销售电价实际上没有变化。这一计划严重损害了发电企业的利益。2011 年华东和华中地区用电紧张,原因之一就是电力企业完成计划电量后,计划外电量低价上网,发得越多亏损越严重,于是很多电力企业就以停机检修为名不再多发电。因此,发电量计划的存在加剧了煤电矛盾。同时,这种计划调度方式鼓励了高耗能的小型燃煤、燃油火电机组的发展，与国家节能减排、优化能源结构的方向背道而驰。

二、电煤并轨的思路和建议

电煤的计划性主要表现为对产量、价格、运力进行干预。重点合同煤是电煤计划的一部分，仅取消重点合同煤不足以实现电煤的计划内与计划外并轨，需要在多个方面采取措施才可以实现电煤的完全市场化。建议电煤并轨的总体思路是，坚持市场化改革方向，充分发挥市场对煤炭资源配置的基础性作用，切实维护企业市场主体地位和经营自主权。取消重点合同煤、煤炭计划、电煤价格干预等行政管理措施，由供需双方自主决定交易量和交易价格。具体可以考虑采取以下措施：

第一，建立完全竞争的电煤市场。取消年度煤炭衔接会，建立区域煤炭交易市场，电煤合同的交易量、期限、价格、金额完全由供需双方自行决定，无须报国家有关部门备案或批准。合同纠纷应依据《合同法》及相关经济法律处理。在完善区域煤炭交易市场的基础上，建立全国电煤交易市场，第一步以现货市场为主，逐步建立期货市场。

第二，取消政府对煤炭市场的直接干预。取消地方自行出台的煤炭产量计划、"煤票"制度、出入境检查收费等制度。禁止各级政府对煤炭生产、营销、定价等商务活动进行干预。暂缓推进煤炭储备制度。

第三，将铁路运力纳入市场交易。取消计划煤后，重点合同煤的运力计划也就不复存在。为了保障煤炭运力，应当建立公开透明的铁路运力交易市场，减少铁路运输中的寻租行为，降低电煤物流成本。建议发改委和铁道部对电煤运力单独制定运输计划、单独考核、单独定价。选择大秦、朔黄等煤运专线进行"网运分开"试点。具体做法可以是，先核定铁路电煤的基础运价，成立若干家铁路煤炭承运公司，将承运公司的运力作为交易品种，纳入全国电煤交易市场进行公开交易。

第四，取消发电量计划。随着电煤并轨，原本与计划煤对应的计划电量存在的基础已彻底消失，应当相应取消。电网企业应当按规定的上网电价向发电企业购电。

第五，推广节能发电调度办法。电煤并轨改革后，在没有发电量计划、没有购电合同的情况下，电力调度以什么为依据的问题便会提上日程。解决的办法是实行节能发电调度,南方电网的试点证明,这是一个行之有效的制度。近年来,中央经济工作会议和政府工作报告中多次强调要推行节能发电调度,但执行效果不够理想。建议以电煤并轨为契机,按照国办 2007年 8 月下达的实施方案,在全国电网企业推行节能发电调度办法。即:按照节能、环保、经济的原则,优先调度可再生能源和高效、清洁的机组发电,限制能耗高、污染重的机组发电。采取这一调度方式有利于公开、公平、公正调度和促进节能减排。

第六,深化"煤—运—电"全产业链市场化改革。煤炭、运输、电力三个领域均存在计划与市场并存的双轨体制,相对来说电煤并轨的难度最小。取消计划煤后,电力和铁路体制将成为造成煤电矛盾的主要原因,国家应当再依次推出这两项改革,最终从根本上化解困扰国民经济的煤电矛盾。

2012 年 11 月 1 日

关于加快推进出租车行业改革的建议

朱艳华　卫新华

出租车行业是与民生紧密相关的服务行业,是城市形象的窗口。改革开放以来,出租车行业快速发展,目前已覆盖全国所有城市和经济发达地区的乡镇。截至 2011 年底,全国共有出租车 126.4 万辆,当年完成客运量 377 亿人次,占城市客运总量的 32.3%,在促进就业、方便出行等方面发挥了积极作用。但是,出租车行业也存在一些亟待解决的突出问题,群众及出租车司机反映强烈。近日,我们就促进出租车行业健康发展问题进行了调研,现将有关情况和建议报告如下。

一、当前出租车行业存在的主要问题

（一）出租车“打车难”问题。近年来,“打车难”已成为出租车行业面临的突出问题,在城市的一些地方几十分钟都难以打到车,等车时间远远超出人们可接受的程度。特别是一些特大城市高峰时段和雨雪天气,一些出租车拒载、消极运营,使得“打车难”更是难上加难。出租车服务不能很好地满足人们生活需要,引起城市居民对出租车服务和行业监管的不满。

（二）出租车司机收入问题。由于出租车的运营成本大幅度增加,出租车司机相对收入减少。一些城市出租车收入基本上与城市平均收入持平,与 10 多年前形成鲜明的反差,而劳动强度则有所提高,多数司机反映平均每天工作时间超过 10 小时,每月基本不能休息。其结果是随着城市生活成本的上升,司机们在城市中的生存压力加大,一些大城市的“城里人”纷纷转行,出租车公司招收司机难度加大,由近郊向远郊区发展的趋势明显。

（三）出租车特许经营权问题。我国城市出租车行业一般采取特许经营。但是，由于采取数量限制措施，再加上一些城市的经营权采取有偿转让，直接导致经营权成为一项有利可图的资源。在一些城市不同程度地存在经营权私下转让、盲目炒作问题，不少城市单台出租车的经营权转让费用超过 60 万元，个别城市甚至超过百万元，造成经营成本增加，出租车经营者难以承受，也使得出租车经营权问题变得复杂、敏感，容易诱发群体性事件，成为行业改革的最大阻力和隐患。

（四）出租车公司的"份子钱"问题。当前出租车运营模式中，有一种模式采取出租车公司与司机订立承包合同，公司提供经营权和车辆，司机按月交纳承包费（也就是"份子钱"），如北京市规定驾驶员月承包金上限标准为 5175 元/月。这种模式存在的主要问题是劳动用工合同不规范，责权利不相称。一方面，出租车司机缴纳的"份子钱"过高，如不超时劳动或者因病不能运营，就交不起"份子钱"，造成出租车司机负担过重，易引发不稳定事件；另一方面，出租车公司不承担市场风险，实际上没有竞争压力，对市场需求反映不灵敏，也没有创新服务方式的压力。这种出租车公司经营模式受到广泛质疑。

（五）出租车经营环境问题。一是"黑车"给合法经营的出租车带来冲击。特别是一些伪造运营证照的"套牌车"、"下线车"、"巡游"的私人轿车等，直接与正常的出租车形成竞争，这种不公平竞争破坏了运营秩序，也给乘客的利益带来危害，并成为导致出租车司机不满的重要原因。二是市区内为出租车司机提供的服务设施普遍缺乏，出租车停靠站点设置不合理，出租车司机"停车难、吃饭难、如厕难"问题一直没有得到很好的解决，司机意见较大。三是一些城市对出租车出台了不合理的收费政策，加重了出租车运营负担。

二、出租车行业问题的原因分析

出租车行业存在的问题有历史问题，也有新问题，原因复杂，主要有以下几个方面：

（一）行业管理体制和监管方面的原因。出租车行业体制不顺，监管过多、过死，是出租车行业问题的重要原因之一。我国出租车行业体制和监管至今仍然没有基本的法律依据,各地不能依法行政,又各行其是,在行业经营权转让、经营模式、监管态度、公司与司机的关系等方面做法不一,而且存在管得过多、过死问题,从经营权、定价、准入、服务要求、轮班制度和交接班时间,到车型、外观甚至座套颜色都管到了,经营权、价格和车辆的数量多年未做调整。尽管国家于 2004 年、2008 年先后出台了出租车行业规范发展的文件,解决了行业发展中的部分突出问题,但是当前进一步规范行业发展、增强行业的生机和活力仍然十分迫切。

(二)出租车服务需求方面的原因。公共交通发展相对滞后,以及打车需求增加,是当前"打车难"的一个重要原因。一方面,许多城市公共交通发展不能很好地满足市民出行的需要,公共交通更拥挤、等候时间更长、路途耗时增加、不能直达,导致部分人群出行需求转向购买私家车和"打车";另一方面,随着人们收入水平的提高,要求出行更便利、更舒适,而出租车租价基本不变,导致"打车"需求迅速增加。打车人群也在发生变化,打车需求日趋大众化,还有一部分人将出租车作为上下班的通勤工具。

(三)出租车服务供给方面的原因。城市公共道路资源日趋紧张,出租车行业的数量限制措施,是出现"打车难"并延续的重要原因。近十年来,城市机动车保有量迅速增长,导致行人、非机动车、私家车辆、公交车辆和出租车对有限道路资源的竞争日趋激烈,交通拥堵、停车难成为困扰大城市管理的重大问题。这些问题一定程度上导致出租车运营效率降低,特别是在高峰阶段和雨雪天气更是如此。而我国出租车行业特许经营和数量限制措施,在很大程度上阻碍了增加出租车运营车辆,使得出租车服务供给不能适应打车需求的增长,出现"打车难"并得不到有效缓解。

(四)出租车运价方面的原因。出租车运价不合理也使得出租车行业缺少了一种市场调节手段。一是现行的出租车起步价较低,有的地方甚至多年没有调整,致使短途出行需求拒载率高。二是等候时间计价办法不合理,没有考虑道路运行状况发生的变化,在途时间越长、收益越低,导致高峰时段、雨雪天气消极运营车辆增加。三是运价全部一致,没有考虑特殊服务时段、服务对象需求强度的不同,也没有考虑需求档次的差异性。四是价格管制严厉,缺乏灵活性,一些服务项目,如预约叫车服务、出租车公司与其他机构签约服务等,不能收费,致使这些服务创新项目很难开展。

三、促进出租车行业健康发展的建议

目前以及今后一段时期,我国出租车行业发展的总体思路应该是将缓解大城市出租车"打车难"问题,与出租车行业长远发展需要结合起来,坚持增量带动存量的渐进式改革方式,积极推进市场化改革,在明确出租车行业定位的基础上,政府依法监管、特许经营,公司个性服务、品牌经营,司机职业准入、优质服务,以市场调控为基础,加强行业监管,确保出租车行业和谐稳定、健康有序发展。

(一)采取切实措施,缓解当前大城市的"打车难"问题。一方面,适度增加运营出租车辆。可采取增量改革的办法,适度增加特殊时段、按照特殊经营方式、采取不同价格机制的出租车公司和运营车辆;另一方面,适当调高起步价,理顺计价方法,减缓"打车"需求增长势头,同时,减少短途拒载、高峰时段消极运营现象,提高运营效率。当然,缓解"打车难",从根本上讲,应大力发展公共交通系统,提高交通科学管理水平,提高道路的通行能力和水平。

(二)尽快完成出租车行业立法程序,转变政府监管职能。建议尽快完成出租车行业立法,依法规范各地出租车的监管和运营行为,对出租车行业的定位、监管责任、经营权归属、经营模式、准入和退出规则等做出明确规定,并协调政府、公司、司机和乘客的关系。同时,切实转变政府监管职能,理清与出租车公司之间的利益关系,改变管得过多、过滥的做法,积极推进市场化改革,促进运营机构之间的竞争。

(三)明确出租车行业定位,适度发展出租车行业。从出租车行业特性和现阶段国情特点出发,出租车应该定位为补缺性公共交通工具。出租车是公共交通工具的一种,是大众可根据自己的意愿和支付能力自主选择的交通工具,主要满足一些特殊需要,填补公共交通工具和私人交通工具之间的空白,而非日常通勤工具。以此定位为基础,进一步明确大城市出租车行业的市场化改革方向,取消行业的数量限制措施,适度发展,建立出租车运营数量市场调节机制。

(四)规范特许经营政策,严格行业和从业准入,有序行业退出。进一步规范出租车行业特许经营政策,引入竞争机制。特许经营权以无偿使用

为主要出让形式,辅之以服务质量要求。规范出租车行业的管理收费行为,严控收费标准。实行严格的出租车行业执业标准,对出租车司机从业资格采取考试认定,出台出租车驾驶员资格管理办法。开放出租车市场竞争,允许一部分社会运营车辆("黑车")按程序和条件转为出租车运营,也可尝试实行区域性出租运营,并纳入监管。妥善解决特许经营权有偿转让遗留的问题。实现出租车经营权的有序退出。

(五)适度放开价格管制,以价格杠杆调节出租车服务供求关系。适度放开出租车市场,以价格杠杆调节服务市场供求,增减运营车辆。建立运价调整机制,根据燃料价格、出租车运营状况、出租车司机休假时间,以及个人或企业利润、服务需求等因素,在充分听取各方面意见的基础上,适时调整价格。可以试行服务差别定价办法,允许公司根据车辆档次、服务时间、特殊服务需要、服务质量等因素,适当浮动价格。对新的出租车服务项目价格可从审核制逐步向报备制过渡。

(六)规范公司经营模式,建立和谐劳动关系。改变现行的出租车公司收取固定收益、不承担市场风险、责权利不一致的经营模式,将一部分公司改造成现代有限责任公司,承担市场风险,注重创新服务方式、提升服务质量,注重满足个性化需求,更注重公司品牌形象。出租车司机要与公司签订劳动合同。出租车运营收入全部上缴公司,司机获得固定薪酬、业绩奖励和各种社会保障,切实做到责、权、利的相互均衡。对一部分实行挂靠运营的所谓"公司"要坚决转变为非盈利性的行业组织,明确监管责任,严格收费标准和收费行为。鼓励、引导出租车个体经营者走公司化经营或成立有利于行业管理的联盟经营的路子。

(七)加强信息化和行业组织建设,强化服务质量监管。加强出租车行业信息化等基础设施建设,切实提高服务质量。要加强行业组织建设,充分发挥行业协会的作用,通过行业协会加强行业管理,促进行业自律。严格运营秩序管理,严格服务质量监管,通过准入、退出、奖惩等手段,保证出租车行业的运营秩序与服务质量,促进出租车行业的规范发展。

2012 年 11 月 21 日

义乌传统市场转型升级研究总报告

陈文玲　鹿生伟　周　京

最近,国务院研究室对义乌传统市场转型升级的情况进行了深入调研,形成了9份专题报告,现将形成的一些主要看法和建议综合汇总报告如下。

一、加快义乌传统市场转型升级意义重大

在调研过程中,调研组深感义乌市场的发展演变是中国改革开放的一个缩影,是在不同历史时期,根据国内外市场环境变化选择的一条市场化改革道路。目前,义乌已经被国家批准为国际贸易综合改革试点,为全国提供市场国际化经验和示范,这对义乌来说是非常重要的机遇。加快义乌传统市场转型升级,不仅对义乌而且对推动全国市场经济发展都具有重要的现实意义和长远的历史意义。

(一) 加快义乌传统市场转型升级对引领全国专业批发市场转型升级,进一步完善我国市场体系,拓展国际贸易渠道和国际市场具有重大作用。目前,义乌传统市场转型升级的外部条件和自身基础已经成熟,市场已具备了向更高层次突破和发展的潜力。尤其是可以利用国际贸易综合改革先行先试的优势,通过创新交易方式、商业模式和流通业态,推动形成先进规范的市场监管服务模式,率先在义乌建立有形无形市场相互融合、内贸外贸联动发展的新机制。其中"市场采购"新型贸易方式的建立和完善,将为全国专业批发市场的国际化发展和外贸发展方式转变另辟蹊径。义乌传统市场转型升级、进一步拓展国际贸易渠道和国际市场的经验,将为全国专业市场可持续发展,逐步改变国际贸易水平低、外贸方式落后、现代贸易能力不强、

产品研发与市场拓展能力薄弱的局面,整体提升我国专业市场竞争力,发挥示范和借鉴作用。

(二)加快义乌传统市场转型升级,以现代流通理念和方式改造提升传统市场,将发挥现代流通对制造业的引领作用,特别是对我国中小企业高端转型的带动作用。以现代流通为主导的新一轮市场转型升级,是以现代流通理念和方式对传统市场的形态、结构、运作流程和交易模式进行再造,进而引领制造业转型升级,提高我国制造业在全球产业链和价值链中层次和地位。长期以来,义乌实施以商促工、贸工联动战略,形成了制造业与专业市场集群联动发展的良性机制。随着义乌传统市场的转型升级,内外贸一体化的国际贸易平台的进一步完善,将带领和支持广大中小企业充分利用国际国内两种资源,纵深拓展国际国内两个市场。尤其是在世界经济脆弱复苏阶段,我国中小企业面对更为复杂的国际贸易环境,面临更大的风险和挑战。通过市场转型升级将形成优胜劣汰的倒逼机制,促使中小企业向高端转型,全面提升其整体竞争力和抗风险能力,在激烈的国际市场竞争中搏出一片新天地。

(三)加快义乌传统市场转型升级是义乌实施国际贸易综合改革国家战略的首要任务和取得重大改革成果的重要保障。目前,义乌国际贸易综合改革试点工作刚刚起步,相关体制机制的构建过程仍然比较缓慢,改革任重而道远。在调研中大家普遍反映,尽管中央或上级政府部门根据义乌行政区域经济活动内容和性质的变化,调整或赋予了义乌一些地级市才有的涉外经济与社会方面的有效管辖权,但仍然难以满足义乌日益增长的对外贸易需求。义乌市场的物流、金融、信息、人才、社会信用、质量管理、知识产权保护等支撑体系建设相对滞后,国际化综合配套服务功能尚不完善,成为现阶段深化改革的重要内容。因此,要把义乌国际贸易综合改革试点做好,将改革的重大举措落到实处,使义乌传统市场的发展适应国际贸易的新形势、新要求,迫切需要全面推动义乌传统市场转型升级,不断提升市场质量、拓展市场功能、优化市场结构,为国际贸易综合改革夯实改革基础和提供持续支撑。

(四)加快义乌传统市场转型升级是市场自我发展、自我完善,提高市场国际竞争力,推动市场持续繁荣发展的内在要求。目前,义乌传统市场的发展正面临着内外双重压力,如何转"危"为"机",推动市场持续繁荣发展,传统市场转型升级刻不容缓。一方面,市场的外部风险和外部压力形成倒逼机制,大大增加了传统市场转型升级的紧迫性。当前国际金融危机的"余寒"仍然影响着义乌市场,人民币对美元升值、国际贸易保护主义抬头,发达国家重振制造业和出口振兴计划的实施,发展中国家出口竞争力的上升等,均对义乌市场商品出口带来显著影响。另一方面,义乌市场又受到来自国内的劳动力成本、土地成本和商务成本不断提高的压力,周边专业市场日益加剧的竞争压力,以及新型零售业态和无形市场迅速发展的冲击,传统市场低成本竞争的优势和"先发效应"日渐式微,自身矛盾和问题迭出。调研中我们还发现,义乌市场零售网络衰微退化,零售业"短腿"现象突出,旅游购物发展动力不足,市场人气下降和出现市场空洞化趋势,成为义乌市场持续繁荣发展的潜在风险。在这种情况下,亟需加快义乌传统市场转型升级,寻求市场自我发展、自我完善的新路,重塑市场竞争力。

二、加快义乌传统市场转型升级的方向和思路

通过调研,我们感觉义乌传统市场的转型升级是一个专业性强、关联度大、创新点多的系统工程,需要进行科学合理的整体设计,进行交易制度和交易技术的双重创新,形成整体转型、联动转型和协同转型。综合各方面研究,主要从以下四个方面同步推进。

(一)构建现代市场体系,优化市场结构

——拓宽专业市场经营商品领域。主要考虑两方面内容:一是在生活型消费资料市场占主导地位的基础上,积极拓展生产型消费资料市场。二是由小商品市场向行政资源或政策有关的专业性市场拓展,即加快市场细分和顾客细分,充分利用行政或政策资源,在义乌传统市场内加快发展老年用品市场、应急用品市场等十大专业市场,将义乌打造成全球专业性采购市场平台。同时建立细分的大企业、大财团采购中心,建立各级政府、事业单位、大中型企业的采购中心。

——培育市场新型服务业态。加快培育新型服务业态,推进服务业综合改革,发展服务贸易,推动义乌形成以服务经济为主的产业和市场结构。集群布局、集约发展,培育壮大总部经济;大力发展工业设计和文化创意等服务业;把义乌打造成为国际小商品会展中心,将会展业培育成为义乌的新兴支柱产业;积极推进义乌金融改革和制度创新,建设区域金融高地;加大科技投入,完善科技成果转化机制,搭建科技公共服务平台;搭建政府主导的检验检疫、认证认可服务平台,并推动其市场化发展,形成新兴产业;大力促进法律、咨询、会计、保险等服务的迅速发展。

——拓展市场综合服务功能。加快实现义乌市场功能从单一产品交换向全球发布信息、发现形成价格和参与国际规则标准制定转变,由单纯的商品供应者向具有综合服务功能的提供者转变。市场的综合服务功能主要包括:产品展示功能、信息交换功能、价格发现与形成功能、现代仓储物流功能、资金结算功能、产权和技术交易功能、标准发现和制定功能及商业文化传播功能。

(二) 构建国际贸易和现代流通体系,创新市场流通方式

——建设现代物流网络体系。以打造区域物流重要枢纽城市为目标,创新物流业态,大力发展第三方物流,发展"点到点"、"门到门"式服务,培育物流与市场紧密结合的义乌模式。发展"智慧物流",运用现代信息技术建设智能化物流企业,发展物流公共信息平台,提高陆、海、空、铁联运水平,整合形成全国乃至全球调度的物流网络。延伸物流功能,如仓储、包装、供应链融资功能等,推进物流标准、商务模式等软实力建设,培育一批综合性、国际化的大型物流企业。加快推进义乌物流保税区建设,继续探索义乌"无水港"模式,推进义乌港与宁波港、上海洋山港无缝链接,加强义乌机场与杭州萧山国际机场等合作。加强物流规划布局,重点加强内陆口岸场站、小商品出口监管中心、铁路义西监管点、航空物流园区、国际物流中心、公用型保税仓库等6大功能区块建设。

——优化市场贸易结构。推动义乌市场贸易结构向内外贸一体、形成统一的国内外市场转型,实现商品和服务贸易相结合,采购出口、进口展销和转口贸易相结合,从以往的中国出口"桥头堡"转向中国国际贸易"桥头堡"。加快构建区域化、国际化市场网络,推动国内市场和国外市场并举。着力加强义乌市场跨地区、跨区域网络互联互通,推进信息共享、物流运输一体化。大力推进义乌市场全球化网络布局,加强国外义乌市场与所在国政府、企业和贸易商的联系,采取工贸联营、连锁经营等方式,构建全球营销

网络和分销中心,使之成为国内中小企业走出去的重要平台、国际商品和服务进入中国市场的重要集散地。在巩固和拓展海外市场网络的同时,重视国内巨大的消费市场。

——创新现代贸易方式。继续探索和完善义乌已经成型的"市场采购商品"贸易模式,在发展批发业的同时,大力发展旅游购物、现代零售、专卖等聚集人气的交易方式。同时,要学习借鉴国际通行营销模式,鼓励义乌国际商贸城等企业加强全球营销平台建设,发展货物代理、采购代理、销售代理等具有义乌特点的代理模式。把传统贸易与现代贸易方式、有形市场与无形市场、综合市场与专业市场、实体经济与虚拟经济有机结合起来,大力发展电子商务、网络购物等新型贸易方式,实施电子商务战略。

(三)完善现代市场支撑体系,提高市场综合竞争力

——构建现代产业支撑体系。强调市场与产业转型升级同步发展,加强市场体系、商贸流通企业、金融企业等与工业企业的有机结合,形成市场发展与制造业发展的互促联动机制。推动工艺品、服装鞋袜、纺织等传统制造业转型升级,实现充分信息、充分物流和充分配套条件下的快速制造;形成充分竞争、充分透明、充分信用条件下的制造业采购成本节约体系;大力发展与制造业和市场建设相关的服务业。从构建全球供应链和产业链集成的角度,加强产业流程和物流过程再造,不仅使物流更好地适应市场转型升级的需要,提升流通竞争力,而且要把物流作为一个重要产业,推进其转型升级,使之成为新的经济增长点。通过市场引导、市场集聚和技术创新,发展汽摩零配件、生物医药、新能源、装备制造等高新技术产业和钟表、精密仪表、工艺品、笔芯等精细加工业,利用新技术、新创意提升小商品竞争力。围绕关键和核心零部件形成新的市场和产业。进一步拓宽市场和产业的发展空间,把义乌市场打造成为产业转型升级的平台。

——构建区域合作共享体系。提高区域合作水平是义乌市场转型升级的外部保证,也是作为国际贸易综合改革试点城市发挥市场品牌、政策优势,带动周边地区发展的题中应有之意。要围绕义乌国际贸易综合改革试点,挖掘和深化"金华—义乌"特色产业集群和专业市场优势,扩大义乌国际贸易综合改革试点政策影响的范围,加快区域内优质专业市场资源的整合,促进资源共享、风险共担、互利互惠。打造区域国际化市场群,将各专业市

场不可取代、不可复制的优势以市场群的形式整合,形成集群规模效应,提升区域发展品质、能力,提高市场对国内外采购者、旅游购物者的吸引力。

——提升城市综合功能和品位。义乌的发展已经进入以城市化推动市场转型升级的阶段,应当将市场建设与提升城市功能有机结合、互为促进。城市要充分发挥人才、技术等高端要素集聚的作用,为市场建设提供综合服务;加强义乌城乡建设规划布局,合理划分市场交易、产业集聚、物流服务、总部经济、城市生活、生态休闲等功能区,合理规划各专业市场布局,促进市场之间畅通往来;大力加强义乌国际贸易枢纽、国际会展城市、国际物流节点城市等建设,完善城市配套设施,改善城市生态环境,促进城乡统筹发展;引进高等院校和科研机构,发展各类教育,满足城市和市场发展需求。

（四）构建现代市场管理体制,提升市场质量

——加强市场标准化管理。作为国际化市场,义乌要加快建立具有国际水平的质量标准体系,为形成全国标准和国际标准提供样本。建立小商品分类体系,完善国家标准与国别标准、合同标准相结合的商品标准体系;建立市场准入标准体系,针对供应商、经销商等市场主体,明确准入标准;建立分类和过程管理体系,如大宗商品管理、佣金代理管理、电子商务管理、合同管理等方面都要建立标准化服务管理体系;建立健全小商品质量监管体系,完善质量追溯和责任追究制度。

——规范市场秩序。依法进行市场清理整顿,打击假冒伪劣、价格欺诈、合同诈骗等违约违规行为,营造良好营商环境,使在义乌开展的国际贸易活动,务求"通得快"和"管得住",实现商品源头可追溯。继续探索和完善应对贸易摩擦、突破贸易壁垒的经验,要加快建立以政府为主导,以行业协会为主体,企业、境外进口商共同参与的贸易摩擦预警和应急机制,依托行业协会等民间组织,建立应对贸易摩擦和壁垒的公共平台和体系,组织中小企业联合应对国际贸易摩擦。同时,立足长远,探索建立国际贸易伙伴长期互信机制,突破贸易保护主义壁垒。

——建设现代市场信用体系。义乌作为国内比较成熟和发达的市场,要率先建立现代社会信用体系,为建立完善的社会主义市场经济体制作出探索。主要包括:建立针对供货商、经销商等各类市场主体的信用分级评定体系,重视加强企业道德建设;健全各类专业市场和综合市场的征信管理办法;完善网上商品交易信用保障体系,建立市场商品运行的过程管理、绩效

评估和责任追溯制度；完善市场信用约束机制，强化违约责任追究，维护公平竞争的贸易环境和市场环境。

三、推动义乌市场转型升级的政策建议

义乌传统市场转型升级，不仅义乌市政府要发挥主动性和创造性，更需要从国家政策方面给予支持和帮助，使其能在市场建设和转型升级方面探索新思路，作出新贡献。

（一）明确义乌传统市场转型升级的战略定位

义乌传统市场转型升级应按照国际贸易综合改革试点的要求，充分发挥义乌传统市场在全球分工体系中的独特作用，遵循市场经济规律和现代流通规律，着力提升义乌的现代流通能力和竞争力，切实转变经济发展方式，全面提高对外开放水平。应坚持国家政策和自身的创新发展并举、调整存量与优化增量并举、批发和零售并举、有形市场和无形市场并举、提升市场功能与提升城市功能并举。坚持立足自我、有扬有弃、创新驱动、高端布局、市场主导，以新的发展理念和新的发展模式，把义乌建设成为我国转变经济发展方式的先行区、现代大流通的先导区、家庭和法人单位的国际日用消费品发展的总部基地、制造业企业的生产性日用消费品的采购中心、区域物流重要枢纽城市、现代社会信用体系的践行区、宜商宜居宜游的国际精品城市、区域合作联动的新高地、全球专业性采购市场平台，为全国传统市场转型升级创造新鲜经验。

（二）明确义乌传统市场转型升级的实施步骤

——到 2015 年，义乌市场转型升级初具规模。"十二五"时期，现代流通为先导的市场体系基本建立，新的市场布局、产业布局、城市空间布局和功能布局基本完成，建成先进展示交易平台和便捷国际贸易通道；市场内电子商务应用率超过 90% 以上，自主知识产权、自主品牌和高附加值产品的出口比重翻番；形成良好的社会信用氛围，各类市场主体诚实守信、依法经营；浙江中部区域性综合交通枢纽基本建成，商贸服务业集聚区、航空口岸等支撑平台成型，义乌市场集聚辐射能力显著提高，区域联动加速发展。

——到 2020 年，实现打造一个新义乌的目标，形成国际化市场体系。贸易效率达到世界先进水平，现代商贸流通体系基本完善，统筹内外贸发展、参与国际贸易规则制定能力显著增强；企业信用体系与个人信用体系基

本形成并发挥作用,形成比较规范的社会信用约束机制和惩戒机制,诚实守信成为社会普遍接受的市场规范和道德准则;自主知识产权、自主品牌、高附加值产品比重明显提高;义乌市场带动效应更加凸显,区域和产业联动不断深化,成为东中西部协调发展的重要纽带。

(三)进一步加大政策支持力度

——在义乌市场体制机制建设方面给予特殊权力。义乌传统市场转型升级,首先要在创新贸易方式和贸易体制上先行先试,建立与市场发展相适应的贸易方式和体制。建议在港口、外汇、检验检疫、通关等方面,给予义乌先行先试和特殊监管权,制定与国际通行贸易规则相适应的政策措施,包括支持义乌市设立国家级保税区或保税物流中心;制定与"市场采购"新型贸易方式配套的外汇管理政策,把义乌确定为跨境贸易人民币结算试点城市;制定符合市场商品采购的检验检疫便利化政策;建立健全义乌内陆港的通关便利化机制。

——对义乌中小企业转型升级给予重点政策支持。建议将义乌作为中小企业转型升级的试点示范城市,并给予必要的金融财政支持,使其成为"十二五"时期引领浙江省乃至全国中小企业转型升级的桥头堡和示范区;制定义乌市场中小企业转型升级的科研支持政策;支持义乌市探索专业批发市场税收征管改革,制定与新型贸易方式配套、符合专业批发市场实际的税收政策和办法;建议提供中小企业开拓"两个市场"的便利化政策;全面落实支持中小企业发展的金融政策,包括给予中小企业金融信贷支持,设立中小企业多层次融资担保机制,进一步拓宽中小企业融资渠道和能力。

——适当提高义乌市经济社会管理权限。为了更好地推动义乌传统市场转型升级,保障义乌国际贸易综合改革试点顺利进行,可以考虑突破现行的政府管理模式和架构,支持相关部委、专业管理部门在义乌直接设置管理机构,一些行业协会在义乌设置总部,根据改革发展需要,允许义乌突破县域级别人员编制和配备体制,适当扩大一些行政机构的人员编制及管理权限,增加行政资源。创新城市管理体制,进一步转变政府职能,以建立服务型政府为目标,履行好经济调节、市场监管、社会管理和公共服务职能。

2012 年 4 月 20 日

(周京　义乌市场转型升级课题组)

发挥大型商业银行在发展村镇银行业务中的作用

王昕朋　张顺喜

村镇银行作为近年来我国金融领域的重要创新成果,对促进农村金融发展具有重要意义,对缓解当前主要分布在农村地区(县域内)的众多小微型企业经营困难也具有重要作用。最近,我们就村镇银行发展问题进行了调研。我们感到,经过近 5 年的努力,我国村镇银行数量已经具有一定规模,在提高农村银行业金融机构覆盖率、减缓农村资金流出、改善农村金融服务等方面也开始发挥积极作用,但村镇银行业务发展仍然面临许多问题,需要进一步加大支持力度,创新发展方式,改善发展环境,调动大型商业银行参与。

一、当前村镇银行业务发展面临的主要问题

自 2006 年 12 月银监会出台政策鼓励设立村镇银行开始到 2011 年 7 月末,全国共有 222 家银行业金融机构发起设立 604 家村镇银行。其中,已开业 496 家,筹建 108 家,实际运营 446 家。应当说,我国的村镇银行已经实现了从无到有的重大突破。但从村镇银行业务发展现状来看,村镇银行不仅设立数量与预期目标(银监会 2009 年 7 月提出到 2011 年底设立 1027 家村镇银行)相距甚远,而且业务运营困难重重。突出表现在村镇银行自身和主发起行两个层面:

在村镇银行自身层面,吸储难和经营环境复杂导致的贷存比过高、经营成本过大等问题十分突出。村镇银行虽然是一级法人,但网点少、功能弱、

支付结算渠道不畅,品牌形象尚未树立,吸收存款能力较低,加上融资渠道狭窄,信贷资金严重不足。而与吸储难和融资拆借难形成鲜明对照的是,村镇银行贷款需求十分旺盛,导致村镇银行的贷存比持续高位运行。2011 年7 月末,全国实际营运的 446 家村镇银行平均贷存比高达 87.2% ,远远超过《商业银行法》规定的上限(75%)。虽然出于对直接服务"三农"金融机构的支持和照顾,监管机构对村镇银行给予了 5 年的缓冲期,但目前几乎没有一家村镇银行能在 5 年内达到要求。从经营成本看,与城市金融的批量化经营不同,村镇银行经营的农村地区金融环境更为复杂,需要投入更多的人力、物力和财力去了解客户的生产经营活动,无论是财务成本还是管理成本都比其他金融机构要高。

在主发起行层面,主要由中小金融机构作为主发起人给村镇银行业务发展带来诸多问题。据统计,在已设立的村镇银行中,80% 以上的主发起人为城市商业银行、农村商业银行、农村合作银行等地方中小金融机构。这些地方中小金融机构不仅本身缺乏必要的跨区经营经验和实力,难以对村镇银行实行有效管理;而且设立村镇银行的主要目的是为了实现跨区经营,业务发展"脱农化"倾向明显,偏离了设立村镇银行"支农支小"的政策初衷。体现在设立地域上,绝大多数村镇银行都是在县市"安营扎寨",村镇银行不愿下村镇的现象比较普遍。体现在对村镇银行的管理上,大多数主发起行将村镇银行视同网点进行管理,把村镇银行变成了设立地金融资源的"抽水机"。体现在信贷资金流向上,村镇银行大多不是发放给农户而是主要发放给工商企业,"农转非"现象较为普遍。比如我们在调查中就发现,一些村镇银行的贷款在统计报表上虽然写的是种植业或者养殖业贷款,实际上却是给企业使用的 6 个月以下的流动资金短期贷款。

二、破解村镇银行业务发展难题需要大型商业银行的积极参与

调研中很多方面反映,当前村镇银行业务发展面临的问题在很大程度上就是大型商业银行积极性不高、参与不够的问题。同样,打破村镇银行业务发展面临的重重制约,也只能在调动大型商业银行开展村镇银行业务积极性上下功夫。

首先,大型商业银行开展村镇银行业务是推动村镇银行规模化、批量化发展的一条现实可行途径。为解决村镇银行设立分散、地域跨度大、管理半径长和协调管理成本过高的问题,推动规模化、批量化发起设立村镇银行,银监会在 2011 年 7 月印发了《关于调整村镇银行组建核准有关事项的通知》。明确要求主发起人能集中一定的资源,在相对集中的几个区域,发起设立多家村镇银行,并通过专业化的队伍对村镇银行提供有针对性、相对标准化的中后台支持服务。在目前绝大部分地方中小金融机构都不具备主发起行资质条件的情况下,如果大型商业银行不积极参与村镇银行的发起设立,不仅规模化、批量化设立村镇银行的目标将会落空,村镇银行的发起设立进程也将趋于停滞,数量增长将更为缓慢。

其次,大型商业银行开展村镇银行业务是尽快提升村镇银行品牌形象、破解吸储难的一项有效举措。村镇银行之所以难以吸收到存款,很重要的一个原因就在于村镇银行是新生事物,城乡居民普遍感到非常陌生,社会认同感较低,有些农民群众甚至把村镇银行误认为是原来的"农村合作基金会",不敢贸然去存款。而大型商业银行尤其是国有大型商业银行在城乡居民心目中安全度很高、品牌形象很好,加上网点多、结算渠道畅通,很容易吸引企业和居民存款。如果大中型商业银行积极开展村镇银行业务,不仅能迅速提高村镇银行知名度、缓解吸储难,而且能迅速改善村镇银行结算条件和融资环境,提高贷款投放能力。比如中国建设银行作为主发起人设立的已开业村镇银行有 10 家,占全国已开业村镇银行数量的 2%,但其存款余额却占到 3.1%,贷款更是占到 3.5%,都明显高于其他村镇银行。

第三,大型商业银行开展村镇银行业务是加快完善村镇银行组织模式和运行机制的一个重要引领。现有村镇银行布局分散、管理半径大,经营规模小、管理成本高、风险管控难度较大,加上工业化、城镇化深入发展使农村地区金融需求日趋多元,传统的商业银行经营模式和发展机制已很难适应,亟需在组织模式和运行机制创新上有新突破。如果大型商业银行积极开展村镇银行业务,在借鉴其长期行之有效的风险管理体系、政策体系、决策体系和评价体系的基础上,通过规范化批量设立村镇银行,整体规划业务发展,集中提供专业化营运与风险管理,对于提高村镇银行的风险控制和安全运营水平、实现村镇银行的规模效益将具有重要示范引导作用。在创新村镇银行组织模式和运行机制上,中国建设银行已经进行了积极探索,并在推动村镇银行扎根村镇、成为农村金融"造血机"等方面取得了一定成效。

此外,开展村镇银行业务既是国有大型商业银行履行社会责任的基本要求,也是大型商业银行拓展发展领域、加快转型升级的重要途径。随着我国经济社会的快速发展,大型商业银行的传统业务面临的挑战越来越大,银行从大客户、大项目中获得的收益不断下降,同业竞争日渐白热化,贷款集中度不断提高、风险不断加大。同时,随着工业化城镇化的深入发展,需要大力发展县域经济,县域将逐步成为银行业成长性最好的区域。如果大型商业银行以开展村镇银行业务为抓手,积极开拓农村金融市场,尽早培养"能低下头、弯下腰"的农村金融从业队伍,不仅能大大提升其社会形象和品牌价值,而且能在未来的银行业竞争中赢得先机、把握主动。

三、进一步促进村镇银行业务发展的建议

推动村镇银行业务又好又快发展,必须调动大中型商业银行开展村镇银行业务的积极性,为村镇银行业务发展营造良好的条件和环境。为此建议:

第一,加大对村镇银行基础运营系统特别是支付结算系统建设力度。由于准入条件、技术和设备费用较高,大多村镇银行尚未直接加入人民银行的结算系统和"银联",支付环节很多、结算速度很慢,业务发展受到很大限制。大型商业银行应发挥自身优势对所设立的村镇银行设备购置费、软件开发费、电信专线费等进行资金支持,还可以利用自身渠道,引导村镇银行以直联方式加入大小额支付系统、征信系统、银联网络系统,解除因无法加入人民银行支付系统而陷入"孤岛"的困境。

第二,加大对村镇银行经营模式和运行机制创新的支持力度。村镇银行尚处在发展初期,很多方面都需要"摸着石头过河"。推动村镇银行批量化、规模化、集约化发展,尤其需要加强组织模式和运行机制创新。据了解,一些大型商业银行正在积极探索规模化、专业化、集中化发展村镇银行的新模式,拟发起设立专门服务县域经济的金融机构,进而组织设立村镇银行,并为村镇银行提供融资支持、管理支持和营运支持。建议有关职能部门对这样的创新探索给予更多的鼓励和支持,在审批时间和程序等方面给予更多的便利。

第三,加大村镇银行利率市场化改革力度。农户居住偏远、分散,借款额小、借款频率低,要想使农村金融商业化可行,现行的贷款利率上限还是偏低。建议在确保风险的可控的基础上放松农村贷款利率管制,在贷款利率上给予村镇银行更大的自主权,使村镇银行可以根据当地经济发展水平、资金供求状况、债务人可承受能力等情况,合理调整产品定价,提高村镇银行的业务竞争力。

第四,对村镇银行实行更加优惠的财税政策。虽然国家已经对村镇银行等新型农村金融机构在税收等方面给予了优惠政策,但限制较多、针对性不强,真正能够落实的项目很少。建议进一步提高支持村镇银行发展配套政策的针对性,根据不同发展阶段的特点给予相对应的帮扶政策,特别是在发展初期,可以比照农村信用社等同类农村银行机构执行。

2012 年 2 月 24 日

八、努力提高对外开放的质量和水平

我国传统出口增长方式难以为继
保持出口稳定增长要有新思路新举措

王检贵　李江冰

近10年,我国货物出口以年均20.5%的速度超常增长,远高于10.4%的世界贸易增速,出口规模跃居世界首位。但是我国出口高位回落态势明显,其中"十五"时期年均增速高达25%,"十一五"时期降至15.7%。今后一段时期,我国出口将面临外需不足和成本升高的双重困扰,传统出口增长方式难以为继。预计"十二五"时期出口增速将继续回落,可能仅仅略高于国民经济和世界贸易的增幅。我国外贸出口持续发展的根本出路在于结构调整和转型升级。建议在保持现有出口政策基本稳定、巩固传统竞争优势的同时,加快培育新的出口增长点,在开拓新兴市场、扩大服务产品出口、培育自主品牌、促进加工贸易转型升级等方面出台更有力的举措。

当前和今后一个时期,我国出口稳定增长主要面临三个突出矛盾和问题:

一是传统低成本优势日益受到削弱。据亚洲鞋业协会调查,我国制鞋业的工资水平2007年还只是略高于周边国家,2011年已相当于越南和印尼的2倍、印度和孟加拉的3倍、柬埔寨的近4倍(见表1)。同样加工一双耐克运动鞋,中国企业的成本要高出2~3美元;2010年,越南已取代中国成为耐克鞋的第一大制造基地(见表2)。

表1　中国与周边国家工资水平比较　　　　单位:美元

国别	中国	越南	印尼	印度	孟加拉	柬埔寨
2007 年	5.0	3.2	3.5	3.5	3.0	2.3
2011 年	12.2	6.9	6.1	4.1	4.1	3.5

注:(1)工资单位为美元/天;(2)中国的样本取自东莞。

表2　2001—2010 年耐克鞋加工订单分布

国别	越南	中国	印尼	泰国	其他
2001 年	13%	40%	31%	13%	3%
2005 年	26%	36%	22%	15%	1%
2010 年	37%	34%	23%	2%	4%

除制鞋业以外,其他劳动密集型产业,特别是一些低端加工制造环节也逐步向外转移。美国寇兹(COACH)公司宣布今后 5 年中国工厂的订单份额将由85%降至45%;日本无印良品公司计划 3 年内把中国合作工厂从229 家减少为86 家。2011 年前 3 季度,我国产品在欧、美、日的市场份额分别下降1.3 个、1 个和0.6 个百分点,流失部分主要被周边国家挤占。

二是传统出口市场需求长期低迷。2006—2010 年,美国进口年均增幅仅为1.4%,欧元区为2.2%,日本则是 -2.5%。2011 年前 3 季度,欧、美进口需求从低位反弹,但四季度后又迅速下滑。上海航交所 2011 年末的集装箱出口远期运价指数显示,2012 年 4 月上海至欧洲的集装箱运价为 737 美元/标箱,同比下降60% 以上,上海至美国西海岸形势的运价为 1771 美元/标箱,下降20% 以上,反映出 2012 年我国对欧美出口形势异常严峻。今后几年,受经济复苏乏力、失业率居高不下等因素影响,发达国家居民将继续"去债务化",加上政府陷入主权债务危机,被迫整顿财政和紧缩开支,这都决定了发达国家的市场需求将持续疲弱。

三是传统出口鼓励政策接近饱和。从出口退税看,我国综合退税率已超过13%,除了少数"两高一资"产品外,绝大多数产品退税率都已达到或接近17%的峰值。从出口信贷看,这些年,我国通过优惠出口买方信贷、出口卖方信贷、援外混合贷款等政策性金融手段,有力地支持了铁路、电站、通讯、水泥等大型成套设备出口。但目前融资规模已经不小,需注意控制风险。加上有些贷款条件不符合亚太经合组织国家的出口信贷准则,已受到发达国家越来越大的压力。从出口信用保险看,近3年,我国出口信用保险迅猛发展,2011年承保规模已达2162亿美元,占同期出口总额的11.4%,占一般贸易出口总额的23.6%,远超过10%的国际平均水平。从加工贸易保税政策看,国际金融危机发生后,加工贸易禁止和限制类目录大幅缩减,目前仅"两高一资"等少数产品列入禁止或限制类目录,继续调减的空间也不大。

以上分析表明,我国外贸出口既面临传统增长方式动力衰减的压力,又面临外部市场环境不利的冲击,稳定出口需长短结合,综合施策。要按照中央经济工作会议部署,保持出口政策的基本稳定,特别要拓宽企业融资渠道和稳定人民币汇率,增强企业信心;更要创新工作思路,大力培育新的出口增长点,增创以技术、品牌、质量、服务为核心竞争力的新优势,为出口长期稳定发展增添新的动力。建议重点抓好四项工作:

第一,深度开拓新兴市场。近10年,美日欧三大传统市场在我国出口总额中的比重由54%降至44%,而东盟、巴西、印度、俄罗斯、南非所占比重由9%升至15%以上。目前,金砖5国、东盟10国、阿盟22国经济总量占世界近4成,对全球经济增长的贡献接近70%。IMF预测,今后5年,新兴和发展中经济体有望保持6%的增长率,市场前景看好。应尽快研究出台一揽子政策措施,因地制宜,分类指导,支持企业深度开拓南亚、中亚、南美、中东、东欧、非洲等新兴市场。主要建议:(1)加快实施自由贸易区战略。落实好中国—东盟、中国—智利等自贸协定;推动签署中国—海合会自贸协定;加快启动中日韩自贸区谈判;积极推进与中东欧、中亚、南非等自贸区研究。(2)重点加强与新兴大国的经贸合作。充分运用中俄印、基础4国、金砖5国等合作机制,加强多双边对话,增进战略互信,削减贸易和投资壁垒,遏制保护主义行为。特别要利用俄罗斯加入世贸组织的机遇,扩大对俄出口,规范中俄贸易秩序。(3)通过"走出去"带动出口。发展中国家是我国企业走出去和市场多元化的战略重点。应继续通过财政、金融、援外资金等政策手段,支持企业对外承包工程,带动国内大型成套设备出口。加快发展境外经贸合作区、重化工业园区,推动企业集群式走出去,降低加工成本,规避国外贸易壁垒,促进国内出口产业转型升级。

第二,加快培育自主品牌促进出口。我国出口正处于转型升级的加速期,越来越多企业走上品牌经营之路。例如,深圳市服装业的自主品牌高达1200个,占全行业产值的80%;浙江省重点培育的国家级和省级出口品牌已达500个;海尔集团的全球销售网点已超过14万个,自主品牌出口比重接近90%。只有拥有自主品牌和销售渠道,才能将成本核算和市场订单牢牢掌握在自己手中,增强抵御市场风险和汇率风险的能力。建议:(1)尽快出台保护国内品牌的政策,纠正国内大型商场竞相吸引国外名牌、排斥国内品牌的做法。比如明确要求商场为国内品牌提供一定比例的摊位,并且设定合理的扣点和收费,国家可以在税收上给商场支持。(2)抓住不少国外品牌企业经营困难的时机,在用汇、融资等方面施以援手,支持国内企业收购国外知名品牌,快速占领国际市场。(3)适当扩大中央外贸发展基金规模,重点用于支持中小企业开拓国际市场,支持企业境外参展、广告宣传、质量认证等。(4)完善加工贸易转型升级的政策措施,引导加工贸易向产业链条两端延伸,提高附加值。

第三,充分挖掘中西部地区出口潜力。近年来,中西部地区外贸发展势头良好。2011年,重庆、河南、江西、贵州出口分别增长165%、83%、63%和56%。应支持中西部地区扩大对外开放,提升企业参与国际竞争的能力,充分释放出口潜力。(1)引导加工贸易向中西部地区转移。建议增加加工贸易重点承接地的扶持资金,重点用于公用环保设施、研发中心、检测中心、信息管理系统等公共服务平台建设。在部分重点承接地增加保税物流功能,加快完善物流体系,为承接加工贸易转移创造条件。(2)鼓励中西部地区符合条件的开发区升级,在用地指标、税收等政策上予以支持,增强其吸纳国内外产业转移的能力。(3)扩大沿边地区对外开放。加强重点口岸建设,大力发展边境贸易,扩大特色优势产品出口。

第四,大力扶持服务产品出口和服务外包。近年来,我国服务外包发展很快。目前,全国有1万多家服务外包企业,从业人员达305万人,每年可吸纳60万名大学毕业生。2011年前11个月,实际执行国际服务外包195亿美元,增长69%。有国际机构预测,2020年全球服务外包市场规模将达1.8万亿美元,中国将在2015年前后成为全球第一大外包中心。应抓紧制定服务外包发展规划,明确产业定位和发展目标,完善管理体制和相关政策,推动服务外包持续快速健康发展,改变货物贸易和服务贸易一条腿长、一条腿短的状况。建议:(1)完善和落实财税优惠政策。尽快解决技术先进型服务企业认定条件苛刻、营业税减免政策落实难、申请国家财政补助资金手续繁琐等问题。(2)加强金融扶持。服务外包企业多是知识密集型企业,普遍缺乏抵押物,融资渠道狭窄。希望有关部门和机构创新金融政策,支持企业做大做强。(3)加快人才培养。对服务外包企业实施特殊劳动工时制度和社会保险方面的优惠政策;对引进的海内外人才给予落户、子女入学等方面的便利。(4)成立国家级的中介组织。建议借鉴印度经验,尽快组建全国性的服务外包行业组织,整合各部门和协会的资源,提升中国服务的整体品牌形象。(5)统一扶持政策。目前,服务外包划分为离岸外包和在岸外包,由商务部、工信部、科技部等多头管理,政出多门。建议加大协调力度,出台统一的服务外包产业扶持政策。

2012 年 1 月 29 日

关于今后我国新增钢铁、铝冶炼产品需求应更多以至主要依靠国际市场的建议

张军立　邵春光

我国"两高一资"行业如何发展是关乎经济社会发展的重大战略问题。一方面，"两高一资"行业生产的大都是国民经济发展必需的重要基础原材料，是我国经济发展的重要支撑；另一方面，"两高一资"行业过快增长也造成了国内能源资源的过度消耗、生态环境的破坏。在未来发展中，如何找到一条既能保障国内重要原材料需求，又能把能耗和污染控制在一定程度内的发展路子，是需要认真思考的一个重大问题。

近日，我们选取钢铁、铝冶炼这两个"两高一资"典型行业进行了研究，听取了有关部门、研究机构和有关企业的意见。我们认为，国内今后新增钢铁、铝冶炼产品需求应更多以至主要依靠国际市场解决，要创造条件将部分产能转移到国外资源、能源富集地区。

钢铁、铝是重要基础原材料。改革开放以来，随着我国经济社会的快速发展，拉动钢铁、铝消费需求不断上升。2010 年，全国粗钢、电解铝表观消费量分别达到 6 亿吨、1580 万吨，"十一五"年均分别增长 12%、17.3%。今后一段时期，随着我国工业化、城镇化深入推进，钢铁、铝消费需求仍将继续保持在一个较快的增长水平。据工信部预计，2015 年粗钢、电解铝表观消费量将分别达到 8 亿吨、2400 万吨。

"十二五"期间，新增 2 亿吨粗钢、820 万吨电解铝消费需求通过什么途径解决呢？

第一种途径是走原先主要依靠国内生产供给解决的路子。这面临不少矛盾和挑战。一是资源瓶颈约束强化。2010 年我国粗钢、电解铝产量分别占全球的 44%、40%,但铁矿石、铝土矿储量仅占 13% 和 2.3%,且多为贫矿;进口依存度高达 67%、55%(按国际平均品位测算)。同时,由于资源富集国逐步加大对资源出口的限制,我国资源保障难度加大。二是资源分布不均占用大量运力。由于我国铁矿石资源、铝土矿资源、煤炭资源、水资源分布不均,冶炼企业一般都有一种或几种大宗原材料需要长距离运输,冶炼产能的不断增大势必带来运力紧张。2010 年钢铁生产企业的生产物流总量 63 亿吨左右。三是环境承载压力增大。2010 年,钢铁、电解铝行业增加值占我国国内生产总值比重分别为 3.9% 和 1%,但能耗却占全国总能耗的 13.9% 和 4%;直接和间接排放二氧化碳占全社会总排放的 14% 和 2%。钢铁、电解铝行业成为主要耗能和"三废"排放大户。四是要素成本刚性上升。钢铁、电解铝工业成本构成中,矿产原料和动力成本占 80% 以上。近年来我国进口铁矿石、铝土矿等大宗商品大幅涨价,国内用电和劳动力、土地、投融资成本不断提高,加大了冶炼企业生产经营困难,行业平均销售利润率下降 50% 左右,2011 年 1—11 月粗钢冶炼行业主营业务收入利润率仅为 2.32%,铝冶炼行业利润率为 3.32%。五是新增能源需求和污染排放将不堪重负。有关方面测算,按照 2010 年能耗水平和排放标准,新增 2 亿吨粗钢,需要新增加综合能耗 14395 万吨标准煤(2010 年钢铁行业能耗占全国能耗的 13.9%,即 4.52 亿吨标准煤,平均每吨钢能耗 0.7197 吨标煤),相应增加二氧化碳排放 3.83 亿吨、二氧化硫 122.3 万吨、烟粉尘 47.8 万吨、新水耗量 8.2 亿吨、工业废水 4.4 亿吨。如果国内新增 820 万吨电解铝需求由国内冶炼供给,将新增加能耗约 3817 万吨标准煤(2010 年国内电解铝综合交流电耗 13964 千瓦时/吨,折合能耗 4.655 吨标准煤/吨),增加二氧化碳排放 1 亿吨(燃煤锅炉按每吨标煤排放二氧化碳 2.66 吨)。这将导致能源缺口加大并透支未来的能源需求和加剧环境压力。

第二种途径是更多以至主要依靠国际市场解决。采取这种方式,可以节约能耗 1.82 亿吨标准煤,减少二氧化碳排放 4.83 亿吨。按"十二五"期间国内生产总值年均增速 7%,能源年均增速 5%(在节能减排情况下)测算,依靠国外市场可促进我国单位国内生产总值能耗年均下降 1.48 个百分点,单位国内生产总值二氧化碳排放年均减少 1.53 个百分点。

显而易见,新增需求走主要依靠国外市场这条路径,有利于保护国内资源和生态环境,有利于"十二五"时期节能减排目标的实现,有利于减轻我们应对全球气候变化和贸易摩擦的压力,最终有利于促进我国经济发展方式的根本转变,是落实科学发展观的重要体现。

今后时期,国内粗钢、电解铝新增需求主要依靠国际市场解决,有两条渠道:一是通过贸易方式直接进口,二是国内企业"走出去"到境外投资建冶炼厂。由于境外建厂需要一个过程,近期可主要通过贸易方式解决,长期应主要通过第二条渠道实现国内经济发展的资源保障。

当前国际经济和贸易形势为我国企业"走出去"投资办厂、开发资源提供了难得的历史机遇。目前欧美深陷金融危机或主权债务危机,全球经济复苏艰难,经济短期难以根本好转,为我国企业低成本"走出去"创造了难得机遇。俄罗斯与北欧、中东、拉美、非洲和东南亚等矿产、能源丰富国家和地区致力于向下游延长产业链、积极吸引外国电解铝、钢铁等主要产区产能转移,为我国企业"走出去"提供了发展空间。从长期看,由于国内资源短缺、价格改革不到位,国外资源价格上涨相对速度慢,澳大利亚等资源丰富的发达国家政治比较稳定,为企业"走出去"实现长期价值增值奠定了基础。

同时,还应看到,入世十年来,我国一批骨干企业积极"走出去"开展境外资源开发和投资建厂,取得了很好成效,积累了经验,为进一步加大"走出去"力度奠定了基础。据不完全统计,截至 2011 年 6 月底,我国企业境外权益铜冶炼生产能力为 20 万吨/年、氧化铝生产能力 40 万吨/年、电解铝生产能力 30 万吨/年,初步形成规模和条件,积累了经验,为未来"走出去"奠定了坚实基础。中铝 2007 年收购秘鲁铜业、2008 年成功收购力拓部分股权,为"走出去"形成产业链打下了基础。中国有色集团拥有境外重有色金属矿产资源量 2600 万吨、铝土矿资源量超过 3 亿吨,对外投资正从境外资源开发型向生产制造型转变,与太钢集团合资的缅甸项目 2011 年 6 月投产,年产镍铁 8.5 万吨,满足了国内不锈钢生产需求。中信集团获得了澳大利亚波特兰铝冶炼厂 22.5% 的股权和非洲加蓬锰矿开采权。首钢、武钢、鞍钢、中钢、中国五矿、河南国际矿业开发有限公司等企业也分别在秘鲁、巴西、加拿大、南非、澳大利亚、几内亚等国进行了不同程度的资源开发。

当然,不应回避的是,企业"走出去"也具有一定的风险。一是存在一定政治风险。资源国大多政治稳定性差,面临的国际环境变化风险远高于国内,对项目顺利实施影响极大。二是面临所在国投资审查、环保壁垒和工会组织的强大力量,与当地文化背景融合难度较大。三是从短期看,境外投资成本高,建设周期也明显长于国内,部分发展中国家的基础设施和产业配套能力薄弱。这些问题都亟需采取系统综合的措施予以解决和积极防范。

为更好实现今后新增粗钢、电解铝等国内需求主要依靠国外市场的发展方式,需要以下保障措施。

1. 进一步统一思想认识。要从当今国情、世情出发,站在全局、长远和战略的高度,深入思考我国"两高一资"行业的发展问题,研究制定今后时期的发展战略。要切实把思想统一到"由大量进口初级原材料到国内冶炼转变为直接进口冶炼产品到国内深加工上来,促进国内产业向价值链高端延伸"。

2. 严格控制国内新建项目。对今后国内新上粗钢、氧化铝、电解铝等冶炼项目原则上不再批准。在淘汰落后产能工作中,不再实施"等量置换"或"减量置换"。今后,要逐步提高市场准入标准,严格耗能、排放标准,分步骤逐步再淘汰一批冶炼产能。

3. 实施鼓励资源性产品进口的政策措施。进一步落实和完善扩大进口的相关政策,对粗钢、钢材、电解铝、铝材等产品进口降低或减免关税和增值税。简化和放宽进口管理,降低进口费用和成本,提高贸易便利化水平。加强对企业进口的融资信贷支持等。

4. 放宽对外投资项目管理。研究制定国内钢铁、铝冶炼产能转移国外的鼓励支持政策。深化投资体制改革,对发展境外钢铁、铝冶炼加工项目,在审批时给予"绿色通道"便利,对民营企业使用自有资金对外投资项目实施备案制;积极利用外交谈判和多双边经贸磋商,减少和排除境外贸易投资壁垒。充分发挥驻外机构、行业协会商会作用,为企业提供政策、法律、财务、信息咨询等服务。

5. 完善激励"走出去"的政策体系。一是加大金融和信贷支持力度。发挥中非发展基金、中国东盟基金在支持企业对外投资中的重要作用,研究将部分外汇储备设立专项基金、通过政策性银行贷款等方式优先支持具有一定实力的骨干企业对外投资。给予"走出去"骨干企业发行企业债券、增发股票等融资便利;支持重大对外项目在国际资本市场融资。加大信贷保险和境外投资风险保险支持。二是给予专项补贴和税收优惠。研究将国有资本预算部分用于支持中央企业走出去。扩大现有对外经济技术合作专项资金规模和支持范围,给予对外投资和境外矿业合作适当倾斜。对用于境外勘查开发及矿山、冶炼加工项目的国产机械仪器装备及零备件,免征出口税等。

6. 加大对冶金企业"走出去"的综合协调。目前,全球优质一流矿产资源基本上已被发达国家矿业跨国公司瓜分或控制,即便是二三流矿产资源的争夺也日趋激烈。我国企业走出去既面临着资源所在国的种种限制,更面临着国际大型矿业公司的巨大竞争压力。随着资源的不断减少,各方面的压力会更大。因此,建议将促进钢铁、铝冶炼企业境外投资纳入国家加快实施"走出去"战略的重要内容,建立必要的协调机制和安全保障机制,加大各方面支持力度。

2012 年 1 月 31 日

关于提升我国羊毛产业国际竞争力的政策建议

肖海峰　张顺喜

羊毛产业既是我国草原畜牧业的重要产业,也是西北少数民族地区的主要特色优势产业。能否在激烈的国际竞争中让我国的羊毛产业占有一席之地,事关牧业发展、牧民增收和牧区稳定。最近,我们就我国羊毛产业国际竞争力作了些分析研究,现将有关情况报告如下。

一、我国羊毛产业国际竞争力低并呈下降态势

近些年来,我国羊毛业得到迅速发展,养羊存栏量已跃居世界第一位,羊毛产量占世界羊毛总产量的比重从 1980 年的 6.3% 逐步上升到 17% 以上,稳居世界第二位。但从反映产业国际竞争力的几个主要测算指标来看,我国羊毛产业国际竞争力不仅没有随着羊毛产量的增长而增长,而且还在不断下降。

(一)国际市场占有率。我国原毛的国际市场占有率一直很低,只有1997 年超过 1%,其他年份均低于 1%,并从 2005 年开始低于 0.1%,2008年更是只有 0.03%。洗净毛的国际市场占有率虽然从 1980 年的 1.78% 上升到 2005 年的历史最高值 8.68%,但此后一直呈下降趋势,2009 年只有4.98%。不论是原毛还是洗净毛,国际市场占有率都与传统羊毛生产大国相距甚远,也与我国羊毛总产量极不相称。

(二)贸易竞争力指数。这一指数指某一产业或产品的净出口与进出口总额之比,表明某国生产的某种产品是净进口、净出口以及净进口或净出

口的相对规模。从1980年到2009年,我国原毛的贸易竞争力指数不仅均为负数,而且不断走低,近10年来更是都低于-0.99,接近于-1。洗净毛的贸易竞争力指数也一直为负数,虽然从90年代开始曾有所上升,但自2005年后又逐年下降,2009年为-0.646。这表明,我国原毛和洗净毛一直都是出口额小于进口额,并且逆差在逐步扩大。

(三)显示比较优势指数。这一指数指一个国家某种商品占该国出口总值的份额与世界该类商品占世界出口份额的比率,是目前应用最广泛的测算比较优势的指标。我国原毛的显示比较优势指数一直低于1,并从1980年的0.629下降到2009年的0.006。洗净毛的显示比较优势指数虽然在1994年以前一直大于1,但自1994年后逐步下降,到2007年之后低于1。可见,我国原毛出口一直不具有比较优势,洗净毛曾具有比较优势,但近年来比较劣势都表现得越来越明显。

二、影响我国羊毛产业国际竞争力的主要因素

一是羊毛单产水平较低。经过多年努力,我国羊毛单产水平有了较大幅度提高,但与新西兰和澳大利亚等主要羊毛生产国相比仍有较大差距。2009年我国平均每只存栏绵羊产毛2.83公斤,是1978年的1.9倍。而同期新西兰和澳大利亚平均每只存栏绵羊产毛则分别高达5.53公斤和5.09公斤,分别是我国的1.95倍和1.80倍。由于单产提高不快,我国羊毛产量增长主要通过增加绵羊饲养数量。这种以增加生态资源耗费换来的产量增长,不仅难以提升羊毛产业的国际竞争力,而且给羊毛产业乃至整个农业的可持续发展带来严重隐患。

二是羊毛品种不好、质量不高。随着生活水平的提高,人们对服饰的需求逐渐向自然、舒适、轻薄、柔软的趋势发展,细羊毛和超细羊毛已经成为国际国内羊毛市场的主导需求品种。我国细羊毛产量只占羊毛总产量的35%,而澳大利亚生产的羊毛基本都是细羊毛和超细羊毛,粗羊毛和半细羊毛几乎没有。加上我国羊毛生产加工过程中剪毛、分级、整理、检验等环节技术水平落后,羊毛毛丛长度偏短、净毛率偏低、综合品质较差,不仅在国际市场上缺乏竞争力,在国内也很难满足毛纺企业的原料用毛需求。这也是近些年羊毛国际贸易总量持续下降、我国羊毛产量持续增长而羊毛进口仍然持续增长的主要原因所在。

三是羊毛生产经营方式粗放。我国养羊业以分散养殖为主,98.5%以上的养殖户(场)年出栏在99只以下,年出栏在1000只以上的养殖户(场)仅占0.01%。这种小规模分散养殖方式既不利于品种改良和先进适用养殖技术推广应用,也不利于进行有效的产销组织衔接,相当大一部分牧区仍然是"靠天养畜"。我国绵羊良种覆盖率只有30%,而发达国家的平均水平在70%以上,澳大利亚和新西兰更是高达90%以上。同时,绵羊养殖和羊毛加工过程中畜舍简陋、设备落后、生产标准不统一、技术管理水平参差不齐、疫病很难控制的现象十分普遍,牧民卖毛难、卖价低等问题相当突出,严重制约了我国羊毛生产水平和生产效益的提高。

四是饲草饲料等基础支撑薄弱。饲草饲料是发展羊毛产业的物质基础,在羊毛物质生产成本中占50%以上。我国草原资源虽然总量很大,草原面积位居世界第二,但草原改良和人工草原建设严重不足,草地退化、沙化、盐碱化现象十分普遍,加上农作物秸秆饲料化利用和反刍动物饲料产业发展滞后,饲草和饲料资源短缺、成本过高的问题日益突出,给扩大羊毛生产、提高羊毛质量、降低生产成本带来很大困难。

五是羊毛产业发展支持保护政策措施偏少。长期以来,我国对农业的投入主要集中在种植业领域,对畜牧业的支持和补贴很少,对草原的生态保护和建设也是通过"退牧还草工程"等生态建设项目来实施。虽然近年来国家加大了支持保护力度,将绵羊纳入畜牧良种补贴范围,在牧区建立了草原生态保护奖励补助机制,并把绒毛用羊纳入国家农业科技创新体系建设。但与世界主要羊毛生产国相比,我国对羊毛产业发展的科技支持力度仍然明显偏小,社会化服务体系建设明显偏弱,产业稳定发展的保障水平明显偏低。

三、提升我国羊毛产业国际竞争力的几点建议

第一,加强草原生态保护和建设。这是提升我国羊毛产业国际竞争力最重要的基础。近年来,中央和有关地方采取了许多加强草原生态保护建设的措施,并取得了积极成效。要在全面落实现有各项政策措施的同时,科学制定草原长期保护建设规划,突出加强优质牧草草种基地建设、人工种

草、飞播种草、围栏封育及草场改良，严格按照牧草生长周期划区轮牧和分段限制性放牧，坚决杜绝超载过牧，促进草原生态环境改善和羊毛产业可持续发展。

第二，加大良种繁育和良法推广力度。成立国家细毛绵羊育种协作组，系统选育国内细毛绵羊品种，积极引进国外优良品种，支持建设一批优良细毛绵羊良种场（站）和种质资源保护场（区），发展多种形式的绵羊良种生产基地，尽快提高优质细绵羊品种覆盖率。充分利用"科技入户工程"、"科技三下乡活动"等有效形式，引导基层畜牧技术人员深入牧区开展种羊鉴定、剪毛和除边、分级和整理等技术培训服务，推动农牧民转变传统落后的生产方式。

第三，加快发展饲草料种植和饲料加工业。抓住当前我国种植业正由传统的"粮食作物＋经济作物"二元生产结构向"粮食作物＋饲料作物＋经济作物"三元生产结构转变的有利时机，加快建立优质饲草和饲料生产基地，加快发展饲料特别是反刍饲料加工，加快高效低残留或无残留饲料添加剂的研究、开发与推广，全面提高我国饲草饲料的供应能力、安全水平和优质配合饲料的入户率，以数量充足、结构合理、质量安全的饲草饲料保障羊毛产业持续快速健康发展。

第四，大力推进羊毛产业化经营。借鉴奶业、家禽、生猪等产业发展积累的成功经验，着力培育羊毛加工"龙头企业"，加快构建"毛纺企业＋羊毛生产基地＋农户"的产业化经营格局，积极发展农牧民专业合作组织，建立健全羊毛生产社会化服务体系，提高羊毛规模化、标准化、专业化生产水平。

第五，积极推动羊毛质量评价和流通国际化进程。针对更加直接、更加激烈的国际竞争形势，以提高国产羊毛评价标准的客观性和检验结果的可信度为重点，建立专业羊毛检验实验室和羊毛分级员职业资格认证制度，完善国产羊毛质量评价标准，健全羊毛检验组织机构，促进羊毛质量评价体系与国际市场全面对接。加快我国羊毛流通体制改革，健全羊毛拍卖制度，以国际通行的公正检验、净毛计价、等级分明、优质优价的羊毛流通方式促进我国优质羊毛生产。

第六，强化羊毛进口管理。近年来，我国羊毛进口数量持续增长、价格不断攀升、质量案件逐年增多，既给羊毛产业发展带来很大威胁，也影响了毛纺产业的稳定发展。应抓紧出台进口羊毛纤维质量管理办法,明确质量安全和卫生标准,严格检验程序,尽快增补我国在进口羊毛质量安全管理上的空白,防止国外劣质羊毛及其制品进入国内市场。加强对国际羊毛市场信息的搜集、加工和整理,建立羊毛进口预警系统,及时发布相关信息,防止羊毛进口失控冲击羊毛产业、损害农牧民和毛纺企业利益。

2012 年 2 月 27 日

（肖海峰　中国农业文学经管学院）

对农产品贸易逆差的分析与建议*

叶兴庆

分析这些年的农业形势,社会上普遍关注的是 2004 年以来粮食实现"八连增",其他主要农产品也都有较大幅度增产。这是巨大的历史性成就,是在农业支持保护政策作用下,农民积极性得到有效调动、农业物质技术装备得到明显加强、农业综合生产能力得到充分释放的结果。需要注意的是,这些年随着经济快速发展,全社会对农产品的需求也在快速增长,农产品供求关系正由"总量平衡、丰年有余"向"紧平衡"或"基本平衡、结构短缺"转变。尤其需要警醒的是,2011 年我国农产品贸易逆差达到创纪录的 341 亿美元、比上年扩大 47%,大米、小麦、玉米三大谷物全部出现净进口。必须科学理性看待我国农产品供求变化趋势,审时度势制定农产品进出口战略规划,在农业现代化进程中进一步提高统筹利用国内外两个市场、两种资源的能力。

一、农产品贸易已连续 8 年出现逆差

2001 年我国加入 WTO 前后,社会各方面一度对农业生产可能遭受的冲击估计较重、担忧较多。有人甚至预测,"会使上千万农民失业","入世后至 2005 年,全国农民实际收入将会下降 2.4% 左右"。实际情况表明,事情并没有预期的那么严重,国内农业生产经受住了考验、实现了持续稳定增长。当然,在这些年来的农产品进出口贸易中,确实出现了一些值得注意的

---

*   此文获得国务院研究室 2012 年度优秀研究成果一等奖。

新变化、新趋势,特别是 2004 年以来连续 8 年进大于出。

（一）农产品贸易逆差呈现快速扩大之势。入世以来我国农产品进出口贸易快速发展,从 2001 年的 279 亿美元增长到 2011 年的 1556 亿美元,年均增长 19%。其中,农产品出口额从 161 亿美元增长到 608 亿美元,年均增长 14%;农产品进口额从 118 亿美元增长到 949 亿美元,年均增长 23%。在入世后的头 3 年,农产品贸易仍保持顺差。但从 2004 年起,农产品贸易开始出现逆差,分别为 46.4 亿、11.4 亿、6.7 亿、40.8 亿、181.6 亿、129.6 亿、231.4 亿和 341.2 亿美元,特别是 2008 年、2010 年和 2011 年先后突破 100 亿、200 亿和 300 亿美元,呈快速扩大之势。

（二）出现贸易逆差的产品种类越来越多。总的态势是,多年净进口的产品,净进口量越来越大;过去供给略有结余的产品,逐步呈现净进口。2011 年,在有统计数据的 9 大类农产品中,谷物、棉花、食糖、食用油籽、食用植物油和畜产品等 6 大类出现贸易逆差,分别达到 12.3 亿、96.8 亿、19.4 亿、300.4 亿、88 亿和 74.1 亿美元。其中,棉花、食糖、食用油籽、食用植物油和畜产品等 5 大类已连续多年出现贸易逆差,尤其是食用油籽和食用植物油进口增长快、数量大、依存度高。需要引起高度重视的是,谷物进出口贸易发生了转折性变化:从贸易平衡状况看,2009 年以来出现净进口,2011 年已达到 446.5 万吨、12.3 亿美元;从品种结构看,除大麦、小麦连续多年净进口外,玉米、大米先后于 2010 年和 2011 年出现净进口。如果按我国粮食统计口径(包括谷物和豆类、薯类),粮食自给率(国内产量占国内产量与净进口量之和的比率)已由 2001 年的 98.2% 下降到 2011 年的 90.9%,95% 的自给率目标已经失守。

（三）优势农产品的顺差增长势头在衰减。尽管农产品整体上连续 8 年出现贸易逆差,但具有比较优势的蔬菜、水果、水产品等 3 大类农产品仍能够连续 8 年保持净出口,而且净出口额还在不断扩大。从 2004 年到 2011 年,蔬菜净出口额由 37 亿美元扩大到 114 亿美元,水果净出口额由 10.5 亿美元扩大到 24.1 亿美元,水产品净出口额由 37.3 亿美元扩大到 97.7 亿美元。如果不是这 3 大类农产品净出口额的增长,农产品整体贸易逆差的规模会更大。同时也要看到,除蔬菜仍具有较强的比较优势、出口数量和金额保持稳步增长、进口数量和金额维持在较低水平外,水产品和水果的进出口格局正在发生重大变化：由于国内消费水平提高、对进口水产品需求增长，水产品进口在稳步扩大；由于贸易政策调整和国内生产成本上升，水果出口增长乏力、进口增长明显，净出口量 2007 年达到峰值后已连续 4 年下滑，总出口量 2009 年达到峰值后也已连续 2 年下滑，按这个发展趋势，水果即将由贸易顺差转为贸易逆差。

二、如何看待农产品贸易逆差？

在"八连增"的同时出现农产品贸易连年逆差，这绝非偶然和巧合，也不是农业政策和农业生产出了什么问题，而是需求结构、资源禀赋、发展阶段、对外开放等深层次变化的必然反映。当前，有三个问题需要进一步统一认识。

第一，为什么会出现农产品贸易连年逆差？改革开放初期，我国农产品贸易也曾连续几年出现逆差。为减少粮食征购、让农民喘口气，1978 年 12 月 10 日陈云同志在中央工作会议东北组发言中提出，吃进口粮不是修正主义，"在三五年内，每年进口粮食可以达到两千万吨"，"现在有了中美上海联合公报，可以直接向美国买粮食"，"这是大计，是经济措施中最大的一条"。1984 年以后，随着国内农业生产发展，粮食进口减少、农副产品出口增加，农产品贸易多年保持顺差。2004 年以来，农产品贸易再次连年逆差，这并不是历史的简单重演，而是有着更为深刻的时代背景。加入世贸组织后逐步降低进口关税、规范使用非关税贸易措施，加之人民币逐步升值，使出口农产品越来越贵、进口农产品越来越便宜；纺织服装出口快速增长，使棉花需求快速增长；城乡居民收入水平提高，特别是大量农民工进城，改善生活首先要吃得"有油水"，全社会对食用植物油的需求进入快速增长阶段，导致大豆等油籽和棕榈油等食用植物油进口迅猛增长，有人甚至认为这些年我国经历了一场"膳食革命"。正是在这些因素的共同作用下，尽管 2004 年以来国内农业生产稳步发展、粮食产量连续 5 年超万亿斤，但却出现了农产品贸易连年逆差、逆差规模快速扩大。

第二，农产品贸易逆差是否会成为常态？农产品进大于出的格局是否有可能发生逆转？农产品贸易逆差是否会长期存在下去？我们认为，综合考虑各种因素，今后重现农产品贸易顺差的几率很低。从逆差的来源看，老因素将长期存在,新因素在形成和发酵,一些专家甚至预言"玉米将成为下一个大豆"。大豆等油籽和棕榈油等食用植物油的净进口规模将长期平稳增长。食糖进口快速增长,2009 年以来年进口量增长速度分别达到 36.5%、65.9% 和 65.3%。谷物的全面净进口格局正在形成,2009 年以来已连续 3 年净进口,除小麦、大麦长期净进口外,玉米、大米也先后沦为净进口,如果考虑到进口大豆产生的豆粕、这两年新增进口的玉米酒糟蛋白,我国饲料资源的实际缺口远大于用玉米净进口量衡量的缺口。随着城乡居民生活水平提高和食物消费转型,饲料资源和畜产品净进口规模将进一步扩大。从顺差的来源看,贡献因素在减退。蔬菜、水产品的顺差规模可望保持增长,但增速会下降。水果的顺差规模已经在缩小。从日本和韩国的历史经验看,人多地少的国家进入中等收入发展阶段后农业自给率长期下降是大概率事件。从 1960 年到 2010 年,日本按热量值计算的综合食物自给率由 79% 下降为 39%,谷物自给率由 82% 下降到 28%。韩国上世纪 60 年代成为农产品净进口国,目前谷物自给率仅 25.3%。我国农业资源禀赋要好于日韩、农业自给率不至于下滑到他们这种程度,但我国毕竟已步入中等偏上收入发展阶段,农业生产发展的难度在增加,农产品需求在增长,农业自给率继续下降在所难免。

第三,应从什么角度看待农产品贸易逆差? 发展经济学认为,外汇贡献是农业部门在工业化初期的重要贡献之一。过去一个时期,我国确实倚重农业出口创汇。对近年来农产品贸易出现逆差,特别是大豆等大宗农产品大量进口,社会上存在不同认识。有些人认为,这种格局带来很多问题,如:影响国内尤其是主产区农业生产和农民增收,当国际市场农产品价格大幅上涨时带来输入型通胀压力,进口依存度过高已威胁到国家食用植物油、棉花,甚至粮食安全,数亿农民搞农业搞出个逆差很没面子。也有很多人认为,这种格局带来很多好处,如:保障国内农产品市场供给,减轻国内耕地和淡水资源压力,倒逼国内农业技术进步和现代农业建设,抑制全国贸易顺差过快增长、促进国际收支平衡。我们认为,对加入世贸组织以来我国农产品贸易已然发生的明显变化、今后将会继续发生的深刻变化,应进行全面、客观、理性的分析判断。应当看到,这些年农产品进出口结构的变化,充分体现了我国农业资源禀赋特征,是市场配置资源的必然结果。虽然农产品贸易出现逆差,但我国具有比较优势的劳动密集型和技术密集型农产品,克服国外准入门槛不断提高、国内生产成本上升和人民币升值等因素影响,实现了出口快速增长、贸易顺差持续扩大。尤其应看到,进口农产品实际上是在进口耕地、淡水等稀缺资源。这些年进口增长较快、贸易逆差较大的农产品大多是我国单产低、品质差、缺乏比较优势的土地密集型农产品。据测算,2010 年我国净进口的主要农产品如在国内生产需要播种面积 8.7 亿亩,相当于我国实际播种面积的 36% ;其中,仅进口大豆、食用植物油折算的播种面积就分别达到 4.6 亿亩和 3.4 亿亩。这极大地缓解了油料与谷物、棉花等争地、争水的矛盾。算资源平衡账,出口劳动密集型和技术密集型农产品、进口土地密集型农产品,是符合国家利益的农产品贸易结构。

三、妥善应对农产品贸易逆差的思路与建议

面对农产品贸易结构的深刻变化和逆差的常态化,既不应杯弓蛇影、草木皆兵,也不能放任自流、无所作为。关键是要遵循经济规律,趋利避害,争取主动。

(一)持续提高农业综合生产能力,尽可能减缓农业自给率下降势头。尽管随着工业化城镇化深入发展,我国农业生产面临严峻挑战,但只要毫不动摇地同步推进农业现代化,完全可以使农业综合生产能力得到持续提高、使农业自给率下降势头得到有效减缓。做到这一点,至少要满足三个条件:一是全社会对农业高成本、高价格、高补贴要有足够的承受力和容忍度。在我国这种资源禀赋下,经济发展程度越高,农业生产成本将越高;对农业自给率的要求越高,农产品相对价格将越高;农业的重要性越高,国家对农业的补贴将越高。我们已进入国内农产品必须越来越贵、农业补贴力度必须越来越大的发展阶段。二是物质技术装备能够得到持续加强。基本农田能够得到有效保护和建设,农田水利能够得到有效改善,农业技术进步贡献率和机械化水平能够得到明显提高。三是"谁来种地"、"地怎么种"的问题能够得到妥善解决。在一个相当长时期内,日本、韩国没有随工业化城镇化发展及时解决好这个问题,导致农业细碎化、农户兼业化、农业劳动力老龄化,影响到农业综合生产能力提高。近几年,他们已开始调整有关耕地流转的法律法规,引进新的经营主体和经营方式,试图增强农业发展活力,使农业

自给率有所提高。我们应吸取教训，从现在开始就要注重培育新型职业农民，发展农业先进生产力。

（二）适当调整农产品进出口贸易的战略定位。长期以来，我国农产品进出口贸易定位为余缺调剂，根据国内丰歉情况和宏观调控需要临时组织出口或进口。在国内农产品供求基本平衡的情况下，通过余缺调剂，可以使平衡状况得到进一步改善。但在这种定位下，有时也出现逆向调节，找到货源、进口到岸时国内价格已经出现下跌，找到买家、组织收购时国内价格已经上涨。这在前些年的粮食进出口上表现得尤其突出。必须顺应农产品供求和贸易结构的深刻变化，总结经验教训，立足长期趋势，对农产品进出口贸易的战略定位进行必要调整。面向未来，我国农产品进出口贸易应定位为：积极参与国际分工，统筹利用国际国内两个市场、两种资源；出口劳动密集型和技术密集型农产品，带动优势农产品产区优化农业结构、增加农民收入；进口土地密集型农产品，缓解国内资源压力，满足经济社会发展需要。

（三）制定更加精细化的农产品进出口战略规划。适应新的战略定位，应当对农产品进出口贸易进行更细致、更具体、更具前瞻性的统筹谋划。从促进优势农产品出口看，主要是加强生产基地建设，扶持出口型农业龙头企业，提高附加值和质量安全水平，全面增强产品竞争能力。对需要进口的大宗农产品，应在深入分析研究国内外生产、需求变化情况的基础上，提前布局，早作打算。当前要做好两件事：一是确定农产品自给率优先排序。既然做不到所有农产品自给自足，就应当按国内外成本比较、对国计民生的相对重要性等因素，对各种农产品的自给率目标进行排序。国家扶持农业生产的各种资源应优先用于需要保持较高自给率的农产品。日本、韩国对大米设定了100%的自给率目标，对蔬菜、肉类也设定了较高自给率目标，对其他农产品由市场决定自给率。这种政策理念和做法值得我们借鉴。二是调整粮食自给率统计口径。对我们这样一个有着十几亿人口的大国来说，无疑要坚持立足国内实现粮食基本自给的方针。但按我国目前的粮食统计口径，自给率回到95%以上并不现实。建议将粮食自给率目标调整为谷物自给率目标，并对主要供食用的大米、小麦和主要供饲用的玉米实行差异化的自给率要求。

（四）提高大宗农产品国际贸易话语权。我国已成为全球第2大农产品进口国,在大豆、食用植物油、棉花、食糖、玉米进口贸易中具有举足轻重的地位,迫切需要在价格形成、贸易结算、规则制定等方面发挥主导作用。一是加快培育国际化的大宗农产品交易市场。以农产品为主的大连、郑州商品交易所,目前还仅是国内市场,不允许国外投资者入市交易。国内企业要到欧美大宗商品交易所投资和套期保值,有限的国内需求只能转到海外实现,使得国内市场发育不足。建议国家有关部门支持国内商品交易所积极探索通过稳健可靠的方式引进境外企业参与交易,用离岸账户的方式为境外客户服务、为国内客户的国际贸易服务,待市场有一定规模后再顺应市场需求增加其他服务,最终形成具有世界影响力的中国价格。二是支持农业"走出去"。鼓励和扶持有实力的国内企业到境外建立农产品生产基地、并购农产品加工和贸易企业,培育农业跨国经营企业,逐步建立农产品国际产销加工储运体系。三是促进农产品进口市场多元化。积极开辟南美、非洲和东南亚进口市场,避免对单一市场的过度依赖。四是积极参与国际农产品贸易规则和标准制定。充分利用我国市场规模大的优势,加强双边多边农业合作,推动形成公平合理的农产品贸易秩序。

2012 年 2 月 29 日

积极推动国际贸易统计改革 *
合理衡量全球价值链的变化

沈晓晖　史德信

近一段时间,世界贸易组织总干事拉米多次强调"全球价值链"(Global Value Chains)的重要影响,呼吁用贸易增加值衡量国际贸易,引起国际社会对现有贸易统计规则的反思。我们对此进行了专题研究,主要观点如下:

一、当前国际贸易模式正在发生深刻变化

上世纪 90 年代以来,经济全球化的深入推进、科学技术的巨大进步,特别是集装箱运输的发展和互联网等信息技术的广泛应用,推动国际贸易模式发生深刻变化,以全球价值链为特征的"垂直贸易"(Vertical Trade)迅猛增长,主要表现在:

——国际产业加快转移。跨国公司在全球进行"垂直"投资布局,把研发、设计、加工、组装、维护等环节转向最有效率的国家和地区。1990—2011年,全球对外直接投资(FDI)存量从 2.1 万亿美元扩大到 20.4 万亿美元,年均增长 11.5%。2005 年以来,流向发展中国家的 FDI 加快增长:所占比重从 21% 提高到 32.4%(如图 1)。

——"任务贸易"(Trade in Tasks)迅速发展。不同于以前主要交易最终产品,原材料、零部件和附件等中间产品在国际贸易中所占比重快速上升,2009 年占非能源商品贸易的 50% 以上。各国参与国际分工不再基于生

---

*　此文获得国务院研究室 2012 年度优秀研究成果三等奖。

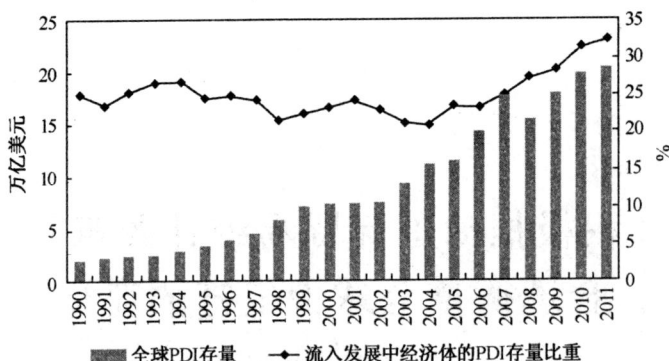

图1 1990—2011 年全球 FDI 存量

产某种产品的总体比较优势,而是基于在全球价值链某一环节也即某一项"任务"中的比较优势。国际贸易大量发生在跨国公司内部,成为连接价值链各环节的重要纽带。

——全球价值链日趋复杂、细化,形成了"供应链"(Supply Chains)和"需求链"(Demand Chains)两大部分。供应链主要集中在生产、组装等环节,需求链主要集中在研发、设计、分销、零售等环节,比较典型的是"欧美研发—日、韩、中国台湾生产—中国大陆、东盟组装—欧美消费"的价值链模式(如图2)。中国充分利用丰富的劳动力资源,成为全球价值链的重要一环。

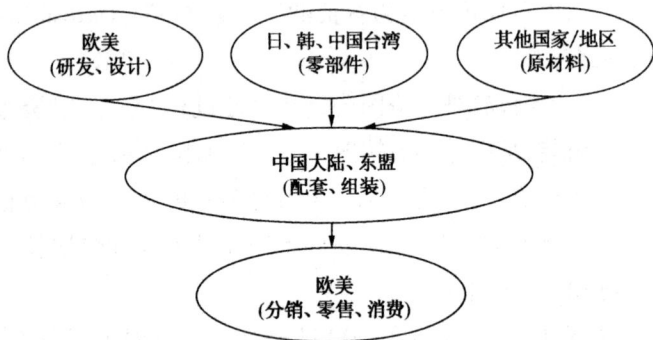

图2 全球价值链模式

二、原产地统计已不能反映国际贸易的现状

1993 年,关贸总协定"乌拉圭"回合谈判达成《原产地规则协议》,成为公认的国际贸易统计原则。对于含有进口成分的产品,具体有三条标准:(1)产品税则归类发生改变;(2)本国增值部分超过一定比例,如日本规定 40% 以上;(3)经过了规定的加工制造工序。《中华人民共和国出口货物原产地规则》规定,部分或全部使用进口原料、零部件,在中华人民共和国境内进行主要的及最后的制造、加工工序,使其外形、性质、形态或者用途产生实质性改变的产品,都认定原产地为中国。

原产地统计具有特定的法律效力,往往被进口国用来实行差别关税待遇,或者作为实施国别贸易政策管理的重要依据,在一定程度上促进了国际贸易发展。但是,继续沿用原产地规则衡量国际贸易,已不能准确反映当前全球价值链在不同国家增值的实际情况,暴露出许多矛盾和问题,主要是:

——中间产品和最终产品多重统计,放大了贸易规模。据 WTO 统计,截至 2006 年,全球 130 个国家共设立了 3500 个出口加工区,进口原材料、零部件,加工组装后再出口。中国作为"世界工厂",对外贸易大进大出,重复统计的情况更明显。2011 年,中国总出口 1.9 万亿美元,但加工贸易进口近 4700 亿美元,如果扣除这一部分,相当于出口规模缩水 1/4(如图 3)。考虑到很多企业选择以一般贸易方式进口中间产品后再出口,在加工贸易中体现不出来,实际高估的情况更严重。

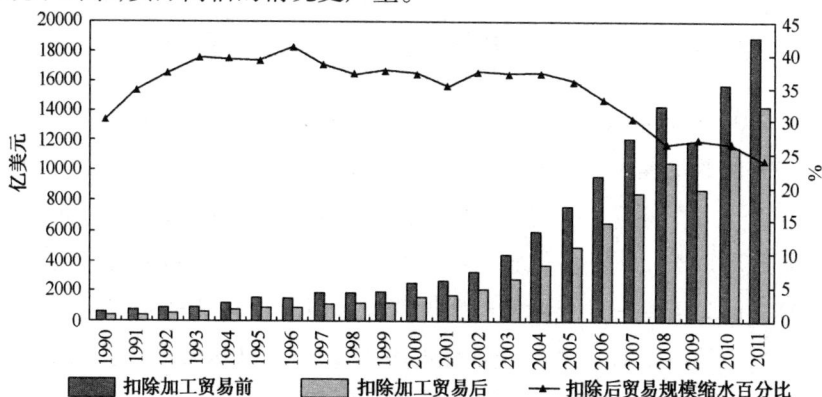

图 3　1990—2011 年扣除加工贸易前后的中国出口规模

——贸易量与增加值分离,难以反映真实贸易所得。现有国际分工格局中,美欧日等发达国家处于高附加值环节,中国、东盟等新兴经济体处于低附加值环节,双方的贸易规模与贸易所得是不相称的。以 iPhone 产品为例,2009 年美国从中国净进口 19 亿美元左右,但按增加值统计,其中 7 亿美元来自日本,3 亿美元来自韩国,3 亿美元来自德国,5 亿美元来自其他国家,中国增值部分仅 7300 万美元。

——扭曲了双边贸易平衡,误导了贸易政策制定。1999—2011 年,美对华贸易逆差占总逆差的比重提高了 20 个百分点,同时对日本和亚洲四小龙的逆差占比下降了 23 个百分点(如图 4)。这表明,美对华逆差只是东亚地区内产业相互转移造成的,美国对整个东亚地区的贸易平衡并未发生大的变化。据 WTO 测算,2008 年美对华逆差 42% 来自其他国家的增值。如果基于原产地统计实施贸易救济措施,可能对价值链上的各国(包括美国)都造成不利影响,最后损人不利己。

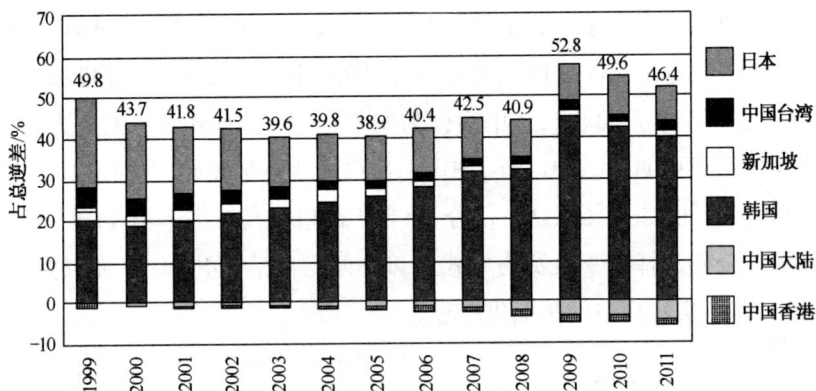

图 4　1999—2011 年美国对东亚主要经济体贸易差额占总逆差比重

——贸易规模依赖跨国公司投资布局,不能准确反映一个国家或地区的出口竞争力。外资企业主导的加工贸易是东亚特别是中国外贸的一个典型特征。2011 年,外资企业加工贸易占中国外贸总额的 30% ,创造的顺差是总顺差的 2 倍。一旦跨国公司把这部分价值链转移到别的国家,贸易规模和顺差会相应萎缩。随着工资上涨,中国部分劳动密集型产业已出现向东南亚、印度等地转移的趋势。目前,越南已超过中国成为耐克、阿迪达斯等品牌的最大生产国。

三、以增加值统计国际贸易面临的主要困难

越来越多的国家、国际组织和研究机构认识到,原产地规则会扭曲国际贸易的真实情况,改革现有统计体系是大势所趋。但在实际操作中,采用增加值标准面临不少挑战。

一是统计工作量大。原产地规则只统计出口环节,即海关统计。增加值标准则要统计产品价值链的每个环节(如图5)。随着产业分工趋于细化,产品价值链越来越复杂,环节越来越多。例如,联想集团在全球有超过500家供应商,大众汽车公司仅在中国大陆就有约800家零配件供应商。对每个供应商的国内增值部分进行统计,工作量相当庞大。

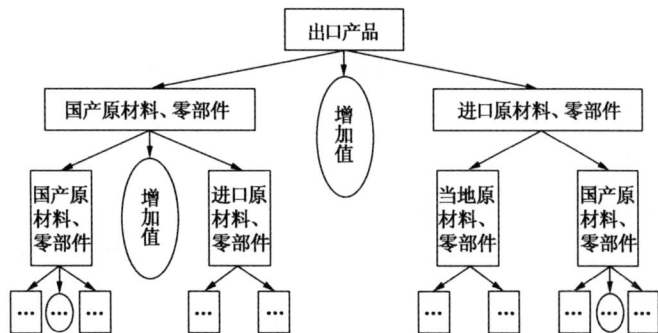

图5　出口产品价值链示意图

二是信息追溯链长。当国内零部件使用进口原材料,或者进口零部件中包含国产成分时,不仅要统计直接的国内增值部分,还要统计间接的国内增值部分,必须一层层向上追溯,每一家上游企业都要提供相关数据,无形中增加了企业负担。有的数据涉及企业生产布局、成本构成等信息,属于商业秘密,企业可能不愿提供。

三是技术处理复杂。一方面,大量国际贸易发生在跨国公司内部,跨国公司为转移利润或逃避资本监管,存在低报或高报进出口价格的动机,容易造成统计失真,对海关估价提出很高要求。另一方面,如果进口零部件包含国产成分,需要国外供应商提供数据,离不开贸易伙伴的配合,这不仅需要对不同国家的增值部分进行数据比对,还需要相关国家就统计项目、统计方法、会计处理、数据交换等达成一致。

四是国际协调困难。推进国际贸易统计改革,需要凝聚各国共识。目前,全球价值链的供应方主要在东亚,拥有巨额顺差;需求方主要在欧美,拥有巨额逆差,双方在贸易平衡问题上矛盾尖锐,中美尤为突出。美国把高失业率归咎于中美贸易失衡,对华贸易摩擦案件多发,并以此作为人民币升值和中国开放市场的谈判价码。如果改用增加值统计,中美贸易失衡的"水分"将被挤出,中国承受的压力将减轻,美国的利益可能受到影响。而 WTO 作为一个全球性组织,如果没有美国等发达国家的配合,推进改革将十分困难。

四、几点建议

研究推广全球价值链的增加值统计标准,有助于还原国际贸易的真实面貌,更加合理地衡量贸易规模和双边贸易平衡,促进自由贸易发展,符合中国等发展中国家的利益。因此,推动建立一套科学合理的增加值统计标准十分必要。建议近期重点开展以下工作:

一是支持有关国际组织和学术机构的研究推广工作。世贸组织、经合组织、欧委会、日本贸易振兴机构亚洲经济研究所、荷兰格罗宁根大学等都在积极推进全球价值链及贸易增加值研究。考虑到实际统计存在一系列技术和政治难题,目前主要是通过世界投入产出表(World Input – Output Database)对贸易增加值进行测算。2012 年 4 月份,格罗宁根大学公布了一套涵盖 27 个欧盟国家和 13 个其他主要经济体(包括中国)的世界投入产出表。我国有关部门也在开展这方面的研究,并对加工贸易和非加工贸易作了分别处理。建议加强与有关机构的配合,支持相关研究的后续工作,完善测算理论和方法,在国际贸易中推广应用。

二是选择部分行业开展新统计方法试点。与全球重要顺差国以及对我国存在较大顺差的周边贸易伙伴合作,选择计算机、电子、汽车等行业生产国际化程度较高、加工贸易比重较大的几种产品,研究建立一套统一协调的方法和指标体系,在进行原产地统计的同时,补充统计贸易增加值。统计结果既可以作为新统计口径的第一手材料,也可用来对世界投入产出表的测算结果进行修正。

三是营造有利于国际贸易统计改革的氛围。加强与世贸组织、经合组织以及立场相近国家的合作,利用2013年2月在纽约举行的联合国统计委员会年度会议、8月在香港举行的世界统计大会等平台,积极倡导国际贸易统计改革。参与和支持贸易增加值统计的国际研究,加强对新统计标准的宣传。在多双边经贸谈判和经济对话中,更多运用新的增加值测算数据和试点统计数据,扩大其国际影响力。

四是及早应对增加值标准可能带来的挑战。国际贸易统计改革对我有利有弊,总体利大于弊。一方面,增加值标准可能引发对就业影响、贸易所得、汇率政策和跨国投资等的重新评估,有利于缓解我国在中美贸易平衡、人民币汇率等问题上的压力。另一方面,各国可能会相应调整贸易和产业政策,产生新的问题。例如,虽然我国出口产品中来自周边国家的增值部分被扣除,但我国向发展中国家出口零部件、加工组装后再出口到发达国家,可能会遭遇反倾销、反补贴和保障措施调查,不利于企业"走出去"。对此要未雨绸缪,及早研究,趋利避害。

2012年8月28日

当前企业"走出去"有六难*

王检贵　高振宇

近期,我们召开企业"走出去"座谈会,听取深圳中兴通讯公司、华为公司、东莞华坚集团、江苏综艺集团、浙江巨石集团、浙江利时集团、淄博宏达矿业集团、日照兴业集团、福建保兰德公司等企业的意见和建议。总的看,近年来我国实施"走出去"战略取得了显著成绩,也积累了不少经验。但我国涉外经济管理体制仍不适应对外投资加快发展的新形势,在投资审批、外汇管理、金融服务、人员出境、相关产品进出口等方面存在诸多障碍,"走出去"的政策支撑、服务保障也不能满足企业的要求。应加快创新对外投资管理体制,简化行政审批,强化政策支撑,健全服务保障,为企业"走出去"松绑和加油。

从我们了解的情况看,当前企业"走出去"主要面临六个方面的困难和矛盾:

一、投资审批难

这是企业反映最强烈的问题。根据现行对外投资管理体制,发改委负责项目审批,商务部负责企业审批,外汇局负责外汇登记。所有境外投资活动,不分金额和性质,均需作为一个项目报发改部门审批。超过一定额度的项目,要经县(市)、省、国家多个层次审批。境外竞标和收购项目,为了防止"窝里斗",事先还要经国家发改委的预审批。项目审批后,还要到商务部门

---

* 此文获得国务院研究室 2012 年度优秀研究成果二等奖。

申请设立境外企业。最后,到外汇部门办理相关手续。一个较大的项目批下来,短则几个月,长则大半年,企业感到苦不堪言。其负面影响主要是:一是贻误商机。比如江苏综艺集团 2010 年 8 月决定在意大利投资一个 44 兆瓦光伏电站项目,直到 2011 年 3 月才批下来。而这段时间内意大利政府对光伏企业的补贴由 0.321 欧元/瓦降至 0.263 欧元/瓦,公司白白损失了 143万欧元。二是增加成本。一家企业说,"项目可行性报告就像八股文,纯粹是应付政府,企业还得花钱找有资质的公司去编";"最麻烦的是要一级一级说明情况,'跑部进京'的车马费也是一笔不小的开支"。三是容易遭致外方猜忌。每个企业跟外方签订的项目意向书中都要注明,"此项目须待国家有关部门核准方能生效",导致外方常常怀疑项目有中国官方的背景,不是纯粹的商业行为,造成不少优质项目流产。四是逼迫企业违规经营。由于"正门"难进,企业只能走"偏门"、"歪门"。据反映,大量境外投资企业并没有经过审批,照样发展得很好。

企业建议:必须借鉴国际经验和通行做法,深化我国境外投资管理体制改革。(1)落实企业投资自主权。按照"谁投资、谁决策、谁受益、谁承担风险"的原则,取消对境外投资项目审批和企业审批,实行事后备案制,可立即从民营企业着手。(2)对于涉及外交关系、外经贸政策、本国产业政策等少数领域的投资,可要求事前备案。但必须理顺管理体制,由一个部门统一受理企业申请,解决多头管理、重复审批的问题。(3)政府主要作用是制定法律法规、提供政策支持和加强服务保障。各项支持政策可由官方、半官方机构及非政府组织参与实施;一些竞标和收购项目的协调可交给行业协会、而不是由政府包办。(4)重视事后监管和信息监测。要求境外投资企业定期报告实际经营状况,并对重点企业定期实施抽样调查。

二、企业融资难

企业反映,如果说国内企业融资难,那么境外投资企业融资就是难上加难。一是"内保外贷"的额度太少。国内母公司用资产作抵押,为境外子公司融资,有利于初创企业成长,银行风险也处于可控范围。但是,我国外汇担保长期实行贷款余额管理,提供的贷款额度远不能满足需要。二是境外资产不能抵押。按规定,对外投资企业在国内银行申请项目贷款时,只能以国内资产作抵押,而在境外投资获得的矿权、土地和购置的固定资产都不能作为抵押物,导致融资规模严重受限。三是国内金融机构在境外的网点太少。与实体经济相比,我国金融机构"走出去"相对滞后,在境外分支机构少,产品结构和服务水平也有差距。比如,人民币在缅甸是通行的,我国企业完全可用人民币进行投资。但是由于当地没有中资金融机构网点,资金只能通过"地下钱庄"进出,既增加企业风险,也制约业务扩张。

企业建议:要充分运用国内外汇储备充裕的独特优势,加强对企业"走出去"的金融支持。(1)改进对外担保余额管理方式,逐步放宽资格条件限制,适当增加贷款额度。(2)引导金融机构为符合条件的企业提供流动性贷款、固定资产贷款,推动银团贷款、项目融资等信贷支持。(3)对国家鼓励的对外投资合作企业和项目,加强政策性信贷支持。(4)积极发展多层次的股权投资基金,推动成立财政资金引导、金融机构和企业共同出资的对外投资合作发展基金。(5)大力推进金融机构"走出去",特别是到广大发展中国家设立分支机构,为实体经济"走出去"提供支撑。(6)多渠道拓展境外人民币业务,发展人民币跨境融资,支持企业使用人民币开展对外投资合作。(7)深化跨国金融合作,积极推动货币互换。

三、外汇使用难

企业反映,近年来国家外汇局着力改变外汇"宽进严出"的政策,对企业对外投资给予大力支持,但是由于配套政策不完善,企业运用外汇依然不方便。按现行规定,企业汇出外汇时,收款人只能是已正式设立的境外投资企业,这在实际操作中会带来一些麻烦。比如,在设立境外企业之前,一般都要发生一定规模的前期费用,如果按规定办事,这部分费用很难顺利汇出。再如,一家企业在墨西哥投资一个铁矿,找了加拿大的勘探公司,由于墨西哥实行外汇管制,企业希望从中国母公司直接支付外汇给加拿大的公司,按现行规定也无法办理,非要从墨西哥的子公司转账。由于外汇管理政策不完善,导致许多企业都在香港等地设立离岸公司,预留部分资金以备不时之需。这种做法虽然保障了对外投资运转,但不可避免带来企业成本和风险上升、国内金融机构业务流失、国家外汇监管失真等各种问题。

与出境相比,资金回流渠道也不顺畅。按照现行规定,境外投资企业资金回流国内主要有三种形式:一是利润;二是银行贷款偿还;三是企业股权转让或关闭清算后的本金。而实际上,不少民营企业对外投资的资金来源中,有一部分来自亲友或民间资金。这部分资金不属于银行贷款,视同股权投资,在企业运营期间难以顺畅回流。比如无锡市一家境外投资企业为偿还1760万美元的借款,先后倒腾近2个月,由此多支付利息和汇兑成本274万元。

企业建议:创新外汇管理方式,赋予企业更大的外汇使用权,有针对性地解决企业资金支付和回收渠道不畅的问题。(1)建议商务部门在核准企业境外投资时,在《企业境外投资证书》中“投资总额”栏中区分股权和债权,属于债权性质的资金回笼时,外汇局据此核准其收汇。(2)建议简化外汇管理流程,可考虑实行外汇年度核销制,年底让企业自己分类汇总,收来的外汇哪些是货款、哪些是收益,出去的资金多少是投资、多少是货款、多少是支付第三方费用等。这样既方便企业,也使外汇监管更为真实。

四、人员出境签证难

对外投资企业员工出境主要有两种签证:境外常驻员工一般要办工作签证,大量的短期业务洽谈、技术故障处理、应急情况处理活动需要办商务或旅游签证。企业反映,目前不少国家(特别是欧盟国家)出于扩大本国就业的考虑,给予中方员工的工作签证名额很少,办理条件也十分严格。比如在德国,明确要求中资企业每聘用4个德国员工,才能给中国员工发1本工作签证。办理商务签证也很不方便,主要是签证资料复杂繁琐,预约等待时间过长,且一次签证有效期太短,不符合企业项目支持和执行人员行程紧迫的要求。中兴通讯公司反映,目前国外常驻人员超过1万人,加上各种短期商务活动,平均每天约有700多人搭乘国际航班。2011年,公司共办理签证22000余人次,其中延误的约4000人次,严重影响项目招投标、商业洽谈、项目执行。

企业建议:我国与欧盟举行的高层对话和双边磋商时,将签证问题作为一个重点议题,尽快推动有关国家解决这个困扰企业的问题。对于工作签证,主要希望增加名额,减少各种限制。对于商务签证,主要是加快审批进度,延长一次签证有效期,建议将有效期由 1 个月延长为半年。

五、货物进出难

企业反映较多的是,投资产品回运困难重重。目前,国家鼓励企业将在境外投资开发的重要资源运回国内,有的运回后还可以申请补贴。但是,目前我国对大宗商品进口实行严格的资质和配额管理,企业投资所得的权益产品回运国内的渠道不畅通。例如,2012 年山东企业在苏丹、津巴布韦等国种植棉花,预计可回运皮棉 5 万吨左右。但是苦于缺乏进口资质,只能廉价卖给有进口资质的公司,或者花钱找有进口资质的企业代理。产品运回后申请补贴又遇到麻烦,因为很难证明究竟是自己投资所得,还是从国外进口的。为此,企业要制作几套甚至十几套合同、代理协议、业务说明,还要反复磨嘴皮,不仅费钱,而且费事。

企业建议:(1)对境外投资企业给予政策扶持,在进出口资质、配额和进口关税等方面给予特殊配套政策。(2)可参照我国利用外资政策,设立专门的对外投资设备及相关产品的进出口编码,提高海关、检验检疫、人员出入境等方面的便利化水平。

六、获取公共服务和安全保障难

一是投资环境信息缺乏。企业反映,目前我国对外投资的信息资料很不完备,各国《公司法》、《外资法》、《劳动法》、《环保法》的规定以及会计、税务、审计、社保等方面的要求,不但在国内很难找到,就是驻外使馆也不完整,致使不少企业"走出去"存在盲目性。二是投资壁垒较多。一方面,名目繁多的资格认证、准入政策、专利标准成为企业"走出去"的"拦路虎",比如欧盟通过提高环保、安全和能耗标准来阻止境外家电产品进入市场。另一方面,以国家安全为由阻碍中国公司的并购,如近年来华为公司在美国的多起收购业务就因此受阻。三是人员和财产保障不足。目前,我国仅常驻海外的工作人员就超过 80 万人,保障人身和财产安全的任务日益艰巨。继利比亚大撤侨及我船员在湄公河遇袭后,2012 年 1 月份苏丹和埃及先后发生中资公司人员被劫事件。此外,一些国家政治局势动荡,也明显增加了企业投资和经营的风险。四是政策性保险的作用发挥不足。企业反映,中信保提供的境外投资保险,在理赔时的免责条款较多,对高风险国家地区基本不予承保,允许投保的国家保费又过高。

企业建议:(1)加强政府公共服务,完善对外投资合作信息服务系统、多双边投资合作促进机制等载体平台建设,帮助企业尽快熟悉国外投资环境。(2)加强社会化服务,企业建议利用对外经济技术合作专项资金,支持行业商(协)会发挥服务和促进作用,加快培育对外投资中介组织,支持境外中资企业商会建设,维护企业合法权益。(3)加强对外商签自由贸易、投资保护、避免双重征税等各项协定,努力消除国外各种贸易和投资壁垒。(4)抓紧与有关国家和地区商签司法协助、领事保护等政府间双边协定。借鉴发达国家的做法,鼓励建立境外保安服务公司,积极吸纳国内退伍军人就业,为企业提供坚实的安全保障。(5)强化政策性保险的功能,适当拓宽承保地域范围,降低保费,切实为企业走出去"保驾护航"。

2012 年 3 月 20 日

九、国外考察报告和国际经验借鉴

德国应对第三次工业革命的举措及启示

韩文秀　邓文奎　魏　敏　潘国俊　钱谱丰

2012 年 8 月底至 9 月初,国务院研究室组团赴德国考察,就第三次工业革命有关问题与德国联邦经济部门、研究机构和金融部门进行了座谈。现将有关情况报告如下。

一、德国力争走在第三次工业革命的前列

（一）积极探索第三次工业革命的趋势和特征。对第三次工业革命的论述,代表人物有美国学者里夫金和英国《经济学人》编辑麦基里。前者认为是信息技术和新能源的结合,标志性产业是能源互联网;后者认为是制造业数字化,出现智能软件、新材料、新的制造方法,标志性产业是 3D 打印。两者都确信,生产方式将发生颠覆性变革,人类经济社会将受到根本性的影响。座谈中,德国专家马丁·杰尼克(Martin Janicke)总结了三次工业革命的不同特征(见下表)。

三次工业革命的比较

	第一次工业革命	第二次工业革命	第三次工业革命
起始年份	1780 年	1890 年	1990 年
主体能源	煤	煤、石油、核能	可再生能源和能源效率
主导技术和原材料	蒸汽机、动力织机、钢铁	电力、化学、内燃机、装配流水线、合成材料	信息通信技术、微电子、清洁生产技术、循环利用技术、生物技术和新材料
交通/通讯	火车和电信	轿车、飞机、广播电视	高速铁路、互联网、移动通信

续表

	第一次工业革命	第二次工业革命	第三次工业革命
国家与社会	"资产阶级"、自由贸易、宪政	大众生产、大众社会、大众民主、福利社会	公民社会、全球化、全球治理
核心国家	英国、德国、法国、比利时	美国、日本、德国	欧盟、韩国、中国、美国、日本

德国政府官员和学界大都认同第三次工业革命的提法,并对第三次工业革命表现出很大兴趣。这主要是因为,这些年全球能源价格高企、气候变化加剧,传统能源消耗方式难以持续,特别是在国际金融危机阴霾不散、发达国家深陷危机泥潭的背景下,第三次工业革命更被认为是寻找新的经济增长点的有效途径。德国总理默克尔曾指出"第三次工业革命的分散式和合作性的性质,恰好符合德国政治的特点"。德国社会民主党、绿党等党派对第三次工业革命也怀有很高的热情,积极强调可再生能源的必要性。受德国影响较大的欧洲议会,2007 年 5 月发布一项正式声明,宣布将第三次工业革命作为长远规划和欧盟发展的路线图。欧盟委员会主席巴罗佐也在一些场合提到并赞同第三次工业革命。

(二)审慎选择科技突破的方向和领域。2010 年,德国通过《国家高科技发展战略》,明确高科技发展方向和领域。方向是打造高端市场,确保德国在全球的竞争力和技术领先地位。同时,确立了 17 个科技攻关领域,也是第三次工业革命的突破点,包括节能环保、信息技术、汽车、新材料、航空航天、生物医药、现代服务业、重大技术装备等。值得一提的是,德国是发展可再生能源的先锋,在最近 20 年里,积极扩大风电发电规模,提高太阳能发电行业竞争力,可再生能源的利用已经形成一定规模。到 2012 年上半年,德国可再生能源发电量已经占到该国发电量的 25.1%,其中太阳能发电量同比增长 47%。目前,德国太阳能装机容量占全球的 1/3,位居世界首位。

(三)勇于"壮士断腕"、自加压力形成倒逼机制。为加大可再生能源利用,打赢"能源革命"战,德国不停设置高目标来倒逼自己,自我施压、不留后路,促进能源战略转型。早在 1990 年,德国就推出"1000 光伏屋顶"计划,补贴在屋顶安装太阳能设备的户主;1998 年加码出台"10 万光伏屋顶"计划,大幅扩大规模。2000 年德国提出 2020 年可再生能源发电占比达到

20%的目标,实际执行中,可再生能源利用规模发展较快,但德国并没有满足和停顿,而是及时加码,先后两次修改这一目标,分别大幅提高至30%、35%的水平,目前,政府期望水平已经达到39%。2011年日本福岛核事故后,德国率先作出反应,尽管弃核的代价高昂,但义无反顾,宣布到2020年前关闭所有的17个核电站。

(四)处理好政府与市场的边界。德国认识到,科研的主体是企业,检验科技成败的是市场。因此,政府职能限定在制定规划和发展框架,并不干预市场主体行为。具体来说,政府通过完善社会保障体系和人才培养制度,加强健康和食品、安全、人口流动等管理,为企业创造良好环境。在科技领域,联邦政府制定高科技战略、目标和框架,支持特定的科技项目(IT、能源、运输、化工、生物、航空航天),加大对中小企业创新支持等。在具体政策上,政府主要采取补贴资金和税收政策引导市场主体,促进科研成果转化为现实生产力,加强科技与产业的结合。企业面向社会公布需要攻克的科研难题后,政府提供奖励资金,企业利用这笔资金和自身经费,聘用科研机构和科技人员实施攻关,在这个过程中,企业是科研主体,科研机构和人员围绕企业而服务。为了鼓励光伏发电,联邦政府的补贴政策设定年限,促使发电企业降低成本和提高技术,提高产业国际竞争力。

(五)注重人力资源培养和挖掘。德国深刻意识到,没有人才就没有竞争力,就无法保持科技领先优势。德国政府和民众都十分重视教育,积极支持发展教育事业,提高民众素质。在义务教育上,政府投入力度大,并早已实行12年制义务教育;在职业教育上,运用双元制,即学生在企业接受技能培训、在职业学校接受专业理论教育,充分结合学校和企业的资源优势,为德国培养出大批高素质技术工人;在大学教育上,注重培养学生的自主性和创新性。在国际上,注重有限度地开放劳动力市场,从其他国家特别是中东欧国家吸引高端人才,避免德国因人口增长停滞、人口结构变化而出现人才断层。

通过考察了解到,面对第三次工业革命,德国既有优势也有不足。优势主要是科技创新体系较为完善。一是企业成为创新主体,企业的研发投入(R&D)占整个国家研发投入的2/3左右。二是有一批世界级的高科技研究机构。比如拥有约60个研究所、1.3万科研人员的弗劳恩霍夫协会,拥有

18个国家级研究中心、3万多名科技人员的亥姆霍兹研究中心等,这些高科技研究机构整合政府科研经费和企业资金,实现科技创新与企业应用的深度融合。三是成为全球高科技产品出口的领头羊。2009年德国高科技产品出口为6700亿美元,超过美国的5610亿美元和日本的3880亿美元。德国的专利注册占欧盟的38%。德国政治和司法稳定,基础设施完善,劳动力素质和成本优势显著,目前是欧洲最具有投资吸引力的国家。德国是第三次工业革命概念最为积极的实践者,但德方人士意识到,德国也存在一些不足。一是高科技研发领域较为集中和狭窄,覆盖范围还不广泛。二是中小企业融资存在瓶颈,风险投资规模小。三是教育制度存在问题,教育支出占GDP比重为4.7%,低于经合组织国家5.7%的平均水平。四是技工短缺,目前年轻技工与即将退休技工的比例是90∶100,而经合组织国家平均为190∶100。五是新能源企业过于依赖政府补贴等支持手段,自我发展能力还未有效形成,近来政府补贴明显缩减,相关企业破产倒闭风险增加。

二、对我国的几点启示

国际竞争的实质是以经济和科技为基础的综合国力的较量。前两次工业革命对世界格局产生巨大影响,加速了社会生产力和经济发展,而我国却错失时机。当前,我国正处于产业转型升级的关键时期,面临着更具低成本优势的一些发展中国家和在高新技术产业具有主导地位的许多发达国家的双重挑战。我们必须抓住这次工业革命的机遇,努力成为新一轮工业革命的弄潮儿和引领者,塑造新的国际竞争优势,推动国民经济长期持续健康发展。

(一)加强对第三次工业革命的跟踪研究和我国产业发展的战略谋划。要充分估计第三次工业革命的深远影响和现实局限性。目前第三次工业革命初现端倪。2012年8月,比利时工程师用3D打印机制造了一部全尺寸的赛车,并成功完成测试;欧美一些3D打印机公司可以在较短时间内制造锤子、螺钉、玩具等;在信息技术与新能源结合上,一些国家已经利用建筑物发电。这些技术一旦普遍推开,其发展前景及对经济社会的影响不可限量。但也要看到,新一轮工业革命面临的挑战也较多:一是成本过高。前两次工业革命都极大提高了劳动生产率,降低产品成本,但无论是 3D 打印机还是新能源互联网,其成本都是传统生产模式的数倍。二是技术障碍较大。电能储存等核心技术和关键环节尚未突破,一些技术难点难以克服。三是难以有效匹配市场需求。新型制造业体现分散化、网络化、个性化,但在较长时期内,广大发展中国家居民的消费需求仍是大规模流水线生产的商品为主。太阳能、风能等新能源难以满足发展中国家工业化、城镇化进程的大规模用能需求。四是技术的不确定性较大。前两次工业革命都是在众多的科技领域中,随着技术可行性和市场需求变化,不断磨合,最终形成几个领域的技术变革,这些技术进步并不都在人类预料中。第三次工业革命从设想变为现实,还需经受时间和实践的检验。因此,国际上对第三次工业革命还存在争议,但其所预示的发展前景和方向正得到日益增多的认同。

面对第三次工业革命的趋势,我们要增强忧患意识、危机意识。要充分认识到,发达国家具有强大的研发能力、人才优势和良好的市场机制,如果进一步抢占先机,有可能再次拉大与我国的差距,并在一些关键技术领域加大输出控制,增加我国发展高端制造业的难度,对我国未来经济社会发展形成更大制约。因此,政府部门、科研机构和实业部门都要对第三次工业革命高度重视和密切跟踪,加强对工业发展规律的认识,加强对国外工业发展动向的研究,紧密结合我国实际,加强规划和顶层设计,力争与发达国家基本同步,推进新一轮工业革命进程。

(二)注重从第三次工业革命的角度把握好科技攻关和产业调整的方向。对关键技术和技术路线的正确选择十分重要。上世纪 90 年代,在电子技术变革方向选择上,日本致力于发展模拟电子技术,缺乏对数字电子技术的预见,而美国选择发展数字电子技术,结果美国赢得了主动权,抢占了先机,在科技创新上把日本甩开了一大截。目前关于第三次工业革命的关键技术和变革方向已有较多阐述,但仍有不确定性。我们要把握好两点:一是选准大方向,防止"跑偏";二是坚持有所为有所不为,在科技创新上全面跟紧、重点突破。第三次工业革命的设想,与我国提出的发展战略性新兴产业等,有异曲同工之处,也说明我们的判断符合国际潮流。要集中人力、物力、财力,在移动互联网、智能终端、3D 打印机、人工智能、智能电网、新材料、新能源等领域,实行有组织的科技攻关,努力取得一批具有国际先进水平的科技创新成果。同时要认识到,在加强原始创新的同时,要重点推进集成创新、引进消化吸收再创新(或开放式创新),推动最新科技成果的应用和产业化。为此,要用好"一大独特优势、一大倒逼机制",即我国市场潜力巨大的优势和节能减排的机制,通过日益位居世界前列的市场规模来增强以市场换技术、促创新的吸引力和内在动力,通过逐步加码的节能减排要求来增强淘汰落后、更新技术工艺的外在压力和约束性,推动新一轮工业革命技术在我国大规模推广应用,推进工业化和信息化深度融合,实现新的跨越式发展。

(三)加快形成有利于推动第三次工业革命的体制机制和发展环境。一是发挥好市场的基础性调节作用,确立企业的主体地位。合理界定政府职能,进一步减少行政审批,放宽市场准入,为各类所有制企业创造公平竞争的环境,让企业成为第三次工业革命的主角。二是政府要加大投入。重点支持关键、共性、前沿技术的研发和应用,通过政府先期采购等为新技术、新产品创造市场需求,鼓励建立示范工程,加强标准制订和知识产权保护等。三是继续深化科技体制改革。强化企业的创新主体地位,优化科技资源配置,提高科技投入的效益,切实发挥科技支撑和引领第三次工业革命的作用。四是健全多层次资本市场,大力发展风险投资、创业投资,加大金融对实体经济特别是高新技术产业的支持。

(四)加快培养适应第三次工业革命要求的多层次、高水平人才队伍。与德国相比,我国人力资源素质还较落后,这将是制约我国有效参与第三次工业革命进程的最大障碍。要继续改革完善教育和培训体制,注重依托国家科技重大专项和重大工程,着力培养高科技人才、科技领军人才和高技能人才。目前农民工是我国产业工人的主体,农民工总量已经超过 2.5 亿人,其中约有 68.8% 的农民工没有接受技能培训,主要从事技术含量低的制造业、建筑业和服务业,这样的产业工人素质无法适应第三次工业革命需要。必须加强对农民工特别是青年农民工的技能培训,使我国产业工人的整体素质达到一个新的水平,以有效应对我国传统比较优势变化的新形势和第三次工业革命的新趋势。

(五)坚持以开放合作参与第三次工业革命进程。在全球化背景下,对人类有重大价值的新技术、新创造，都有可能在较短时期内为各国知晓，新的工业革命很有可能在多个国家同时爆发和出现。我们要进一步树立全球视野，积极参与国际竞争和合作，在扩大和深化对外开放中参与和推进第三次工业革命。要大力支持企业"走出去"，积极参与跨国并购，吸纳、消化国外先进技术，助推和提升自主创新能力。坚持引进国外先进技术和国际高端人才并重，使我国成为先进技术和高端人才最能够发挥作用、体现价值的一片沃土。

2012 年 10 月 16 日

原东欧国家经济转型考察报告

韩文秀　邓文奎　魏　敏　潘国俊　钱谱丰

2012 年 9 月初,国务院研究室组团赴德国、波兰、匈牙利考察经济转型情况。期间,访问了三国经济、财政、金融等部门和有关研究机构,与我国驻外人员进行了交流。现将有关情况报告如下。

一、转型的共同特征和不同路径

三国转型都是在德国统一、苏联和经互会解体的背景下发生的。当时形势变化突然,转型开始得都很仓促,但他们不约而同地选择了共同的方向:一是由高度集中的中央计划经济向市场经济转变,二是由公有制向私有制转变,三是由原经互会成员向欧盟成员转变。他们的转型方向虽然一致,路径却有很大不同。

(一)东德的路径:向西德看齐。东德的情况比较特殊,转型和国家统一交织在一起。东德政府解体后,东德议会立法成立了托管局代管国有资产。统一后托管局归属联邦财政部,负责代管 8500 多家国有企业并对其进行私有化和改组。最后将 6900 多家企业私有化,其余公共企业转交地方政府。在这个过程中,实行了"实物归还"优先政策,即将资产优先清还给二战前的主人。统一后联邦政府提出,所有德国人享有同等质量的生活。这不仅是个口号,也是一项处理统一问题的重要政策。据此,采取了向西德看齐的高工资、高福利政策,将东德居民纳入统一的社会保障体系。在货币兑换方面,东部的养老金、各种价格均按 1:1 转换成西马克,居民持有的东马克按 1:1 和以一定年龄、数量限制兑换成西马克,各种财务权益和债务则按

2:1 兑换成西马克,其他投机性持有的东马克按 3:1 兑换成西马克。为了解决东西德发展差距问题,从 1991 年开征"团结附加税",一般称统一税。税率最初是在个人和企业所得税基数上征 7.5%,1999 年降至 5.5%,收入用于东部建设。20 多年来,联邦政府向东部的投入累计已超过 1.3 万亿欧元。在政治和社会转型方面,由于原东德采取以 5 个州加入联邦的形式,西德各政党、社会组织纷纷进入东部各州,成立机构、发展组织,参加州和基层竞选。在统一之初的几年里,各方面约有 2.5 万人被派往东部地区。

(二)波兰的路径:"休克疗法"。1989 年,波兰团结工会通过民主选举上台执政,推动从中央计划经济向市场经济转型。在时任副总理兼财政部长巴尔采罗维奇的建议下,团结工会政府接受了美国经济学家杰弗里·萨克斯的建议,对经济采取了"休克疗法",也称"巴尔采罗维奇纲领"。主要包括:把实行财政货币双紧缩治理通货膨胀作为稳定经济的首要措施,通过货币贬值实现汇率稳定,压缩政府开支,取消补贴,放开价格,实行国营企业私有化,改革银行体制,开辟资金市场,建立劳动力市场,实行贸易自由化、经济自由化等。通过"休克疗法",波兰经济实现了根本性的体制变革,建立了市场经济体制。我们接触的波兰学者和政府人员都认为,尽管改革历经艰难、充满争议,但"休克疗法"达到了预期目的,取得了明显成效,使波兰成为原东欧地区转型最为成功的国家。波兰经济在 1991 年下半年出现回升,从 1992 年开始一直较快增长,被称为"波兰奇迹"。2008 年金融危机以来,波兰是欧盟成员国中唯一经济持续正增长的国家,2010 年国内生产总值同比增长 5%,2011 年超过 4%。在欧盟许多成员国为债务问题困扰时,波兰的债务占 GDP 比重维持在 53.5% 以下。

(三)匈牙利的路径:"保守疗法"加"休克补课"。匈牙利转型的特点,先是"右派"政府搞"渐进式改革",也称"保守疗法",后是"左派"政府搞"休克补课"。无论是哪一派执政,与波兰主要由职工持股方式不同,匈牙利的私有化都坚持"只卖不分"。转型初期,"右派"政府的渐进式改革,在私有化方面先从小做起,只出售中小型工商企业。对大企业,则于 1990 年设立了国有资产托管局,两年后又设立了国家控股公司,负责经营大约 160 个公司,大多数是计划经济时期的重点企业,并立法将其确定为"长期保留部分或全部国有产权"的单位。在应对经济衰退方面,采取了财政货币扩张政策。这一政策避免了经济大幅度下滑,但形成了经济"泡沫",并使财政赤字快速上升、政府债务负担加重、通货膨胀加剧、国际收支恶化,经济又很快衰退,最终导致政府下台。1994年,以社会党人为主体的"左派"政府上台,实施了以财政部长得名的"博克洛什纲领",也被称为一揽子"休克补课"计划。这个纲领许多方面与波兰的"巴尔采罗维奇纲领"相似,只是晚了几年。主要内容是实施严厉的紧缩政策,减少政府开支,改善财政状况,包括减少各类补贴、压缩社会福利、裁减政府公务员、冻结工资增长等。在私有化方面,他们称前任政府"只吃肥肉不啃骨头","现在该啃骨头了"。新的私有化纲领包括能源、运输、电信、军工、传媒等几乎全部基础产业和服务业,方式是实施产权改革与国际融资相结合,即实行"面向外资全卖光"政策。这项政策使匈牙利经济快速"国际化",企业"一步到位"转为西方式公司治理结构。这也是匈牙利转型的一大特点。从政府来说,这种做法很大程度上是为了筹集资金解决国际债务问题。"休克补课"计划涉及广泛的利益调整,引起各界不满,就在改革初显成效、经济出现较快增长势头的时候,"左派"政府在1998年选举中下台,但匈牙利也基本完成了经济体制转型。

二、转型中的几个共性现象

在考察中,我们对各界比较关注的几个问题,与有关方面和学者进行了讨论。

第一,为什么一致"向西转"?通过接触政府人员、学者和普通群众,我们感到,尽管实行了几十年社会主义制度,但苏联式的社会主义模式是通过外力嵌入的,始终没有在这些国家和民众中扎根。而且由于这些国家紧邻西欧,通过比较,他们对这种制度越来越不认同。一是与西欧的发展差距越来越大,二是劳动生产率低下,三是人民生活改善缓慢。据介绍,原东德在二战前是德国的发达地区,有世界领先的汽车、飞机、精密仪器、光学和化工等产业及一批著名企业,人均劳动生产率和人均国民生产总值都高于西德地区。但到1990年前后,东德的劳动生产率低至西德的1/2至1/3,制造业仅是西德的1/6。基础设施、居民生活设施、城乡面貌出现较大差距。据我国驻德国使馆同志说,两德统一前,由于外交人员可以自由往来东西柏林,经常有东德朋友托他们买东西,那时由于东柏林路面差,乘车时闭着眼睛,也能知道是否过了边界。波兰和匈牙利的国民经济与二战前相比,也与西方拉大了差距。在人民生活方面,这些国家日常生活用品普遍短缺。据说当时东德、波兰和匈牙利以至东欧各国的商场,货架上总是空空荡荡,西欧国家的商场则是商品琳琅满目。从经济上看,这些国家都是小国,经济体系不完整,国内市场小,经互会解体后,消费品短缺和工业产能过剩的矛盾一下子突出起来,所以他们都急于加入欧盟,希望利用欧盟共同市场和自由贸易体制来解决自身的结构性问题。

还有一个重要原因,就是长期以来,社会主义大家庭并没有给这些国家带来安全感。东欧国家在政治和安全上一直受制于苏联,波兰事件、匈牙利事件、"布拉格之春"事件等给这些国家投下了阴影,再加上历史上的恩恩怨怨,老百姓普遍对苏联和那个时期表示反感。因此,东欧剧变后这些国家在解决经济和安全问题上,首先想到的就是"向西转"。

第二,为什么转型初期都陷入衰退?剧变初期,波兰、匈牙利等东欧国家都陷入严重的经济衰退。波兰和匈牙利有关人士认为,不能简单地说衰退是剧变造成的,也不能说是私有化引起的,准确地说,是剧变使经济深层矛盾集中爆发的结果。

剧变前,这些国家经济长期存在深层次问题。一是经济结构不合理。当时这些国家紧跟苏联指挥棒转,特别是早期,多数不顾本国实际,实行"重重轻轻"(重视重工业、轻视轻工业)和"两高一低"(高投资、高积累、低消费)政策。例如,匈牙利等在本国基本没有原材料的情况下都搞过"钢铁国家"。比例失调致使国民收入下降,人民生活长期得不到改善。尽管后期做了一些调整,但问题并没有很好地解决。二是经济体系不完整。剧变前这些国家都是经互会成员国,在苏联倡导下,经互会国家实行"生产专业化"和国际分工合作。经互会解体后,由于经济体系不完整,短缺和过剩的矛盾一下子严峻起来,经济和人民生活都突然陷入困境。三是币值高估。经互会是一个相对封闭的经济体,成员国汇率都实行国家管理,本身就存在与市场脱节问题;出于冷战和东西方两大阵营竞争的需要,又都有意抬高本国货币与西方货币的比价,因此这些国家大都存在"货币冗余"现象,实际上就是计划经济条件下长期存在的隐性通货膨胀。转型开始后,为解决对外贸易和国际收支问题,波兰把货币贬值作为"休克疗法"的重要内容,匈牙利等国家也都采取了主动贬值措施。四是价格与市场脱节。这个问题与币值高估也有关系。政府定价难以真实反映实际劳动生产率和生产成本。无论是资本存量还是产值,从价格上看都存在虚值。例如,统一前,东德的资本存量官方价值,1989 年按东西马克 1∶1 计算为 1.75 万亿西马克,但按资本陈旧程度和国际竞争条件下的劳动生产率计算,实际价值只有账面价值的 1/3。按东德的产品定价,东马克与西马克购买力大致相同,但 1989 年东德出口产品的实际结汇水平只相当于西马克的 23%,这表明它出口产业的生产率还不到西德的 1/4。为了解决这个矛盾,这些国家转型之初都迅速对价格体制进行了改革。即使采取渐进式改革的匈牙利,从 1988 年到 1992 年,也仅用 4 年时间就完成了价格市场化改革。

从以上几个方面看,东欧国家剧变和转型初期的经济衰退,既有"实质性"衰退,也有"名义性"衰退。实质性衰退主要是实体经济结构性矛盾集中爆发引起的,表现为生产停滞。名义性衰退主要是虚拟经济的结构矛盾集中爆发,表现为价格和货币体制改革对经济中的"虚值"部分产生了"挤出"效应,这使其更接近经济发展的真实水平。

第三,"休克疗法"和渐进式改革孰优孰劣?对这两种改革方式,中外学者有很多研究,各有见解。一般认为波兰和匈牙利分别是"休克疗法"和渐进式改革的典型代表。但这两国政府部门和学界并不认同这种区分。他们认为,改革方式的选择虽然有人的因素,但更主要的还是从本国实际出发。波兰学者解释实行"休克疗法"时说,这是迫不得已的选择,当时经济形势十分严峻,商品匮乏、物价飞涨、国内生产总值下降、外债高筑,国家几乎丧失偿付能力。在这种情况下,必须对经济采取果断措施,大刀阔斧地进行改革,长痛不如短痛,这在当时的政界、学术界是有共识的。匈牙利从上世纪60 年代开始推行以市场为取向的改革(实际可追溯至 1956 年匈牙利事件),逐步脱离严格意义的计划经济,剧变前匈牙利政府就曾提出过发展市场经济,这使匈牙利成为东欧最有活力的国家,在转型初期选择渐进式改革可以说是顺理成章。两国有关人士强调,波兰"休克疗法"的重要内容是针对严峻经济形势采取财政货币双紧缩措施,实际上许多方面的改革也是渐进式的;匈牙利改革中也有激进措施,例如,价格、汇率、外贸等体制,转型初期很快就改革到位了。匈牙利 1992 年实施的《破产法》也堪称严格,规定企业若两个月不能支付工资和债务,就应主动申请破产,这十分有效地防止了企业的三角债问题。

两种改革方式孰优孰劣,从实际情况看很难进行准确判断。波兰实行"休克疗法",在国内经济形势严峻的情况下采取"双紧缩"措施,短期内经济社会震荡较大,但由于措施果断有力,经济恢复得比较早,政府债务、通货膨胀、国际收支等问题得到较快控制并趋于好转。时过20年,人们普遍认为波兰是改革最成功的国家。匈牙利在转型初期采取财政货币宽松政策,短期内防止了经济过快下滑,但政府和企业债务、通货膨胀、国际收支等问题很快严峻起来,经济也开始大幅衰退。时至今日,匈牙利一直被债务问题所困扰。其中一个重要原因是,匈牙利家庭和企业借了许多以外币为基准的债务,当时名义利率低,但国际金融危机爆发后,由于汇率变化,使债务负担明显加重。可以说,匈牙利的困难不能都归结为转型方式问题,也有政策失误问题。

三、几点启示和建议

从1990年前后到新世纪初,东德、波兰和匈牙利用大约10年时间,基本完成了体制转型。现在还有一些后续问题需要消化处理,但经济发展已基本不存在原有的体制性障碍。我国的经济体制改革,从基本方向和目标来看,是由传统的计划经济向社会主义市场经济转型。原东欧国家经济转型的一些做法、经验也值得我们研究和借鉴。

(一)处理好工资、福利与经济发展的关系。考察中这个问题时时被提起。德国统一时为了体现国民平等,平衡东西德关系,实行工资和福利向西德看齐的政策,一方面想防止东德人西流,同时也为防止西德资金过多东流而使西德出现就业问题。但实行的结果与预想相去甚远。现在东德地区由于劳动力成本高、劳动生产率低,西德投资者宁肯去波兰、匈牙利,也不愿去东德;投资不足,就业岗位少,东德青壮劳动力和科技人员大量西流,使得东德地区发展迟缓、缺少活力,这已成为困扰德国人的一个难题。匈牙利在1990年转型初期提出建设"现代化的欧洲福利市场经济",实行高工资、高福利政策,造成政府负担过重。此后政府更迭,往往都与压缩福利开支、引起社会不满有一定关系。目前我国正处于转变经济发展方式的关键时期,要逐步增加劳动者收入,提高城乡居民福利水平,同时也要坚持工资增加和福利改善与经济发展相适应,与劳动生产率提高相协调。目前我国劳动力整体供大于求、整体素质偏低,产业以中低端为主,如果工资和福利过快增长,就会造成竞争优势削弱、投资和企业外流,反而会影响就业、损害劳动者利益。在当前国际金融危机影响持续深化、经济下行压力增大、企业效益明显下滑的情况下,最低工资标准和工资福利调整要把握好节奏。完善社会保障特别是养老、医疗保障制度要注重整体设计,瞻前顾后,保证制度可持续。从东德、匈牙利以至欧洲发生债务危机国家的经验看,这个问题一定要引起足够重视。

(二)处理好改革与维稳的关系。在体制转型过程中,首要的是坚持深化改革不动摇、不停滞。任何改革都会涉及既有利益关系的调整。不涉及体制性变化和既有利益关系调整就不是真正意义的改革。任何改革都会在一定程度上产生社会稳定问题。推进改革就要勇于面对风险,同时要周密考虑如何减轻、控制风险,保持社会大局稳定。只要社会风险可控可调,就应不失时机地果断推进改革。通过改革理顺社会利益关系,才能为社会稳定奠定坚实基础。相反,改革滞后会产生一系列社会问题,加深利益关系扭曲,积累社会矛盾,引发更大的社会风险和不稳定。波兰等原东欧国家转型力度大、时间短,在经历阵痛后,体制和利益关系在很大程度上得以理顺,尽管各国经济发展有好有差,但社会稳定都已不是太大的问题。从根本上讲,不断深化改革,加快完善社会主义市场经济体制,从体制和制度上为所有人的发展创造公平机会,保障全体社会成员更加公平地分享改革发展成果,促进社会公平正义,这才是维护稳定的治本之策。

(三)积极推进公共服务外包。实践证明,一些公共服务既可以由政府直接提供,也可以外包给非政府机构。在转型过程中,原东德、波兰、匈牙利都实行了"小政府"、"大社会"的转型,并对部分公共服务进行了社会化、市场化改革,主要采取招标、合同外包等方式与企业、社会组织等合作,具体事务由企业或社会组织承担。从我国看,建立与社会主义市场经济体制相适应的政府管理和公共服务体制是一项紧迫任务。这方面改革滞后,社会主义市场经济体制就不能真正完善起来。要按照转变政府职能、转变管理方式、提高行政效能的要求,深化行政管理改革,进一步理顺和规范政府与企业、社会的关系。加快推进事业单位改革和社会组织管理改革,首先把承担公共管理服务职能的事业单位改制为非营利机构(德国等国家也称社会企业),实行市场化管理运营,再逐步把政府的事务性管理服务工作,通过委托、招标、合同外包等方式交给这类机构和社会组织承担,并以此推进政府管理改革和职能转变。

(四)积极发展混合所有制经济。原东德、波兰和匈牙利在转型过程中将国有企业或卖或分,我国不能走这条道路。但在市场经济条件下,经济管理和企业治理有许多共通之处。我们要在坚持基本经济制度的基础上,进一步推进国有经济战略性调整和国企改革,推动公有制实现形式多样化。应当着力抓好两个方面:一是深化产权结构改革,发展混合所有制经济。坚持有进有退,优化国有资本配置结构,提高配置效率。当前国际金融危机深化、部分国有企业出现经营困难,这也是推进国企改革和兼并重组的新机会。应利用这个机会进一步推进国有企业产权结构多元化,逐步向社会资本出售一部分股份,允许更多社会资本进入。发展混合经济,深化国有资本与社会资本合作,不仅可以为充裕的社会资本开辟投资领域,有利于营造公平竞争的市场环境,也可以提高国有资本的支配力和影响力。二是深化国企管理机制改革,完善法人治理结构。进一步建立健全产权清晰、权责明确的规范的公司制度和治理机制,扭转国企管理特别是对主要负责人管理的行政化倾向,取消事实上存在的企业行政级别,实行主要经营管理人员社会化、市场化聘用制度,并加强经营业绩考核,确保国有资产保值增值。

2012 年 10 月 16 日

中欧城镇化合作大有可为[*]

韩文秀　邓文奎　魏　敏　潘国俊　钱谱丰

2012 年 9 月初,国务院研究室组团赴德国、波兰、匈牙利,就城镇化问题进行了考察。期间,与三国相关部门就城市布局、城市规划、土地利用等问题进行了座谈交流。现将有关情况报告如下:

一、德、波、匈城镇化的做法和经验

德国、波兰、匈牙利城镇化起步较早、水平较高、效果较好。近 20 年来,三国城镇化水平处于基本稳定状态,2010 年城市人口比重分别为 73.8%、61.2%、68.3%,其城镇化实践和模式呈现出一些重要特征。

(一) 城市分布的国土空间格局均衡合理。德国是欧洲人口最密集的国家之一,但较少受到房价高企、交通拥堵、环境污染等"城市病"的困扰,这与城市空间格局密切相关。一是着力打造中小城镇。在德国 2062 个城镇中,人口超过 100 万的只有柏林、汉堡和慕尼黑,超过 10 万的 79 个,其余均为中小城镇。这些中小城镇基础设施完备,环境清新舒适,历史遗迹保存完好,文化风味各有千秋,生活便利且成本适中,与大城市相比不仅毫不逊色,反而更具吸引力。匈牙利城镇化以首都布达佩斯为中心,但同时重点发展具有吸引力和竞争力的中小城市,引导不同城市在旅游业、服务业、科技创新等不同领域形成特色和优势。二是大力发展城市圈。德国从上世纪 60 年代开始规划并建设城市圈(与我国的城市群概念类似),先后形成了 11 个

---

[*]　此文获得国务院研究室 2012 年度优秀研究成果三等奖。

城市圈,涵盖了主要的商业、文化和政治中心,聚集了 70% 的人口。这些城市圈以大城市为核心,与中小城镇有机结合,成为各具竞争力的产业功能区和经济社会发展重点区域。例如,柏林地区是国家的政治核心,莱茵—鲁尔区是以信息和生物技术、可再生能源等新兴产业和高端服务业为主的新经济区,汉堡区主要从事远洋贸易及相关服务业,法兰克福主要发展金融和投资业,斯图加特及其周边城镇形成了完整的机械制造和汽车产业链,萨克森三角带旅游业发达,慕尼黑区是德国电影业摇篮和南部巴伐利亚州的政治经济中心。

(二)城市规划科学而权威。一是城市规划管理体系层次清晰。德国城市规划体系由联邦规划、州域规划、区域规划和市镇规划四个层次组成,该体系覆盖从框架指导到具体建设的各个环节,并且将专业规划和行政管理有机结合。波兰城市规划体系由国家级规划、省级规划和城镇规划组成,下一级规划必须遵循上一级规划的要求,并符合当地的实际情况。二是注重城市的可持续发展和居民需求。德国的城市规划特别强调生态环境保护,在规划制定过程中,须聘请专业机构对土壤、地下水、生物群落、空气、噪声等进行检验和预测,并直接贯彻到建造规划控制指标之中。波兰的城市规划要求避免城市范围过大,以减少居民生活负担和政府基础设施投资支出。匈牙利的城市规划强调以居民需求为导向,使城市更宜居、更具吸引力。三是重视公众参与。德国有关法律明确规定:"在制定空间规划时必须有公众参与","在负责空间规划的联邦部内部必须建立一个咨询委员会",咨询委员除来自规划部门外,还必须来自经济、农业和林业、自然保护和景观维护、雇主、雇员以及体育领域。四是赋予法律效力,维护城市规划权威性。德国四个层次的规划都有相应法律和条例指导,从上到下构成了一个完整的规划法律体系。波兰为更加高效、健康地发展城镇化,正在修订《城乡规划法》、《建筑法》、《房地产交易法》和其他相关法律,预计两年内把所有与规划、投资、建设有关的法律综合成建设法典。在这几个国家,不存在随意修改城市规划、任意突破城市规划的现象。

(三)城市"硬件"和"软件"发达完善。从"硬件"看,城市基础设施发达。德国市政设施的建设和维护是政府财力的主要去向,供热、供电、供水、污水处理等设施配备充足。德国南北最长距离 876 公里,东西直线距离 640

公里,但铁路总长达 3.8 万公里,公路总长 65 万公里,是世界上路网最密集的国家之一。在城市内部,铁路、有轨电车、公交车也十分发达,柏林、汉堡等城市公交车线路密、班次多、整点整时。四通八达的交通网络将德国数千个城镇联系在一起,为人员和资源的快速移动提供了坚实基础。波兰、匈牙利也大力建设交通、通讯等基础设施,促进了各地区间的相互联系,为城市均衡发展创造了良好条件。在这几个国家考察过程中,没有感到明显的交通拥堵。从"软件"看,公共服务基本实现了均等化。德国各城市公共服务完善程度相差无几。以教育为例,每个大中城市都有大学、科研与培训机构,且均重视高科技发展和产学研结合,学校没有重点与非重点之分。教育的分散布局和均衡发展,使各地区的有效劳动生产率趋于一致,保证了大中小城市的并行发展,也减少了因求学导致的人口聚集压力。此外,各城市绿化面积普遍较高,文化、娱乐、体育场所数量较多,分布均匀合理。

(四)城市用地受到严格的用途管制。德国不允许城市建设乱占耕地,在建设法典中提出"要尽可能地节约和珍惜土地资源,只有在必要的情况下才可以将农业用地、森林和为居住服务的用地转为他用"。因此,德国城市建设很少出现大规模的扩张,而主要是在旧区内进行挖潜改造。波兰、匈牙利实行土地私有制,但对私有土地用途有明确规定,土地所有者没有权利改变土地用途,必须服从用途管制。波、匈两国还特别重视对森林、耕地的保护,原则上不允许在森林、农田上建设房地产项目,对林区建设房地产有严格审批程序,对于房屋占地比例、建筑面积、高度和周围林地的保护等有明确要求。在波兰考察中接触的当地华人介绍,他们购买了面积很大的土地和森林,但并不能随意在上面建房屋。在不同国家,土地所有制情况不同,但土地用途管制却都很严格、有效。

(五)城市与乡村协调发展。通过采取一系列政策,德国城乡实现了公共服务均等化和协调发展,城乡一体化程度较高。一是大力促进农业和农村发展。政府对农业地区进行政策倾斜,建立了小村镇发展援助机制,实施了财政拨款、投资补贴、信贷担保、低息贷款、农产品价格支持、专项资金扶持等政策;二是通过完善社会保障制度,建立了公平的社会环境。德国在其城镇化迅速发展时期制定了一系列法律、法规,从就业、住房、医疗、贫困救助等各个方面对包括进城农民在内的国民权益进行全方位保护;三是通过加强教育,提高城市新移民的竞争力。得益于义务教育和职业教育的普及,德国的进城农民普遍素质较好,能够迅速适应现代产业的要求,顺利融入城市生活。总的感觉是,在发达国家,星罗棋布的乡村有如城市的缩影,或者大拼图中的一块,面积虽小,但基础设施条件、公共服务水平及其所体现的生活品质,与城市是基本一致的,有的甚至更高。

二、中欧城镇化合作大有可为

欧洲国家多年前已经实现工业化和城镇化,我国则正在快速推进工业化和城镇化,中国与欧洲之间在城镇化发展水平上存在较大差距,但这并不妨碍双方加强城镇化合作。中欧城镇化合作可以包括两类单向性质的合作和一类双向性质的合作:一是欧洲作为最早完成工业化、城镇化的老牌发达国家,可以向我们提供城镇化的经验教训,供我们借鉴参考,避免重走弯路。二是我国作为国内市场规模位居世界前列的新兴经济体,城镇化是今后一个时期我国最大的内需源泉,通过城镇化合作将为欧洲提供巨大的市场机会。三是在经济全球化和第三次工业革命初露端倪的背景下,双方可以就绿色低碳、智能灵巧城市等未来城市发展模式加强交流合作,分享经验,共同促进城镇化健康发展。

(一)推动形成城市、人口、经济比较均衡分布的国土空间格局。德国城镇化的鲜明特点是大中小城市协调发展,宜居小城镇分布广泛,呈现"分散式集中"的格局,这样不仅避免了交通拥堵等"城市病",提高了居民生活的舒适度,也有利于产业均衡布局和区域协调发展。就我国来说,过去30多年经济、人口、城市发展向东南沿海倾斜是必要的、合理的,今后一个时期逐步提高内陆地区的产业、人口、城市密度也是必要的、合理的。同时,对千万以上人口的特大城市应明确加以限制,鼓励发展具有合理规模经济效应的宜居宜业城市,鼓励中小城市和小城镇根据实际放宽落户条件,吸纳更多农村人口就近转移就业。要优化产业布局,引导产业向中小城市转移,提升城镇功能和承载能力。德国11个城市圈在地域分布上也相对均衡,产业侧重各不相同,合理依托原有城市的特点和优势,充分发挥周边城镇的潜力和空间,兼顾了核心城市的产业带头作用和周边城镇的产业附带能力,融合了大城市的产业发展便利和中小城镇的生活居住便利的双重优点。我们要在全国推进形成若干城市群,引导城市群形成合理的功能定位和产业布局,促进群内城市发挥特色优势、加强分工协作,建立城市群内高效快捷的交通通讯体系,加强生产生活设施的互联互通和一体化建设。

(二)提高城市规划的科学性、权威性和约束力。考察中,欧洲城市规划的科学严谨、政府部门对于城市规划重要性的认识、社会和居民对于城市规划约束力的认同给我们留下了深刻印象。德国各类规划设计方案在议会最终审批前,都要对市民公示,广泛吸引公众参与,积极征求广大公众的意见。每个层次的规划都要提交议会审查,再报上级政府批准,一经批准,便具有法律效力。反观我国,缺乏科学性和权威性是城市规划中存在的突出问题。我们要统筹考虑经济发展和公共利益,更加重视社会公众的参与,使规划目标切实符合社会利益和民众需求。城市规划出台后,应作为具有法律效力的发展蓝本,严格予以执行,坚持依照法定程序修改规划,确保规划修改不受个人感情和局部利益干扰。

(三)实行严格的土地用途管制。德、波、匈严格根据土地的用途进行管理,有关规定明确具体,得到了较好执行。我国目前的土地使用管理,主要不是基于"用途"的管制,而是基于"身份"的限制:集体土地只能用于农业用途,不能成为建设用地,但只要将集体土地改为国有土地,土地就可以变为建设用地,这种管理方式实践证明效果不佳。合理的土地用途管制应当不分土地的所有者,而是真正视土地用途为最高标准进行管制。欧洲国家在土地用途方面十分重视对森林、耕地的保护,原则上不得变更上述土地的用途。德国森林和牧草覆盖率较高,许多耕地处于休耕养护状态。我国人多地少,进一步推进城镇化和实现居民"住有所居"的目标,不可避免地需要大量建设用地。关键是要严格禁止非法占用土地建设休闲度假村、高尔夫球场、别墅区等项目,对于违法占用土地的,不仅要从重处罚,还要令其恢复原貌。

(四)在稳步提高城镇化水平进程中着力提高城镇化质量。经验表明,城镇化率存在一个峰值,德国城镇化率自上世纪60年代以来一直稳定在略高于70%,波兰和匈牙利自1985年以来分别略高于60%和65%。在以往快速推进城镇化过程中,三国城镇化率提高幅度的年度均值低于1个百分点,他们没有在城镇化规模扩张上大做文章,而是均衡发展、倡导节制,注重加强城市管理和服务,使城市成为居民宜居、企业宜业的载体。综合考虑各方面因素,我国城镇化率峰值约在70%左右。从现在到达到城镇化率峰值的较长时期内,我们要坚持积极稳妥、循序渐进的原则,城镇化率每年提高1个百分点左右,速度不宜过快。经验启示我们,城市发展源于人的需求,不应贪大求快,而应在城镇化质量上下功夫,使城镇化发展速度和规模与城市创造就业能力、接纳迁移人口能力、提供公共服务能力和资源环境承载能力相协调,更加注重基础设施的完善、生态环境的保护、城市产业的升级和居民生活品质的提高。当前我国工业化、城镇化均已进入中期发展的关键阶段,人民群众对生活质量的要求日益提升,资源环境等方面的约束日益明显,原有的粗放型城镇化道路难以为继,必须把以人为本、集约高效的原则贯穿到推进城镇化的全过程和各环节,防止城市过度"摊大饼"式发展、土地低密度开发、市政基础设施建设滞后、公共服务缺失、生活成本过快上升、历史文化面貌破坏以及交通拥堵等"城市病"问题。

(五)把有序推进农民工市民化作为今后时期城镇化的一项重点任务。德国在城镇化过程中,在为进城农民创造良好环境的同时,也注重提高农民自身素质,较好地解决了城乡发展差距和进城农民社会整合等问题。我们要将城市与农村的发展紧密结合起来,突破就城市论城市、就农村论农村的做法,逐步构建互补互促、协调统一的新型城乡关系。要统筹考虑户籍、土地、社保等要素,作出新的制度安排,为农民工市民化提供体制保障。同时,加强义务教育、职业教育和各类培训,提高农民工的素质和竞争力,使之能够适应现代城市的生产生活方式,更好地融入城市。

(六)共同探索建设符合未来发展方向的绿色低碳、智能灵巧城市。第三次工业革命的逐步到来,必将对未来的城市发展产生深远影响,其中"绿色低碳、智能灵巧"可能是未来城市发展中的关键词,在这方面我国与欧洲也有差距,但不少领域处在大致相同的起跑线上,双方开展互利共赢的合作潜力很大。目前,我国建筑能耗接近总能耗的40%,而城镇节能建筑占既有建筑的比重还不到25%,大量既有建筑需要进行节能改造,还需要新建一大批节能建筑。"十二五"期间,中国环保投入累计将超过5万亿元人民币,环保产业发展具有巨大潜力。可与欧方加强在城市新能源和可再生能源、节能环保产业、循环经济以及废弃物利用等方面的合作,共促绿色发展。我国正处于快速推进城市建设与发展的时期,欧洲许多国家也面临着城市再造与重塑的任务。中欧在城市道路管网、智能交通、垃圾污水处理等基础设施建设方面,在城市产业特别是现代服务业发展方面,在城市景观保护与营造方面,在智慧城市、网络城市发展方面,都可以开展互利合作。双方应放宽市场准入,注重发挥市场机制和企业作用,加强全方位项目合作,全面提高城市发展水平。

　　加强中欧城镇化合作过程中要处理好两方面问题。一是努力把城镇化作为国际合作的新平台、新亮点。考察中,欧方对中国城镇化的前景很感兴趣,认为中国市场很大,愿意与中方开展合作,拓展市场空间。但对中国提升产业层次和技术水平的愿望心存芥蒂,不断琢磨如何限制我们。我们一方面要突出我国城镇化所蕴含的巨大市场潜力,增强合作的吸引力;另一方面要加强知识产权保护,消除对方在合作中的后顾之忧。二是坚持走中国特色新型城镇化道路。德国等西方发达国家的城市化历时上百年,大多经历了"城市化、逆城市化(郊区化、市中心衰落等)、再城市化(大城市及市中心恢复活力、重要性上升)"三个阶段,相比较而言,我国正处于城镇化中期,继续推进城镇化仍有很长的路要走。我们要在学习借鉴中提高,在交流合作中发展,探索形成适合中国国情的城镇化发展战略、发展目标和实现途径,走出一条能够博采众家之长、力避众家之短的中国特色新型城镇化道路,以健康有序的城镇化持续开拓经济社会发展的新空间。

2012 年 10 月 17 日

"城市病"：医治顽疾的进程远未止境

——拉美三国考察研究报告之一

黄守宏　孙梅君　黄　忠　张顺喜

上世纪中叶,伴随着拉美国家工业化浪潮,巴西踏上了城市化的高速快车,但由此也患上了遭受诟病的"过度城市化"后遗症。这些年来,巴西政府为治理城市病及其贫富分化问题采取了一系列重大举措,无论是经济增长还是社会发展都取得了令人瞩目的进步。我国城镇化率已超过51%,正处于城镇化快速发展阶段,无论是巴西曾走过的弯路还是积累的经验,都不失为我们的"前车之鉴"。

一、巴西城市化道路及其留下的隐患

上世纪60—70年代,巴西曾一度崛起为拉美经济最繁荣的国家,城市人口也以年均8.3%的速度递增,成为战后发展中国家城市化进程最快的国家之一。如今,巴西的城市化率已达到了86%,在短短半个世纪里,达到了有着200多年工业化历史的英国的水平。然而,巴西城市化并未建立在稳固的工业化基础之上,加之忽视农业农村发展,致使城市化充满"无序"和"混乱",很快跌入经济发展受社会问题钳制的"中等收入陷阱"。

一是城市病与贫民窟成为难以医治的顽疾。大量农村人口在短时间内以爆炸性速度流入城市,并高度集中在圣保罗、里约热内卢等少数几个大城市,导致城市交通堵塞、住房拥挤、污染严重、治安混乱,基础设施和公共服务不堪重负,自然人文和生态环境急剧恶化。随着经济陷入严重衰退,进城

农民失去工作,又因失去土地而无法返回农村,只好强占山头、城乡结合部等公地,私搭乱建住所,贫民区无序扩张。据 2010 年人口普查,巴西有 1140 万人生活在贫民窟,占全国总人口的 6%。我们考察的里约热内卢,原本是一座风景如画的海滨城市,但一下飞机映入眼帘的便是那依山势而建、绵延数公里的贫民窟,占全市总人口的 22%、约 140 万人就生活在 763 个大大小小的贫民窟里。这些地方是黑帮横行、暴力犯罪、毒品走私猖獗之地,是社会不稳定的发源地,成为巴西城市化进程中一块挥之不去的阴影。

二是高失业与贫困成为相互伴生的难题。在城市化初期,城市对农民的吸引力主要体现在就业机会的增多。但"经济奇迹"以后,城市就业需求与就业岗位存在巨大的反差,失业率居高难下。加之政府长期对农村投入不足,农村的教育、医疗等公共服务落后,流入城市的农民大多属于农村的贫困人群,缺乏专业技能,难以适应现代化大工业对劳动者素质的要求。另外,外来农民因家境贫困不能参加正常的技术培训,也无法保障子女的良好教育,在城市中形成了一个永久失业的群体,进而沦为城市贫民阶层。

三是收入分配不公和区域发展失衡成为最大的软肋。由于就业机会严重不足,非正规部门充当了剩余劳动力的"蓄水池",虽然是缓解社会冲突的"排气阀门",但多数没有劳动合同和社会保障,工资也只相当于正规部门的一半。加上土地高度集中等历史原因,政府又缺乏收入调节手段,导致巴西收入分配严重分化,成为全球贫富悬殊最大的国家之一。上世纪 90 年代中期高达 0.6,目前仍在 0.5 以上,经济发展受到社会问题的严重制约。另外,城市化缺乏科学规划和合理引导,经济布局和产业结构调整未同步跟进。经济最发达的东南部与最不发达的东北部地区在城市化率方面的差距达 20 多个百分点,中西部、东北部开发建设滞后,区域经济发展严重失衡。

二、巴西"城市病"治理及其成效

为医治过度城市化带来的问题,巴西近几届政府采取了一系列措施,取得了一定成效,也给其他正在不断深化城市化的发展中国家提供了一些可资借鉴的经验。

一是还地于民,推动土地改革和农村建设。少数人占有大多数土地,多数人却无地可耕,不仅使农民大举迁往城市,而且引发了尖锐的社会冲突,

"无地农民运动"组织与大地主长期对抗,农村暴力事件频仍。20世纪90年代后,巴西政府重新审视了农业发展方向和农村建设思路,以土地改革为核心,扶持小农发展,加强农村建设,着力解决农村贫困问题,以延缓过度发展的城市化。巴西政府曾颁布《土地法》,对大地主荒芜、利用率较低的土地进行征收,将其分配给无地或少地的农民,政府向安置户发放长期贷款。1999年,巴西政府还增设了农村发展部,专门负责土地改革和小农户发展。2003年,政府启动"全国土地改革计划",虽然阻力很大,但9年时间安置了50万农户,相当于过去40年的总和。同时,实施"家庭农场计划",通过提供信贷支持、农技推广服务、农产品最低保护价、农村公共基础设施建设等政策,鼓励小农发展生产,增加收入。据巴西农村发展部官员介绍,目前农民拥向大城市的现象已经消失。

二是关注民生,实施旨在减贫的系列社会政策。卢拉政府执政期间,大力推行"零饥饿计划",旨在为贫困人口提供基本生活保障。该计划由食品保障、加强家庭农业、改善收入分配、社会动员等4大部分组成,包括30多项具体政策和行动方案,具体实施则由内阁的12个部门协调进行。其中,"家庭救助金计划"最受瞩目。凡是人均月收入低于50雷亚尔(当时约合28美元)的家庭,只要保障孩子上学并接受免疫、妇女产前产后的护理,每月即可享受15~95雷亚尔的补贴。这些政策在调节收入分配不公、增进贫困人口福利、提升人力资源素质等方面发挥了重要作用。到2009年,巴西政府为"家庭救助金计划"拨款119亿雷亚尔,受益人口高达5000万。到2010年,巴西贫困发生率从2005年的51%下降到25%,减少了一半。

三是加大投入,改善城市基础设施。基础设施不完善不仅制约巴西经济增长,而且也是贫民窟问题泛滥的重要原因。2007年,巴西启动了以改善民众生存条件为重点的重大基础设施建设规划,即"加速增长计划(PAC)"。到2010年,总投资约9370亿美元,其中600亿美元投资城市住房项目,主要用于贫民窟的拆迁和安置,惠及400万户家庭。城市污水处理项目惠及家庭2250万户,供水系统改善使2380万人口受益。目前巴西正在大规模实施中低收入群体保障住房计划。

四是强化教育,促进就业和收入增长。从上世纪90年代开始,巴西就大规模推广旨在提高城市贫民就业技能的职业教育政策。从2003年起,实施"第一次就业计划",政府向企业提供资助,获政府资助的企业须保证一年内不辞退年轻就业者;同时,向年轻人提供低息创业贷款和经营服务。2004年又启动实施"全国高等教育评估体系"和"全民大学计划",2006 年创立"基础教育持续与发展、职业教育增值基金"和"联邦技术教育网络扩展计划"。除为城市贫民创造就业机会之外,政府还通过提高最低工资标准等办法改善就业环境,促进收入增长。与 2003 年相比,扣除通胀因素,巴西最低工资提高了 67% ,2011 年新标准又比上年提高 5.7% 。这些政策为改善收入分配格局产生了重要影响,贫富差距明显缩小,基尼系数也由 2001 年的0.59 下降到 2008 年的 0.52。

五是调整布局,缓解大城市压力。地区经济失衡也是造成巴西"大城市病"的重要原因。为缓解东南沿海大城市的压力,巴西在经济、产业、城市布局等方面进行了大的调整,加大对中西部、北部和东北部地区发展的资金扶持力度,其中,加快落后地区基础设施建设成为近几年的政策重点,通过促进落后地区的发展,避免人口过度向特大城市流动。同时,注重城市功能布局调整,加快都市群发展步伐。目前,巴西共有 26 个大都市区,比如大圣保罗便是一个包括 39 个市的城市群,市区总面积从 1962年的 874 平方公里扩大到 2209 平方公里,总人口超过 1900 万,成为巴西乃至美洲最大的城市群。这些在缓解大城市人口和就业压力方面起到了一定的作用。

三、巴西为我们提供了怎样的启示?

由于造成巴西过度城市化原因的复杂性和历史性,根治"城市病"还有漫长的路要走,但积累的教训和经验无疑给我们以深刻的启示。

第一,必须稳定土地承包经营制度,保护农民土地及其财产权益,让农民"进退有路"。土地是农民的安身立命之本。在城镇化进程中,必须充分考虑农村转移人口的当前利益和长远生计,坚持稳定和完善农村基本经营制度不动摇,切实保护农民土地承包经营权、宅基地使用权以及集体收益分配权,充分尊重农民在"留乡"和"进城"、在"流转土地"和"带着土地"等问题上的自主选择权,加快完善农村土地管理法规和政策。这是确保城镇化健康发展的关键所在,也是避免城市贫民窟现象的重要条件。

第二,必须为进城农民创造就业机会,完善社会保障,为他们融入城市作出制度安排。巴西的教训告诉我们，城镇化并不能自动解决农民问题，也并非就是改变一下户籍那么简单。如果进城农民就不了业，又没有社会保障，只能由"失地农民"沦为"城市贫民"。推进城镇化，关键是要让进城农民平等享有市民权益，不仅需要打开城市大门，更重要的是提供就业岗位和公共服务，使农民在城里有长期稳定的生存手段，有与城镇居民同等待遇的住房租购、子女教育、医疗等社会保障，为农民进得来、留得住、过得好并最终融入城市创造条件。

第三，必须处理好城镇化、工业化和农业现代化的关系，加快推进新农村建设。巴西之所以从"世界奇迹"走向"拉美陷阱"，最根本的原因就是，城市化超越了工业化，忽视了农业农村现代化，导致农业萎缩，农村凋敝，现代化进程受阻。巴西之所以再次崛起，也正是认识到，农业和农村不能被忽视。我们一定要深刻汲取教训，坚持"三化"同步推进，促进工农城乡协调发展。加快建设现代农业，巩固农业这个基础，提高粮食和农业综合生产能力。加快农村基础设施建设和社会事业发展，着力改善农村生产生活条件，建设社会主义新农村。不仅让进城农民生活得更美好，也要让留在土地上的农民生活得更幸福。

第四，必须科学规划，走大中小城市和小城镇协调发展的道路。在城市化问题上，包括巴西在内的拉美国家从一开始就缺乏预见性和长远规划，大城市集聚人口过快，不但没有带来经济的繁荣和工业化加速，反而出现了城市大量贫民和经济的衰退，留下了难以医治的后遗症。我国是人口大国，现有城镇人口已经过半，今后一个时期仍是城镇化快速发展阶段，每年需要从农村转移到城镇的人口数量是任何先行国家当年都无法比拟的，更不可能只靠几个城市圈和少数经济发达地区来实现。我们必须汲取国际经验教训，坚持走中国特色城镇化道路，科学制定城镇化发展规划，加快调整地区生产力布局，引导产业向内地、中小城市和小城镇转移，提升城镇功能和承载能力。特大城市要合理控制人口规模，大中城市要加强和改进人口管理，继续发挥吸纳外来人口的重要作用，中小城市和小城镇要根据实际放宽落户条件，吸纳更多农村人口就近转移就业，形成合理的城镇体系和人口布局。这既是中国特色城镇化道路的应有之义，也是促进区域协调发展的迫切要求。

2012 年 2 月 20 日

（执笔：孙梅君）

保大扶小：巴西的农业政策及其启示

——拉美三国考察研究报告之二

黄守宏　孙梅君　董　忠　张顺喜

近年来,巴西在经济实力显著提升的同时,农业也取得了引人注目的成就。特别是在一些国家陷入"粮食安全"危机之时,巴西则稳稳地坐上了"世界粮仓"的地位,其出口的农产品正源源不断地流向全球市场。除了无与伦比的自然条件和农业资源以外,巴西独特的农业发展模式和支持政策无疑发挥了重要作用,值得总结和借鉴。

一、巴西农业发展的特点和成就

巴西是当今世界农业较为发达的国家之一。农牧业及其加工占全国GDP 的 25% 左右,吸纳了 22% 的就业人口,包括相关产业在内创造了 40% 的就业岗位。农业在国民经济中占有重要地位,被称为巴西经济的"绿色之锚"。

1. 资源丰富、潜力巨大。巴西气候温和、雨量充沛、地势平坦、自然灾害少,农业资源条件得天独厚。全国农用地面积约 4 亿公顷,其中可耕地面积 2.8 亿公顷,目前仅利用 5000 万公顷,水利资源和生物资源都十分丰富。巴西正处在"拓展农业疆界"阶段,大片"稀树草原"尚待开发,农牧业发展潜力巨大,拥有世界最大的"绿色"牛群,被誉为是"21 世纪的世界粮仓"。有关专家估计,仅"稀树草原"的开发利用,就可以解决 5 亿人的吃饭问题。

2. 大农场和小农户并存。这一方面是基于殖民时期就形成的大地产制度，另一方面也是政府土地改革计划使然。巴西土地高度集中，占农户总数 0.68% 的大农场主（单个农场占地 1000 公顷以上）占有全国 48% 的土地，规模最大的可达几万甚至几十万公顷；占农户总数 85% 的小农（户均占地 50 公顷以下）只拥有全国 13% 的土地；此外，巴西还有 1200 万无地农民，他们生活在社会底层，大多处于贫困状态。

为适应大农场与小农户并存的格局，巴西采取"保大扶小"方针，设置了两个农业部级机构：一个是"农牧业部"，专门负责大农场和出口；另一个是 1999 年成立的"农村发展部"，专门负责家庭农场和土地改革。大农场经营现代化商品农业，以生产大豆、甘蔗、咖啡、肉类等出口农产品为主。据巴西实用经济研究所介绍，目前 0.5% 的大农场创造了 50% 以上的农业产值份额。家庭农场主要生产大米、玉米、木薯、黑豆、肉类、蔬菜等国内市场需求的食品，占有国内 70% 的市场份额。

3. 具有强大的国际竞争力和影响力。巴西至少已在 10 多种农产品上成为世界领先的生产国和出口国。咖啡、甘蔗、柑橘、木薯产量和牧群规模居全球之首，大豆、玉米、牛肉产量名列全球第二，水果产量居全球第三，是大豆、蔗糖、牛肉、鸡肉、橙汁、咖啡、烟叶等产品的第一出口大国，玉米、棉花、油籽、猪肉等农产品也大规模地流向国际市场。农业为巴西可持续的经济增长提供了坚实而稳定的基础，农牧产品出口已占全部出口总额的 40%。同时，巴西的农业科技水平在全球也处于领先地位。

二、巴西发展现代农业的主要政策措施

巴西在不到 30 年的时间内，从一个粮食进口国发展为世界大粮仓，农业取得的进步堪称奇迹。除了优越的资源条件外，其中一个重要原因，是巴西选择了一条适合国情的农业现代化道路，以及与农业发展模式相适应的农业支持政策。

一是保持大农场和小农户并存的土地政策。巴西土地高度集中在少数大地主手中。为解决小农无地少地问题，避免农民向大城市过快流动，上世纪 90 年代中期以来，巴西政府积极推动土地改革，主要工具是"土地征用"和"土地银行"。在"土地征用"方面，巴西没有采取分割大土地的办法，而是把中西部新开垦的土地和大地主闲置荒地分配给农民，这既巩固了大农场的地位,也解决了小农的就业和生计,为巴西发展现代农业创造了条件。另外,政府通过"土地银行"向农民提供信贷用于购买地产,开展基础设施建设,吸引农民到内陆开发后备耕地资源,发展规模经营。特别是 2003 年启动"全国土地改革计划"以后,9 年时间在农村安置了 50 万农户,相当于过去 40 年的总和。

二是专门针对小农的家庭农业扶持政策。这是现阶段农业政策的立足点,目的是确保小农的就业和基本收入,以抑制农业人口向大城市无序流动而造成社会问题。从 1999 年开始巴西推行"家庭农业计划",主要措施是:第一,为小农提供低利率贷款或贴息贷款,视项目不同,年息在 0.5% ~ 4.5% 不等,利率差由国库补贴。第二,建立技术服务网络,免费对农民进行培训和提供技术咨询。第三,加强基础设施建设,针对农村道路、电力、仓储等公共设施,由联邦、州和市三级政府共同出资建设,农民不必出资。在部分地区,也对农机具购置给予补贴,政府和农民各出 50% 的资金。第四,提供保险,降低自然灾害损失。第五,通过最低保护价干预市场,一般在播种前 2 个月以政令形式颁布最低保护价,如果收获时市场价低于保护价,政府按保护价收购农产品,用于补充战略储备以及公立学校的免费午餐等。

三是以商业银行为主的低利率信贷政策。巴西农业贷款 90% 来自商业银行,10% 来自政府。为确保资金来源,法律规定所有商业银行吸收存款的 25% ~ 30% 必须用于农业,并且规定年利率最高为 12%,中小农户为 6% ~ 9%。银行根据农民上一年度的产值及其种植面积发放贷款,小中大型农场可分别得到相当于各自生产成本 100%、70% 和 55% 的贷款。小农户贷款,分期付款还可以免除 30% 的本金。贷款期限一般为 5 年,如遇特殊情况,还可申请延期还款。完善的金融服务为农民扩大再生产创造了良好条件。

四是促进农民增收的价格和补贴政策。价格支持政策经历了由原来的政府直接购买向产品售空计划和期权合约补贴的转变。产品出售计划,是政府通过向加工企业或批发商支付"差价"补贴,即提供产地与销地之间的运费补贴,鼓励他们到内陆地区收购农产品,为内陆地区农场提供价格支持。期权合约补贴则相当于价格保证制度的一种,如果当期实际市场价格低于期权合约价格时,政府把差价直接补贴给农民,但产品仍由农民销售,这在一定程度上稳定和增加了农民收入,同时也减少了政府储备成本。

五是覆盖范围广且费率低的保险政策。巴西农业保险主要是政府主导，由中央银行独家经营，其他银行只作为代理，覆盖农林牧渔业、农村抵押、农业财产和农产品保险等各个方面，按备耕、种植、管理、销售4个阶段进行保险。保险范围以生产成本为上限，政府和农民各自负担50%的保险金。运作机制分为两大序列：一个是直接建立在财政基础上的主要由国家再保险担保公司操作的农业保险体系，另一个是政府农业保险基金，由财政预算列支，参加保险的农民向基金交纳保费，但费率较低。限于国家财力，目前农业保险还供不应求。

六是高效的农业科研和技术推广政策。巴西法律规定国家每年要将税收总额的17.5%用于农牧科技项目。巴西农业部下属的农牧业研究所是发展中国家最大的农业科研机构之一，在全国设有40个科研中心，20多年来推出科研成果1万多项，特别是在"稀树草原"土壤改良和热带大豆品种培育方面取得了突破性的进展。他们改良的大豆新品种单产最高可达4000公斤，平均达到2700公斤，稀树草原大豆单产甚至可达7000公斤。热带猪品种的培育也带来巴西猪肉出口的激增。近年来，他们主攻生物技术和生物能源，转基因技术、有机农业技术已经比较成熟并广泛应用。为了将科技成果尽快推广到农户，巴西建立了强大的农技推广体系，由州政府和私营机构组成，全国拥有3000多个推广站，农技推广人员2.3万。主要开展农民培训、技术咨询和技术指导，对中小农户一般不收费，对大农场少量收取培训成本，颇受农户欢迎。

七是适应经济全球化的国际农业合作政策。巴西在大胆吸引外资、技术和人才进行国内农业开发的同时，积极采取措施促进境外农业开发和农产品出口。上世纪70年代中后期，日本、加拿大、美国等国的工商企业与巴西国营或私营资本联合，在巴西建立了大批农工联合企业，开展了小麦、大豆、蔬菜专业化生产，建立了畜牧饲养基地和肉制品加工联合企业。近些年，巴西实施农业"走出去"，对其邻国和非洲等地进行了大规模的农业投资和开发。同时制定鼓励农产品出口的税收政策，与其他国家签订自由贸易协议、进行双边和多边谈判等方式，消除国际上针对巴西农产品的贸易壁垒。此外，巴西在发挥农业合作社、行业协会作用方面也积累了成功经验。

总体上看，巴西农业政策绩效确实达到了促进农业发展和农民增收的目的。政策工具主要是优惠信贷,同时结合本国实际,有选择地区别对待,一方面鼓励大规模经营,放开市场让大农场参与国际竞争;另一方面对处于弱势的小农,则通过家庭农业扶持计划进行支持,确保小农获得稳定的收入,并持续改善农村地区生产生活条件。这样不仅维护了整个社会稳定,而且提升了农业的国际竞争力。

三、巴西农业发展对我们的启示

第一,要不断加大对农业的信贷支持。与欧美发达国家高补贴的农业支持体系相比,巴西政府直接补贴并不多,但农业信贷政策却比较完善,支持水平高,为农户提供了充足的金融服务。我国农村金融服务比较欠缺,"贷款难"的问题比较突出,严重制约农业农村的发展。必须加大对农业的信贷支持力度,落实和完善涉农贷款的激励和约束机制,引导金融机构增加涉农信贷投放,提高农户贷款额度,降低农业贷款利率,拓宽农业融资渠道。

第二,要高度重视农业科技的力量。巴西农业大发展的一个重要原因,依靠的是科技创新和技术推广。虽然这些年我国农业科技贡献率有了明显提高,但与巴西和其他农业发达国家相比还有很大的差距。必须创新体制机制,加大投入力度,壮大人才队伍,着力构建与我国农业大国地位相适应、具有国际先进水平的农业科技创新体系,力争在育种、生物技术等前沿领域取得突破。不仅要健全基层农技推广服务体系,还要鼓励引导各类科研单位、大专院校、农民专业合作社和龙头企业,开展多种形式的农业社会化服务,打通农技推广的"最后一公里"。

第三,要发挥家庭农业的作用和解决好农村土地问题。巴西的经验教训表明,在工业化城镇化进程中,必须高度重视农业农村发展,切实保护好农民的土地权益。我国正处于现代农业大发展时期,农业生产方式正在发生剧烈转型,将来农业经营模式可能会多种多样,但家庭经营任何时候都是最基本的形式,土地承包任何时候都是农民最基本的保障,这不仅是农业生产特征所决定,也为先行国家实践所证明,我国之所以在快速城镇化过程中没有出现"贫民窟",最根本的一条也正是坚持了"耕者有其田"。因此,要坚持农村基本经营制度不动摇,保持土地承包经营权长久不变,通过各种形式的农业社会化组织,为农民提供低成本、便利化的生产经营服务。加大对农业农民的补贴力度,在优惠信贷、技术培训、农业保险等方面给予支持,促进农业稳定发展和农民持续增收。

第四,要推进规模经营提高农业竞争力。规模化经营是发展现代农业的必然要求。巴西正是因为拥有一大批现代化商品性大农场,规模化地生产大豆、甘蔗、咖啡、肉牛等出口农产品,使其在国际竞争中的地位不可撼动。我们一方面要按照依法、自愿、有偿的原则,发展多种形式的适度规模经营,加强土地承包经营权流转管理和服务,扶持专业大户、家庭农场、农民专业合作社以及产业化龙头企业等规模经营主体。另一方面,要加快新型农业社会化服务体系建设,实现农户分散经营与社会化服务统一经营的有机结合。

第五,要加快农业"走出去"步伐。我国人多、地少、水缺,保障粮食安全和农产品有效供给的任务繁重。拉美和非洲一些国家,农业资源丰富、发展潜力大,欧美、日本等国早就进行了大量的农业投资活动,跨国公司控制了生产、加工、物流、贸易等多个关键环节。我们要从粮食安全战略及国家整体战略的高度,加快推进农业"走出去",在更高起点上制定与完善农业"走出去"战略规划和政策措施,鼓励有实力的企业投资境外农业。既要注重资源开发,更要加强技术合作;既要瞄准土地,更要进入产业链的上下游。从全球视角掌握粮食等大宗农产品主动权,通过粮食和农业发展提升我国的国际形象和影响力。

2012 年 2 月 20 日

（执笔:孙梅君）

粮食和农业：人口大国须臾不可放松

——拉美考察研究报告之三

黄守宏　张顺喜　董　忠　孙梅君

　　墨西哥曾是世界农业"绿色革命"的起源地、拉美地区重要的农产品出口国,后因忽视粮食和农业而成为农产品进口依存度很高的国家,给经济社会发展带来严重后果。通过短短几天的考察,我们对此有深刻的体会和感受。

一、世界上最大的贫民窟——忽视农业农村使城市不堪重负

　　从飞机舷窗俯瞰夜幕下的墨西哥城,星星点点的灯火一望无际,让人不得不感叹世界第二大城市的"大"。后来才知道,这格外壮观的灯火背后就是墨西哥堪称世界之"最"的贫民窟。在这些鸽笼式的矮小房屋里,居住着500多万的下层贫民,与我国特大城市——武汉市主城区的总人口数量相当。正是这绵延数十公里的贫民窟,使墨西哥这个人均 GDP 已经超过 1 万美元的拉美大国仍然难以摆脱所谓发展"陷阱"的魔咒。

　　墨西哥贫民窟的形成有很多原因,其中最重要的就是选择了一条忽视农业、牺牲农民的发展道路。上世纪 40—60 年代,作为农业"绿色革命"的发起国,墨西哥高度重视农业发展,联邦政府投入大量资金用于农业科技推广应用、建设农业基础设施、补贴小农户,使粮食产量大幅上升,农产品出口迅速增长。在 1945 年到 1965 年的 20 年间,墨西哥农业年均增长率达到 5.5%,提供了 40% 以上的外汇收入,被誉为当时第三世界农业发展的典范。

但自上世纪60年代中期实施重工轻农的进口替代发展战略后,国家对农业的投资不断减少,对农产品价格和市场的支持保护力度不断减弱,使农业生产从高速增长陷入长期停滞,年均增长率一直徘徊在1%左右,有的年份甚至为负增长。1986年加入关贸总协定(WTO前身)特别是1994年加入北美自由贸易区(NAFTA)后,在美国农产品大量进入的冲击下,墨西哥玉米、大豆、蔬菜等优势农产品生产一落千丈,农民收入大幅下降,大量农民破产或被迫放弃农业生产到城市谋生,导致城市人口迅速增加。1960年墨西哥城市人口占全国总人口的比重只有50.7%,到2008年就上升到77.8%。这种因农村经济衰败后不得已而为之的快速"被城市化",使大量进城农民成为既没有就业也没有通过正规途径解决住房的城市贫民。考察中随处可见很多的人沿街叫卖和在公路上为堵车的汽车擦车窗,城市混乱无序,暴力犯罪肆虐。

二、此起彼伏的示威游行——牺牲粮食安全使社会动荡不安

2007年1月31日,墨西哥曾爆发了震惊世界的抗议玉米饼价格大幅上涨的"玉米饼革命",迫使上任不足两个月的卡尔德隆总统亲上一线灭火。我们此次考察的途中,仍然时常可以看到聚众示威的人群。在墨西哥城中央大广场上,人们高举"没有玉米就没有我们的国家"的标语牌表达他们对食品价格上涨的不满。在从墨西哥农业部去中国大使馆的路上,大量农民将农用车开到马路上抗议政府对农业和粮食生产保护不力。不仅下层民众对政府十分不满,就是收入较高的城市白领也因食品价格上涨、生活压力加大而对政府牢骚满腹。为此次考察团服务的一名德国合作公司(GIZ)驻墨西哥办事处的工作人员文丽,言谈间经常流露出对政府放弃小农、放弃粮食自给导致生活成本大幅上升的不满。她的丈夫是一名人类学家,业余时间也要为旅游团当兼职导游赚点外快,每次与我们一同吃饭时都会顺便多要一点食物打包带回家。

墨西哥是大豆、玉米、辣椒等八种农作物的发祥地,生物多样性资源位居世界第四。但在一系列放弃农业的政策措施推行后,特别是全面对外开放粮食市场,给国内粮食生产带来沉重打击,使墨西哥从粮食净出口国变为严重依赖进口的净进口国。目前,号称世界"玉米之乡"的墨西哥仅玉米的进口量就超过其国内粮食总产量,70%的大米靠进口,谷物进口量连续多年位居世界第二位(仅次于日本),每年花在进口食品上的外汇支出相当于全年的石油出口收入。在粮食生产急剧下滑的同时,国内粮食市场也基本被国外大粮商瓜分,政府既没有必要的粮食储备,也没有相应的仓储设施,完全丧失了国家粮食安全的主动权。

这种牺牲粮食生产的国际化,使墨西哥付出了沉痛代价。在农村,它造成了大量主要生产谷物的小农破产,他们不得不背井离乡加入城市贫民大军,让已不堪重负的城市雪上加霜。据统计,在加入北美自由贸易区后的12年里,先后有200万农民失业、1500万农村人口流入城市或国外。在城市,它使政府在粮食市场价格大幅上涨面前束手无策,引发大量生活压力不断加大的城市居民强烈不满,让问题丛生的社会更难稳定。最近两轮的国际粮食市场价格大幅波动,都在墨西哥引发了严重的社会动荡。

三、进展缓慢的调整——基础受损使农业复兴之路步履维艰

墨西哥政府有关部门负责人告诉我们,针对农业生产和粮食供应问题所带来的严重后果,联邦政府和议会已经采取应对措施,制定并实施了一系列粮食安全项目和农产品市场价格调控计划。主要包括生产者补贴、生产设备投资补贴、农业风险防范及农业技术推广等在内的农业生产促进项目。此外,联邦政府每年拿出90亿比索(约合人民币45亿元)的预算用于加强水利设施建设,其中较大比例用于改善农业用水条件,在一些地方这一比例甚至达到80%。

墨西哥近些年的农业生产促进措施已初见成效,农业生产从2005年开始增长,谷物进口从2000—2005年的年均增长3.7%转变为2005—2010年的年均下降4.6%。但不论是从食品(包含烟草在内)仍然只有1.6%的年均增长率看,还是从谷物、油料播种面积仍在逐步减少的趋势看,这些政策措施的作用十分有限。墨西哥农业部的官员在会谈时也坦言,要改变目前谷物严重依赖进口的局面几乎不可能。事实上,墨西哥政府早在1980年就曾颁布过"墨西哥粮食体系"建设计划,提出了到1985年实现粮食自给的发展目标,并对农业政策进行过一些调整。加入北美自由贸易区后,政府也制定了一些诸如农业补贴等保护农业的政策措施,出台了所谓的"乡村直接支

持"计划。如今30多年过去了，这些政策措施不仅未能使墨西哥实现粮食自给和减少农村贫困的目标，反而是对粮食进口的依赖越来越强，贫富差距也越来越大。

墨西哥重新重视和加强农业的政策措施之所以成效不大、进展不快，根本原因在于长期的忽视和放松已使农业特别是粮食综合生产能力遭到根本性破坏，恢复起来极为困难。一是农业生产条件很难改善。墨西哥农产品产业协会负责人对我们说，在墨西哥农村就是贫困、缺少基础设施的代名词，在政府不能大规模增加农业公共支出的情况下，要维持现状已属不易，更谈不上改善。二是农民生产积极性很难调动。当前，墨西哥农业生产结构不平衡问题十分突出，以出口为主的大农场既拥有优越的生产条件，又具有较高的生产效益，他们以占全国15%的农业从业人口生产出超过50%的农业产值；而以自给自足为主的大量小农户生产方式落后，而且生产效益十分低下，他们占全国农业从业人口的比重超过50%，生产的产值仅占20%。这种分化严重的二元结构使支持农业的政策措施难以惠及到农民特别是小农，严重影响了农民的生产积极性。据墨西哥有关人士估计，在1994年以来政府对农民的累计高达200亿美元现金直补中，80%的补贴补给了大农场主，大量的小农户根本拿不到农业补贴。三是农业科技很难推广。由于农村大量青壮年劳动力不断流向城市或国外，留在农村从事农业生产的大多是老弱病残，他们的平均受教育年限只有5到6年，很难接受现代农业生产技术。墨西哥农业部副部长顾问协调员里维拉对我们说，如何让农业科研成果尽快地应用于生产实践是他们当前面临的一个重大挑战。四是政府对农业的投入很难保证。从上世纪60年代中期以来，墨西哥政府每逢遇到财政困难、需要压缩公共支出时，总是先拿农业开刀，农业公共支出和贷款占政府总支出和总贷款的比重不断下降，即使是出台了多项支持农业发展计划的最近10多年来也仍是如此。1995年墨西哥农业支出的占政府总支出的7.1%，2000年下降到3.5%，2010则不到2%。在墨西哥政府财力仍然十分有限、支出压力十分紧张的情况下，要保证农业投入的稳定增长十分困难。正是由于资金不足的制约，墨西哥联邦议会10多年前就通过的建立国家粮食储备计划至今仍无进展，许多农业生产促进项目的实施也举步维艰。

四、深刻的警示——工业化城镇化使农业现代化更为重要和紧迫

墨西哥农业从推动国民经济高速增长的重要支撑到成为制约经济社会发展的最大障碍，再一次证明忽视农业、放松粮食不仅会造成农业萎缩、农村凋敝、农民贫困，而且会使城市不堪重负、社会动荡不安、现代化进程严重受阻。对我国这样一个人口是墨西哥10多倍、耕地等农业自然资源禀赋明显不如墨西哥的发展中大国，更要时刻以墨西哥为鉴，始终紧绷农业和粮食安全之弦。

（一）要吸取墨西哥忽视农业的工业化教训，全面贯彻"在工业化、城镇化深入发展中同步推进农业现代化"的重大战略决策。我国人均年国内生产总值已经超过4000美元，进入中等收入国家行列，正处于工业化、城镇化深入发展的历史时期。要避免墨西哥失去农业支撑的工业化之痛，必须自觉把中央作出的"三化同步"重大战略决策贯彻到推动科学发展的各领域、各环节，加快推进现代农业建设，使农业现代化与工业化、城镇化协调发展。

（二）要吸取墨西哥牺牲粮食安全的国际化教训，加快建立健全农业支持保护体系。尽管近几年我国农业连年丰收、粮食产量连创新高，但粮食供求紧平衡的状况并没有改变，大豆、棉花等对外依存度不断上升，农产品贸易逆差不断扩大。要避免墨西哥丧失粮食安全主动权的国际化之痛，既需要合理安排农业对外开放的次序与程度，在国际贸易谈判中尽量不以牺牲农业和农民利益为代价；更需要加大对农业的支持保护力度，加强和完善农产品市场调控，提高农业综合生产能力和农产品市场竞争力。

（三）要吸取墨西哥放弃农村的城市化教训，坚定不移地走城镇化和新农村建设"双轮驱动"之路。我国农村人口众多，不可能全部转移到城市，即使将来达到发达国家城市化水平，仍然会有数亿人口生活在农村。要避免墨西哥缺乏农村容人之量的"被城市化"之痛，必须协调推进城镇化和新农村建设，既要努力促进大中小城市协调发展，提高城镇综合承载能力，让进城农民更好地融入城镇；又要扎实推进新农村建设，提高农村经济社会发展水平，让留在农村的人安居乐业。

（四）要吸取墨西哥损害农民的现代化教训，切实保护好农民的利益。我国人均耕地少，农民数量多，户均经营面积只有墨西哥农户的1/7左右。要避免墨西哥人均GDP已超过1万美元却仍深陷"中等收入陷阱"的现代化之痛，必须兼顾效率与公平，在出台政策、制定措施、部署工作时都要对广大农民给予更多关心和关注，决不能以提高效率为名取消或弱化各项强农、惠农、富农、政策。

2012年2月20日

（执笔：张顺喜）

特色＋品牌：小国农产品畅销世界大市场

——拉美三国考察研究报告之四

黄守宏　张顺喜　董　忠　孙梅君

位于南美洲西南、安第斯山脉西麓的智利,是一个只有 1700 多万人口的拉美小国。尽管在资源禀赋、发展阶段、社会制度等方面与其他拉美国家差异不大,但这个世界上最狭长的国家探索出了一条充分发挥自身优势的外向型农业发展之路,不仅从农产品净进口国变成了净出口国,而且成功地将农产品打造成出口拳头产品,在推动国民经济持续稳定增长中发挥着重要作用。

一、智利是当今国际农产品市场重要出口国之一

经过多年的努力,特别是近 10 年的快速增长,智利农产品出口不仅遍布世界五大洲的 182 个国家和地区,而且许多农产品的出口数量和金额位居世界前列,在国际高端农产品销售市场中也占有重要位置。

——新鲜水果。出口量居世界第四位、南半球第一位。2010 年智利出口的新鲜水果数量达到 263 万吨,金额达到 30 亿美元,占农产品出口总额四分之一以上。其中,鲜食葡萄、李子、蓝莓出口量居世界第一位,鳄梨出口量居世界第二位,猕猴桃、覆盆子出口量居世界第三位,桃子出口量居世界第四位,苹果出口量居世界第五位。

——葡萄酒。出口量居世界第五位。2009 年智利葡萄酒产量超过9.86 亿升,居世界第十一位。其中 68.7% 出口国外,出口金额达 11.39 亿美元。虽然智利葡萄酒行业历史不及欧洲悠久,但智利葡萄生产的地理、气候条件优越特别是病虫害较少,葡萄酒的品质有保证,性价比较高,近年来在国际市场上的知名度不断扩大,市场占有率不断提高。

——水产品。智利渔船数量只占世界的0.6%,而捕捞量居世界第五位,鱼产品出口量一直稳居世界第八位,占国际鱼产品贸易量的3.5%左右。2009年,智利渔业出口金额达到37.79亿美元,占全国GDP的2%。其中,渔业出口金额的58%是水产养殖产品。

——畜产品。智利畜产品产量虽然还不大,在国际畜产品贸易中所占比重也很小,但具有很强的竞争力。近10年来,智利肉类产品出口的年均增长率超过20%,并且大部分出口产品出口到了检疫要求十分严格的国家和地区。2009年,智利肉类出口总额的35%出口到欧盟、16%出口到墨西哥、13%出口到日本。

——林产品。进入新世纪以来,智利一直是南美洲最大的林产品出口国。2009年,智利林产品出口额居世界第七位。

二、智利打造农产品品牌的主要做法

智利农产品出口取得的骄人成绩,既与智利较早地放弃重工轻农的进口替代战略、建立出口导向的经济增长模式密不可分,更与智利充分发挥自身优势、不断加强农产品品牌建设紧密相连。主要举措有:

(一)优化生产布局,以集群化生产打造特色农产品品牌。在自身南北跨度大形成的多种农业气候区的基础上,智利根据各气候区的土地、生产传统和农作物特性等实际,集中发展具有反季节优势和独特品质优势的农产品生产,建设特色优势农产品产业带,形成了中部水果、沿海渔业、南方林牧业的区域化布局、规模化生产新格局。从首都圣地亚哥到布鲁克斯绵延上百公里的路上,随处可见大片葡萄、樱桃、李子、苹果等高产果园。考察团当地陪同人员莫亚先生告诉我们,这一带就是智利水果生产主要集中区——中央谷地,30年前这里大都是濯濯童山,果树种植十分零散,农民是人不敷出,而如今从这里出口的高品质水果和葡萄酒每年能为智利带来数十亿美元的收入。

(二)转变经营方式,以产业化经营打造特色农产品品牌。主要是着力推动三大转变:一是从"以产定销"向"以销定产"转变。智利在上世纪80

年代就建立了国际农产品销售资料收集体系和情报体系,并根据国际市场需求和消费者口味变化确定生产品种和生产技术体系,确保生产出的产品在国际市场适销对路。比如苹果,在近 10 年的时间里,智利淘汰了占总产量 70%、占出口量三分之二的传统品种。二是从分散经营向联合发展转变。智利以培育健全的农产品行业协会组织为切入点,利用行业协会的引导带动作用实现各地区农户之间技术共享和联合外销,形成整体规模优势。比如,智利水果生产商有近 3 万个,其中大部分的经营面积在 5 公顷(75 亩)以下,但水果标准化系统种植技术推广应用十分普及,同类同质产品批量生产能力很强。三是从单纯产品生产向整个产业链经营转变。智利通过对中小企业购买关键设备给予贴息贷款这一政策措施,推动农产品采后处理、加工、物流等环节的一体化经营,形成从农产品生产到出口的完整产业链,既提高了农产品生产效益,又加快了农产品出口速度,使农产品在经过长途运输后在国际市场仍具有较强的竞争力。目前,智利农业部每年有 5 亿美元的预算来支持中小农产品加工企业,其中 70% 的预算用于支持小规模生产农户发展农产品产后处理和初加工。

(三)完善质量安全体系,以强制性的质量安全措施打造特色农产品品牌。为保证和提升农产品质量在国际市场的认可度,智利制定了严格的入境检验检疫制度和出口产品质量管理制度。在入境管理方面,智利制定了完善的动植物健康保护政策,并由农业部直属的农业和畜牧局在边境口岸、机场和港口进行严格检查,防止任何可能对本国农业造成影响的有害生物进入,使智利受外来病虫害影响的风险保持在较低水平,成为全球公认的低风险国家。在控制出口产品质量方面,智利不仅推出了政府和产业界共同实施的质量控制计划,比如根除牲畜口蹄疫,消灭果蝇等病虫害,推广熏蒸消毒和预先降温水果保鲜技术体系;而且还在 1995 年底通过了《按质量标准建立新鲜蔬菜水果出口检验制度》法案,并与美国农产品进口检疫部门联合在主要港口对出口产品进行预检。

(四)强化出口营销,以卓有成效的国际促销打造特色农产品品牌。智利政府除了主动与潜在进口国签订双边或多边协议为农产品出口扫除障碍外,还积极利用各种途径宣传智利农产品,并在 1995 年建立了一个专门促进农产品出口的出口促销基金,由出口促销部负责具体管理实施。出口促销基金不仅用于建立出口驻外机构、参加国际贸易展览会等费用支出,还可直接向私有部门提供促销活动和经费资助。据智利出口促销部估计,每 1 美元的农产品出口促销费用可以为智利增加 25 美元的农产品出口。比如,智利食品加工和农业工业联合会 1997 年利用 100 万美元的促销基金,使智利冷冻和脱水食品在欧洲市场的美誉度明显提升,市场占有份额也明显扩大。

三、几点启示与建议

第一,区域化布局是尽快形成农产品生产规模优势和品牌效应的必由之路。与智利相比,我国居主导地位的农业生产经营单位的规模更小,更需要通过加强农业区域布局调整来促进生产集中和产业集聚,带动专业化生产。要在现有主要农产品优势产业带建设发展规划的基础上,按照有利于生产布局向生态适宜区集中的原则,进一步加大扶持政策向集中生产区的倾斜力度,引导资金、人才和科技等资源要素向特色优势产区集中,加快建成一批具有国际竞争能力的特色优势农产品产业群。

第二,健全的农民合作组织是尽快提升特色农产品产业化经营水平的基本依托。智利农民合作社不仅是实现农业先进适用技术共享、产品联合外销的基本纽带,而且还是发展农产品加工和实行完整产业链经营的基本力量,是政府支持小农生产的基本载体。我国许多特色农产品之所以难以形成特色优势产业,一个重要原因就在于缺乏健全有效的农民合作组织。要在培育、扶持、壮大农业产业化龙头企业的同时,进一步加大对农民合作组织的支持力度,使农户不仅可以与龙头企业进行有效地对接,而且能够分享产业化发展成果,增强产业发展的稳定性、可靠性。

第三,提高质量安全水平是尽快打造过硬特色农产品品牌的关键环节。智利的农产品出口过去也曾频繁遭受欧美等发达国家绿色壁垒的影响,农产品出口之后被退回的现象也曾经常发生。对此,智利政府与农业生产者不是消极回避,而是共同努力采取了一系列狠抓农产品质量、加强全程监管的政策措施,成功突破了绿色壁垒的制约。在全世界对农产品质量安全要求越来越高的情况下,我们必须要正视这一挑战,扎扎实实地把农产品质量安全水平提上去,才能打造出过硬的农产品国际品牌,才能在国际市场竞争中立于不败之地。

第四,积极的国际促销是尽快促进农产品出口的有效途径。这也是当前农产品出口强国的普遍做法。要在进一步加强我国农产品国际贸易促进机构建设、扩大农产品国际促销服务的同时,通过多种渠道、利用多种场合推介我国农产品,把我国强大的外交影响力变为促进农产品出口的强大动力。

2012 年 2 月 21 日

（执笔：张顺喜）

土地改革：探索之路艰难曲折

——拉美三国考察研究报告之五

黄守宏　董　忠　孙梅君　张顺喜

　　拉美国家土地制度的典型特点就是高度集中，少数大土地所有者占有绝大多数土地。20世纪以来，许多国家进行了土地改革，但绝大多数都不彻底，都没有动摇大土地所有制的主导地位，都形成了大量的无地农民。这也是拉美城市"贫民窟"的重要原因。考察中，我们特别注意到，墨西哥、智利、巴西三国土地改革的历程、方向和归宿有较大差别，取得的成效和面临的问题也有所不同。

一、墨西哥：围绕村社土地制度的反复博弈

　　墨西哥的土地制度可以追溯到印地安人时期，以土地村社公有为基础，村社成员集体共同占有村社土地，除留出一部分公用外，其余按人口平均分配。西方殖民者到达后，一方面占领大量土地搞种植园，另一方面也承认自愿归顺的酋长和村社的土地所有权。1811年墨西哥独立后，开始实行村社土地私有化政策，导致土地兼并盛行，到1910年全国96%以上的农户失去了土地。

　　1910—1917年的墨西哥革命，某种意义上也是一场下层农民争夺土地的斗争。1917年颁布的《墨西哥合众国宪法》第27条明确宣布，进行土地改革，分割大地产、发展小土地所有制。但墨西哥的土地改革不是将土地直接分配给农民个人，而是分配给村社集体，再由村社分给农民各家各户自主

经营,农民无权变卖土地。之后,经过几十年的土地改革,土地过于集中的状况得到一定改变。

上世纪 80 年代,墨西哥开始进行新自由主义经济改革,村社土地制度被视为经济自由化的重大障碍。1992 年修改宪法第 27 条,宣布停止自宪法生效以来实行的土地改革,废止土地分配制度,实行村社土地私有化,允许村社社员抵押、租赁、买卖村社的个人份地和公有土地。新《土地法》规定,只要 66% 的村社社员同意,就可以转让村社的土地所有权;新的所有者得到村社土地后,可以随心所欲地使用这些土地,既可以继续耕种,也可以转作其他非农业用途。这些政策一直执行到现在。

这次土地政策调整直接引发了 1994 年恰帕斯州的农民起义,3000 多名印第安人组成"萨帕塔民族解放军",控制市政厅、警察局,烧毁土地档案,释放监狱囚犯,占领广播电台。后经过多方干预和多轮谈判,才于 1996 年 2 月达成协议,结束了战争行动,但恰帕斯运动至今仍在活动。土地政策的调整还导致了执政 71 年的墨西哥革命制度党于 2000 年的下台,大量分不到土地的农民都成了反对者。

考察中,墨西哥全国农产品企业协会和全国棉花生产者协会都对政府的土地和农业政策十分不满。他们说,墨西哥农业正处在危机之中,中小农户正在大规模破产,农村正在快速边缘化;墨西哥最穷的人不在城市贫民窟,而在农村。陪同我们考察的德国国际公司驻墨西哥项目官员也明确反对现行土地政策,认为 1992 年的土地法是一部坏的法律。目前,墨西哥近50% 的土地所有权仍然直接或间接地为大庄园主把持,而且都是最好的土地,另外 50% 的土地归村社。

二、智利:土改 10 多年,发生大逆转

智利直到上世纪 50 年代,都没有进行过真正意义上的土地改革。弗雷出任总统后,于 1962 年和 1967 年两次颁布土地改革法,规定征收"超额"私人土地,依法征收了 1408 个大庄园的 350 万公顷土地。1970 年,阿连德当选总统后,大范围推行国有化政策,强力推动更大规模的土地改革,执政第一年就征收了 3500 个大庄园的 530 万公顷土地,这次土改沉重打击了大地主土地所有制。

1973年，皮诺切特发动军事政变，杀死陈连德，夺得政权，土改宣告终止。军政府首先把土改中被剥夺的土地无偿还给原所有者，土地尚未分配的，原样归还；已分给小农户耕种的，政府以市场价格赎买后归还。军政府认为，土地在谁手中并不重要，关键是必须耕种，而且要规模化和专业化耕种，以提高土地利用效率。基于此，小农户的土地逐渐流向大农场主，农村土地集中度不断提高。目前，智利12公顷及以下的小农户占85%，但却只占有22%的耕地；大中农户占15%，却占有78%的耕地，有的农场主土地多达数十万公顷。

智利土地改革的逆转与其国情有关。国家无法实现农产品自给，只能发挥比较优势、进行专业化生产，通过国际贸易实现农产品供给安全和农业效益最大化。这种效益导向的农业政策，与公平导向的土地改革往往是相悖的。实践经常是二者的混合体，智利一方面鼓励土地规模化、专业化，另一方面也对小农户提供政策性金融支持，并十分重视保护小农户的土地权利。

三、巴西：土改持续80年，任务仍然很艰巨

巴西1930年开始土地改革，1964年公布了第一个指导土改的纲领性文件——《土地章程》，但进展很不理想，1964—1994年30年间仅安置了30万户农民。1995年后土改步伐加快，特别是2003年卢拉执政后，明显加大了土改力度，2011年初罗塞芙总统上任，沿续了卢拉的土地政策，取得一定成效。这9年安置无地农民50多万户，占到80年累计安置农民总数的60%。

卢拉政府土地改革的主要内容：一是征收大庄园主土地。征收价格参照市场价格确定，实际上是赎买。1988年新宪法规定，大土地拥有者不能荒芜土地，不能破坏环境，不能与雇用农民发生冲突，不能违反劳工法；违犯上述一条，就可以征收其土地。二是安置无地、无其他收入来源的农民。安置户取得土地后，由政府颁布临时地契，10年内不得转让、不能改变农业用途；满10年后归农民所有、发给正式所有权证。三是政府与被安置农民签订合同。政府负责提供土地、贷款，并为农民定居提供道路、水、电等基本生产生活设施和服务；农民的义务是定居，且不能荒地、毁地。

考察中,巴西农村发展部官员和应用经济研究所的专家都高度评价近年来土地改革的成效。他们说,巴西现在要求分地的农民越来越少,农民与大地产者的冲突有所缓解,农产品不需进口、价格稳定,贫困人口大幅减少,农村人口涌向大城市的现象已经消失。陪同我们的翻译是一位在里约热内卢生活了 20 多年的中国人,他也反映,近些年里约热内卢的社会治安明显好转,与上世纪 90 年代后期不可同日而语。

但是,巴西土改面临的问题远远多于其取得的成就。一是仍有大量无地农民得不到安置。据有关资料,巴西无地农民有 480 万户、约 1200 万人,也就是说,经过 80 年土改,还有 80% 的无地农民没有安置。但农村发展部官员说,无地农民没有精确统计,无地农民协会总是倾向于夸大数字。二是已安置的农民弃田进城。主要原因是一些安置地缺乏必要的生产生活设施和服务条件,农民呆不长久;一些安置地缺乏传统的社区,农民没有归属感;一些被安置农民长期脱离农业生产,种地收益不理想。三是无地农民与大庄园主之间暴力冲突不断。1984 年成立的"无地农民运动"组织主张武力夺取大庄园主的土地,2002 年甚至占领了总统的庄园,2005 年组织了 4 万人的抗议游行;大庄园主也不示弱,建立"农村民主联盟",武力捍卫自己的土地。据统计,1980—2000 年共有 1520 位农民在冲突中死亡,目前平均每年要发生 200 多起农村暴力冲突事件,2010 年造成 30～50 人死亡、千余人受到威胁和恐吓。

产生这些问题的深层原因主要是大庄园主在巴西政治中拥有决定性力量,联邦国会议员 1/3 是庄园主,貌似公正的司法系统也基本被农场主把持。政府既要受大庄园主在决策和执行层面的掣肘,又要面对广大无地农民的民意和选票压力,难以进行大刀阔斧的改革。

四、对我国的启示和建议

1. 集体所有、家庭承包经营的土地制度,是我国预防和避免城市贫民窟的重要法宝,必须毫不动摇地坚持。拉美三国的城市贫民窟,根源在于大量的无地农民。我国之所以在快速城市化过程中没有出现贫民窟,根本支撑是"人人有份"的农村土地家庭承包经营制度。承包经营权可以按照依法、自愿、有偿原则进行流转,但不能抵押,更不能随意收回。这是一套合乎国情的好制度,最大限度地保证了农民的土地承包权益,维护了城市化的平稳和安全;如果没有土地这个保障,2008年底、2009年初大量的返乡农民工就可能在城市酿成严重事件。当前,社会上有一些放开农村土地管制的呼声,突出表现是要求突破承包经营权和宅基地抵押的限制。对此,要保持高度清醒,深刻汲取墨西哥的教训。在土地问题上,宁愿保守一些,宁可牺牲一些效率,决不能犯不可改正的历史性错误。

2. 土地权利是农民最重要的权利,要把尊重和保护农民土地权利作为党的农村政策的生命线。农民与城市居民的最大区别就是土地,承包地和宅基地是农民的最大财产;能否保护好农民的土地权利,事关亿万农民人心向背。拉美三国在"耕者有其田"上差距很大,但关于政府征用土地的要求却比我们严格得多。一般都要求只有用于公用事业和公益用途才可以征地;政府征地必须与农户谈判,并取得农户的同意。墨西哥规定,如果土地所有人对征用不服,征地机关负有证明征地"适当和必要"的举证责任;智利规定,如果农户坚决不同意征地,政府只能另选地址或者避开;巴西征地补偿金额的最终决定权在法院,但征地双方都有权推举一人作为法院任命的专家的助理,就土地价值提交建议报告。鉴此,我国应当进一步强化土地承包经营权的物权性质,切实加强对农民土地权利的保护。当前比较紧迫的工作有两项:一是修改《土地承包法》,确立"承包土地不能收回"的原则,废止"承包方全家迁入设区的市,转为非农业户口的","发包方可以收回承包的耕地和草原"的规定。这也是落实十七届三中全会精神和《物权法》的要求。二是下决心改革征地制度,严格限定征地范围,科学制定征地程序,完善征地补偿机制和征地纠纷处理机制。

3. 处理好发展现代农业与坚持家庭承包经营的关系,更加重视对小农的支持。拉美三国都是现代化大农庄与小农生产并存的二元结构。政府应当重点支持大农场还是小农户,是各国土地和农业政策面临的共同问题。拉美经济委员会介绍,他们长期研究的结论是,支持重点应当是小农户。智利农业部70%的预算支持了小农生产,巴西专门成立负责家庭农业计划的农村发展部,墨西哥农业的失败与其放弃保护小农有很大关系。与拉美国家不同,我国人多地少,基本没有现代化大农场,农户是主导性的农业经营主体。改革开放以来的实践证明,家庭经营是最有效率的农业经营方式。

目前,许多地方都在竞相吸引大型企业进入农业、加快推进土地规模经营,中央惠农政策也有向种粮大户、专业化农场倾斜的倾向。我们认为,在任何情况下,都应当坚持家庭经营的基础地位,通过发展各种形式的社会化服务,满足现代农业的发展要求;有条件的地方可以通过依法、有偿、自愿的土地流转,发展以家庭经营为基础的适度规模经营。

2012 年 2 月 21 日

(执笔:董忠)

深刻认识中国与
日本发展的显著差距

——赴日考察报告

刘应杰

前不久,国务院研究室组团到日本进行考察培训 21 天,围绕转变经济发展方式的主题,到有关政府部门、企业、大学、研究机构进行访问交流,听取专家学者的授课讲解,到东京、大阪、福冈等地参观考察。总的感受是,虽然日本经历了 20 多年的经济低迷,被称为"失去的 20 年",但日本经济社会发展已进入到高度发达的阶段,中国在现代化道路上与日本还有很大差距。我们必须时刻自省、自警、自励,学习借鉴日本的长处,抓住机遇加快发展自己。

一、正视中国与日本发展的显著差距

日本三菱综合研究所和野村综合研究所是两家知名的民间智库。我们访问交流时,他们都对日本的经济发展有一种强烈的危机意识。横井正配是野村综合研究所的中国区域担当部长,他一半时间在中国,一半时间在日本,他说感觉两边落差非常大,中国的发展是朝气蓬勃,日本则是死气沉沉。中原丰是三菱综合研究所的副社长,他比喻说,日本是一个日出的国家,但现在却是太阳下山的国家,而中国则是太阳当空的国家。我们深刻地感受到,日本许多有识之士都对国家和民族的发展抱有强烈的责任感和使命感,他们在研究日本面临的问题症结,并寻找着重振雄风的未来。

访日之前,我们研究了中日经济发展的对比,可以说中日经济发展经历了一个彼消此长的过程。1991 年日本泡沫经济破裂,此后进入长期的经济低迷时期,被称为"失去的 20 年",深陷经济的泥潭中不能自拔。过去 20 年,中国经济年均增长达到 10.5%,而日本只有 1.1%。1987 年,日本 GDP 超过前苏联成为世界第二大经济体。日本经济占全世界经济总量的比重从 1994 年最高峰时的 17.67% 逐步下降到 2010 年占 8.7%;中国经济占全世界经济总量的比重从 1991 年的 1.83% 逐步上升到 2010 年占 9.3%。1994 年日本经济总量相当于中国的 8.55 倍,达到战后以来的历史顶峰,随后中日经济差距迅速缩小,1997 年日本 GDP 降为中国的 4 倍多,2002 年降为中国的 2 倍多,2006 年降为中国的 1 倍多,2008 年之后两国 GDP 已比较接近。1990 年中国居世界经济第 10 位,1995 年超过巴西、西班牙、加拿大上升到第 7 位,2000 年超过意大利居世界第 6 位,2005 年超过法国和英国居世界第 4 位,2007 年超过德国居世界第 3 位,2010 年超过日本成为世界第二大经济体。国际货币基金组织预测,按照目前的发展速度,今后五年中日之间的经济差距将进一步拉大,到 2015 年中国 GDP 可能达到日本的 1.5 倍以上。世界各国公认,中国的崛起不可阻挡,中国长达 30 多年的高速增长创造了世界经济发展史上的奇迹。

正是由于中国经济发展的辉煌成就和日本经济的长期低迷不振,使得国内外许多人看好中国,而看衰日本,甚至有不少中国人也认为,中国即将全面超越日本。

到底应该如何看待中国和日本的发展? 这是访日前后始终萦绕在我们心头的问题。通过在日本的访问、考察、接触和了解,使我们深深地感受到,对日本发展的看法和评价不能简单地被中国经济总量超过日本成为世界第二经济大国的表象所掩盖,日本的经济社会发展不像有些人所认为的那样"深陷泥潭",相反,日本经济运行总体还比较平稳,经济社会发展都进入到有序运行的轨道,经济和社会管理的各个方面都达到了精细化的程度。日本的就业相对比较充分,人民生活比较富足,国民心态比较平和,社会秩序安定和谐,城乡地区之间发展比较均衡。总体上,日本经济社会发展已经进入高度发达的程度。与此相对照,中国在现代化的道路上与日本还有相当大的差距。

第一，经济实力方面存在很大差距。

虽然中国的经济总量超过日本，但中国的国土面积是日本的 25 倍，人口是日本的 10 倍多，反过来日本的人均 GDP 是中国的 10 倍。2010 年，日本人均 GDP 是 42150 美元，而中国只有 4260 美元。日本在世界上的高收入国家中名列前茅，而中国仅排在第 120 位左右。日本经济方面的巨大优势突出体现在三个方面：工业制造、金融实力、技术优势，这是日本维持世界经济霸权的三大支柱。

一是强大的高端工业制造能力。日本三菱综合研究所的中村裕彦先生说，日本为什么能够成为世界上的高端制造大国？因为日本没有多少资源，能源自给率不到 20%，粮食自给率只有 28%，要维持日本人的生存，满足能源和粮食的进口需要，就必须发展具有强大竞争力的制造业，这是日本的生存之道和生命线所在。日本正是以这种深刻认识和进取精神，牢牢占据世界制造业的高位。工业实力和强大的制造能力成为日本最重要的王牌。日本的工业制造业高度自动化，日本成为世界上最大的机械设备和工业机器人制造大国。世界 500 强企业中，日本共有 68 家跨国企业上榜，仅次于美国而居世界第二位。日本产生了一大批世界知名公司和品牌，如丰田、三菱、日产、索尼、东芝、松下等，其产品技术含量和质量精益求精，享誉全球。在日本工作的中国教授告诉我们，日本产品很少有质量问题，更不可能有假冒伪劣，同样的产品各地价格也相差不多，顾客尽管放心购物。日本制造成为品牌、技术、质量的代名词。

二是强大的金融实力。日本早在 20 世纪 80 年代就确立了世界金融帝国的地位，后来虽然受到泡沫经济破裂和金融危机的很大冲击，但金融实力依然强大。日本一直是世界上最大的债权国，2010 年日本的海外净资产总计为 3.07 万亿美元，相当于其国内生产总值的 55.8%。

三是强大的技术优势。永远保持技术领先优势，这是日本手中的核心王牌。日本提出"技术立国"战略，在研发领域始终保持世界至尊地位。日本的研发投入占全球研发投入总量的 20%，而其人口只占全球的 2%。日本的科研投入相当于国内生产总值的 3.4%，其中 77% 来自企业，而经合组织成员国的平均水平只有 2.3%。全球十大发明型企业中，有八家在日本。其专利发明集中在电子、机械、精细化工、纳米新材料、能源与环保等高科技行业。在可见的将来,日本的技术领先地位难以动摇。

第二,日本处在现代化的领先地位。

访问日本期间,最直观的感受就是日本完善的基础设施,特别是发达的综合性立体交通体系。日本全国近 1.28 亿人居住在面积只有 37.78 万平方公里的列岛上,而且还主要集中在本州岛上,但到处的交通都很通畅,包括东京这个国际化大都市,几乎看不到长时间堵车的现象。主要是因为,虽然日本汽车工业发达,居民家庭汽车拥有率很高,但大城市地下铁路、地上高架轻轨构成了一个立体交通网,到任何一个地方都很方便,人们出行首选的是轻轨和地铁(日本人都叫电车),很少有人会开车上班,甚至一些大公司的经理、政府的高官也都乘坐地铁。我们在东京的几天活动,充分体验到了地铁和轻轨的方便之处。我们在访问交流中,日本人很为他们完善便捷、节能环保的基础设施自豪,并认为日本在基础设施的规划、建设、运营和管理方面具有向其他国家出口的优势。

日本在城乡、区域发展方面已达到了比较均衡的状态。日本从南到北,沿途所见,各地区发展都很现代化。日本的农村一样能够享受现代化发展的成果,交通便利,服务设施比较完善,生活水平与城市差别不大。与此相对照,中国的城乡、区域之间还存在着很大差距,特别是还处在农村劳动力向城市大规模流动的阶段。仅就消化吸收这庞大的农村人口,最终达到城乡之间的相对均衡,恐怕就需要两三代人、几十年的时间,这就充分体现了中国与日本现代化的一个重要差距。

第三,日本在生态环保方面的突出成就。

日本虽然是一个地域狭小、自然灾害频发和多山的国家,但生态环保做得非常好。人们具有非常强烈的环保意识,每个人都自觉地保护环境。穿行在日本的城市之间,高速公路许多时候是在山洞和桥梁之间通过,所见山峦到处是森林覆盖,一片郁郁葱葱。日本的森林覆盖率达到64%,是世界上森林覆盖率最高的国家之一。日本非常重视绿化,即使在繁华的东京,高大的树木、整齐的草坪、大片大片的绿色也尽收眼底,似乎有土地的地方就被绿色的植物所覆盖。

访问日本真正地感受到什么是整洁干净。无论是城市还是乡村,给人的第一感觉就是干净,这大概是我们中国人到日本的强烈感受。据介绍,日本是世界上垃圾分类管理最严格的国家,家家户户自觉对垃圾进行分类,按时定点收集,甚至街道上的垃圾筒也不多,人们出门都自觉地带着塑料袋,把准备扔的垃圾保存起来,放在有收垃圾的地方。在任何地方都看不到乱扔垃圾和随地吐痰的问题,也没有如美国纽约地铁乱写乱画的现象。

日本更是十分强调节约的国家,全民具有强烈的节约意识。日本的饭菜都是份量较少,刚好够一个人吃即可,即使大家一起聚餐,所点食物也是够吃就好,不会出现吃不完浪费的现象。日本人认为,他们的资源和食物有限,虽然现在已经非常富裕,但视浪费为犯罪,良心上感到不安。对比中国人餐桌上的巨大浪费,真使我们感慨万千。这次东日本地震海啸和核辐射,造成电力普遍紧张,日本人更是感到了能源的紧缺,提倡和推行各行各业和全社会节能,办公室、家庭和许多公共场合都只开一半的灯,虽然没有强制,但人们都非常自觉地实行。日本一些企业都配备有能源管理师,负责落实节能标准。交通节能也是日本节能的一大领域,政府大力发展公共交通,国民自觉不开汽车,现在骑自行车在日本又流行起来,既节能,又减少污染,还可以锻炼身体,受到人们的普遍欢迎。日本是世界上节能减排做得最好的国家,其能源使用效率相当于中国的15倍之多。

第四,日本是一个和谐有序的国家。

日本社会给人的第一感觉是有序。交通人流都在无形中听从一个指挥,就是都遵守规则。在大城市的街道上很少能看到警察,各个路口只有红绿灯在指挥交通,绿灯亮时发出一种"嘀嘟,嘀嘟"的声音,提醒盲人可以过马路。汽车和行人都严格遵守交通规则,无论是市内还是市外的车流,看不到如中国常见的不断强行并线、超车、夹塞,甚至进入逆行道往前超车等违反交通规则的情况。据说日本发生交通事故的概率很低,在世界上也是交通事故率最低的国家之一。从表面上就可以看到,日本是一个很守规则的社会。

在日本访问旅行,中国人经常会问,这里安全吗?东西会丢吗?在日本人的心目中这都是不成问题的问题。日本是世界上犯罪率最低的国家,安全根本不是问题。陪同我们的人说,他在日本生活二三十年,基本上没有碰到过丢东西的现象。中国人总是说,你帮我看着东西。可日本人不明白,东西你看它干嘛。在日本的机场、饭店、宾馆等各个地方,经常可以看到放着没人看的行李,旁边人来人往,并没有人觉得东西不安全。陪同的人告诉我们,在日本没有人家装防盗门,窗户上也没有防盗网,因为他们不担心会被盗。我们专门看了街上停放的自行车、摩托车,有些是上锁的,也有不少是不上锁的。这也印证了日本社会的安全。我们感到,在日本真使人有一种"路不拾遗、夜不闭户"的感觉。

日本还是世界上最公平的国家之一。日本朋友甚至开玩笑说,我们是真正的社会主义国家。人们不管是从事哪行哪业,工资收入差别不大,而且非常透明,没有工资外的灰色收入。要知道日本人的收入很容易,只要知道他大学毕业时间和年龄就可以了。一般来说,大学刚毕业每月收入20多万日元,相当于人民币1.6万多元;30多岁的人一般收入30万~40万日元,相当于人民币2.5万~3.3万元。据日本的教授讲,一般资历比较高的教授的收入与日本首相相当,都是一年1200万日元左右。日本实行严格的个人所得税和遗产税,遗产税率从10%~70%,这些都是调节收入分配的有效手段。因此,日本的基尼系数比较低,大约是0.285,属于世界上收入差距最小的国家之一。

日本还是世界上最廉洁的国家之一,日本一直处于最清廉的前30个国家之列。日本是世界上人均寿命最高的国家,女性的平均寿命为85.33岁,男性为78.33岁,均创下全球最高纪录。

第五,日本具有很高的国民素质。

人们普遍承认,日本的国民素质很高。这首先与日本的教育水平高有很大关系。高中毕业的学生大多数都可以上大学,受过大学教育的人数占总人口的一半左右。日本人给人留下深刻印象的,有几点特别突出:一是讲礼节。对人非常有礼貌,赴约非常守时,日本人的鞠躬世界闻名;商场、宾馆、饭店总可以看到服务人员对客人鞠躬致谢。在日本几乎看不到无礼的举动或粗鲁的行为举止。二是重信用。日本人诚实守信,在商业买卖中几乎不会发生欺诈行为,坑蒙拐骗的事情绝少发生。日本的企业也以讲究信用、产品质量精良著称于世。三是严格自律。日本人的口头禅是不给他人添麻烦,每个人都把自己的事情做好,并尽力做到尽善尽美。在日本看到街上的小汽车,都是擦得干干净净,每家每户每个商店门前也都是收拾得干干净净,这也是"不给别人添麻烦"的具体表现。在日本的大街上、地铁里,看到的上班一族都是西装革履,日本人喜欢穿西装是一种自律的文化要求。令我们惊奇的是,出租车司机也都是西装领带,和公司白领没有差别。日本人工作负责,讲究效率,勤勉敬业,精益求精,工作中加班加点成为常态,而且都是人们的自觉行为。四是团结精神。在日本,给人的感觉,这是一个高度一致的社会,根本没有如其他国家那样的不同民族、种族、语言、文化上的差别,更没有这些方面的社会冲突。日本人具有一种团队精神,大家都融入到集体行为之中,为了集体的和社会的利益,甘愿放弃自己的个人利益。日本民族始终有一种强烈的危机意识,有非凡的适应能力,有不屈不挠的奋斗精神,这些都是日本取得卓越成就的重要因素。

二、日本经济发展中存在的深层问题

日本之所以经济长期低迷,有它深层次的矛盾和问题。这也是我们这次访问日本时另一方面的重要感受。

一是日本泡沫经济破裂,产生了长期的严重后遗症。谈到日本经济的长期低迷,就要追溯到日本泡沫经济破裂的影响,而之前的"广场协议"则是一个重要转折点。20世纪80年代,日本经济经历了战后高速增长期后又出现了"辉煌的10年"。日本产品大量出口到世界各地,尤其对美国形成了巨额贸易顺差。美国迫使日本达成出口"自愿限制协定",但效果不佳。1984年底,美国对日贸易逆差突破1000亿美元。1985年9月,美国加上英、法、德与日本签订"广场协议",迫使日元大幅升值。到1988年日元兑美元几乎翻了一番,从238∶1骤升至128∶1。一方面,日元升值造成日本企业大肆进行海外投资,购买美国资产;另一方面,出口减少造成经济增速下降,日本大幅调低利率,实施极为宽松的货币政策,加上大量国外热钱流入,导致金融资产和房地产价格飞涨。日本股市价格5年间增加了3倍,房地产价格上涨了2.4倍,国家资产几乎翻了一番,日本经济呈现"眩目的辉煌"。1990年,日本的地价市值相当于整个美国地价的4倍,仅东京都的地价就相当于美国全国的总地价。1991年,日本泡沫经济破裂,股价和房地产价格一路狂跌,银行资产大量缩水,不良贷款增加,经济急剧下滑,跌入衰退的深渊难以自拔。有人把这次泡沫经济破裂称为"二战后日本的又一次战败"。之后1997年亚洲金融危机和2008年国际金融危机,更使日本经济雪上加霜。银行不良债权久拖不决,国家财政不堪重负。日本成为世界上政府负债最高的国家,2010 年政府债务总额占到国内生产总值的 227%,所幸国债 96% 是由日本国民购买的。日本经济经历了长达 20 多年的低迷,至今还看不到景气和恢复的迹象。

二是有限的国内需求,制约了日本经济发展的空间和余地。日本经济长期依赖外需,出口商品具有强大的国际竞争力,一直保持贸易顺差国的地位。日本强大的制造能力和有限的国内需求形成了一大矛盾。经过长期的现代化发展,日本的国内发展已经达到饱和的状态。我们到日本很少看到有新建的楼房和新修的基础设施,许多地方多少年都保持原样,强烈地感受到日本的发展已达到完善成熟的程度,没有多少发展的空间和余地。

三是日本政权频繁更叠,缺乏政策的稳定性和连续性。日本政府这些年来如走马灯一样换来换去,除了小泉纯一郎 2001 年到 2006 年任首相职 5 年多之外,其他的任职长的一年左右,短的几个月时间。自民党一直长期执政,近年来民主党上台。我们接触到的日本各界人士都普遍反映,日本政治的发展落后于经济的发展,缺乏强有力的政治领导,政权不断更换,任职太短,由此造成长期发展规划的缺失,政策朝令夕改,这成为影响日本发展的突出问题。

四是人口老龄化和少子化现象,成为制约经济发展的重要因素。人口数量不断减少和老龄化加剧,成为日本所面临的最为严峻的问题。一方面,日本的生育率呈下降趋势,许多青年结婚都到 30 岁之后,平均每个妇女仅生育 1.37 个孩子;另一方面,日本又是世界上最长寿的国家,这就使得老龄化趋势加剧。目前 65 岁以上的老人占总人口的比例达到 24%,几乎每 4 个人中就有 1 位老人。在日本访问,可以看到一个常见的现象,出租车司机大部分是老年人,公路收费站的收费员是老年人,宾馆服务员也大多是老年人。老龄化必然使日本经济发展后继乏力。

五是日本经济依赖"中国特需",但又与中国处在复杂的关系之中。现在,中国成为日本的第一大贸易国,与中国的贸易占日本贸易总量的近 20%,日本是中国的第四大贸易国,对日本贸易占中国贸易总量的 10%,中国还是日本最大的贸易顺差国。对于出口导向的日本经济来说,越来越依赖于中国,中国的经济快速增长和进口扩大,被日本称为"中国特需"。但是另一方面,日本在军事战略上又依赖美国,构筑起日美同盟。由于历史的和现实的各种原因,中日两国关系错综复杂,两国国民感情不和,媒体在其中扮演着重要角色。这些都在影响和制约着中日关系的发展。

三、日本经济发展对中国的镜鉴和启示

我们这次在日本考察调研中,通过中日发展的对比,更加深了对我国发展的认识,提出以下几点思考:

第一,清醒地认识中国发展的定位和差距。经过改革开放30多年来的发展,中国的国际地位和影响力空前提升。中国的发展引起全世界的惊叹,也令我们感到自豪。现在中国人到国外去越来越多,到处都可以看到中国人,到处都可以看到中国制造的商品。中国人的消费能力也引起世界各国的重视,许多国家和地区都在想方设法吸引中国游客。特别是中国经济总量超过日本居世界第二位,中国成为世界第一出口大国,中国拥有的外汇储备世界第一,等等,世界对中国的看法正在改变,中国人也在改变对自身的看法。国外有不少媒体报道,中国在许多方面已经具备了发达国家的特征,应该承担更多的责任和义务。在有人宣扬"捧杀论"的同时,也有人在鼓吹"崩溃论",认为中国经济即将崩溃。作为中国人,应该冷静清醒地看待自己,看待自身的发展定位和差距。总体上看,中国仍然并将长期是一个发展中国家,国家大、人口多、底子薄、发展很不平衡的基本国情没有改变,我们与发达国家相比还有几代人的差距,我们的目标是到2020年全面建成小康社会,到本世纪中叶基本实现现代化。要赶上发达国家的水平,还有很长的路要走,目前还处在艰难的爬坡过坎阶段。我国人均收入刚刚进入中等收入国家的较低水平,要迈过"中等收入陷阱"进入高收入国家行列,还必须付出长期不懈的艰辛努力。

第二,抓住机遇加快发展自己。"知耻而后勇。"看到与日本发展的巨大差距,我们更应该自省、自警、自励,奋起直追,埋头苦干,紧紧抓住中国发展难得的重要战略机遇期,加快发展自己。虚心学习借鉴别人的长处和经验,创造性地为我所用,走中国特色的发展道路。要在国际竞争中立于不败之地,必须痛下决心提升中国产品的科技含量和品牌质量,加快中国制造由低中端不断向中高端攀升。中国必须在世界高端制造中占有重要位置,成为

世界制造强国。这里要特别提到日本的企业家精神,骨子里追求自己制造产品的完美品质,为达到在同行和客户眼里的称誉,而不惜把 99.99% 的精力用在 0.01% 的产品提升上,真正做到精益求精。日本公司老板一般不会整天待在办公室里,而是经常身穿工作服在生产第一线解决问题。中国企业家和中国制造还缺乏这种精神,而又特别需要具有这种精神。同时,我们要加快建设现代化的基础设施体系,特别是综合性的公共立体交通体系。由于人多地少的基本国情,中国不可能也不允许大量发展私人汽车,否则将出现一场"汽车灾难",一些国家的前车之鉴值得我们高度警惕。

第三,高度重视日本泡沫经济破裂的深刻教训。中国在现代化过程中,保持经济长期平稳较快发展至关重要,而最大的危险在于泡沫经济。导致日本泡沫经济破裂有几个关键因素:一是日元短期内急剧大幅升值,造成国家财富迅速膨胀和放大;二是过度宽松的货币政策,造成金融泡沫扩张;三是房价急剧大幅上涨,造成严重的房地产泡沫。结合这次国际金融危机的教训,更使我们深刻认识到,对国家宏观调控来说,管理好通货膨胀十分重要,而管理好资产泡沫更具有决定性的意义。中央提出,要牢牢把握发展实体经济这一坚实基础。我们要积极稳妥地推进人民币汇率形成机制改革,按照主动性、渐进性、可控性的原则,逐步增加人民币汇率弹性,保持人民币汇率在合理均衡基础上的基本稳定,防止人民币短期内大幅升值引起热钱过度炒作。实施稳健的货币政策,切实加强金融审慎监管,始终注意防范和化解金融风险。进一步加强房地产市场调控,坚持住房"民生 + 消费"的基本属性和发展定位,限制住房的资本属性和投资需求,防止和消除房地产市场泡沫,促进房地产市场健康发展。

第四,更加重视生态环保和社会发展。中国已经成为世界上二氧化碳排放量最多的国家,能源资源消耗多,环境污染严重,节能减排面临着严峻的形势。我们要学习日本的经验,高度重视节能环保,建设资源节约型和环境友好型社会。中国应该成为一个十分注重节约而不再是一个浪费的国家,使节约成为深入人心的观念和国民的自觉行动。对比日本的节约,深感中国的浪费令人痛心。尤其是中国人大吃大喝的浪费,讲排场比阔气的浪费,贪大求洋不计成本的浪费,需要痛下决心加以治理。中国要在植树造林和绿化方面下一番大功夫,要把全国城乡凡是能种树的地方都种上树,不再有荒山秃岭和裸露的地方,要像日本一样建设一个"绿色的国家",这要成为各地官员政绩考核的重要标准。我们要建设和谐社会,首先要有良好的社会秩序,要把社会安全放在突出位置,增加人们的安全感与和谐度。收入分配已成为关系中国社会稳定和长治久安的大问题。借鉴日本的经验,必须下决心解决中国收入差距急剧扩大的问题,特别是部分社会成员不当过高收入的问题,加强国家对收入分配的宏观调控,真正建立起促进社会收入分配公平的机制。

第五,全面提高我国的国民素质。随着中国对外开放的不断扩大,入境游和出境游快速发展,中国国民的素质越来越引起国内外的广泛关注,其不文明的行为也为许多人所诟病。全面提高我国的国民素质已经成为我国道德建设和精神文明建设的重大任务。我们要从最基础的抓起,首先是诚信,其次是守规矩。诚信是道德的基础,守规矩是法治的基础。一个人没有诚信,一切道德无从谈起。一个人不守规矩,法律也就成了一纸空文。人们感叹中国在市场经济发展过程中道德滑坡,坑蒙拐骗、制售假冒伪劣等严重污染和败坏了社会风气。要在加强法治建设、依法严厉打击各种违法行为的同时,进一步加强道德建设。建议制定《国民道德建设基本纲要》,重新进行一些最基本的道德普及性工作,比如如何走路开车,如何礼貌地与人相处交往,如何讲实话不讲假话,如何工作学习等等。中国的许多交通事故都与不守规则有关,要从遵守交通规则抓起,培养中国人的规则意识。要下大力量抓中国的国民素质教育,加快与国际接轨步伐,提高中华民族的文明水平。

第六,中日经济合作具有巨大的空间。中国与日本经济处在不同的发展阶段,具有很大的互补性。日本拥有先进的技术、管理和人才优势,中国拥有广阔的发展前景、丰富的劳动力资源和不断发展的国内市场,这些都提供了中日经济合作的巨大空间。节能减排、生态环保、技术创新这些方面都是重要的合作领域。应该将中国的市场优势与日本先进的节能环保技术和管理更好地结合起来,推动两国的经济合作不断拓展。日本近年来出现了新的产业转移趋势,一个基本的考虑是产品设计研发必须靠近市场需求,这样才能更好地设计出满足市场需要的产品。因此,日本企业的研发中心出现了向中国等国家转移的趋势。我们应该抓住这一国外产业转移的新机遇,加快提升中国经济发展的整体水平。

2012 年 1 月 30 日

日本科技政策的新动向及启示

范绪锋

近期赴日本考察培训,访问有关政府、企业、大学和研究机构,进行座谈交流,了解日本科技创新情况和相关政策措施。总的感到,日本始终把科技创新作为应对资源匮乏、社会老龄化和经济停滞等严峻挑战以及继续保持自身竞争优势的核心力量,不断推动自主技术研发,有不少做法和经验值得学习借鉴。

一、近年来日本科技政策的主要内容

2009 年 9 月民主党执政以来,日本政府将科学、技术和人才作为支撑增长的平台,提出了"绿色创新"和"生活创新"的口号,政策重心和资金投入进一步向环境、能源、生物、信息通信等重点领域倾斜,加强各个领域和环节的创新研究。根据实际考察和有关文件的梳理,近几年日本促进科技进步政策的主要内容有:

(一)深入实施"新增长战略"。日本在 2009 年底就发布了面向未来 10 年的"新增长战略",提出到 2020 年政府和民间研发投资占 GDP 比重增至 4% 以上,强力支持日本尖端研究开发和技术创新,以绿色革新与生活革新引领世界水平,使日本继续保持世界经济大国的地位。经济产业省 2011 年 1 月发布"实现新增长战略报告",提出为实施新增长战略部署的 21 个国家战略项目,涉及环境能源、医疗健康、亚洲经济、观光旅游、科技与信息通信、就业与人才、金融七大领域。

(二)明确了未来五年国家科技政策方向。日本文部科学省所属的科技振兴机构有关负责人介绍,日本政府 2011 年 8 月通过了第四期科学技术基本计划,提出了 2011—2015 年国家科技政策的战略方针,明确将推进绿色技术创新和生命科学创新作为国家战略支柱,建设环境大国、能源大国、健康大国;构筑支撑国家新优势的科技体制,推进基础研究,夯实产业和国家发展的基础;培养各方面的科技创新人才,营造国际一流的研究环境,从根本上增强日本基础研究的实力。计划提出政府研发投资占 GDP 1% 的目标,未来 5 年政府投资总额约 25 万亿日元。计划提出了"环保、能源"、"医疗、护理、健康"及"灾后恢复与重建"三项重要任务,并对国家能源政策作出调整,强调"要在国家能源政策与核能政策的方针基础上,实施核能开发"。

(三)着力推进研究开发体制改革。在资金分配阶段,跨越部委之间的壁垒,对最具能力的研发部门进行竞争性机动性资金分配;统一竞争资金的使用规则,加强对资金分配主体的评价。在研究开发实施阶段,对国立大学法人应采取适合研发的独立法人运营方式;对承担国家战略研发的独立法人机构,设置国立研究开发机构制度;通过普及终身教职制度等促进青年研究人员的自立,确保优秀人才的研究岗位,促进研发运营人才的培养,加大对资金与人才的集中投资。在研究开发各阶段,促进研发独立法人与高校等获得外部资金,完善研究成果返还社会的规章制度,构筑知识产权与国际标准化战略,建立提高研究开发能力的研究开发评价体系,实行高效率、高产出的研究开发体制。

(四)强化基础研究和尖端研究。日本着力推进基础研究支撑体制改革。在研究资金方面,削减运行费,增加科学研究费补助金的竞争性资金,引入首席科学家制度,排除不合理的重复项目,完善评价体制,公开研究成果;在人才培养方面,加大青年研究人员支持力度,建立新的青年研究人员聘用制度,实行年薪制,向青年研究人员提供独立的研究条件和环境;在强化国际竞争力方面,致力于形成卓越研究中心、具有特色的多样化的研究中心。同时,日本还实施了最尖端科学技术研究开发资助项目,2010 年投资100 亿日元,旨在达到领先世界和提高日本竞争力的目标。该项目将加强先进研究基础设施建设,吸引国内外青年学者开展研究,向海外派遣青年研究人员,实现国际人才流动。

（五）推进绿色与能源技术创新。2011 年 2 月,在由首相主持的综合科学技术会议上,日本围绕"绿色创新"和"生活创新"正式提出了 329 项要大力推动的最尖端和下一代技术,其中"绿色创新"涵盖了 141 项,"生活创新"涵盖了 188 项,由政府提供的补助金额达 500 亿日元。日本经济产业省发表了未来 25 年的节能技术开发战略报告,提出将节约和提高能源利用效率置于能源发展的重要位置,包括构建世界最先进的能源供求结构、开展资源外交及加强能源与环境建设,到 2030 年日本能源利用效率目标指数(单位 GDP 所消耗的最终能源)达到 70(2003 年是 100)。按领域提高行业效能,尽快推出适应当前水平的行业标准;在产业部门制定最先进的节能标准,通过政策鼓励和税收调节进行推广;在运输部门提高汽车节油功能、修改燃油费标准、通过技术创新减少汽油燃烧的有害气体排放。

二、日本科技政策的特点与启示

考察过程中,日本对科技创新的一贯重视、对新技术新产品的不懈追求,让我们感触颇深。日本立足自身国情推动科技创新的做法和经验,对我国加快转变经济发展方式也有重要启示。

一是坚持把自主创新作为支撑发展的战略核心。日本"科技立国"战略如今已发展为"科学技术创造立国"战略。虽然日本政府每年财政预算都呈下降趋势,但是科技领域的预算不降反升,科研经费维持在国内生产总值 3% 以上。为解决部门分割造成的科技投入分散和浪费问题,日本还采取了在国家最高科技决策层对国家重大科研项目和科技经费预算统一决策的方式,取得了良好成效。当前,我国正处于加快转变经济发展方式的攻坚阶段,必须坚持把提高自主创新能力作为战略核心,进一步加大科技投入,深化科技体制机制改革,不断加强原始创新能力、引进消化吸收再创新能力和集成创新能力,使先进科技与产业发展实现深度融合,更加有效地发挥科技在经济社会发展中的支撑作用。

二是充分激发企业自主创新活力。通过近距离参观考察东芝、松下、丰田、京瓷这样的国际知名企业以及独具特色的北九州生态工业园等,日本企业的市场表现特别是创新力给我们留下了深刻印象。日本科学技术研发的主体是企业,其产业界投资和执行的研发均超过日本总研发的 70%。近年来,日本的创新绩效特别是企业的创新绩效上升显著,专利生产效率在发达国家中也是最高的。2009 年"专利合作条约"(PCT)专利申请总量统计情况显示,发达国家居民 PCT 专利普遍下降,美国下降 10.8%,德国下降 11.3%,加拿大下降 11.8%,瑞典下降 13.4%;日本则一枝独秀,上升了 3.6%。在我国,财政科技投入占全社会研发投入比重接近 60%,企业主导产业技术创新的体制机制尚未建立。必须通过积极的产业、财税、金融等政策引导,降低创新投资的机会成本,营造良好的创新环境,引导社会资金投入科技创新,补上研发投入的短板,构建以企业为主体、市场为导向、产学研相结合的技术创新体系。

三是把改善民生作为推动科技创新的重要方向。日本民生科技发展的总体水平一直居世界首位。无论是日本政府还是民间企业,都普遍认为通过创新不断满足民众实际生活需求、让普通百姓共享创新成果,是创新应有的出发点。得不到纳税人的理解和接受,创新就无法维持。我国技术研发正处于上升趋势,要进一步强化民生导向,以追求更高质量的产品、更为便捷的应用为主要目标,使新技术新产品赢得更大市场份额、惠及更多群众。

四是高度重视基础研究。新世纪的头 10 年,已有 10 名日本人获得了诺贝尔奖。从那些取得突破的日本科学家的案例中不难发现,除了个别例子,他们大都分布在民间大学和企业,能够使用先进的设备,研究经费充足,所在单位也尽量不给他们安排别的实职,很少安排接受媒体采访,确保能够潜心研究的宽松环境。科研小组带头人都很注重组员年龄的搭配,扶持年轻科学家参与。这就启示我们,基础研究是长远大计,必须有"十年磨一剑"的精神,迫切需要持续稳定的投入,需要加强知识产权的保护,需要宽松自由的学术环境。

五是在全社会形成浓厚的创新文化。日本教育十分注重培养学生的动手能力和创新意识。从幼儿园开始就设有手工课,小学初中经常组织学生到田间野外上课,观察植物花期、动物变化;高中阶段学生就开始接触一些小研究项目,鼓励学生发现问题、学做实验。在日本访问期间,随处可见出入博物馆、科技馆等场所"游学"的中小学生。全民科学素养的提高是一个国家和民族提升自主创新能力的基本要求。我们必须在国民教育中更加注重保护和激发学生的创新精神,使他们从应试的重负中摆脱出来。同时还要加大科普力度,在全社会倡导科学精神、培育创新文化,为建设创新型国家提供坚实丰厚的社会土壤。

三、加强中日科技合作的几点思考

中日科技合作一直是中日关系的重要组成部分。由于我国技术能力和水平与日本一直存在差距,以往的科技合作以中国学习日本、日本向中国进行技术转移的单向性流动为主。近年来,随着中国综合国力增强,中日间对等性科技合作将成为发展趋势。我们要准确把握新的形势变化,进一步推动中日科技合作,为我国科技进步和经济发展创造更好的资源和条件。

第一,中日科技合作具有很大的互补性。中日经济仍处在不同的发展阶段,日本拥有技术、管理、人才优势,中国拥有广阔的发展前景、充足的劳动力资源和不断发展的国内市场,互补性很强。在节能环保、新能源、新材料、水处理基础设施、半导体、电子器件、精密机械、防灾、3G 通讯、老龄化对策等领域,中日两国都具有广阔的合作空间。

第二,充分利用日本产业结构调整带来的机遇。日本希望通过自身努力解决产业日益空心化的难题,其制造业的上移和调整会腾出更大的中下游空间,日本产业结构升级、产业链重组势必推动更大范围和力度的技术转移。这代表着国际产业链的新变化。我国的市场空间、产业发展特别是制造业优势,对日本企业技术转移具有较强吸引力。应当紧紧抓住当前日本产业升级带来的难得机会,推动中日经济科技合作迈上新高度。

第三,进一步推动政府间合作。中日科技合作长期处于"民重官轻"的局面。近年来,中日两国政府相关部门就科技合作进行了多次接触,共同商定了若干重要研究项目。面向未来,两国政府间科技合作尚有待突破、向有序化和深入化发展。

第四,把节能、清洁能源和环境技术作为未来合作重点。日本在节能减排、生态环保方面拥有相当成熟的技术。日本企业通过向中国转移节能减排技术,不但可以使这些技术得到更加广泛的应用,也有利于日本企业在海外发展,还将对国际社会应对全球气候变化问题产生积极影响。加强这些领域的合作应该是中日双方都乐见的。

2012 年 1 月 31 日

当前美国科技创新动向及启示建议

乔尚奎

2012年9月上中旬,我们参加国家发改委组团的"创新领导力研究班"赴美培训研讨。研究班以"创新与可持续发展"为主题,与美国国务院、商务部、能源部、国家科学院、旧金山市政厅、旧金山湾区理事会、彼得森国际经济研究所、斯坦福大学、麻省理工学院、乔治城大学、思科公司等机构的官员、科技界人士、企业家和经济学家进行广泛接触,就科技创新和高技术产业发展有关问题作了深入研讨。

一、当前美国创新更注重商业价值和创造经济增长点

美国从企业、学界到政府,都把创新变革作为应对金融危机、寻求发展机遇和新的经济增长点、继续主导世界引领潮流的重要战略。社会创新氛围浓厚,创新理念更强调价值实现,创新内涵从技术创新为主向管理创新、制度创新、政府创新、社会创新拓展,创新体系日趋完善。主要观点和做法有以下方面:

(一)创新的价值在于成功商业化。研讨中感到,美国政府、企业界人士和大学、研究机构专家对新时期创新内涵的认识虽有不同,但总体看,美国的"创新观"更加关注于价值实现的过程。如斯坦福大学的谢德荪教授研究认为,从创新与竞争优势的角度看,创新可分为始创新和商业创新。始创新(即新科技、新发明)不一定能使企业取得竞争优势,关键是企业能否用它来创造最大价值;最有价值的是商业创新。商业创新又分为源创新和流创新,源创新是创造对人们日常生活或工作的新理念,有创意的模仿能推动源

469

创新;而流创新是在现有价值理念上增加价值,源创新与流创新的互动成为创新经济的引擎。美国科学院专家在"美国小企业创新研究计划"中对创新的定义是,创新是成功地将新理念转化成产品,或者将既有理念转化成新产品的过程,同时指出小企业是技术创新的主要驱动者。思科公司总裁钱伯斯认为,创新就是可持续的差异化,如何根据市场变化,及时调整创新战略和实现技术转型,是企业生存和发展的关键。

(二)美国已形成创新系统价值链并在东西部存在两种创新模式。在美国,创新已发展成为一个复杂而完整的体系,除了研发和人才等直接因素外,还存在政府和企业层面的诸多间接因素,如财税、金融等政策,法律法规监管体系、投资体系、人才薪酬和奖励体系等,构成一个创新生态系统。在这样一个系统中,公共和私营研究机构、企业、风投资本、专业配套服务之间形成一条独特的价值链,并日益向规模化和多元化发展。美国创新体系在西部地区以产学研横向结合为主,尤以硅谷地区由大学、科研机构、企业和相关配套服务机构等多角色有机作用构成的创新生态系统为代表;在东部地区以联邦创新的纵向组织为主,如美国国防部先进研究计划(DARPA)和能源部先进研究计划(ARPA－E)等。东西部地区两种模式都注重经济发展对技术研发的需求导向,都是价值导向的创新模式。

(三)美国依靠新技术创造新的经济增长点。国际金融危机影响深远,美国和欧元区经济复苏都将是一个较长的过程。美国继续运用虚拟和实体两个方面措施应对金融危机挑战。彼得森国际经济研究所认为,当前美国需要进一步放宽货币政策(美国已于9月14日正式推出QE3),延迟正在进行的财政紧缩措施,而欧元区则需要解决其设计缺陷,多措并举推进结构性改革。美国有关方面人士认为,美国目前的财政状况是影响相关刺激政策落实的重要因素。在实体经济方面,美国政府仍然强调以新技术抢占制高点,形成新的经济增长点。在振兴制造业方面,美国由国家科学技术委员会牵头发布了《国家先进制造业战略计划》,联邦政府成立了协调先进制造业的战略、项目与计划办公室,奥巴马总统在2013年财政预算中强制拨出10亿美元,用于打造全新国家制造业创新网络,并先期启动了3D打印制造试点项目。在推进服务业出口方面,美国认为其在服务技能方面仍然具有较强的比较优势,将积极推进新兴经济体放宽服务贸易限制,特别是在基础设施建设等领域大幅拓展海外市场。

（四）美国政府在国家创新体系中扮演重要且恰当的角色。美国创新体系由政府、科学界、私营企业三个基本要素，以及财税、金融、风险投资等间接环境构成。联邦政府的主要角色是营造有利于创新的公共服务环境，通过制定标准和法规，清除企业的发展阻碍，强化研发支持，为企业和科研人员牵线搭桥等。政府实验室和大学科研机构作为技术创新的公共资源，以学术成果为首要目标，接受来自政府的公共投资，从而使科学研究免于市场干扰。企业在创新体系中拥有较高自主权，小企业和新企业通常是创新体系的主要推动者。但值得重视的是，美国政府在战略层面对创新事实上有针对性很强的系统设计，如在光伏发电方面，美国能源部有关技术管理官员认为，在单晶硅、多晶硅领域已很难与中国竞争，因此重点关注薄膜太阳能。同时，美国政府对中小科技企业的扶持充分宽容失败，更加关注流程的合规性，既保护了创新的积极性，也保障了创新投入的效率。例如，美国国家科学基金会小企业创新研究和小企业技术转移项目，每年额度 1.5 亿美元，全部为补助资金。企业第一期申报补助金额不超过 15 万美元，第一期通过后，第二期补助金额不超过 50 万美元。政府部门在管理这项资金时有严格的技术和财务审查流程，在资金使用方面也有严格的审计，但项目成败并不作为考核指标，美国政府认为，即使项目失败，其中的经验教训也有借鉴意义，同时还培养了人才。

二、美国科技创新和新兴产业发展趋势

当前，美国科技创新和新兴产业发展呈现出较强势头，新工业革命趋势明显。

一是创新体系更趋全球化。金融资本、产业资本、技术成果和人才等积极向外寻求发展空间，跨国公司在本国以外国家和地区（特别是亚洲地区）进行的研发活动不断增加。

二是创新方式日益多元化。尽管上世纪 90 年代以来，原始创新对一国产业结构调整和国际竞争力提升的战略意义越来越大，但其高投入、高风险的特点对企业内外部条件要求很高。为提升价值创造能力，企业创新方式开始向模仿创新、合作开发和战略收购等多种方式拓展。如思科公司自主开发了多款交换机和路由器设备,同时也通过 150 多项战略收购,奠定其在相关重点领域的市场领先地位。

三是产业技术的交叉融合和相互促进,将会带来革命性的技术突破。一方面,伴随物联网、云计算等新技术的逐渐成熟,信息技术的渗透性有了质的飞跃,网络空间构成了新的生态系统,并向公共服务、基础设施等渗透,派生出很多新兴业态。另一方面,信息、生物、新材料、新能源等高技术相互融合,新的应用需求与基础研究相互碰撞,很有可能带来革命性的技术和产业突破。如当前美国寄予厚望的清洁能源和以 3D 打印为代表的智能制造的突破发展,都是多种技术交叉促进的结果。

四是科技创新推动新工业革命。推动这次新工业革命的科技创新可以归结为智能制造、能源互联、数字服务和新材料复合化等几大特征。新工业革命将使未来制造业向网络化制造、智能化制造、绿色制造、柔性制造和服务性制造转变,新的生产方式有可能既突破低成本的大规模流水性生产模式,也区别于高成本的个性化定制,从而将在差异化产品和生产成本之间取得有效平衡。

三、有关启示和建议

当前,全球竞争格局加快调整,新工业革命正积极酝酿。国内转变经济发展方式、实现创新驱动发展面临科技创新管理和人才培养等一系列问题。美国科技创新的新理念、新动向、创新模式和举措给我们以有益借鉴。主要启示和建议如下:

第一,依靠创新驱动加快推进我国经济发展方式转变。强大的创新活力、优越的创新氛围是美国经济长期处于全球领先位置的关键。全球金融危机以来,美国通过强化创新带动经济增长和就业的措施富有成效,新兴产业快速扩张的势头开始显现。新时期,我国要摆脱资源能源约束、实现经济的持续、快速和高质量增长,也必须依靠创新驱动力量。实施创新驱动战略需要把握好四个方面:一是要注重技术创新、制度创新及改革配套联动。创新驱动不等于单一的技术驱动或科学驱动,而是以技术创新为引擎,配套制度不断优化、产业结构加快调整、新兴产业快速发展的过程。创新驱动转型对宏观调控提出新的更高要求,需要在加快科技体制改革的同时,积极推进产权要素、资源价格、知识产权等方面的制度创新。二是要加强基础研发体系建设。应着眼于未来更长时期的发展,构建新兴产业和国家战略导向的基础研究体系;在应用研究和产业化方面,应切实建立以企业为主体的创新体系。三是要把能够创造价值作为判断创新成效的重要标准。作为发展中大国,实现创新驱动转型不仅需要原始创新的突破,更需要在模仿基础上的改进,提高引进消化吸收再创新和集成创新的效率。四是要加快培育战略性新兴产业。这是实现创新驱动转型的关键。应借鉴美国经验,积极推进技术创新与商业模式创新的互动,营造适应新兴业态发展的适度宽松环境。

第二,进一步明确政府在推进创新过程中的定位。创新主体是企业、是个人,不是政府,但政府在推进创新过程中发挥着不可或缺的作用。美国政府不仅在科研开发和新兴产业扶植方面投入了大量资金,而且不断优化创新管理模式,营造有利于创新成果应用的市场环境,致力于激发企业的创新活力。某种意义上说,美国政府不是创新的管理者,而是创新的推动者。尽管我国与美国国情不同,管理体制也有差别,但加快创新发展也要首先明确政府定位,在创新过程中政府不能越位,也不能缺位。一是要搞好创新体系的顶层设计。根据我国国情选好具有比较优势和后发优势的战略突破口,理顺科学与技术、产业与研发以及各个创新主体之间的关系,建立综合部门、专业部门协调机制,选择国民经济的关键战略性领域,组织技术、产业、应用、政策互动的协调攻关计划,构建需求导向的创新体系,不断提高创新投入的效率;二是要积极构建创新生态环境。为激发企业创新动力构建适宜的市场、财税、金融、知识产权环境,为创新成果实现价值铺平道路、创造条件;三是要加强包括行政管理体制在内的制度创新。政府对民间、个人的创新行为应给予鼓励、引导和支持,避免管得过多、过死,营造全社会勇于尝试、宽容失败的创新氛围和有法可依、诚实守信的竞争环境;四是要高度重视人才培养,营造创新文化。应更加支持研究型大学建设,加大引进创新型人才力度。大力营造鼓励创新、勇于创新、宽容失败的创新文化和社会氛围。

第三,在更高水平上推进技术和产业国际合作。一要吸引更多的跨国公司融入我国的创新体系。据统计,全球研发活动的60%以上源自跨国公司,2008年排名世界前1000位的跨国公司研发投入4920亿美元,占全球研发投入的一半以上。跨国公司都是全球布局研发、全球资源共享,已经成为知识全球化最重要的载体。与跨国公司开展多层次的研发合作,对于提升我国科技创新能力,构建更加开放和活跃的创新体系具有积极意义。改革开放以来,外商投资对我国经济发展特别是高技术产业规模扩张起到了重要作用,但外资企业技术外溢效果有限,随着独资化趋势愈加明显,技术外溢会进一步萎缩。下一步要在鼓励中外上下游企业之间的技术合作、吸引外资企业参与国家科技计划方面做更大胆尝试,借助跨国公司力量,丰富我国创新体系。二要高度关注服务贸易合作发展。发达经济体对服务贸易发展都很重视,美国寄希望于通过推进大型新兴经济体放宽服务贸易限制来拓展其服务贸易的市场份额,弥补因制造业成本上升带来的贸易缺口。事实上,我国在全球服务贸易中并非没有机会,特别是新兴经济体基础设施相关服务市场快速增长,为我们发挥高技能人才专长和复制国内建设经验提供了机会。我们应深入研究全球服务贸易相关规则的变化,建立我国在全球服务贸易市场的新优势。

第四,积极应对新工业革命挑战。新工业革命将重塑国家间比较优势。目前,发达国家在新材料、新能源、生物技术和新一代信息技术方面占据显著优势,例如美国在页岩气开采技术、快速成型制造技术、复杂触摸屏技术等领域明显处于领先地位。发达国家的"再工业化"主要是对制造业产业链的重构,重点是对高附加值环节的再造。未来在制造领域的实力对比将重新向发达国家倾斜。同时,由于我国土地、劳动力等要素成本的不断上升,来自发达国家高端压制和发展中国家低端承接的"双向挤压",将对我国制造业构成严峻挑战。如果我们不能在技术创新和制度效率方面有大的提升,我国作为全球制造业中心的优势将被逐渐削弱。我们要积极应对新工业革命的挑战,大力推进制造业技术创新,突破支撑制造业"数字化"的关键技术;坚持走新型工业化道路,加快推进信息化与工业化深度融合;着力推进自主创新,力争在战略性新兴产业关键技术领域取得突破,抢占未来产业发展的制高点。

2012 年 11 月 5 日

对美国新技术与新产业发展趋势的几点认识和建议

张　泰　孙慧峰　胡　成

今年 10 月 7 日—27 日,我们赴美考察新技术与新产业发展情况,与美国知名大学教授、科学家、大公司和一些创业型 IT 企业、风险投资企业以及华尔街投资银行高级管理人员进行了广泛接触和深入交流讨论,认识到美国新技术和新产业已经实现或正在孕育着重大突破与进展,我国必须顺应这一重要趋势,调整工作部署,在新一轮经济科技竞争中掌握主动权;同时,我们应认真学习借鉴美国的经验和做法,更大程度地发挥市场机制在促进科技创新中的基础性作用,更好地发挥政府在推动新技术和新产业发展中的重要作用。现将我们的主要认识和建议报告如下:

一、密切关注和紧紧跟上世界新技术、新产业发展步伐

美国科技界、企业界认为,世界科技发展前景还很不明朗,短期内不会发生类似于信息技术和互联网这样的重大革命性进展。但我们了解到,美国一些重要技术和产业领域已经实现或者正在孕育重大技术突破,可能会对未来的经济、科技和产业发展产生重大而深远影响。主要有以下几个方面:

(一)"页岩气革命"可能改变世界能源格局。近年来,美国的页岩气开发技术尤其是水平钻井和水力压裂等关键核心技术等取得重大突破,页岩气开发正朝着规模化和商业化阶段快速迈进,产量迅速增加。2011 年美国页岩气产量已达 1800 亿立方米,占当年美国天然气总产量的 34% ,2015 年页岩气占比将超过 50%。美国页岩气开发技术实现突破和产量迅速增加，使其"能源独立"成为可能，未来甚至有可能由石油进口国转变为石油出口国。这将可能改变未来世界能源生产和供给格局，大大增强美国对全球能源市场的影响力和定价话语权。同时，由于页岩气也是清洁能源，随着页岩气开发成本不断降低，将对风能、太阳能、原子能等新能源发展产生较大的影响。

（二）社交网络、云计算和移动互联技术成为未来互联网的发展方向。美国是社交网络的发源地，近年来发展势头更加迅猛。2005 年美国网民中仅有 8% 使用社交网络，2011 年这一比重已经上升到 65%。随着社交网络的发展普及，已经成为美国社会舆论集散、新闻信息传播、企业品牌推广、商业营销拓展、社会交往的重要平台，与传统互联网相比功能大大扩展，对社会经济生活甚至政治的影响不断加深，发展前景不可限量。比如在"占领华尔街"运动中，Facebook 的用户就在第一时间提供了各种新闻资讯；在美国总统竞选中，奥巴马就充分利用了社交网络，争取选民支持。同时，社交网络正在逐步突破网站范畴，向移动设备和第三方应用扩展。美国的社交网络、云计算和移动互联技术三者相互促进、融合发展，成为未来互联网发展的关键领域。

（三）3D 打印技术研发获得重大进展和越来越广泛的应用。3D 打印技术是奥巴马政府重振制造业的重点领域之一，美国国防部、能源部和商务部等 5 部门出资 4500 万美元，部分州的企业、学校和非营利组织等出资 4500 万美元，在俄亥俄州的扬斯敦成立制造业创新研究所，主攻 3D 打印技术。目前美国的 3D 打印以金属和塑料材料为主，并在美国国家航空航天局、空中客车公司生产精密零部件方面得到应用。美国 3D 打印服务企业 Shapeways 目前已经拥有 15 万个会员，客户可以通过公司的平台上传自己的 3D 作品打印并出售。随着 3D 打印技术的不断成熟完善，将极大地降低原材料消耗（目前 3D 打印产品原材料消耗只有传统生产方式的 1/10），将会改变传统制造业大规模生产模式，形成更为高效的柔性供应链，能够根据市场需求变化灵活确定产能，随开随停，彻底改变制造业、物流业等的发展方式。由于 3D 打印对技工等普通劳动者的需求甚小，其发展可能会使传统制造中心地位下降，劳动密集型产业受到巨大影响。

（四）跨领域技术混合运用成为未来发展的新趋势。当前美国的信息科技、生命科学、新材料、新能源等前沿技术领域，在自身不断发展、不断取得技术突破的同时，更广泛存在新技术、新材料的跨领域运用、跨行业融合，从而催生新的重大技术突破，形成新的产业和行业。如斯坦福大学的科学家正在开展传统电池中应用新材料的研究，主要是用硅纳米线制作电池，一个硅离子可以携带一个电子，而传统的锂电池6个锂离子才可以携带一个电子，这就能够显著提高电池储能效率和容量。目前该技术已经初步具备商业化生产的前期条件，未来可能对新能源汽车的生产带来较大影响。再比如美国罗氏制药公司在治疗癌症的研究中，运用物理质子束技术和纳米技术，可以做到对癌细胞精确定位、准确用药，一方面大幅度提高杀死癌细胞的准确率，提高抗癌药品治疗效果，另一方面减少对正常细胞的伤害程度，降低副作用。

对美国上述新技术和新产业发展趋势，应当引起我们高度重视，及时作出反应。我们建议：

第一，密切跟踪当前国际新技术、新产业发展动向，认真分析发展趋势和方向，多研究，早布局，避免错过重大发展机遇。比如为了促进页岩气开发利用，除了实行补贴政策，还应该加快把页岩气开采、环保技术研发列入国家重大技术专项，抓紧组织力量对我国页岩气基础地质资料进行调查摸底，着手研究解决矿权重叠等影响页岩气开发利用的体制、政策问题。

第二，建立和完善战略性新兴产业发展重点的动态调整机制，根据国内外技术研发进展和市场供求关系变化，适时调整发展方向、重点领域和关键技术，准确把握和抢占未来全球新兴产业发展的制高点。第三，既要加大重点技术领域攻关，力求尽快实现重大技术突破；也要注意促进各相关学科、技术领域的技术交叉融合，拓展技术应用领域和范围。

二、更加注重发挥市场机制推动科技创新的基础性作用

美国的科技创新水平一直领跑世界各国，根本原因是充分发挥了市场在推动科技创新中的基础性作用，充分调动了科研人员的积极性，有效配置和利用了科技创新资源。

首先，企业是科技创新的真正主体。近些年来，美国全社会研发经费中

65% 以上来自企业投入,超过 70% 的研发活动由企业执行。美国私营企业特别是小企业的创新活动极为活跃。与我们座谈的大多数专家都强调,创新活动具有较高的市场风险,创新成果具有较强的不可预测性。只有依靠成千上万的企业,特别是小企业,充分发挥他们对市场、技术的敏感性和行动的灵活性,在更多的技术方向和可能性上进行探索,才能增加创新成功的几率,同时分散和降低全社会创新失败的风险与成本。

其次,风险投资是科技成果转化的桥梁。美国的风险投资公司在科技成果商业化和产业化方面发挥了不可替代的作用。硅谷聚集了全美约 1/3 的风险投资企业,硅谷的著名企业如苹果、谷歌、Facebook 以及早期的惠普、因特尔、雅虎、微软等,都是在风险投资的支持下,从小企业发展壮大起来的。风险投资公司与斯坦福大学、加州大学伯克利分校等大学以及高科技企业和工程师之间都保持着密切联系,创新成果很容易得到风险投资公司支持,甚至当场决定数百万甚至上千万美元的投资。风险投资公司的这种判断力、决策力、执行力以及工作效率,都是政府和商业银行难以达到的。

第三,大学是创新和创业的重要发源地。美国大学具有鼓励创新创业的传统,这一点在硅谷地区表现得最为突出。斯坦福大学很多教授拥有自己的公司或者在公司中入股,很多学生在公司兼职或参与企业的研发项目。学校也支持和鼓励创业活动,斯坦福大学允许教师和研究人员每周有 1 天到公司兼职,从事经营和研究活动;允许他们有 1—2 年的时间脱岗创办公司,学校保留其职位;教师在学校获得的科技成果,允许其本人负责向公司转移,学校只提取 10% ~ 15% 的知识产权收益;一项应用型成果如果 1 年内仍未向企业转移的,发明者可自主向企业转移,一般不再收取回报。学校建立了专门的知识产权办公室来负责此类合同的签署和管理,为科技成果转化提供便利的服务。

我们要大力借鉴美国的做法,下大力气完善科技创新体制机制,更加充分地发挥市场机制的作用。我们建议:

第一,真正让企业成为技术创新的主体。要加快完善对国有企业的考核办法,改变只重视生产规模扩大和利润增加的倾向,使国有企业有动力、有能力开展技术创新活动,鼓励国有大型企业开展共性技术研发,独立承担国家重大科技项目,成为技术创新的重要力量。大力扶持小企业和民营企业创新,保障他们与大企业和国有企业享有平等的地位。加强产学研结合,鼓励企业与大学合作开展研究,企业支付给大学的科研经费允许税前加计扣除。

第二,大力发展风险投资公司。进一步降低风险投资公司的准入门槛,消除制度障碍,允许民间资本、银行、保险、国外资本等多种资金更自由地参与风险投资,更多地依靠市场、依靠风险投资公司去发现、去支持有前景的科技创新项目和科技成果转化项目。逐步改革完善创业板、中小企业板股票市场,健全产权交易市场和技术交易市场,为风险资本的退出创造更加完善的资本市场环境。

第三,进一步完善有利于创新的市场环境。加强知识产权保护,完善保护知识产权的法律法规,依法严厉打击各类侵权行为。改革大学和科研人事管理制度,使科研人员有序流动,促进科技人力资源优化配置。

三、更好地发挥政府在促进科技创新中的重要作用

据介绍,美国政府在科技创新中的作用大致可以分为两个层面:一个层面是比较间接的支持,主要是加大对大学基础研究和教育的投入;加强宽带网络、信息资料库等信息基础设施建设;另一个层面则是比较具体和直接的支持,主要是研发投入、政府采购、税收优惠等措施。

(一)重点支持基础研究。二战以后,美国确立了一种科技政策理念,即把大学作为整个国家科技创新的重要部门,把科技人才培养和增强大学科研能力作为国家科技政策的重要内容,加大联邦政府对大学的基础研究和工程教育等方面的支持。目前,联邦政府投入占基础研究费用的60%。

(二)突出国家意志和创新导向性。联邦政府的科技投入在很大程度上体现美国的国家意志,对创新方向具有很强的导向性。美国政府95%的R&D资金通过国防部、能源部、航空航天局、国家卫生研究院、国家科学基金委等部门来分配,每年拨款2000~3000亿美元。这些资金近年来主要投向国防安全、新能源、信息技术、生物科技、新材料等领域。据估计,联邦政府的研发资金,大约50%是直接投给企业的。

(三)通过政府采购支持技术创新。美国是较早建立政府采购制度的国家之一,也是通过政府采购对技术创新进行扶持和推动的成功范例。早

在 1933 年,就制定了《购买美国产品法》,要求政府进行国际采购时必须至少购买 50% 的国内原材料和产品。在同等条件下,美国给予国内投标商 10% ~ 30% 的价格优惠。2004 年修订的《联邦政府采购法》规定,同等价格条件下,政府采购对象必须是在美国本土的厂商或公民的产品及服务;若采购外籍产品,必须是在美国本土生产的、且在美国本土的成本支出必须超过总成本的 50%。通过政府采购,美国在计算机、航空航天和生物制药等领域扶持和发展了一大批重大战略性技术,成为推动美国经济发展的重要力量。

(四)财税优惠政策使企业受益很多。一是研发费用抵免企业所得税。美国 1986 年《国内税收法》规定,如果企业从事研究开发活动的经费高于某个基数(一般是与以前若干年平均水平相比),则新增加部分的 20% 可以抵扣企业所得税。二是允许企业进行加速折旧。美国为了鼓励企业设备更新和采用新技术,允许加速折旧,其中科研设备的法定使用年限缩短为 3 年,机器设备缩短为 5 年,风力发电设备可分 5 年折旧完。有些州更允许在第一年加计 30% 的额外折旧。三是针对可再生能源领域的扶持政策。奥巴马政府计划 2012 年将太阳能、风能、生物能等可再生能源发电量提高到总发电量的 10%,2025 年达到 25%。为此制定了许多配套的扶持和激励政策。美国居民或企业安装光伏发电系统,安装成本的 30% 可用来抵税。2009 年奥巴马制定的财政刺激方案中,有 600 ~ 700 亿美元直接用于新能源领域。其中 200 ~ 300 亿美元用于向消费者和企业直接退税或者补贴。

(五)特别重视小企业创新。小企业是美国创新最活跃的力量。据介绍,美国 80% 以上新开发的技术由小企业产业化,小企业人均专利产出是大企业的 16.5 倍,很多大企业都从小企业购买新专利和新技术。美国政府对小企业创新的支持主要体现在两个方面:一是支持小企业的研究开发活动。小企业创新研究计划要求年研究开发经费拨款在 1 亿美元以上的联邦政府机构,必须拿出 2.5% 资助小企业的创新研究。小企业技术转移计划要求联邦政府机构必须将其研发经费的一部分用于资助小企业与大学、联邦资助的研发中心等非营利研究机构,在有商业化前景的项目上进行合作研发。二是政府采购的倾斜。2010 年,小企业获得的联邦采购合同达到 979.5 亿美元,占联邦政府采购总额的 22.7%,基本接近美国《小企业法》规定的最低份额 23% 的目标。大企业必须将其获得的政府采购份额的 20% 转包给小企业。2500 美元至 10 万美元之间的采购合同只留给小企业。

与美国相比,我国也制定了大量促进科技创新的扶持政策,但还不够完善。我们建议:

第一,加大对大学和基础研究的投入。目前,我国科技投入表现为两低:一是大学获得的研究经费占全社会研发经费的比例低,我国只有 8% ~ 9%,美国是 13%。二是全社会研究经费中用于基础研究的比例低,我国只有 5% 左右;美国是 17.5%,日本、韩国、俄罗斯、法国、意大利等国家也都超过 12%,最高的接近 30%。建议在 2020 年前逐步提高这两项经费的比例,目标是达到 15%。

第二,进一步完善和用好政府采购政策。一要重点支持国内企业和国内产品,例如汽车、计算机等,在同等条件下,政府要优先采购本国品牌。如果是外国品牌的产品,必须是在我国国内生产的、且在我国国内的成本支出超过总成本的 50%。二要重点支持小企业。建议修订《政府采购法》,明确中央政府采购份额中应有不少于 20% 留给中小企业。三要进一步完善和落实对国内创新产品的首购政策。可以研究提出相应的目标,例如 5% ~ 10% 的采购份额用于首购,以便对政策完成情况和效果进行评估。

第三,抓好各项政策落实。国家制定的科技创新优惠政策,很多企业反映看得见但够不着,申请不透明、手续繁琐、时间长,影响了政策实施效果。建议有关部门对现行优惠政策的实施效果进行一次评估,进一步完善政策内容,简化申请手续,提高办事效率,让好的政策真正落到实处。

("美国新技术与新产业发展"培训团成员:国务院研究室秘书司王素珍、张红晨;工贸司马传景、张泰、胡成;农村司董忠;社会司孙慧峰;山东省政府调查研究室苏庆伟;湖北省政府研究室王润涛;工业信息化部规划司吴磊)

2012 年 11 月 29 日

(执笔:张泰 孙慧峰 胡成)

英国财税体制和管理对我国的启示

向 东

英国是最早完成工业化的资本主义国家,十九世纪曾称雄世界。两次世界大战和各地殖民地纷纷独立后英国逐步衰退,但迄今为止经济总量仍为世界第六,位居发达国家行列。近年来,在国际金融危机特别是欧洲主权债务危机的影响下,2011 年英国经济增长 0.8%,财政赤字达到创纪录的 12.9%,政府负债率达 65%。今年一季度国内生产总值负增长 0.3%,二季度负增长 0.7%,英国经济陷入"双底"衰退。目前,尽管英国经济仍难看到短期复苏迹象,但其在财税体制和管理上,仍有许多方面值得学习和借鉴。

一、财政管理体制高度集中

英国是一个实行君主立宪的国家,高度集中的政治体制决定了财政管理体制的高度集中。其主要特点是:

(一)高度集中的财税管理体制确保中央的权威性。英国中央政府高度集权,地方政府的职权范围被法律严格划定,只能执行中央政府赋予的职责和权利。英国中央财政掌握着大部分财力,对地方实行大量补助,中央财政支出的 30% 用于补助地方,地方财政支出中的 40% 以上依靠中央补助和其他拨款。这种财政体制保证了中央的权威性,为中央对地方的宏观调控提供了基础条件。英国中央与地方政府的关系具有三种特征:一是"伙伴"关系。将地方政府视为对地方社区利益负责的民主政府。从理论上说,地方政府与中央政府的关系是平等组织间的自主合作。但地方政府必须在中央政府设置的总体法律和政策框架内在当地推行公共政策。二是"代理"关系。地方政府主要是负责执行中央政府政策并提供中央政府所确定的公共服务,只拥有少量的自主权。三是"讨价还价"关系。中央政府与地方政府间的关系是两个具有不同资源的组织之间谈判或讨价还价的关系。

(二)中央和地方事权与财权的划分明确清晰。英国中央政府与地方政府的事权有着合理划分。地方政府的法定职责为:制定地区的发展与规划,如道路交通、住房建筑、预防灾害和应急计划、贸易标准、公葬及墓地、污水处理及收集、公共运输、18岁以下青少年的教育、社区服务、图书馆、选民登记、生死婚嫁、文体娱乐、环境卫生、消防治安、征收议会税和工商财产税等;外交、国防、高等教育、社会保障、健康医疗、皇室支出以及大伦敦市的治安等则属中央政府职能。

英国中央与地方财权也有明确的划分。在财政收入方面,实行分税制,中央与郡的预算收入完全按税种划分,不设共享税,由各自所属的征收部门征收。中央预算通常要占到整个财政收入的80%左右。除议会税属于地方税外,其余税收如个人所得税、公司所得税、资本利得税、遗产税、印花税、增值税、消费税、石油收入税、关税、工商财产税等为中央税。在财政支出方面,中央预算支出主要担负:国防、外交、高等教育、社会保障、国民健康和医疗、中央政府债务还本付息,以及对地方的补助支出。各级地方政府的预算支出主要包括七项:中小学教育、面向个人的社会服务、地方治安、消防设施、公路维护、其他区域性服务和少量的资本开支。中央预算支出占整个财政支出的大头,并通过"巴内特公式"计算分配给各地转移支付的数额,郡预算收支的缺口较大,对中央预算补助有很强的依赖性。

(三)地方财政预算和负债得到严格控制。英国的地方政府预算纳入中央预算之中,中央规定地方不能出现赤字预算,并对地方预算实行严格的控制和管理。一是实行严格的计划控制。预算计划由环境部编制,环境部在参考各地方上报的财政收支计划之后,按照财政部给的总支出盘子,统一编制地方财政收支计划及中央对地方的拨款计划。计划并不规定具体项目,而是通过详细测算,最终规定总的收支指标和中央补助款指标分别下达到各地方执行。一般情况下,地方政府的支出如果超出计划指标,只能依靠提高地方税收收入来平衡。二是实行严格的信贷控制。英国法律规定,地方政府不能编制赤字预算,也不能发行地方债券。但财政部建立了一项独立的公共工程贷款基金,用于地方政府向中央财政借款弥补地方政府的年度资本支出差额。地方的借款申请和借款数额要经环境部和有关部门严格审查,在确定其用途适当且具有还款能力的情况下才能给予批准。对地方政府向商业银行的少量借款控制更严格,同时还要求地方政府每年要将一定数额的资产收益用于偿还这类债务,不得全部安排支出。三是实行严格的专项控制。中央给各地方的补助款中有 10% 由中央根据经济发展形势需要指定用途,地方必须保证用于这些项目。四是采取再分配控制。英国地方税收中的比例税必须全部上交中央,中央根据各地不同情况和宏观经济政策的要求,综合平衡后再返还给地方,其返还数不同于各地区向中央的上交数,以防止各地区由于经济发展不平衡而出现苦乐不均。五是实行限额控制。中央允许地方支出超过预算的最高幅度为 1%。否则,将视情况削减下一年度中央对该地方的补助款;如果严格按预算执行或较少超支,将在下年度酌情增加补助款;如果支出节余较多,下年度不减少对该地区的支出基数和补助款,也不影响预算安排。

二、合理设定税制结构

英国一直保持着低税制的商务环境,以利于商业发展和吸引外国投资。英国的公司税税率是 30%,增值税为 17.5% (2011 年提高到 20%),在欧洲属较低水平。与欧洲其他国家相比,英国有更多的减免税条款,对商业利润不征收地方税。高级管理人员及雇员享受优惠的个人所得税和社会保险税。英国具有世界上最广泛的避免双重征税协议网络。对公司内部选择购买股权的灵活税收政策使其成为欧洲最支持企业发展的国家之一。

(一)英国的税收由直接税和间接税构成,直接税为主,间接税为辅。直接税主要有个人所得税、公司所得税、资本利得税、资本转移税、土地开发税、石油税、遗产税及赠与税。间接税主要包括增值税、关税、消费税和印花税。直接税中的所得税是英国税收的主体,占全部税收收入的 60% 以上。间接税在英国税制中处于辅助地位,在全部税收收入中所占比重为 30% 略多。在 16 个税种中,收入较多的主要是 7 个税种,分别是个人所得税、增值税、社会保险税、消费税、公司税、工商财产税和议会税,其他 9 个小税种包括印花税、遗产与赠与税、石油收入税、车辆消费税、关税、资本利得税、航空旅客税、保险税、土地填充税。目前,英国政府财政收入的第一大来源是所得税,第二是社会保险税,第三是增值税,第四是公司税。自上世纪90年代中期以来,税收占英国国民收入的比例从来没有低过36%,也从来没有高过39%。而2010—2011税收年度,英国财政支出总额却占到了国民收入的46%以上。当前,英国联合政府的紧缩措施中五分之四为削减支出而非增税,以此冀望让政府支出占国民收入的比例逐步降到40%以下的20年前常态水平。

(二)税收制度调控经济高效灵活。英国的税收体系具有较强的宏观调控能力,其主要特点在于税率并非确定之后就长年不变,而是根据经济发展情况适时进行调整,可以较好地体现国家的产业政策,及时发挥对经济的调节作用。大致做法为:内阁在每年度的预算案中提出税率调整的实施方案,经议会两院批准后执行。近年来,英国政府致力于建立公平、支持增长的更加可持续的税制。例如,政府公布的2012年预算就包括多种税率调整措施:公司税基准税率再降低1%。到2012年4月,公司税将从26%降低到24%,到2013年4月则降到23%,而2014年4月降到22%;2013年4月开始,所得税最高税率从50%减低至45%,同时将所得税起征点从目前的7475英镑提高至9000英镑,全英2900万纳税人中2300万目前按基本税率纳税者将因此受益。对价值超过200万英镑的住宅中实施7%税率的新土地印花税,提高对高价值房产征收的税额。2013年4月,个人津贴再增加1100英镑,这是30年来无论是现金还是实际计算上,个人津贴增加最多的一次。

地方政府一直要求中央政府下放财权,英国政府也在考虑财权下放的问题,但权力下放需要兼顾中央和地方的利益,目前还正在讨论中,比较倾向性的意见是,收入税、财产税、企业所得税、一揽子小税种(有关环境保护方面的税收)、新开征的税收(中央政府层面尚未开征)、对特定商品和经济活动征收的税种,可考虑下放税权。

三、议会严格监督预算执行

议会是英国政治的中心舞台,它是最高立法机关,政府就是从议会中产生,并对其负责,批准国家预算的权力是议会下议院。

（一）对财政预算实行硬约束，保证预算执行过程的严肃性。英国议会把每年一次审查批准预算报告作为议会最重要的职责，其他职责都由此派生而来。其主要程序一般是，由财政部拟定预算报告，经内阁批准后，提交议会审查，经过上下两院多次辩论、修改，直到通过后才能执行。预算报告如被否决，内阁就要集体辞职，提前大选组成新政府。税收政策作为财政政策的一个组成部分，由财政部负责拟定，包括拟定税种、税率、减免优惠、设立新税种、取消或简化税种等。但税收政策的调整、税率的变动、新税种的开征等作为年度预算报告的重要内容，要随预算报告每年提交议会两院审查批准，通过后才能付诸实施。一旦实施，也不得随意修改和调整。

（二）通过设置议会税，对预算收支进行灵活调控。议会不仅对财税政策有重要的决策权，而且还有一定调控能力。议会机构负责征收的议会税，虽然是地方税，但能有效调节财政收支，当地方预算入不敷出，在中央政府批准的额度内，可征议会税，以弥补收支差额。议会税主要用于地方议会和地方社会治安机构所需经费开支。为适应调控要求，议会税税率经常需要调整，但每次调整幅度不得超过1%。

（三）议会设置专门机构依法监督预算执行，并实行严格的绩效考核和问责制度。议会设有财政委员会和公共审计委员会，负责审计和监督预算执行。此外，还有外部审计制度，英国对预算执行引入外部审计师制度已有百年历史。无论内审和外审都要把审计结果对外公开，并对预算执行的绩效进行评价。公众和媒体都有权对预算执行的合理性进行质疑，并发挥重要的监督作用。

四、对我国的几点启示和建议

长期以来，英国的财税管理预算严格、税制简洁、监督到位，已经形成了整套法制完善、规制缜密、运转高效的体制机制。尽管近年来英国经济每况愈下，中央政府财政赤字屡创新高，英国财税体制在制度设计、运转管理、宏观调控等方面并非尽善尽美，但许多地方仍有其借鉴的价值。

第一，强化预算硬约束，避免预算执行的随意性。审查批准预算报告和财税法案是英国议会最重要的职责。在我国要发挥好国家最高权力机关对重大经济事项的决策和监督作用，必须加强人大对预算审查的监督力度，要把重大财税政策调整纳入人大审查范围,规范对预算和财税审查的内容,明确审查重点,增强透明度,促进人大由程序性审查向实质性审查转变,加强对财政资金使用的绩效考核和问责制度,把考核和问责真正落到实处,提高财政资金的使用效率。加强有关专门机构和办事机构建设,充实专业人才和有关力量,以提高预算审查监督的质量和效果,更好发挥监督作用。

第二,合理划分中央和地方的事权与财力,严格控制地方政府负债。英国中央政府规定地方不能出现赤字预算,并对地方预算和负债实行严格管控。我国预算法等法律法规也规定地方政府不能出现赤字预算,但事实上我国地方政府由于财力与事权不匹配,缺乏严格的监督管理,导致政府负债发展冲动十分强烈,地方负债快速膨胀,局部和个别地方已显露债务风险端倪。要加快财税体制改革进程,加快健全中央和地方财力与事权相匹配的财税体制,从制度上遏制地方政府负债发展冲动强、自我约束能力弱的现象,防范局部风险酿成系统性风险。

第三,运用税收杠杆缩小贫富差距、稳定税源。英国税制中涉及财产类的税种不少,主要的有工商财产税、议会税、遗产和赠与税。这三个税年收入占整个税收总收入将近10%。对财产类征税不仅有利于缩小贫富差距,减轻穷人对富人的不满情绪,具有稳定社会的作用,而且因征收对象是不动产,其税基稳定,移动性小,使财政具有较为稳定的收入来源。如果对一些流动性较强的商品课征地方税,将会影响商品的流通,不仅不利于增加地方的财政收入,还会影响地方经济发展。因此,作为地方税种应以对财产的课税为主。我国应借鉴有关经验,适当增加对财产的征税,以此为突破口,不断完善我国地方税制。

第四,要深化税制改革,调整税制结构,逐步简化税制,注重税负公平,充分发挥税收对经济的调节作用。英国税收制度讲究税收中立性,主张税制简化,所征税种不多,税制结构的设置也比较合理。从英国税收收入结构来看,所得税收入所占份额较大,流转税收入所占份额较小,财产税收入所占份额虽然小于所得税和流转税,但比我国要大得多。这种税制结构不仅使税收涵盖了社会上所有经济活动,财政收入的来源比较稳定,也使税收负担分布比较均衡。目前我国财政收入主要依赖于流转税收入。这种流转税收入占大头的税收结构,不仅使商品流通环节税收负担过重,也是造成财政收入不稳定的一个重要因素。我国的税制改革应进一步简化税制,调整现有税种,提高所得税、财产税占税收收入的比重,以促进税制合理,税负公平,实现财政收入稳定增长。从我国目前的税率看,往往一定之后长期不变,难以适应经济发展变化,不能有效发挥税收的调控能力。应借鉴英国做法,更好地发挥税收对经济的调节作用。

第五,高度重视税收对环境和国民健康的保护作用。英国税收制度表明,加大环保和烟酒的征税不仅可增加财政收入,还有助于改善政府形象。英国没有专门的环境保护税,但在税制中涉及保护环境方面的内容却不少,如燃油税、航空旅客税、土地填充税、车辆消费税等。英国税制十分注重国民健康保护,如政府规定,烟和酒的税收每年要提高 5% 以上。目前我国消费税中车辆、燃油、烟、酒虽然都是消费税应税品目,但制定税率时,考虑更多的是财政收入多少和企业承受能力,往往忽视了环境保护和增强国民健康意识。

2012 年 9 月 7 日

中欧文化交流的历史考察与现实思考

林秋朔

国家间的文化交流是相互学习、相互了解的一种形式,更是一个民族向世界表达某种信念和言志的机会。当今中国的发展已引来了世界的目光,而面对资源短缺以及生存发展都受到严重威胁的人类困境,世界各国对中国的崛起出现了各种各样的心态。其中反应最为强烈的当数以西方为首的发达国家。在他们看来,中国一旦真正走向强大,必将成为继日本之后又一个与欧美人平起平坐,进而争夺世界市场和资源的可怕对手。因此,他们对中国除了进行政治颠覆、经济破坏、技术封锁、资源抢占,以及军事包围外,还以"中国威胁论"为口号,蛊惑其他国家试图一举扼杀中国。的确,随着我们的经济走向世界,我们在世界市场上所占的份额也将会日益增加。然而,这种"市场占有"与"威胁"在内涵上并不相交的两个概念,在西方的蛊惑下,使得许多国家对中国发生了模糊性的认识,因而出现了"仇者声更高,亲者亦默认"的局面。然而我们在用善良的和平崛起,努力去消除他人似乎"恐惧"的同时,一些狡黠之徒利用我们和平崛起的承诺,狐假虎威地不断试探和挑战我国核心利益的底线,从而令我们在一些对外事务中略显被动。

因此,在对外文化交流中,我们要表达出这样的观点:中华民族不论是热爱和平还是勇于反击来自世界任何角落的无理粗暴,都源于我们这个民族的伟大哲学!我们肯定 1840 年以前在相互尊重基础上中西文化的理性交流;否定 19 世纪中叶到 20 世纪中叶具有殖民主义和征服主义色彩的文化入侵;面对当今人类发展的困惑,希望中西双方要对各自的文化进行深刻地反省,以便能在文化的共融中创造出人类更加美好的未来!

为此,我们把中西文化的交流分为三个阶段并作了如下一些考察:

第一个阶段:从西汉时期到 19 世纪中叶是中西文化的"理性初识"。

这一历史时期属于中西文化的"理性初识",也是中西文化交流史上值得称颂的阶段。在这一历史阶段中,双方表现了一种相互尊重,致使双方在文化交流中相互受益。作为主要一方的中华民族,也展现了一种开放、自信和包容的文化,是一个为人类文明做出过贡献的伟大民族。

一、古代中国是一个文化相容的开放性国家

1. 各民族以融合共生书写着中国历史。可以说,我国古代史就是一部民族融合史,民族融合是我国古代民族关系的主流。春秋时期,由于各族交流频繁,出现了我国历史上第一次民族融合的高潮。秦建立统一的多民族国家之后,就形成了以华夏族为主干的中华民族的雏形。魏晋南北朝至隋唐时期,出现了第二次民族融合的高潮,其主要特点是五族内迁黄河流域。到五代、辽、宋、夏、金、元、明、清时期,是我国历史上第三次民族大融合。在我国两千多年历史中,民族融合带来文化的冲突、融合,最后在一种包容的文化中,形成了今天在文化上既统一又多元的多民族国家。

2. 对外来文化一向是相互尊重和友善宽容。佛教在西汉末年从印度传入我国。到魏晋南北朝时期,佛教的势力达到空前。由于对佛教的接纳和吸收,形成了一支独具特色的中国佛教——禅宗,使佛教终于成为中国文化不可分割的一部分。唐太宗贞观九年,作为基督教一支的"景教"的入唐,受到唐太宗的热情支持。景教的繁荣局面,自太宗始,持续高宗、玄宗、肃宗、代宗、德宗等多代,后因战乱而退出。元代,景教(也叫"聂斯托利")回传,与天主教派合称为"也里可温"。《马可波罗游记》中有记载:"在中国各地,如蒙古、甘肃、山西、云南、河北之河间、福建之福州、浙江之杭州、江苏之常熟、扬州、镇江等处,皆有聂斯托利派及其教堂。"天主教信徒最多时达到 3 万人。据当时传教士给罗马教廷的信中说:"在此大帝国境内,天下各国人民,各种宗教,皆依其信仰,自由居住。盖彼等以为凡为宗教,皆可救护人民。"伊斯兰教也在唐高宗永徽二年(公元 651 年)从大食(今西亚地区)传入我国,虽然与中国传统的封建礼俗存在矛盾,但也从未发生过儒家和伊斯

兰的大规模的冲突。16世纪,天主教随着欧洲殖民主义者的侵略第三次进
入中国。著名天主教传教士有利玛窦、宠迪我、熊三拔、龙华民、艾儒略、邓
玉函、罗雅各、汤若望、南怀仁、金尼阁、卫匡国、柏应理、徐日升、张诚、白晋、
安多、雷孝思、杜德美等,他们都在尊重中华文化的基础上进行传教布道。
为此得到明朝和清朝政府的礼遇,甚至封官爵受俸禄。葡萄牙耶稣会士徐
日升和法国耶稣会士张诚在1689年还作为中国使团成员参加签订《中俄尼
布楚条约》,他们为促成《中俄尼布楚条约》的签订作出了积极的贡献,得到
康熙皇帝的赏识。康熙年间,在北京、上海等28个城市设有天主教堂,天主
教徒达10多万人,到1839年,天主教徒达30万人。由此可见,从西汉一直
到1840年第一次鸦片战争前夕,中华大地曾经有过各种思想流派和宗教派
别在这里交汇并存,几乎没有发生过大规模的冲突事件,体现了双方的相互
尊重,也体现了中华民族友善和宽容外来文化的开放自信的品格。

3. 怀柔抚远是中国古代的外交理念。以儒家思想为主流社会意识的
中国古代,其政治制度、经济秩序也相应向外进行辐射和扩展。在这种放射
性的扩展当中,形成了以儒家文化为特点的中国古代外交。在对外交往中,
以"仁""义""礼"为核心,强调大国要对小国施之以礼,不欺压和威胁小国
的生存,因而推崇"怀柔远人"和"尚德抑武"的精神,以道德感化外邦来表
达自己友善仁慈的胸怀。历史上所谓的"封贡秩序",主要是当时的一种贸
易形式,是维护一种和平局面的手段。因此,这种怀柔文化不可能主动对四
面进行军事侵略、政治控制和经济掠夺等。中国明代郑和七次率庞大船队
下西洋,开展空前范围的外交和经贸活动,不仅打开了远东、东南亚、南亚、
波斯湾直至东非海岸的远洋航线,而且还打造了不欺贫吞弱、平等友好、共
享文化成果的东方海上交往的经典模式。在这一背景下,才使西方传教士
和商人们一起东来,并很快发现了先进的东亚文化,发现了以儒释道学说为
核心的中华文明,于是开始以传教士、商团为主力的"东学西传"的活动。

二、中华民族为欧洲文明的发展做出过一定的贡献

1. 中国人给欧洲送去了物质文明。宋元时期,中国的指南针、火药经
阿拉伯传入欧洲,使欧洲军事装备进入了全新时代,马克思曾热情赞扬过其
对颠覆欧洲旧秩序的重大作用。但直到工业革命,西欧的社会文化水准还

相当低下。中国人在公元 1403 年编撰《永乐大典》的时候,西欧人还在用300 张羊羔皮抄录《圣经》。中国的造纸术和印刷术传入欧洲后,才使欧洲发生了知识的大普。15、16 世纪,中国的丝、茶、瓷、漆、家具、壁纸,以及各色手工艺品及若干珍稀物品等大批量进入欧洲,得到欧洲人的广泛使用,大大提高了欧洲人的生活质量。从 17 世纪 20 年代起,在英、法、德等国的上层社会掀起了一股"中国潮",因为从日常生活用品到室内装饰、庭院建筑与园林建造等,都深深地打入了上层贵族绅士们以至普通人的生活,改变了当时欧洲人的生活方式。

2. 中国人为欧洲开启了文官制度。16 至 18 世纪,中国文化西传进入了一个新时期,对西方各国,特别是法国和德国产生了很大影响。中国的政治制度,特别是有关德治的思想和科举制度介绍到西方以后,被资产阶级思想家所接受,以其作为武器用来反对在神权统治下的君主专制和改造腐败的欧洲吏治。17、18 世纪,许多来华的传教士都羡慕中国的科举考试制度一些西方国家政府官员和著名学者也对中国的科举制度进行了介绍和评述。1621 年英国人伯顿(Robert Burton)出版了名为《忧郁症的解剖》一书,书中赞誉中国人勤劳整洁、彬彬有礼,有完善的文官制度。他特别指出:中国的科举制度贯彻着公开、公平、竞争、择优的人才原则。他说,中国人"从哲学家和博士中挑选官员,他们政治上的显贵是从德行上的显贵中提拔上来的。显贵来自事业上的成就,而不是由于出身的高上。"这样,便由他开启了"华为洋用"的风气。18 世纪在欧洲启蒙运动浪潮冲击下,欧洲各界对中国科举制度的优越性进行了理性的分析。主流派思想家伏尔泰、狄德罗、魁奈等,针对法国腐败的吏治,极力赞扬中国科举制度,从而使科举制度在欧洲的影响达到了一个高潮。终于在 19 世纪,英国兴起了文官制度,这种成为欧美各国蓝本的文官考试制度普遍被认为是源于中国的科举制度。因为在这以前,欧洲政权始终把持在世袭的军事贵族手中,政府官员根本没有正当的考选任命制度。

3. 中国人为文艺复兴送去了思想武器。中国文化的西进使许多欧洲人认识到,西方文化并非世界上最早的文化,中国成为他们心中的理想国。特别是中国哲学思想传入西方,使它成为某些启蒙主义者同基督教文化作斗争的思想武器。尤其是传教士对中国古文献的研究和翻译,在欧洲产生了超脱出传教士想象的巨大影响。1650 年前后,意大利人卫匡国的《中国历史》、法国人冯秉正的《中国通史》相继问世,为欧洲人关注中国提供了大体确切的知识。1661—1662 年法国出版了拉丁文的《大学》《中庸》《论语》,1672 年《大学》在巴黎重版。1687 年来华耶稣会传教士比利时人柏应理,与南京人沈福宗回到巴黎,将上述三本译著汇总题为《中国哲学家孔子》一书,出版后风行欧陆。1688—1691 年又出过此书的法文、英文节本,题为《孔子的道德》或《孔子与中国的道德》等。英国政治家、散文家威廉·坦普尔系统研究并热情介绍中国,他不带宗教目的,却有明显的改造社会的政治目的。他读过拉丁文的《大学》《论语》《中庸》,对孔子的"自治、治家、治国之道"和"为政在人"的思想十分赞赏。法王路易十四派往中国的传教士李明,在来华十余年之后写的两本书:《中国现状新志》和《论中国礼仪书》立刻被译为德、荷、英、意文重版。可以说,中国在哲学、伦理学、宗教学、心理学、美学、文学艺术等领域,在"东学西传"中为欧洲送去了丰富的人文思想,为走出中世纪送去了强劲的思想动力。

第二个阶段:19 世纪中叶,走出中世纪的欧洲异军突起,强势的殖民主义征服性文化虽然使中国社会发生了改变,但没能避免双方的剧烈冲突。

19 世纪是中西文化冲突最为激烈的阶段,也是中华民族饱受苦难的阶段。在这一阶段,西方的科学技术虽然在一定程度上推进了中国社会的进步,但西方人一改前一个历史阶段那种对中华文化的尊重态度,以一种种族优越和征服异族的心理,以本国的武力、外交为后盾,凭借不平等条约和治外法权,在中国大地上贪婪暴戾,横行无忌,作恶多端,从而引起了中华民族的巨大反抗。

三、以传教士为媒介的西方文化推进了中国社会的进步

1. 使中国的教育发生了改变。在西学东渐中,传教士在中国教育方面起到了巨大的作用,他们对教育的重视成为中国教育近代化的一个发端。传教士们每到一处,首先要做的往往是兴办新式学校,因为他们把学校看成是培养信徒信仰的基础,以及栽培当地教牧人才的重要途径。1842 年鸦片战争之后,西方式的近代化学校就随着西方传教士的足迹在中国大地上兴旺起来。在 1876 年还只有不到 6000 名学生在传教士办的学校就读,而到

了 1889 年就增加至近 17000 名。到了 19 世纪末、20 世纪初,进教会学校已经蔚然成风,最终导致 1905 年清朝政府宣布"废科举、兴学堂",出现了中国教育制度的近代化。在高等教育方面,传教士依然是中国近代专业教育的先行者。清华大学、燕京大学、圣约翰大学、齐鲁大学、东吴大学、岭南大学、淡江大学等许多名校,都是西方传教士所创办的。

2. 使中国的医疗卫生发生质变。在介绍西方先进的医药知识及卫生事业方面,传教士起到了重要的作用。传教士医生把西方当时最先进的医学知识和医疗手段带到中国来,为一些特别是生活在社会底层贫困人群送医送药,同时把生理学和生物学知识基础上的西方卫生观念介绍到中国,使中国人开始形成合乎卫生学的生活方式。在这样一个背景下,从 19 世纪四五十年代开始,传教士在广州、上海等通商口岸开始设立小型的医院。由此,现代的西医医院开始大量地出现在中国大地上。同时,随之开启了中国近现代医学教育和医药科技,中国著名的协和医院、华西医科大学等都是传教士所创办的。

3. 科学技术得到传播。随着传教士对中国教育卫生事业的推动,西方其他方面的科学技术也全方位地随之而来。如果说教育卫生的转变主要是依靠传教士的推动的话,那么更多的科学技术是由于新式教育的科学内容、西方商品的进入,以及中国人利用自己出版的国外科学技术图书和举办的报纸传播开来的。总之,随着西方殖民主义的侵入,西方文化在客观上也推动了中国社会的科技进步。

四、催醒中国人开始思考自身与世界

1. 抵抗派开始睁眼看世界。主要代表人物有林则徐、魏源。他们面对突如其来的西方世界,正视中国的落后,学习西方先进的军事科学技术。他们设立译馆,组织翻译传教士在澳门、广东的报刊,翻译瑞士人的《各国律例》,编译《四洲志》。在《南京条约》签订后,编写《海国图志》,总结鸦片战争中的经验教训,探寻御侮图强的道路,提出了学习西方先进军事制造技术和治军练兵方法,提出"师夷之长技以制夷"思想,开启了中国近代研究、学习西方的先河。

2. 洋务派提出了"中体西用"。19 世纪 60 年代,依仗武力的西方文化与科技,严重扰乱了中国社会的秩序和政治生态。于是洋务派提出了"中学为体,西学为用"的观点。代表人物有曾国藩、李鸿章、张之洞等。很长一段时间以来,"中学为体,西学为用"一直作为一种维护封建制度的"保守"理念遭到了人们的批判。但在今天看来,未必不是一种有价值的良方,相比之下的日本早就给我们做出了榜样,他们提出的"和魂洋才"已经得到成功,基本可以说是一次成功的中西合璧。

3. 维新派从文化认识转向政治诉求。早期代表人物有王韬、郑观应,后期有康有为、梁启超、谭嗣同、严复等。中法战争之前,早期维新派主要批评和斥责顽固派,支持和投身于洋务运动。但由于中法战争暴露了洋务弊端,发觉富强之本在于"通民情,参民政,上下同心",转而提出改良政治、实行君主立宪的要求。随着西方侵略的不断加剧和西方民主政治思想的传播,以及民族工业的初步发展和民族资产阶级的形成,加之洋务运动的失败,一些先进人士认识到了改革制度的必要。于是,后期维新派在政治上提出了更加鲜明的主张。他们开办学堂、研究维新理论、撰写书籍。他们的理论或为维新变法提供了合乎传统文化价值的理论依据,或宣传民权思想和君主立宪的政治体制;或激烈抨击纲常礼教,批判专制君权、宗法等级制度,倡导男女平等;或系统介绍西方近代文化等等,客观上为西方政治文化的传播起到了推动作用。

五、西方文化的非理性成分引发了中西方的剧烈冲突

1. 种族征服、文化中心主义的冲突。第一次鸦片战争后,入华的大部分传教士基本服务于西方殖民主义者征服整个中国的总目标,他们的所作所为激起了中国人民的愤慨和反抗。其冲突来自于:一是种族中心主义的冲突。作为具有几千年历史传承的中华古国,也曾产生过"华夷之辨"的思想意识。然而,西方人也认为自己是最优秀的种族,尤其是西方列强的侵略行径加剧,西方人的种族特征更进一步化为令中国人厌恶的表征。因此,在种族征服与反征服上双方达到水火不相容的地步,从而引发了双方的殊死之争。二是文化优劣的认识冲突。对于每一个民族来说,本乡本土长期形成的文化风俗习惯总是要受到偏爱,它是种族传承的主要标志之一。华夏中心观是中华民族几千年文化传承的心理基础,这使中华民族始终有一种强烈的文化优越感。因此,对于得不到尊重,甚至否定和破坏自己文化的外来文化,必然带有一种排斥的心理倾向。这种排斥也会随着西方入侵者入侵程度的加深而表现得越来越激烈。

2. 与基督教的文化伦理冲突。伦理精神是中国传统文化的主要内涵,人们对各种事物的评价都要直接或间接地回归到伦理标准上来。但是基督教的教义和一些传教士的行为,与中国社会的伦理文化发生了严重的冲突。一是教会反对偶像崇拜、禁止祭祖。在中国人看来,就是不要祖先,不讲孝道,是"毁弃人伦"。二是教会活动中,男女同堂被中国人认为教士、教民在犯淫乱伦。尤其是在农村士绅阶层出于捍卫自己文化精神而尽力渲染中,民众的反感就愈加强烈。三是正因为判定教会"不讲人伦",背弃中国道德原则,所以教会自诩的"劝人为善",以及他们所做的慈善事业都被认为是居心叵测,从而在民众心里加重了反抗的情绪。如果在有失人伦的判断之后,列强侵略中的暴戾横行必将使人们对洋教的否定从文化冲突的领域延伸到社会政治领域,将反侵略和反"邪恶"联系在一起,也必将引起中国人民的强烈抗争。

3. 对西方殖民主义政治的反抗。第一次鸦片战争英国侵略者用大炮轰开了中国大门,对世界文明曾做出重要贡献的中华民族逐渐沦为受人奴役宰割的地步。西方传教士依仗炮舰和不平等条约,像洪水一样涌入中国。尽管入华传教士中也有虔诚的宣教者,但更多的传教士是以传教为手段,充当资本帝国主义列强的侵华工具,对中国实施殖民主义政治。尤其自第二次鸦片战争后,西方传教士在以军事手段恐吓和清政府软弱无能的背景下,他们有的直接参与鸦片走私和武装侵略中国的活动,有的插手不平等条约的签订,有的到处搜集刺探情报,充当间谍和侵华谋士,有的霸占土地、房屋,建造教堂或进行残酷地掠夺,他们无视中国法纪,庇护教民,干涉包揽诉讼,甚至逞凶杀人等胡作非为,最终于 19 世纪末引发了中华民族对西方侵略者风起云涌的反抗。

第三个阶段:21 世纪的中西文化交流开始进入深度的反思阶段。

人类已经进入了 21 世纪,千年的中西碰撞和文化交流也随之进入了一个新的阶段。可以说,我们过去在西方征服者面前表现出的"弱势",是一种具有人类高度文明的中华早熟文化对一时野蛮逞能文化的无声"对话",而民族的伟大终将会在人类历史长河中得到佐证。面对当今人类的困惑,希望中西文化交流能从全人类的立场出发,不但要尊重世界文化的多元性,而且还应反思自己的文化,让各民族的各种文化携起手来,共创人类美好的明天!

六、"内求式"文化使中国和平崛起成为一种必然

1. **"内求式"文化是中国人善良品行的来源。**中国传统文化讲的是内求认知。儒称"内业",道称"内丹",佛为"内明",医曰"内景",武曰"内功"。儒、道、佛、医、武都向人之内(体内、心内)探索。这种内求文化是追求人内心的安宁与完满,而非人之外宇宙的自然法则。因此,中国传统文化主要关注的不是外部世界,而是人自身。在中国人看来,外部世界按照自身规律周而复始地运行,春华秋实、花开花落,人不必去干预自然、破坏自然。在中国哲学的思维中,天理即良心,不必追求脱离人的真理,从人自己的内心就可以发现做人的根据。真正力量不是人之外的绝对实在,而是人自身。只要做到了诚意、正心和修身,就可以齐家、治国、平天下,就可以实现大事业。在这种思想的主导下,中国文化没有西方那种"二元论"的思维方式,即把人和自然对立起来,进而形成一种对包括人在内的外部世界进行研究、探索的进攻性文化,从而形成中国人不愿滋事伐外的人文品格。

2. **近代中国因处在文化一体化整合过程而显得被动和凌乱。**所谓文化的一体化整合,就是通过教化、引导,最终使全体国民具有同一文化价值观。历史的经验告诉人们:不论是东方的"内求式"文化,还是西方的"进攻性"文化,只要成为一种全民共同的行为准则,这个民族往往就会成为一个强势的民族。相反,如果是一个文化价值观混乱,或尚处在文化整合的国度,那么往往表现出一种行动上的被动和无力。在中国这块土地上,自古多民族杂居而存,不同民族均有不同的文化背景。尤其是民族间的轮流执政,使以儒家为核心的这种文化整合就越发变得困难和漫长。19世纪中叶,当西方殖民主义者进入中国之时,正处于满清集团从拒绝中原文化到认同中原文化的整合进程中,社会深处的紊乱还没有得到纠正,从而面对以强大的军事力量为背景的西方文化,中国社会显得有些被动、软弱、人心涣散,甚至对侵略者攻伐无力。

3. **西方逼出了中国乃至东亚的"民族主义"精神。**西方的种族主义其

实就是西方的一种民族精神,它来源于西方的"二元论"世界观和思维方式。西方"民族主义"是因 19 世纪生物进化文化出现更加有了种族的特性,又随着德国法西斯种族灭绝主义的出现得到强化。几千年来,中国从未产生过对抗性的"民族主义",中国文化上的"内圣"状态始终是具有以儒道释天下主义为主要特征的博大兼容的一种文化,倒是具有排他性的基督文化,与不同质地的文化难以相处,也正是西方的这种咄咄逼人的种族优越,才使东亚各民族产生从未有过的危机感。因此,东亚的"民族主义"精神多半都是以面对西方的强势入侵而产生为种族存在的意义和生存而战的一种民族的觉醒。于是"富国强兵"成了中国及东亚的必然选择,并随着西方种族主义的膨胀而加强。正如一位学者所说,如果说西方文化是喧嚣的江河,那么东方文化就是无际而沉静的大海。

七、中西文化交流冲突中必须汲取的经验教训

1. 文化本无优劣,都有其存在的合理性。文化是人类理性的创造,是人类一种对世界的理解、感悟之后形成的种种思想观念和符号。因此,文化必然是多元的,而评价的标准也必须是多元的,不能用某一民族感悟到的世界观去评价另一民族的理性创造,并分出孰优孰劣。因为任何一种文化都必须首先是使该种族生存下来而创造出的"活文化",从"存在即合理"的角度来说,该种文化一定是合理的。就当代而言,2008 年的美国次贷危机与1997 年的亚洲金融危机,正是由于不同的国民经济体系、不同国家以及不同文明所采取的多样化的措施,危机才没有酿成更大的惨剧,也正说明多元文明为多样的制度与实践提供了合理性的存在,同时也说明:无论是美国的、欧洲的、印度的、伊斯兰的、日本的,还是中国的,没有任何一种单一的市场经济模式可以囊括人类所有高效和公平的品质。在一个如此错综复杂的世界上,不可能只有一种文明的逻辑,而多重状态和多元性质的文明的存在,恰恰是和谐而非冲突。

2. 在文化交流中要学会沟通与尊重。做一个不恰当的比喻,中西方开始相遇,似乎是猫和狗的相遇,不但彼此长相不同,就连表达一般心理的表情和举足投足的寓意彼此间也很难理解。人类是一种创造复杂文化的动物,在这种复杂的精神现象背后,隐藏着文化创造者对世界与人生不同的哲

学理解。因此,在不同种族间的交流中,尤其在从事复杂交往的活动中,首先要懂得尊重,在尊重的基础上进行沟通和交流。著名的意大利传教士利玛窦于1583年进入中国内地进行传教就是由于做到了这一点,取得了举世公认的成绩。当时,利玛窦面临非常大的困难。首先是语言不通,没有国际公约做保护,也没有像后来的传教士以本国的武力为依仗等等。但他之所以得到成功,主要得益于:一是他努力学习汉语,入乡随俗,尊重中国的礼仪制度和生活方式;二是介绍欧洲的科学技术和长处,让中国人了解欧洲;三是利玛窦能够努力学习中国佛学中的"禅"和儒家经典书籍,并力求找到儒释禅和基督神的结合点,最后才是他的传教。所以,只有尊重对方的文化,才能实现更好的交流,才能最终达到各取所需。

3. 一种哲学的反思:人类是不是生活在一种错误的世界观当中? 东方文化中,儒家的"天命"、"天道",佛教的节制节俭,基督教新教的禁欲主义等,似乎都是在对"人性"加以限制。《圣经故事》中,把亚当与夏娃偷吃"禁果"作为人类"原罪"的开始,而《故事》中的巴别塔等故事都寓意着人类将给世界带来某种不祥。那么是不是人类真的不应该"觉醒",不应该具有用来不断满足人类贪欲的智慧? 来自各种宗教的超然之声,以及人类早期的各种思想对人的欲望进行劝禁的主张和人类当前的现实困境究竟是一种什么关系? 西方文化的世界性普及是不是将人类引入了歧途? 对此,没有被人们真正重视起来的西方后现代主义学派,是否应该走到人类这场"闹剧"舞台的前面,再一次提出对西方世界观的批评? 他们认为,在世界上人不是主体,也不是中心,也没有特殊的价值,自然中的所有生物都具有平等价值,都是主体,都有自己的利益。人类只有在自然中维护一种和谐,才能体现它的价值所在。因此,人类必须要改变原有的世界观、价值观念和思维方式,由具有整体性、有机性等思维方式的文化去构建一个新的和谐世界。那么,具有这一品质的东方文化是不是可以发挥更大的作用?

八、结语

自上世纪60年代,特别是近30年以来,随着日本经济取得成功和亚洲"四小龙"的出现,以及中国改革开放取得了成绩,中国的社会意识里出现了从"全盘西化"到回归传统文化的倾向。但是我们清醒地认识到,东亚乃至中国经济的成功,来自于对西方科技和管理制度的引进和吸收,而被称为早熟的中国文化并没有创造出现代工业和更多的科学技术。然而,可以理解的是,如果人们依然感受到西方以固有的价值观对中国实施遏制,国家的命运转折将再次受到敌对力量的阻碍时,此时中国民族主义的迸发又是一种必然。诚然,遏制中国的心理依然存在,中国的崛起已势在必行,而我们需要做的,既要对这些外来遏制力量给予文化上的深刻辨析,也更需要认清我们自身文化在人类历史中的地位和责任。300 多年来,人类因西方文化创造的科技及制度成果而得以进步,因而使西方人固步自封起来,但面临人类当下出现的一些难以解决的问题和困惑,西方人应该进行反思,对世界观、价值观和思维方式进行彻底地改造。而对中华民族来说,光明和机遇已经到来,传承和弘扬中华文化,推动走向世界,同时吸收借鉴国外优秀文化成果,时不我待。我们看到,没有东西方文化的新融合,不但中国难以发展,西方也同样难以摆脱前进中的困境。因此,只有尊重文化的多样性,促进东西方文明大规模地交流乃至和谐相融,才是人类在 21 世纪的真正使命,才能使人类摆脱凶险困境而迈上更加光辉的里程!

2012 年 3 月 21 日

后　记

　　本书收录的 83 篇文章，均为 2012 年度国务院研究室的调研成果，作者大多是国务院研究室的同志，也有部分调研成果是与其他单位同志合作完成的。国务院研究室是承担综合性政策研究和决策咨询任务、为国务院主要领导服务的办事机构。本书精选的这些文章，反映出国务院研究室围绕全国工作大局和国务院中心工作任务，针对经济社会发展中的突出矛盾和问题，深入开展调查研究所取得的成绩。

　　本书所收录的文章，大致分为九部分。每部分文章首先根据涉及的方面分类，然后再进行顺序排列。除对个别文字进行了必要的校改外，文章基本保留原貌。荣获 2012 年度国务院研究室优秀研究成果奖的文章，在其首页加了页下注。

　　中国言实出版社为本书的出版做了大量工作，在此表示感谢！

本书编委会

2013 年 7 月